W0306857

Rudolf Sanders

Beziehungsprobleme verstehen – Partnerschaft lernen

Partnerschule als Kompetenztraining in Ehe- und Familienberatung

Seminare – Ausbildung – Erfahrungsaustausch –
Kontakt zum Autor: www.partnerschule.de

Rudolf Sanders

Beziehungsprobleme verstehen – Partnerschaft lernen

Partnerschule als Kompetenztraining in Ehe- und Familienberatung

Junfermann Verlag • Paderborn
2006

Covergestaltung/Reihenentwurf: Christian Tschepp

Satz: JUNFERMANN Druck & Service, Paderborn

Bibliographische Information der Deutschen Bibliothek

Die Deutsche Bibliothek verzeichnet diese Publikation in der Deutschen Nationalbibliographie; detaillierte bibliographische Daten sind im Internet über http://dnb.ddb.de abrufbar.

ISBN 3-87387-635-3
Ab 1.1.2007: 978-3-87387-635-4

Inhalt

I. AUSGANGSLAGE UND HINTERGRÜNDE 9

1. Vorwort 10

2. Einleitung 13
2.1 Übersicht 15
2.2 Grundsätzliches zum Berufsethos 19
2.3 Partnerschule als erfahrungsorientierter Weg 22

3. Menschen unserer Zeit 23
3.1 Gesellschaftliche Wertentwicklungen 23
3.2 Kinder als Leidtragende 26
3.3 Gesellschaftlicher Wertewandel 27
3.4 Männer tun sich schwer 28
3.5 Affektiv überhöhte Erwartungen 29
3.6 Die Gestaltung des Alltags konstituiert ein Paar 31

4. Die Ratsuchenden – ihre Wünsche und Erwartungen 33

5. Beziehungserfahrungen steuern unsere Gene 38

6. Von der Vorherrschaft des Mannes zum Modell der Partnerschaft zwischen Frau und Mann 47
6.1 Ehe im Laufe der Geschichte 47
6.2 Ehe und ihre Idealisierung 49
6.3 Ehe als Institution 50
6.4 Ehe als Partnerschaft 51

7. Die Idee vom Paar ... 52
7.1 Autonomie und Souveränität ... 53
7.2 Rahmenbedingungen für das Gedeihen von Liebe ... 60
7.3 Partnerschaftliche Grundwerte ... 64
7.4 Abgrenzung zu anderen Ehemodellen ... 66
7.5 Das Bild vom Paar in der Partnerschule ... 68

8. Störungen der Kommunikation und Interaktion ... 74
8.1 Zum Verständnis von Störungen ... 75
8.2 Lernen von Verhaltensregeln ... 77
8.3 Die Grundbedürfnisse des Menschen ... 79
8.4 Intentionen motivieren Handlungen ... 85
8.5 Störungen und ihr Eigenleben ... 87
8.6 Die Produktion von Wahrnehmung und Erinnerung ... 90
8.7 Die Bedeutung von Emotionen ... 93
8.8 Bedeutung der Emotionsveränderung für den Erfolg der Beratung ... 99

9. Probleme im Zusammenleben als Ausgangsbasis für Entwicklungsprozesse ... 101
9.1 Der Weg des Verstehens ... 101
9.2 Die Bedeutung von Ordnung und Chaos ... 107

10. Psychotherapieforschung als ein Wegweiser ... 110
10.1 Ressourcenaktivierung ... 112
10.2 Problemaktualisierung ... 115
10.3 Aktive Hilfe zur Problembewältigung ... 116
10.4 Klärungsperspektive ... 117

11. Wissenschaftliche Fundamente ... 118
11.1 Psychologische und pädagogische Vorgehensweisen ... 120
11.2 Die Bedeutung der Gruppe ... 137
11.3 Wie erwachsene Menschen lernen ... 142
11.4 Ansatzstellen beraterischen Handelns ... 146

12. Lernziel Beziehungskompetenz ... 148

II. PARTNERSCHULE IN DER PRAXIS 153

13. Diagnostik und Evaluation 154
13.1 Leitfaden für den ersten Kontakt – Faktensammlung 155
13.2 PIB – Paarinterview zur Beziehungsgeschichte – Standard für das Erstgespräch mit einem Paar 157
13.3 Fragebogen zur Erstdiagnostik und Evaluation 160

14. Drei Seminarformen 168
14.1 Übersicht über die drei Module 168
14.2 Das Basisseminar: Anleitung zur Selbsthilfe 172
14.3 Aufbauseminar: Kleine Schule der Genussfähigkeit – Lebendigkeit, Sinnlichkeit und Sexualität 208
14.4 Der Paarkibbuz: Training von Autonomie und Zweisamkeit 233

15. Partnerschule als Familienberatung 246
15.1 Die Bedeutung für die Kinder 246
15.2 Triple P – Beziehungstraining zu Kindern 249

16. Ehe- und Familienberatung als Gesellschaftsgestaltung 250

III. EVALUATION 255

17. Evaluation *von Christine Kröger* 256
17.1 Zur Notwendigkeit evaluativer Begleitforschung im Arbeitsbereich der Ehe- und Paarberatung 256
17.2 Retro- und prospektive Ansätze in der Evaluation von Ehe- und Paarberatung 258
17.3 Wie wirksam ist die Partnerschule? 260
17.4 Schlussfolgerungen und Ausblick 266

Literatur 269
Personen- und Sachwortregister 278

„Stark vereinfacht: Etwas Positives hinmachen ist für den Therapieerfolg wichtiger als etwas Negatives weg machen!" – *Klaus Grawe*

Ausgangslage und Hintergründe

1. Vorwort

Das Gelingen der nahen Beziehungen in Ehe und Familie korrespondiert in höchstem Maße mit unserer Lebenszufriedenheit – und deshalb mit unserer Aufmerksamkeit und mit unserem Interesse. So war es für mich zu Beginn meiner Berufstätigkeit als Erwachsenenbildner nahe liegend, mich genau diesen Themen zu widmen. Denn Angebote der Erwachsenenbildung basieren auf Freiwilligkeit: Die Teilnehmer kommen vor allem dann, wenn ihre ureigensten Themen im Mittelpunkt stehen. Das Bedürfnis nach Nähe, nach Beziehungen und nach der Kunst, diese lebendig und zufriedenstellend zu gestalten sind für die meisten Menschen die zentralen Themen. Darum waren und sind Ehevorbereitung, Ehebegleitung und Familienbildung wesentliche Elemente meiner Berufstätigkeit.

Nach einer Fortbildung zum Eheberater im Rahmen des *DAKJEF (Deutscher Arbeitskreis für Jugend-, Ehe- und Familienberatung*[1]) und der Übernahme der Stellenleitung der Ehe-, Familien- und Lebensberatung in Hagen – Iserlohn – Menden war es für mich selbstverständlich, die guten Erfahrungen aus der Erwachsenenbildung in mein neues Arbeitsfeld mitzunehmen.

Hier ist zunächst die *Teilnehmerorientierung* zu nennen – dies bedeutet, sehr genau hinzuschauen und herauszufinden, mit welchen Wünschen und Bedürfnissen Ratsuchende in die Beratung kommen. Außerdem gilt es, Menschen *da abzuholen, wo sie stehen,* das heißt Wert zu schätzen, was sie bisher in ihrem Leben erreicht haben und die augenblickliche Problemlage als Herausforderung zu verstehen, als eine Lernsituation zu interpretieren, aus deren Bewältigung sie „schlauer" und kompetenter hervor gehen können. Als Nächstes ist die Grundannahme der Erwachsenenbildung von *Lebenslangen Lernprozessen* zu nennen: Wir sind nie zu alt, unproduktive Strategien zu verlassen und konstruktivere zu lernen. Außerdem ist zentral, dass gemeinsames Lernen *in und mit Gruppen* viel Freude und Spaß machen kann und dass dieses Lernen insbesondere dann effektiv ist, wenn es nicht nur über Worte, sondern über *Erlebnisse und neue Erfahrungen* in einer wohlwollenden und entspannten Atmosphäre vermittelt wird.

---

1 Zusammenschluss der Bundeskonferenz für Erziehungsberatung e.V., der Evangelischen Konferenz für Familien- und Lebensberatung e.V., Fachverband für Psychologische Beratung und Supervision, der Katholischen Bundesarbeitsgemeinschaft für Ehe-, Familien- und Lebensberatung, Telefonseelsorge und Offene Tür e.V., der Deutschen Arbeitsgemeinschaft für Jugend- und Eheberatung e.V. und der Pro Familia – Deutsche Gesellschaft für Familienplanung, Sexualpädagogik und Sexualberatung e.V.

Mit diesen Grundhaltungen entwickelte sich ab 1990 eine Vorgehensweise der Ehe- und Paarberatung, die ich seit 1998 *Partnerschule* nenne. Mir war aufgefallen, dass viele Ratsuchende große Energien in ihre Beziehung investieren. Sie ärgern sich, lassen sich verletzen und sind nicht selten selbst mit Worten oder Handlungen gewalttätig. Im Allgemeinen leiden beide Partner unter diesem Zustand, wissen aber nicht, wie sie ihn verändern könnten. Die meisten Paare haben bereits ernsthaft mit dem Gedanken an eine Trennung gespielt, aber die Wertschätzung voreinander und für ihre Partnerschaft hat sie in die Ehe-, Familien- und Lebensberatung geführt. Letztlich kann man sagen, dass ihnen in der Regel grundlegende Fähigkeiten für das Gestalten einer gleichberechtigten nahen Beziehung fehlen. Deshalb lernen Paare in der *Partnerschule* zunächst zu verstehen, warum sie bisher so handelten, wie sie handeln und warum ihr Partner sich so verhält, wie er sich verhält. Aus dem Verstehen dieser Verhaltensweisen, häufig „Überlebenskompetenzen" aus Kindertagen, erwächst die Motivation, Neues, nämlich Beziehungskompetenzen, hinzuzulernen.

Mein Dank geht an die Schwestern des Ordens des Heiligen Benedikt und ihren Mitarbeiterinnen im Haus Marienfried in Olpe Meschede. Über 10 Jahre lang durften wir mit den Seminaren der Partnerschule Gäste sein. Es ist für Menschen, die in einer schweren Krise sind, die häufig kurz vor dem Aus ihrer Beziehung stehen, ausgesprochen heilsam, willkommen zu sein. *Schwester Jakobas* Kuchen war immer reichlich vorhanden und für die kleinen und großen Kinder gab es stets eine Schüssel mit Pudding zum Nachfassen. Der von *Schwester Hyronima* seit mehr als 40 Jahren gepflegte Garten lud zum Dasein ein; Kindern und Erwachsenen konnte sie viel über Blumen und Heilkräuter erzählen. *Schwester Mechthild* und *Schwester Magdalena* hatten immer ein offenes Ohr und so fand manches seelsorgerliche Gespräch unabhängig von der religiösen Orientierung des Gesprächspartners statt. Man war eben einfach willkommen.

Ein Wort des Dankes geht besonders an *Evamarie Bode, Thea Höll* und *Inge Meissner,* die viele Seminare mit mir zusammen geleitet haben und durch ihre Fragen und Anregungen maßgeblich geholfen haben, diesen Ansatz zu entwickeln – insbesondere *Petra Dinkhoff* hat durch den bewegungstherapeutischen Teil wesentlich zum Erfolg der Seminare beigetragen.

Sicherlich ist es wichtig, dass Klienten mit der Beratung zufrieden sind. Aber was heißt das schon genau? Deshalb bin ich dankbar, dass sich *Dr. Notker Klann* von der Katholischen Bundesarbeitsgemeinschaft für Beratung seit Anfang der neunziger Jahre engagiert mit dieser Frage auseinandersetzt. In Kooperation mit *Prof. Dr. Kurt Hahlweg* von der TU Braunschweig und mit finanzieller Unterstützung des Bundesministeriums für Familie, Senioren, Frauen und Jugend gelang es ihm, den Grundstein für eine wissenschaftlich fundierte Evaluation der Arbeit in Ehe-, Familien- und Lebensberatungsstellen zu legen. Im Rahmen dieser Beratungsbegleitenden Forschung wurden eine Fragebogenbatterie und ein Computerprogramm entwickelt, die es auch mir ermöglichen, die Effektivität meiner Arbeit in Bezug auf das einzelne Paar zu überprüfen. Ich danke *Dr. Christine Kröger,* die die entsprechenden Daten zusammenfasste, auswertete und so recht gezielte – für mich persönlich in der Gesamtschau überraschende und beeindruckende – Aussagen über die Qualität dieses Verfahrens machen konnte. Sie hat auch das entsprechende Kapitel dazu geschrieben.

Ferner danke ich ihr für geduldige fachliche und stilistische Korrektur des gesamten Buches.

Im Jahr 2000 haben sich ehemalige und aktive Ratsuchende zusammengeschlossen und das „Netzwerk Partnerschule e.V." gegründet. Dabei handelt es sich um eine Selbsthilfeeinrichtung, in der sich Ratsuchende nach Ende der Beratung weiter gegenseitig unterstützen und Kontakt untereinander pflegen. Durch entsprechende Zuschüsse (erwirtschaftet durch ihre Mitgliedsbeiträge) ermöglicht das Netzwerk, dass auch Familien in schwierigen finanziellen Situationen an den Seminaren teilnehmen können. Stellvertretend für viele, die sich im Rahmen dieses Netzwerkes engagieren, möchte ich besonders *Monika Rüth* nennen. Mit ihrer offenen Herzlichkeit und ihrem Fleiß ist sie ein wichtiger Knotenpunkt in diesem Netz.

Sicherlich ist meine Arbeit mit Paaren auch geprägt von eigenen Erfahrungen in meiner Ehe und unserer Familie. So denke ich voll Freude an meine Kinder Simon, Johannes und Franziska. Sie bereiten mir Erlebnisse, die mit keinem Geld der Welt zu kaufen sind. Ich denke voll Dankbarkeit an Christiane, mit der ich nun seit vielen Jahren gemeinsam unser Schiff der Ehe durch die vielen Strömungen, Stürme, durch Wind und Flaute, Regen und Sonne, Tag und Nacht steuere.

Mit dieser Veröffentlichung verbinde ich die Hoffnung, dass sich die Vorgehensweise Partnerschule in den nächsten Jahren durch das engagierte Mittun von Kolleginnen und Kollegen sowohl in der Institutionellen Beratung als auch in den freiberuflichen Beratungspraxen weiter entwickeln wird. – Meine Vision ist, dass sich dies auf ähnlichem Weg realisieren lässt, wie es beispielsweise bei dem PC-Betriebssystem Linux oder dem Online Beratungsmodul der Telefonseelsorge gelungen ist: Der Quellcode liegt als „open source" durch diese Veröffentlichung vor, die Anwender nutzen ihn und stellen ihre Erfahrungen und Verbesserungsvorschläge wiederum der Gemeinschaft der Interessierten zur Verfügung. Als Ort dafür ist die Internet-Adresse www.partnerschule.de/forum eingerichtet. Ich freue mich auf einen konstruktiven Austausch, auf Rückmeldungen, Anregungen und Kritik!

Rudolf Sanders

2. Einleitung

Als Kind spielte ich in einer großen Kinderschar in einem Hinterhof. Die Großen halfen den Kleinen und die Kleinen wollten einmal so werden wie ihre Vorbilder, so gut Fußball spielen können, so erfolgreich sich verstecken können oder so schöne Kuchen aus Patsche backen. Auch meine Kinder hatten noch die Chance, auf der Straße zu spielen und andere Kinder zu treffen. Die Aufsicht und Fürsorge übernahmen nicht nur wir Eltern allein, sondern Nachbarn und andere Erwachsene fühlten sich häufig wie selbstverständlich aus einem guten Gemeinsinn heraus mit verantwortlich.

Natürlich gab es auch negative Erfahrungen: Ich selbst musste erleben, wie ein junges unverheiratetes Paar sich darüber beschwerte, dass unsere Kinder ihre Holzstücke im Flur liegen ließen oder den Roller vor der Mülltonne parkten. Und heute? Heute sind die Straßen leer gefegt und Eltern müssen zusätzliche Anstrengungen unternehmen, um Spielkameraden für ihre Kinder zu finden und diese Kontakte aufrecht zu erhalten, was häufig bedeutet, sie mit dem Auto zu ihren Freunden zu fahren.

Keiner spricht mehr 10-jährige an, wenn sie an der Bushaltestelle rauchen. Gemeinsinn scheint im Schwinden begriffen zu sein. Früher waren die ersten Reihen im Gottesdienst für Kinder reserviert, heute sind die vorderen Bänke fast leer. Deutschland stirbt aus, es werden viel zu wenige Kinder geboren. Dass es nicht so sein muss, zeigen uns Länder wie Frankreich oder Schweden. Auch in den USA freut man sich über das Lachen von Kindern, denn sie gehören selbstverständlich für ein Ehepaar und für die Gesellschaft dazu.

Wo mögen die Ursachen dafür liegen? Die Weitergabe des Lebens gehört doch schließlich zu unserem genetischen Auftrag. Neben einer Perspektivlosigkeit, die trotz bester Qualifikationen und Leistungen *nicht* zu einer beruflichen und damit auch privaten Existenzsicherung führt, lässt sich angesichts der hohen Scheidungszahlen spekulieren, dass die zunehmende Kinderlosigkeit *auch* mit unrealistischen Vorstellungen über eine Ehe und mit mangelnden Beziehungskompetenzen in Zusammenhang steht.

Immerhin kommt einer glücklichen Partnerschaft nach wie vor in sämtlichen national und international durchgeführten Untersuchungen zu Wert- und Bedürfnishierarchien eine herausragende Bedeutung zu. Dementsprechend korrelieren unzufriedene Partnerschaften in hohem Maße mit der Häufigkeit für psychische und physische Störungen der betroffenen Partner, erheblichen Einbußen der beruflichen Leistungsfähigkeiten und einer höheren Störanfälligkeit ihrer Kinder.

Gelingt dagegen eine Partnerschaft, so stellt sie eine der zentralsten Ressourcen dar, denn der Partner ist die bedeutendste Unterstützungs- und Ansprechperson bei Problemen. Im Fall von Stress wird der eigene Partner mit einer siebenfach größeren Wahrscheinlichkeit um Hilfe, Unterstützung oder Trost gebeten als Freunde, Verwandte und Bekannte (*Bodenmann* 1998). Eine ausgesprochen gute Literaturübersicht über die Auswirkungen von zufriedenen bzw. unzufriedenen Partnerschaften findet sich bei *Bodenmann* (2000).

Die Partnerschule wendet sich in der Regel an Paare in schweren Beziehungskrisen. Für nicht wenige ist sie die „letzte Hoffnung“, da viele Paare das Gefühl haben, vor dem „Aus“ ihrer Ehe zu stehen. Im Durchschnitt haben sie acht Probleme, die häufig zu Streit führen und die die Partnerschaft sehr belasten. Damit gehören die Paare, die mit der Partnerschule erreicht werden, zu den typischen Ratsuchenden einer Ehe-, Familien- und Lebensberatungsstelle (*Saßmann* & *Klann* 2002).

2.1 Übersicht

Zentrales Anliegen der Partnerschule als Ehe- und Familienberatung ist es, Beziehungskompetenz zu vermitteln. Diese Kompetenz ermöglicht es dann auch, den Blick zu weiten zu denen, die vor uns waren und zu denen, die nach uns kommen werden. Sie ermöglicht einen Lebenssinn darin zu entdecken, füreinander verantwortlich zu sein und so dem Auftrag der Natur, dem Auftrag der Schöpfungsgeschichte „Wachset und mehret Euch!“ nachzukommen. Das ist wirklich in einem sehr guten Sinn egoistisch. Denn wer soll, wenn wir alt sind, unseren Lebensunterhalt verdienen, wer uns anlachen und die Hand halten, wenn wir einmal sterben werden, wenn nicht unsere Kinder und Enkel?

In diesem Buch geht es um Beziehungskompetenz und diese bezieht sich auf Basisqualitäten für das Gelingen einer Partnerschaft und für das Gelingen in der Rolle als Eltern.

Da der Ausdruck „Therapie“ ganz unterschiedlich benutzt und verstanden wird, sei vorab einiges zum Begriff gesagt. Das Wort selbst kommt aus dem Griechischen und meint das Pflegen, Fördern, Hegen, Heilen und auch Dienen. Dieser Begriff ist in umfassender Perspektive einer antiken Medizin als Heilen und Fördern des Menschen gemeint (*Petzold* 1990). Über eine reparative Wiederherstellung hinaus wurde die Entwicklung von Fähigkeiten und Fertigkeiten in das Handeln des Arztes einbezogen. Apollon war nicht nur Gott der Heilkunst, sondern auch Erzieher der Menschen, und die äskulapischen Ärzte verstanden ihr Tun als eine umfassende „Anthropoplastik“ (*Bubolz* 1983), als Menschenbildung. Durch die pädagogische Führung erreichten sie die rechte Lebensweise. *Hippokrates*, dessen Eid die Ärzte noch heute sprechen, gab als Richtschnur: „Es ist wohlgetan, die Gesunden zu führen“ und „man muss das philosophische Wissen in die Heilkunst, und die Heilkunst in die Lebenskunst einführen“ (zitiert nach *Petzold* 1990, 216). So ist der Arzt immer auch Pädagoge und der Therapeut immer auch Lehrer (*Schipperges* 1986).

Neben dem Begriff „Therapie“ wird in dieser Arbeit vor allem der Begriff „Beratung“ verwandt, denn die Partnerschule wurde im Rahmen der Arbeit einer Eheberatungsstelle entwickelt. Da eine Abgrenzung von Ehetherapie und Ehe- und Partnerschaftsberatung in den meisten Fällen nur schwer möglich ist (vgl. auch *Kaiser* & *Hahlweg* 1996; *Vennen* 1992), werden beide Begriffe synonym gebraucht. Gleiches gilt für die Begriffe Therapeutin und Beraterin. Da es sich überwiegend um weibliche Kolleginnen handelt, spreche ich von „Beraterin“, alle männlichen Kollegen sind ebenso angesprochen. Für die Ratsuchenden nutze ich den Begriff „Klient“, der natürlich Männer und Frauen gleichermaßen einschließt.

Seit 1990 leite ich die Ehe-, Familien- und Lebensberatungsstelle der Katholischen Kirche in Hagen – Iserlohn. Wir haben, und dies entspricht einer bundesweiten Entwicklung, eine ausgesprochen große Nachfrage nach Partnerschaftsberatung. Über

80 Prozent der Paare sind zwischen 30 und 45 Jahre alt und tragen als Eltern Verantwortung. Dass sie zu uns kommen, ist sehr gut. Sie spüren, dass ihr Miteinander nicht konstruktiv läuft, dass ihre Kinder darunter leiden – und sie finden den Mut, sich Hilfe zu holen. Sie haben die Erwartung an uns, dass wir ihnen zeigen, wie sie aus unproduktiven Beziehungsmustern aussteigen können und stattdessen so miteinander umgehen, dass ihre Beziehung für die ganze Familie ein Gewinn ist. Sie wollen, dass wir ihnen helfen, kompetente Eltern zu sein. Genau aus diesen Anliegen heraus wurde das Verfahren Partnerschule entwickelt, nämlich als *Antwort* auf die Not der Ratsuchenden, die in einer Ehe- und Familienberatungsstelle „auf der Matte stehen". Um diese Antworten verantwortlich geben zu können, basiert die Partnerschule auf dem aktuellen wissenschaftlichen Stand der pädagogischen und psychologischen Forschung (Kapitel 11).

Da es mir sowohl im Interesse meiner Klienten als auch aufgrund persönlicher Motive – schließlich bestimmt meine Arbeit einen großen Teil meines Lebens und ist somit für mich Sinn stiftend – ein wichtiges Anliegen ist zu ermitteln, wie effektiv und effizient meine Beratungsarbeit ist, evaluiere ich diese kontinuierlich. Nur deshalb kann ich heute den Paaren, die sich für die Partnerschule interessieren, recht genaue Angaben darüber machen, in welche Richtung sich ihr Miteinander ändern wird: Mit großer Wahrscheinlichkeit wird sich ihre allgemeine Zufriedenheit mit der Partnerschaft, ihre affektive Kommunikation und ihre Problemlösekompetenz verbessern; ihr sexuelles Miteinander wird sich von einer Orgasmusfixiertheit lösen und sich zu einem lebendigem Austausch miteinander, der den ganzen Körper einbezieht, entwickeln. Aufgrund der bisherigen Evaluationsergebnisse kann ich auch die berechtigte Hoffnung vermitteln, dass sich ausgeprägte depressive Symptome und körperliche Allgemeinbeschwerden (wie z.B. Rückenschmerzen, Mattigkeit oder innere Unruhe) in Richtung Lebensfreude und Gesundheit entwickeln werden.

Einleitend (Kapitel 3) geht es zunächst darum, sich die Situation der Menschen der Postmoderne ein wenig genauer anzusehen. Sind sie doch gezwungen, angesichts einer weitgehenden Wertepluralität für fast alle Lebensbereiche und einer beinahe permanenten suggestiven Beeinflussung durch die Medien, eigene Werthierarchien zu bilden.

Wem ist es z.B. bewusst, dass Ehen und Familien in den letzten 35 Jahren mit fundamentalen Veränderungen konfrontiert wurden? Erst 1976 wurde die Hausfrauenehe abgeschafft, so dass Mann und Frau erst ab diesem Zeitpunkt wirklich herausgefordert sind, eine Ehe zu führen, die auf der Gleichwertigkeit und Gleichberechtigung beider Partner basiert. Wen wundert es da, wenn sich ein junger Mann in der Beratung darüber beschwert, dass seine Frau ihm die Schuhe nicht putzt, denn das habe seine Mutter doch auch getan ... In Kapitel 6 wird die Veränderung der Binnenbeziehung zwischen Frau und Mann von der Vorherrschaft des Mannes hin zur Partnerschaft zwischen beiden detailliert aufgezeigt. In Kapitel 7 wird dann entfaltet, wie eine Beziehung auf gleicher Augenhöhe zwischen beiden aussehen kann, und in Kapitel 12 werden die entsprechenden Lernziele zum Erwerb von Beziehungskompetenzen entwickelt.

Im Jahr 2002 wurde eine EMNID-Studie veröffentlicht, die uns sehr genau vor Augen führt, was sich Ratsuchende *eigentlich* wünschen, wenn sie eine Beratungsstelle aufsuchen. Das führt zu einem nächsten Teil, dem genauen Hinschauen, mit welchen Bedingtheiten, mit welchen Phänomenen die Ratsuchenden Beraterinnen konfrontieren (Kapitel 4). So ist z.B. die Liste der Probleme, die Partnerschaften belasten und häufig zu Streit führen, seit mehr als 20 Jahren ausgesprochen konstant. Auch die Anzahl der Probleme, mit der Paare kommen, steht ziemlich fest, nämlich durchschnittlich 8 von 23 möglichen Problemfeldern (*Saßmann* & *Klann* 2002).

Nimmt man diese Ausgangslagen ernst, ergibt sich daraus ein recht klares Anforderungsprofil für eine Ehe- und Familienberatung. Ratsuchende wollen lernen, wie es geht, als Mann und Frau partnerschaftlich zusammen zu leben. Deshalb können sie sich auch mit einem Begriff wie dem der Partnerschule sehr gut identifizieren. Die Einladung zu lernen baut immer auf etwas Vorhandenem auf, gibt eine Perspektive auf Besserung und ist somit Hoffnung induzierend.

Damit sich dieses Lernen ungehindert entfalten kann, muss man sich zunächst darüber im Klaren sein, *wie* Störungen der Kommunikation und Interaktion bei Menschen überhaupt entstehen. Es sind vor allem Beziehungs*erfahrungen,* die unsere Gene steuern und die Entwicklung individueller Stressreaktionen bedingen. Dieser Einfluss beginnt bereits im Mutterleib, weil sich beispielsweise die Stimmung der Mutter auf die Steuerung der Gene des Fötus auswirkt (Kapitel 5). In Kapitel 8 wird sodann aufgezeigt, wie die frühen Beziehungs*muster* – die letztlich immer vor dem Hintergrund entstanden sind, die menschlichen Grundbedürfnisse zu befriedigen bzw. sie vor Verletzungen zu schützen – zu Inkonsistenzen im psychischen Geschehen führen und somit Störungen verursachen können. Das Dechiffrieren dieser Störungen, die sich gegenwärtig in dysfunktionalen Beziehungsmustern niederschlagen, wird als Motivationsquelle im Sinne der Chaos Theorie genutzt, um neue Verhaltensweisen im Miteinander einzuüben (Kapitel 9).

Auf die Empfehlungen, die die wissenschaftliche Forschung zur Veränderung von Störungen der Interaktion und Kommunikation gibt, wird in Kapitel 10 eingegangen. Hier werden insbesondere die von *Klaus Grawe* und seinen Mitarbeitern beschriebenen Wirkfaktoren für erfolgreiche Veränderungsstrategien dargestellt.

Ausgehend von den Wünschen der Ratsuchenden nach konstruktiver Veränderung ihrer Beziehung wird in den Kapiteln 13 und 14 genau beschrieben, wie sich dieser Weg mit Hilfe des Verfahrens Partnerschule vom Erstgespräch über drei verschiedene Seminartypen gestaltet. Die einzelnen Module sind einschließlich der zugehörigen Arbeitsmaterialien so ausführlich dargestellt, dass Kolleginnen, die in der Lage sind, mit Gruppen zu arbeiten, die Arbeitsweise der Partnerschule in ihre eigene Praxis integrieren können.

In der Diskussion mit Eheberaterinnen kommt nicht selten die Frage auf, ob das Ziel der Sanierung einer Ehe seitens der Beraterin eigentlich berechtigt ist oder ob es nicht zunächst darum gehen muss, herauszufinden, ob ein Paar überhaupt noch zusammen bleiben will oder nicht. Angesichts der dramatischen Folgen von Trennung und Scheidung für die Betroffenen selbst und insbesondere für deren Kinder habe ich mich entschieden, alles, was die wissenschaftliche Forschung an Erkenntnissen zur Verfügung stellt zu nutzen, um eine Ehe zu stabilisieren und zu sanieren. Ich glaube, dass der große Zuspruch zur Partnerschule genau mit dieser Entscheidung in Verbindung steht. Deutlich wird dies vielleicht am besten in einem Brief einer Ratsuchenden:

„Seit unserem letzten eMail Kontakt Ende Februar haben mein Mann und ich das Buch »Zwei sind ihres Glückes Schmied« gekauft und versucht durchzuarbeiten. Außerdem habe ich mit der örtlichen Beratungsstelle Kontakt aufgenommen. Leider überzeugt mich das Konzept der Beratungsstelle nicht. Es wird dort auf eine »Lösung« des Konflikts hingearbeitet, wobei unter »Lösung« durchaus auch eine »gute« Trennung verstanden wird. Für mich gibt es keine »gute Trennung«. Ich weiß, dass eine Trennung nicht nur mir, sondern auch den Kindern (10 und 13 Jahre) das Herz brechen würde. Mein Mann ist der Meinung, dass wir zur Lösung unserer Probleme professioneller Hilfe bedürfen. Wir leben seit 19 Jahren zusammen und ich glaube, wenn wir diese Krise bewältigen, dann haben wir eine sehr gute Chance zusammen alt zu werden. Wir sind von Ihrem Konzept überzeugt, daher habe ich uns auf die Warteliste für eine Beratung und für das Basisseminar setzen lassen. Es macht uns nichts aus, dass wir ein paar Wochen auf den Beginn warten müssen."

Die meisten Paare, die sich an eine Ehe-, Familien- und Lebensberatungsstelle wenden, tragen auch als Eltern Verantwortung. Wie die Partnerschule die Kinder einbezieht und was es für die Kinder bedeutet, dass ihre Eltern für ihre Partnerschaft „in die Schule gehen", wird in Kapitel 15 beleuchtet.

Über das einzelne Paar hinaus hat die Partnerschule eine hohe gesellschaftspolitische Bedeutung. Durch die guten Erfahrungen des Miteinanders in der Gruppe entstehen neue Freundschaften, also die Grundlage für Gemeinschaftssinn und Solidarität; der professionell eingeleitete Prozess der Klärung und Bewältigung von Beziehungs- und Erziehungsproblemen geht über in Selbsthilfe. Diese hat im Netzwerk Partnerschule e.V. einen offiziellen Rahmen gefunden (Kapitel 16).

Den Abschluss dieses Buches bildet Kapitel 17, das von *Dr. Christine Kröger* verfasst wurde und über verschiedene Forschungsbefunde zur Wirksamkeit der Partnerschule informiert.

2.2 Grundsätzliches zum Berufsethos

Menschen, die in einer schweren Ehekrise stecken, sind in der Regel ziemlich verzweifelt. Meist haben sie in ihrem sozialen Umfeld alle Möglichkeiten der Hilfe ausgeschöpft. So kommen sie, fragen um „Rat" und machen damit der Beraterin ein Beziehungsangebot. Dieses bewegt sich etwa zwischen folgenden Polen: „Sag du mir möglichst genau, was ich jetzt tun soll!" und: „Hilf du mir durch deinen Rat weiter, dass ich meine eigenen Lösungen finden kann!" Beratung wird so zu einer zwischenmenschlichen Begegnung besonderer Art. Sie kann seitens des Ratsuchenden von einer kindlich anmutenden Hoffnung genährt sein: „Da ist eine, die jetzt genau weiß, was für uns richtig ist", oder auch: „Wir begegnen einer Fachfrau, mit der wir gemeinsam reflektieren und dadurch wieder unseren gemeinsamen Weg finden."

Um in diesem Beziehungsangebot eine klare Position zu finden, ist es hilfreich, sich als Beraterin darüber im Klaren zu sein, dass professionelle Beratung eine *Dienstleistung* ist. Der Ratsuchende bezahlt dafür – direkt oder über seine Steuern – und darf eine gute Leistung erwarten. Eine Leistung, die in ihrer Vorgehensweise wissenschaftlich begründet und auf ihre Qualität hin überprüfbar ist. Aber Beratung ist auch noch etwas anderes. Sie ist die Begegnung von Subjekten, die sich einander innerlich mitmenschlich berühren und berühren lassen.

Es hängt wesentlich von der Gestaltung *dieser* Beziehung ab (vgl. *Sanders* 2004), ob die Ratsuchenden mit Hilfe ihrer eigenen Fähigkeiten wieder „durchblicken", wieder eigene Entscheidungen treffen können, ihr Lebensschiff wieder verantwortlich steuern lernen, so dass man als Beraterin schließlich „überflüssig" wird. Geht man davon aus, dass Autonomie, Selbstlenkung und Eigenverantwortung der Ratsuchenden *die* zentralen Ziele eines Beratungsprozesses sind, dann gilt es, diesen so zu gestalten, dass genau dies erreicht wird.

Angesichts der großen Herausforderungen, denen der moderne Mensch ausgesetzt ist, gilt es, seinen daraus erwachsenen Ambivalenzen und Nöten mit Wohlwollen zu begegnen. Das Wohlwollen der Beraterin ermöglicht Klienten, sich so zu präsentieren, wie sie sind und schafft damit überhaupt erst die Voraussetzung, mögliche Änderungen ins Auge zu fassen bzw. auch die problematische Situation anders zu bewerten und so entspannter mit ihr umzugehen. Da viele Ratsuchende in einem Zustand der Hoffnungslosigkeit und Demoralisierung eine Beratung aufsuchen, erwarten sie positive Impulse auf Besserung. Der Glaube an eine bessere Zukunft mobilisiert eigene Kräfte. Damit diese Hoffnung einen realistischen Boden hat, wird man als Beraterin den Beratungsprozess so strukturieren, dass die Erwartungen auf Besserung berechtigt sind.

Klienten arbeiten dann gern und aktiv an ihrem Veränderungsprozess mit, wenn sie in hohem Maße über das, was im Rahmen der Beratung geschieht, informiert werden. So nutzen viele Ratsuchende vorab die Informationen auf der Homepage www.partnerschule.de. Zum einen findet sich hier eine Fülle an Anregungen zur Selbsthilfe, wie z.B. der kostenlose Partner Check-Up, der hilft, Schwierigkeiten im Miteinander überhaupt zu benennen. Zum anderen wird das Verfahren Partnerschule ausführlich vorgestellt, so dass interessierte Paare in Ruhe überlegen können, ob diese beraterische Vorgehensweise ein möglicher Weg für sie ist.

Während der Beratung wird über alle Vorgänge, Vorgehensweisen und Übungen maximal informiert. Die Ratsuchenden werden über Störungen und über die Möglichkeiten der Änderungen möglichst konkret, präzise und fundiert aufgeklärt und zu deren Klärung und Bewältigung angeleitet. Mögliche Rückfallrisiken werden ebenfalls besprochen, und es werden Strategien miteinander erarbeitet, wie sie diese kompetent vermeiden können.

Zusammenfassend weist *Fiedler* (1996) auf die positiven Auswirkungen guten Informiertseins der Klienten hin. Für die Partnerschule bedeutet das:

- Mit einer Informationsfülle bei den Klienten wächst deren Zufriedenheit und Vertrauen in die Beratung.
- Informationen sind die notwendige Voraussetzung für ein partnerschaftsförderndes Verhalten.
- Informierte Klienten liefern später präzisere katamnestische Angaben.
- Informationen vergrößern die Wirksamkeit diagnostischer und beraterischer Maßnahmen. (Deshalb werden Übungen vorher angekündigt und auch mit ihren beabsichtigten Wirkungen vorgestellt; so wird den Klienten Angst vor Überraschungseffekten genommen).
- Informiertheit ist die beste Voraussetzung zur aktiven und eigenverantwortlichen Beteiligung und Mitarbeit der Klienten an den beraterischen Maßnahmen.
- Durch die Fülle an Informationen wird Stress reduziert.
- Die Beratung unterstützende Literatur wird zur Einsicht ausgelegt.

Informationen für Klienten wurden auch in Form eines Selbsthilfeprogramms vorgelegt (*Sanders* 1998). Selbsthilfe wird hier als umfassende Information zu verschiedensten Themen des partnerschaftlichen Miteinanders verstanden. Zu den einzelnen Kapiteln werden jeweils Übungen vorgestellt, mit denen das Gelesene durch zielorientierte Selbsterfahrung vertieft werden kann. Insbesondere soll der Prozess der Selbststeuerung gefördert werden, damit die Ratsuchenden möglichst bald wieder Unabhängigkeit von der beraterischen Umgebung gewinnen und eine verantwortliche Kontrolle des eigenen Verhaltens und Handelns übernehmen können. Das Buch bietet zur Erklärung und Bewältigung von Paarproblemen eine informative beratungsbegleitende Ergänzung.

Für Veränderungen des innerpsychischen Geschehens hin zu Gesundheit ist die Befriedigung der menschlichen Grundbedürfnisse zentral (*Grawe* 2004). Transparenz im beraterischen Vorgehen ermöglicht den Klienten positive Erfahrungen in Bezug auf die Befriedigung ihrer Bedürfnisse nach Orientierung und Kontrolle. Ihr Bindungsbedürfnis wird durch eine feinfühlige, empathische, engagierte und kompetente Beraterin, bei der sie sich gut aufgehoben fühlen, befriedigt. Ihr Selbstwertgefühl verbessert sich, weil nicht nur ihre problematischen Seiten von Interesse sind, sondern sie immer wieder in ihren positiven Seiten wahrgenommen und darin ausdrücklich bestätigt werden.

Zusammengefasst geht es darum, dass Ratsuchende *gern* zu ihrer Beraterin kommen, sich von ihr angezogen fühlen. Neuropsychologisch gesehen bedeutet dies, statt des Vermeidungssystems das Annäherungssystem zu aktivieren. Diese Voraktivierung ist Voraussetzung dafür, Angst auslösende Reaktionen zu hemmen. In einem betont Angst hemmenden neuronalen Kontext sind Ratsuchende in der Lage, durch Einüben und Training, neue Verhaltensweisen und emotionale Reaktionsmuster zu lernen, um so dysfunktionale aktiv zu hemmen. Sie werden in die Lage versetzt, ganz anders und neu mit Situationen umzugehen und diese im Sinne einer Befriedigung ihrer Grundbedürfnisse zu gestalten (*Grawe* 2004). Eine ausführliche Beschreibung des therapeutischen Hintergrundes und der daraus abgeleiteten Art der Beziehungsgestaltung durch die Beraterin findet sich in Kapitel 10.

2.3 Partnerschule als erfahrungsorientierter Weg

Probleme miteinander, konkret benannt oder nicht, sind der Auslöser, eine Eheberatung aufzusuchen. Hinsichtlich der Aufmerksamkeit, die ihnen gewidmet wird, spielen diese Schwierigkeiten in der Partnerschule nur eine untergeordnete Rolle. Da das Lebensglück und -unglück vor allem eine Frage der Lebens*erfahrung* ist, stehen die Einübung von Beziehungskompetenzen und die Ermöglichung von beziehungskompetenten Erfahrungen im Mittelpunkt des Beratungsgeschehens. Das Zusammenleben in einer Gruppe von Menschen mit gleichen Schwierigkeiten bietet vielfältige Möglichkeiten, sich nach Anleitung durch die Beraterin beziehungskompetent zu verhalten und somit „soziale Erfolgserlebnisse" zu haben: Deshalb ist die Partnerschule vor allem als eine Beratung in und mit Gruppen konzipiert. Diese findet insbesondere „stationär", das heißt über mehrere Tage bis hin zu zwei Wochen in einer Bildungsstätte unter Einbezug der Kinder, statt. Gerade die lebendige Erfahrung, für andere bedeutsam zu sein, ermöglicht oft ganz neue Beziehungsmuster für die eigene Ehe und Familie.

Zusammenfassung

Die Partnerschule ist als Antwort auf die gesellschaftliche Situation von sinkenden Eheschließungen und Geburtenzahlen und unter Berücksichtigung der konkreten Wünsche der Ratsuchenden an eine Ehe-, Familien- und Lebensberatung konzipiert. In der Vorgehensweise orientiert sie sich an den Ergebnissen empirischer psychologischer und pädagogischer Forschung. Die Rolle der Beraterin ist in diesem Prozess von ihrer Professionalität bestimmt, gekennzeichnet durch Transparenz und wissenschaftliche Fundierung ihres Handelns sowie eines Beziehungsangebots an die Ratsuchenden, das sich durch eine liebevolle Haltung und ein Engagement um deren Wohlergehen auszeichnet.

3. Menschen unserer Zeit

3.1 Gesellschaftliche Wertentwicklungen

Menschen unserer Zeit sind eingebunden in ein gesellschaftliches System, das oftmals ganz subtile Zwänge ausübt. Da ist zunächst einmal die *Individualisierung* zu nennen. Sie hat jedem Einzelnen die Möglichkeit zu Autonomie, Emanzipation und Freiheit im weitesten Sinne gebracht.

Die Ursprünge dieser Individualisierung sieht *Elias* in einer Wandlung der „Ich-Wir-Balance", als deren Ergebnis Menschen nun als „Wir-lose Ichs" (1987, 273) leben. Lag früher die Balance, insbesondere in den sog. Stammes- und Standesgesellschaften, vor allem auf der „Wir-Identität", so verlagerte sie sich seit der Renaissance immer mehr zur „Ich-Identität". Seit für den Einzelnen Familie und Sippe nicht mehr die Überlebenseinheit bilden, kann er sich dem Wir „ohne Einbuße von physischen oder sozialen Überlebenschancen" entziehen (*Elias* 1987, 271). Extrem deutlich wird dies im Begriff des DINK (**D**ouble **I**ncome **N**o **K**ids), dem Paar, das sich bewusst gegen Kinder und die damit verbundenen Mühen und Kosten entscheidet, um intensiv dem Freizeitkonsum zu frönen. *Gaschke* bringt diese Haltung auf den Punkt, wenn sie in ihrem Leitartikel auf der Titelseite der Wochenzeitschrift *Die Zeit* vom 14. August 2003 schreibt: „Wo sind die Kinder? Im Land der Egoisten: Kein Nachwuchs, keine Rente."

Der von *Elias* beschriebene Prozess der Balanceverlagerung kann aber nicht als linear und „fortschrittlich" interpretiert werden. Er führt zu einem „Grundkonflikt des Wir-losen Ichs: ein Verlangen nach Gefühlswärme, nach affektiver Bejahung anderer Personen und durch andere Personen gepaart mit dem Unvermögen, spontane Gefühlswärme überhaupt zu geben" (*Elias* 1987, 273).

Ein weiterer Grundkonflikt, dem Menschen unserer Tage ausgesetzt sind, ist der „der *Kolonialisierung der Lebenswelt*" (*Habermas* 1985). Wir besitzen zwar die Freiheit, aber machen folgende Grunderfahrung: Man kann sich nicht mehr auf eine kollektive Sinnstruktur, die alles deutet, verlassen, sondern man steht einem Überangebot an Sinn gegenüber, das den Einzelnen tendenziell überfordert. So wird es immer schwieriger, eine Wertehierarchie aufzubauen. Es gibt Menschen, die sich vor lauter Möglichkeiten des Lebens nicht mehr für ein bestimmtes eigenes Lebenskonzept entscheiden können. *Kaufmann* stellt dazu fest: „Wir haben es so herrlich weit gebracht, dass die Ordnungsleistungen archaischer Religionen, welche auch die gesellschaftliche Verfassung des Christentums bis in die Neuzeit hinein bestimmten, kollektiv entbehrlich geworden sind und nun vom Individuum auch entbehrt werden müssen“ (1988, 79).

Die Schwierigkeit der *Entscheidung für oder gegen etwas* wird dem Einzelnen durch die Mechanismen des „(Konsum)Marktes“, durch „Invasionen“ abgenommen. Reklame, Werbespots, Reisebüros in jedem Supermarkt, die kleinen und großen Dinge des Alltags, die man kauft oder geschenkt bekommt, aber eigentlich nicht braucht ..., all dies verführt den Einzelnen im Konsumrausch, Dinge zu tun, die sich eigentlich gegen ihn selbst, zumindest aber gegen seine Mit- und Nachwelt richten. „Mc Fleischklopse sind einfach gut“ schallt es aus dem Radio, und die Melodie speichert sich ab in unserem Unterbewussten. So bedingt der steigende Fleischkonsum Massentierhaltung mit ihren bekannten negativen Folgen (BSE, Brotgetreide als Futter in der Massentierhaltung ...). Das Ausgebranntsein („burn out“) im Beruf führt nicht zur Arbeitsteilung mit Arbeitslosen, stattdessen suggeriert der Werbespruch „Reif für die Insel“ die schnelle Erholung – dass die gestiegenen Flugreisen zu den Massenozonkillern gehören, wird verdrängt. Auf diese Weise werden immer mehr Lebenswelten des Einzelnen zu einer „Kolonie“ von Konzernen.

Die gesellschaftlich fortschreitende *Beherrschung der Natur durch Wissenschaft und Technik* führt auch zu lebensbedrohlichen Formen, wie z.B. möglichen Gefahren durch Kernenergie, Gentechnik oder militärisch genutzte biologische Kampfmittel. Die Technokratisierung hat sich auch auf andere Lebensbereiche, wie die Gestaltung des Arbeitsplatzes, des Wohnumfeldes, der Nachbarschaft etc. ausgewirkt. Folgen davon sind auch im Gestalten menschlicher Beziehungen spürbar. So führen die Situation am Arbeitsplatz und die Angst vor Arbeitslosigkeit nicht selten zu verstärkter Abschottung der Menschen. Vormalige Solidaritätsstrukturen sind aufgebrochen und werfen das Individuum auf sich selbst zurück. Gelebte Solidarität in unterschiedlichen Bezugssystemen, etwa den Arbeiterorganisationen oder den kirchlichen Vereinen, hat massiv an Bedeutung verloren. Als Folge davon leben z.B. Paare – aufgrund der beruflich notwendigen Mobilität – nicht in ihrer angestammten Umgebung, haben wenig Kontakte zu anderen Paaren, vereinzeln und entbehren stützender sozialer Netze. Außerdem wirken sich Eigenschaften, die u.U. im „Berufskampf“ zur Existenzsicherung in unserer Leistungsgesellschaft notwendig sind, wie Konkurrenzkampf, Rücksichtslosigkeit, Taktieren, Mißtrauen, Gefühlskälte etc. auf die Beziehung zum Partner äußerst negativ aus.

Weiterhin entbehren viele Menschen durch einen übermäßigen *Medienkonsum* ursprüngliche Erfahrungen: z.B. wird der Wald nicht mehr auf einer Wanderung, sondern über das Medium Fernsehen vermittelt. Das Gleiche gilt dann auch für das Erleben zwischenmenschlicher Beziehungen. Statt nachbarschaftliche Kontakte zu pflegen, mit Freude, mit Streit, aber auch mit Solidarität, werden diese Qualitäten „aus zweiter Hand“ via Fernsehkanal oder Video in „Seifenopern“ vermittelt.

Welche Bedeutung haben diese Bedingtheiten für die gesellschaftlichen Wertentwicklungen?

Die gesellschaftliche Situation der Familie lässt sich anhand folgender Schlaglichter charakterisieren: sinkende Geburtenraten, so dass seit 30 Jahren in Deutschland mehr Menschen sterben als geboren werden; sinkende Eheschließungen und Zunahme der Singlehaushalte. Nach Vorausberechnungen des Statistischen Bundesamtes werden im Jahr 2050 knapp 600.000 Menschen mehr sterben als geboren werden. *Martin Textor* vom Münchner Staatsinstitut für Frühpädagogik hat zahlreiche Gründe hierfür zusammengetragen. Zum einen verführt der wachsende Wohlstand die Menschen zunehmend zum Egoismus. Statt Kinder für teures Geld zu erziehen, konsumiert man lieber und fährt stattdessen häufig in Urlaub. Unterstützt wird dies durch zahlreiche soziokulturelle Ursachen: Single Dasein und bewusster Verzicht auf Kinder werden gesellschaftlich akzeptiert, man beschränkt die Kinderzahl, um die Ich-Entfaltung nicht zu sehr durch die Erziehungsaufgabe zu behindern. Die Folge der Überalterung wird somit ein hoher Bedarf an Sozialkosten sein, insbesondere durch die Versorgung der Alten. Denn im Jahr 2030 wird bereits die Hälfte der Bürger in Deutschland älter als 55 Jahre sein und voraussichtlich noch 25 bis 30 Lebensjahre vor sich haben. Der Wirtschaftswissenschaftler *Meinhard Miegel* befürchtet eine Gefährdung der Demokratie, weil der Widerstand der arbeitenden Bevölkerung gegen allzu hohe Belastungen durchaus nicht ausgeschlossen ist. Der Bielefelder Bevölkerungswissenschaftler *Herwig Birg* befürchtet darüber hinaus weitere Konfliktbereiche: In Großstädten wird die nichtdeutsche Bevölkerung einen Anteil von 50 Prozent und mehr erreichen. Ferner droht eine Spaltung der Gesellschaft in Kinderlose und Familien mit Kindern, weil Letztere neben dem finanziellen den viel wichtigeren generativen Beitrag zur sozialen Sicherung in Form der Erziehung künftiger Beitragszahler leisten.

So mahnte ein Vater in einem Dossier der Wochenzeitschrift *Die Zeit:* „Ein teures Unternehmen: Wie kann es sein, rechnet Schmidt grimmig, dass ich genau so hohe Rentenbeiträge bezahle wie jemand, der gleich viel verdient wie ich, aber kinderlos ist, keine Verdienstausfallzeiten durch Kindererziehung hat wie meine Frau und obendrein noch Geld für später zurücklegen kann?" (12.12.02).

3.2 Kinder als Leidtragende

Bei der Betrachtung der gesellschaftlichen Situation darf die jährliche Steigerungsrate in der Scheidungsstatistik mit den nachgewiesenermaßen gesundheitlichen Beeinträchtigungen für die Betroffenen, insbesondere aber für deren Kinder, nicht übersehen werden. *Gerhard Amendt,* Direktor des Instituts für Geschlechter- und Generationsforschung an der Universität Bremen, ergreift in seinem Artikel *Väterlichkeit, Scheidung und Geschlechterkampf* (2004) aufgrund seiner Forschungsergebnisse in sehr deutlichen Worten Partei für Kinder. „Da Scheidungen für die Kinder etwas sehr Schmerzliches sind, gibt es unter Eltern so etwas wie Selbsttäuschung, weil sie ihre Kinder eben nicht verletzt sehen wollen. Ihre Selbsttäuschung betrifft das, was sie ihren Kindern antun. Deshalb wird am nachdrücklichsten beschwiegen, dass Scheidungen eine von den Eltern gegen die Kinder gerichtete Form der Aggressivität darstellen. Diese Form der Aggressivität wird verleugnet. Deshalb sprechen Geschiedene nicht darüber und auch kein Ratgeber weist sie darauf hin. Je höher die Scheidungsziffern klettern, um so mehr greift diese Aggression um sich."

Angesichts der eindeutigen Zusammenhänge zwischen der Beziehungsqualität der Eltern und ihrer Erziehungskompetenz hat der Gesetzgeber im Kinder und Jugendhilfegesetz (SGB VIII, KJHG 17) die Befähigung von Eltern zu partnerschaftlichem Miteinander, zur Anleitung, Probleme konstruktiv zu lösen, als Pflichtaufgabe von Kommunen verankert. Durch die Kindschaftsrechtsreform 1998 wurde dieser Anspruch von Eltern noch einmal verstärkt.

3.3 Gesellschaftlicher Wertewandel

Die Veränderungen gesellschaftlicher Wertvorstellungen fanden ihren Niederschlag in einem *rechtlichen Transformationsprozess,* der gerade mal 30 Jahre dauert. Dieser stellt an alle Mitglieder einer Familie sehr neue Verhaltensanforderungen. Die Gleichberechtigung und Gleichwertigkeit, die egalitäre Vorstellung von Partnerschaft wurde 1976, mit dem neu gefassten Scheidungsrecht (§§ 1564 BGB) gesetzlich verankert. Seit 1998 ist die erzwungene Sexualität in der Ehe als Vergewaltigung oder sexuelle Nötigung strafbar. So wurde ein letztes Relikt männlicher Vorherrschaft abgeschafft. Mit dem Sorgerechtsgesetz 1980 wich die elterliche Gewalt der elterlichen Sorge (*Barabas* 2003). Die letzten Jahre haben also einen fundamentalen Wandel der Werte mit einem direkten Einfluss auf die Binnenstruktur einer Ehe eingeleitet. Mit der Scheidungsrechtsreform wurde das Konstrukt der Hausfrauenehe abgeschafft. Seitdem sind Männer und Frauen herausgefordert, die Art ihres Alltags und ihres Miteinanders gleichwertig auszuhandeln. Beide haben eine Berufsausbildung, ganz private Interessen, die Verantwortung für Kinder und die Aufgabe, die ganz normalen familiären Pflichten zu gestalten.

3.4 Männer tun sich schwer

An dieser Stelle tun sich offensichtlich Männer besonders schwer. In einer nicht repräsentativen, gleichwohl aufschlussreichen Umfrage unter Studierenden und wissenschaftlichen Mitarbeitern der Universitäten Gießen und Marburg antworteten die männlichen Befragten, was zum gegenwärtigen Zeitpunkt gegen ein Kind spräche, dass sie dann lebenslange Unterhaltsverpflichtungen akzeptieren müssten. Sie fürchteten die Unruhe, die ein Kind in ihre wissenschaftliche Arbeit bringen werde; sie hätten Angst, dass sie unliebsame neue Alltagsaufgaben übernehmen müssten. Die Frauen quälte insbesondere die Sorge, nach der Geburt eines Kindes, beruflich den Anschluss zu verpassen und vielleicht den falschen Partner zu haben, der, wenn das Kind erst einmal da sei, „sicher nicht" helfen werde. Ebenso wurde in dieser Studie herausgefunden, dass frisch gebackene Väter gegenüber kinderlosen Männern ganze sechs zusätzliche Minuten am Tag mit Hausarbeit verbringen. 80 Prozent der Haushalts- und Fürsorgearbeit in Familien leisten die Frauen (*Gaschke* 2004).

Wie diese Realität konkret aussieht, beschreibt eine Mutter folgendermaßen: „Eigentlich hätte ich mich über die zwei gesunden Jungs freuen müssen, aber das konnte ich nicht!" Stattdessen hat die 34-jährige nach der Geburt nächtelang geheult, erlebte statt des erhofften Mutterglücks eine tiefe Depression. Ein neuer Partner, ein Umzug, der Tod eines nahen Freundes und die abwechselnd schreienden Zwillinge, das war zu viel ... In einer Langzeitstudie gaben kürzlich 70 Prozent der Eltern an, dass sich die Qualität ihrer Beziehung nach der Geburt des Kindes verschlechtert hatte, berichtet John Gottman. Der Schlüssel dazu liege oft bei den Vätern (*Die Zeit* 12.12.02).

3.5 Affektiv überhöhte Erwartungen

Fragt man Paare, was die Grundlagen für ihre Beziehung und ihr Zusammenleben sind, so wird man in der Regel von Glück, Liebe, Zuneigung und Vertrauen hören. Hierbei handelt es sich um gefühlsmäßige Qualitäten, deren genaue Definition in der Regel schwer fällt. Was für den einen die Liebe ist, kann für einen anderen Torheit bedeuten. Ein gesichertes Einkommen, für den einen Glück, kann wiederum für einen anderen ein Festhalten an nur scheinbaren Sicherheiten sein. Problematisch erscheint, dass heute die Ansprüche an eine Partnerschaft bezüglich dieser psychischen und affektiven Besetzungen ausgesprochen hoch geworden sind.

Die Zunahme der Scheidungen liegt wohl *nicht* daran, dass die Ehe ihren Sinn verloren hätte, sondern ganz im Gegenteil daran, dass sie für den Einzelnen eine zentrale emotionale Bedeutung und Wichtigkeit bekommen hat. Unter diesem Anspruch und Erwartungsdruck geschieht es leicht, dass die vermeintliche Bilanz der Liebe nicht mehr ausreicht.

Und stimmt die Bilanz mit der „Liebe“ nicht mehr, wird sich ganz im Sinne einer Ex und Hopp Gesellschaft – in der es preisgünstiger ist, eine Waschmaschine oder ein Fernsehgerät neu zu kaufen, statt dies reparieren zu lassen – vom Partner getrennt. Denn mit dem neuen Mann, der neuen Frau – so die vermeintliche Hoffnung – wird ja alles anders, vor allem aber besser. Allerdings werden nicht wenige – die Scheidungszahlen bei der zweiten Ehe liegen bei 70 Prozent, bei der dritten Ehe um 80 Prozent – zu „Wiederholungstätern“. Mit der realen Folge, dass in 2003 bundesweit, neben Arbeitslosigkeit, Trennung und Scheidung die häufigsten Gründe für Überschuldung und Verarmung von Familien waren. Jedes achte Kind/Jugendlicher lebte von der Sozialhilfe.

Betrachtet man also die affektiven Erwartungen der Partner an die Beziehung, so wird seit der Romantik – also seit gerade mal 200 Jahren – in zunehmendem Maße die Einheit von Ehe und Liebe, mit Liebe und Zuneigung als sinnstiftendes Moment, postuliert. Ökonomische Aspekte verloren immer mehr an Bedeutung (*Erler* 2003). So hat der allgemein verbreitete Anspruch, dass nur eine affektiv befriedigende Partnerbeziehung die Grundlage eines dauerhaften Zusammenlebens sein könne, dort seine Wurzeln. Hinsichtlich der Irreversibilität der Lebenszeit und der Lebensplanung stehen solch bedeutende Systeme wie Ehe und Familie damit auf einem sehr wackeligen Fundament. So wird die Zunahme der Ehescheidungen auf die hohe psychische und affektive Besetzung der Partnerbeziehung zurückgeführt (*Nave-Herz* 1991; *Wagner* 1997).

Ganz außer Acht gelassen wird bei der Fixierung auf Verliebtsein und Überbewertung der affektiven Befriedigung, dass wir Menschen Wesen sind, die von der Geburt bis zum Tod ihre gesamten Potenziale entwickeln wollen; dass wir als „System Ehe und Familie“ in der Lage sind, zu einer immer größeren Komplexität des Miteinanders zu gelangen oder anders ausgedrückt, dass wir *in* uns die Fähigkeit haben, die anstehenden Probleme zu lösen und zu bewältigen. Aus *diesem* Reifungsprozess geht dann ein System gestärkt hervor, die Liebe zueinander wächst dadurch. Vielleicht liegt darin sogar ein wichtiger Sinn unseres Lebens?

Die Trauformel: „In guten und in schlechten Zeiten zusammenzuhalten und zueinander zu stehen", bedeutet ja nichts anderes, als zu diesem Entwicklungsprozess Ja zu sagen. Ein Prozess, der darauf angelegt ist, eine Familie zu gründen und Kinder zu bekommen – so der uralte Auftrag der Natur. Sich diesen Herausforderungen zu stellen bewirkt, dass man immer mehr der Mann, beziehungsweise die Frau wird, also die Persönlichkeit entwickelt, die in einem steckt und angelegt ist.

Mihaly Csikszentmihalyi, der in einer großen Anzahl von Untersuchungen der Frage nach gegangen ist, was das Glück ausmacht, sieht gerade in der Bewältigung von Herausforderungen einen zentralen Schlüssel zum Glück. Damit die Liebe frisch bleibt, muss eine Beziehung immer komplexer werden, müssen die Partner immer neue Potenziale in sich und aneinander entdecken (2004).

3.6 Die Gestaltung des Alltags konstituiert ein Paar

Das Leben eines Paares ist vergleichbar mit einem Fluss, der viele Stromschnellen, Untiefen, Sandbänke, landschaftlich idyllische und gefährliche Ruheplätze hat – historische, soziokulturelle und physikalische Umweltbedingungen. Die zentrale Aufgabe eines Paares besteht darin, auf diesem Fluss sein Boot, mit der dazugehörigen Besatzung, sicher und geschickt zu steuern. Aber wie soll man mit Liebe, Glück, Zuneigung *allein* einen bisweilen reißenden Fluss bewältigen? Dazu braucht es handwerkliches Geschick, Kooperationsfähigkeit und Verlässlichkeit – auch bei hartem Wetter. Deshalb sind bei einem Paar nicht die großen Absichtserklärungen und Liebesschwüre interessant, sondern die vielen kleinen Routinen des Beziehungslebens, die Regelungen der Alltagsorganisation. Wer sorgt dafür, dass die schmutzige Wäsche gewaschen wird, dass sie zum Trocknen aufgehängt, gebügelt, gefaltet und in den Schrank gelegt wird? Wer fühlt sich dafür verantwortlich, die Kinder zu trösten, wenn sie nachts weinen? Die vielen kleinen einzelnen Handlungen des Alltags, das Betten machen, das Putzen der Toilette, das Abräumen des Frühstückstisches konstituieren ein Paar! Der Alltag, der funktioniert oder nicht funktioniert, ist die entscheidende Basis, das Leben mit all seinen Herausforderungen zu bewältigen (*C. J. Kaufmann* 1994). Nicht selten geschieht es in der Beratung, dass genau dies von Ratsuchenden als „Gewohnheiten" gering schätzend etikettiert wird. Aber sind es nicht die Gewohnheiten, die uns Wohnung nehmen lassen, die uns eine Sicherheit vermitteln, damit wir immer mehr die werden, die wir sind?

Ist es übertrieben zu sagen, dass Ehe und Familie in Deutschland in einer tiefen Sinnkrise stecken? Dass angesichts eines Übermaßes an Sinnangeboten, einer „Werteinflation" (*Kaufmann* 1988) es Schwierigkeiten bereitet, (religiöse) Sinninhalte und Werte zu tradieren? Aber ist es nicht genau das, was Menschen suchen, etwa angesichts des Booms von Familienaufstellern nach *Bert Hellinger,* in denen es darum geht, „Ordnung in der Liebe" zu finden? Haben möglicherweise nicht viele junge Menschen einen Zugang dazu verloren, dass zu einer Liebe zwischen Mann und Frau das Empfangen und die Weitergabe des Lebens mit dazugehören? Bekommt Humanae Vitae von *Papst Paul VI.* – durch eine sehr verkürzte Wahrnehmung auf Fragen der Empfängnisregelung auch als „Pillen Enzyklika" bezeichnet – angesichts der Frage: „Wer wird uns anlächeln, wenn wir 80 sind?" (*Die Zeit* 2.1.03) nicht etwas Revolutionäres oder Prophetisches?

Fasst man das Dargestellte zusammen, so wird deutlich, wie die Menschen der Postmoderne durch unterschiedliche Herausforderungen gefordert sind, Ehe und Familie als ein stabiles System zu konstituieren.

Angesichts dieser beschriebenen Phänomene hat das Verfahren Partnerschule ein ganz klares Ziel. Greifen wir das Bild vom Boot auf, das zwei Menschen durch den Strom des Lebens steuern, so wird deutlich, was notwendig ist, dass eine Ehe gelingt, dass sich ein Paar konstituiert. Genau in der Förderung, Vermittlung und/oder Einübung der Fähigkeiten, sich miteinander zu verständigen, zu kooperieren, einander verlässlich zu sein, um die vielfältigen Probleme des Lebens zu lösen, liegt das erklärte Ziel der Partnerschule.

Dazu sollen den Ratsuchenden Wege eröffnet werden, ihre Ehe und Familie zu *sanieren.* Ihnen soll vermittelt werden, wie genau sie konstruktiv und wohlwollend miteinander umgehen können, damit ihre Verbindung eine gleichwertige Zugewinngemeinschaft wird, von der Mann *und* Frau profitieren. Ihnen soll aufgezeigt werden, wie genau sie ihren Kindern eine liebevolle und warmherzige Atmosphäre bieten können, damit diese zu ihren Eltern eine sichere Bindung aufbauen können, um sich ihren Anlagen entsprechend gut zu entwickeln.

Wird im Beratungsprozess deutlich, dass das Ziel einer Sanierung nicht mehr möglich ist, soll den Betroffenen so viel an Beziehungskompetenzen vermittelt werden, dass sie in der Lage sind, die Verantwortung als Eltern so wahrzunehmen, dass diese nicht durch paardynamische Konflikte belastet wird.

Zusammenfassung

Menschen in der Postmoderne sind angesichts einer Fülle an Werten herausgefordert, eigene Wertehierarchien zu bilden. In der Partnerschule soll ihnen dabei die Klärung und Bewältigung von Beziehungsproblemen als zentraler Wert einer Beziehung vermittelt werden.

4. Die Ratsuchenden – ihre Wünsche und Erwartungen

Was wünschen sich Ratsuchende eigentlich, wenn sie eine Ehe- und Partnerschaftsberatung oder eine Familienberatungsstelle aufsuchen?

Eine Beraterin wird zunächst die Komplexität, die ein Paar anbietet, reduzieren müssen. Auf der einen Seite ist dies sinnvoll, um vor lauter Bäumen den Wald noch sehen zu können. Auf der anderen Seite besteht dabei natürlich die Gefahr, wichtige Einzelheiten zu übersehen. Ein Instrument, das hilft, mit möglichst wenigen blinden Flecken zu arbeiten, ist die Diagnostikbatterie und das zur Auswertung einsetzbare Computerprogramm der Beratungsbegleitenden Forschung (*Klann* & *Hahlweg* 1994a). Es wird standardmäßig im Rahmen der Partnerschule eingesetzt. Die Klienten füllen die Fragebögen (Erklärung der Bestandteile in Kapitel 13.3) zu Beginn und am Ende der Beratung aus. Um festzustellen, ob die erzielten Veränderungen stabil geblieben sind, gibt es außerdem eine Katamneseerhebung, die ein halbes bis ein Jahr nach Beratungsende erfolgt.

Das erstmalige Ausfüllen des Bogens hilft auch den Klienten für das alles, was es im Miteinander *genau* schwierig macht, Worte zu finden. So beginnt sehr früh ein Prozess des Benennens und damit ein wichtiger Schritt zur Klärung. Gleichzeitig hilft dieser Schritt, eine Ahnung davon zu bekommen, wie eine Veränderung aussehen kann. Immer dann, wenn jemand weiß, wo er im Moment steht, also konkret benennen kann, welche Bereiche der Partnerschaft häufig zu gravierenden Konflikten führen, die die Beziehung sehr belasten, bedeutet das gleichzeitig, dass dies auch dafür genutzt werden kann zu beschreiben, wo man hin will. Das Setzen von Zielen ist ein wichtiger Schritt, Veränderungen und Verbesserungen überhaupt erst zu ermöglichen. Meine über 10-jährige Erfahrung mit diesem Instrument zur Diagnostik hat mir sehr geholfen, meine Beratungen zielorientiert durchzuführen. Seitens der Klienten erlebe ich, dass sie sich dadurch sehr ernst genommen fühlen, dass sie spüren, dass sie ihren Veränderungsweg mit in ihre eigene Hand nehmen können.

Durch die Zusammenführung der entsprechenden Daten der Beratungsbegleitenden Forschung von verschiedenen Kolleginnen (*Klann* 2002) wurde es gleichzeitig möglich, ein ziemlich genaues Profil davon zu erstellen, was sich Ratsuchende in einer Partnerschaftsberatung von der Beraterin wünschen. Als langjähriger Fachmann Institutioneller Beratung macht *Klann* in dem Untertitel zu dieser Studie „Von den Beratungs- und Therapieschulen zur klientenorientierten Intervention“ auf eine mögliche Gefahr aufmerksam, nämlich dass sich die Beraterin an den Ideen einer Beratungsschule statt an den Phänomenen, die Ratsuchende uns Beraterinnen anbieten, orientiert.

Was sind nun die wichtigsten Erkenntnisse aus dieser Studie?

Im Durchschnitt sind die Ratsuchenden 35 bis 40 Jahre alt. Knapp 80 Prozent von ihnen sind als Eltern für Kinder verantwortlich. Bedenkt man, wie wichtig die Atmosphäre, in der Kinder aufwachsen für ihre seelische und körperliche Gesundheit ist – sehr eindrucksvoll dokumentiert durch die Säuglingsforschung, Traumaforschung und neurobiologischen Forschungsergebnisse der letzten Jahre –, so wird der hohe Stellenwert der Partnerschaftsberatung für das Wohl der Gesellschaft deutlich. Denn es ist das Binnenklima zwischen Mann und Frau, die Art des miteinander Umgehens, die genau diese Atmosphäre im häuslichen Rahmen prägt.

Ein wichtiger Teil der Diagnostikbatterie ist die *Problemliste* (*Hahlweg* 1996). Sie ist hervorragend geeignet, um typische Partnerschaftsprobleme und/oder Problemkonstellationen bei Paaren zu erfassen und abzubilden. Die Ratsuchenden beurteilen insgesamt 23 Bereiche des Zusammenlebens danach, ob hier Konflikte vorliegen und wie sie damit umgehen. Interessant an dieser Liste ist, dass über einen Zeitraum von fast 25 Jahren keine Änderungen in der Rangfolge der einzelnen Konfliktbereiche festzustellen ist. So sind die Bereiche Zuwendung des Partners (65 Prozent), Sexualität (64 Prozent), Kommunikation/gemeinsame Gespräche (59 Prozent), Forderungen des Partners (57 Prozent), fehlende Akzeptanz/Unterstützung des Partners (54 Prozent) nach wie vor die Hauptthemen, die Paare eine Beratung aufsuchen lassen. Der Bereich „außereheliche Beziehungen“ wird erst an 19. Stelle genannt! (*Klann* 2002, 98).

Die Bedeutung des Binnenklimas für die Inanspruchnahme von Beratung wird auch durch die Ergebnisse des *Fragebogens zur Einschätzung von Partnerschaft und Familie* (*Klann, Hahlweg* & *Hank* 1992) bestätigt. Dieser erfasst mit 120 Fragen, die 10 Skalen zugeordnet sind, Themenfelder, die eng mit Ehe und Partnerschaft verknüpft sind. So sind die Ratsuchenden in den Bereichen „Globale Zufriedenheit mit der Partnerschaft“, „Affektive Kommunikation“, „Problemlösekompetenz“, „Gemeinsame Freizeitgestaltung“ und „Sexuelle Zufriedenheit“ signifikant unzufriedener als die Normstichprobe. Im Bereich der „Finanzplanung“ bzw. der „Einschätzung der Ehezufriedenheit der Eltern“ unterscheiden sie sich nicht von unbelasteten Paaren.

Unter *klinisch relevanten depressiven Verstimmungen* leiden zu Beginn der Beratung rund 42 Prozent der Frauen und 32 Prozent der Männer. Eine andere Bezeichnung für Depression ist die der „erlernten Hilflosigkeit“ (*Maier* & *Seligman* 1976) und diese Bezeichnung führt uns zu einer weiteren wichtigen Untersuchung, einer EMNID-Studie (*Saßmann* & *Klann* 2002). Darin wurde deutlich, dass etliche Ratsuchende in vielfältiger Hinsicht durch den Erziehungsstil in ihrer Herkunftsfamilie belastet sind. 49 Prozent bezeichneten die Erziehung durch ihre Eltern als sehr streng (im Vergleich zu 18 Prozent in der Normalbevölkerung, NB), 43 Prozent wurden von ihren Eltern nur dann geliebt, wenn sie sich so verhielten, wie ihre Eltern es wollten (13 Prozent in der NB) und 33 Prozent berichteten davon, dass sie machen konnten was sie wollten, immer war für ihre Eltern irgendetwas falsch (13 Prozent in der NB) (a.a.O. S. 98).

Nach *Hautzinger* & *Hoffmann* (1980) richten Depressive an ihre Partner eine Vielzahl von Verhaltensweisen, die den Versuch darstellen, beim Partner Hilfe, Trost, Unterstützung und Mitgefühl hervorzurufen. Partner zeigen diese Reaktion nicht immer bereitwillig, in nicht ausreichendem Maße und im Laufe der Zeit immer seltener bzw. zögernder. Da depressiven Menschen in der Regel das Alternativverhalten fehlt, intensivieren sie ihr Appellationsverhalten, bis der Partner schließlich den Wünschen nachkommt. Diese Interaktion produziert beim Depressiven ein Gefühl der Abhängigkeit und Hilflosigkeit, verbunden mit stetigem Zweifel an der Aufrichtigkeit des Partners. Beim Partner werden aggressive, feindselige Empfindungen hervorrufen.

Resümierend kann man sagen, dass viele Ratsuchende implizit dysfunktionale Beziehungsschemata anwenden. Ihnen mangelt es z.B. noch an der Realisierung sozial kompetenter Verhaltensfertigkeiten, wie etwa der Fähigkeit, die eigenen Bedürfnisse zu kennen, sie für sich selbst zu benennen, diese zu äußern und sich dafür einzusetzen. Die Bedürfnisse des Partners wahrzunehmen und in angemessener Weise zu akzeptieren oder zurückzuweisen und sich somit selbstsicher in einer nahen Beziehung zu verhalten, so dass man sich auf gleicher Augenhöhe begegnet.

Viele Ratsuchende hatten offensichtlich durch frühe Beziehungserfahrungen wenig Gelegenheit, Erfahrungen der Kompetenz hinsichtlich der Umsetzung eigener Bedürfnisse und Wünsche, der Erfahrungen von Selbstwirksamkeit zu machen, stattdessen waren sie damit beschäftigt, Stress und Angst zu bewältigen. Dass solche früheren Lernerfahrungen Auswirkungen auf das konkrete Gestalten von nahen Beziehungen im Heute haben, liegt auf der Hand. Aus neurowissenschaftlicher Sicht ist der Inhalt des psychischen Apparates individuell konstruiertes Wissen. Von entscheidender Bedeutung für diesen Lernprozess sind die frühen Jahre: „Wie alle lernfähigen Gehirne ist auch das menschliche Gehirn am tiefsten und nachhaltigsten während der Phase der Hirnentwicklung programmierbar" (*Hüther* 2001, 23). Ein Kind, das viel Angst und Stress erlebt, speichert von Anfang an die Erfahrungen im Umgang mit diesen Zuständen und nutzt diese Erfahrung bis auf weiteres, um das Wohlbefinden zu sichern, so gut es geht: „Je früher sich diese prägenden Erfahrungen im Umgang mit der Angst in das Gehirn eingraben können, je verformbarer die Verschaltungen des Gehirns also zu dem Zeitpunkt sind, zu dem diese Erfahrungen gemacht werden, desto besser sitzen sie für den Rest des Lebens. Sie sehen dann aus wie angeborene Instinkte, lassen sich auslösen wie angeborene Instinkte, sind aber keine angeborenen Instinkte, sondern in das Gehirn eingegrabene, während der frühen Kindheit gemachte Erfahrungen mit der Bewältigung von Angst und Stress" (*Hüther* 2001, 51).

Es ist naheliegend, dass diese frühen Erfahrungen auch Auswirkungen auf die aktuelle gefühlsmäßige und körperliche Befindlichkeit haben. So berichteten in der EMNID-Studie 82 Prozent davon, in Gefühlsdingen sehr verletzlich zu sein, 78 Prozent meinten, sich zu viele Sorgen machen zu müssen, 71 Prozent sprachen davon, gespannt oder aufgeregt zu sein, 63 Prozent hatten den Eindruck, andere nicht zu verstehen und 60 Prozent berichteten davon, dass es ihnen schwer fällt, etwas anzufangen. Die Signifikanz zu den Normwerten betrug jeweils p.001 (*Klann* & *Saßmann* 2002, 94).

Klinisch auffällige Werte in der *Beschwerdenliste* (*Zerssen* 1986) weisen zu Beratungsbeginn 50 Prozent der Männer und 38 Prozent der Frauen auf. Mit dieser Liste werden subjektive Beeinträchtigungen erfasst, die durch körperliche Allgemeinbeschwerden verursacht werden und erste Hinweise auf eine psychosomatische Symptomatik geben können.

Die gesamten Fragebogendaten erscheinen unter einem anderen Licht, wenn man sie in ihrer Bedeutung für den Einzelnen gewichtet. Wenn eine Partnerschaft nicht wichtig ist, dass Gestalten von Sexualität *keine* Bedeutung für einen Menschen hat, dann ist es auch relativ unerheblich, wie zufrieden oder unzufrieden er in diesem Bereich ist. Die Bedeutung dieser Gewichtung wird durch den *Fragebogen zur Lebenszufriedenheit* (*Henrich* & *Herschbach* 2000) erfasst. Als „sehr wichtig" oder „extrem wichtig" schätzten 88 Prozent aller Ratsuchenden Familienleben und Kinder, 86 Prozent Partnerschaft und Sexualität und 83 Prozent Gesundheit ein. Eigene Hobbys hatten dagegen nur für 42 Prozent eine extrem wichtige Bedeutung. Und wie konkret erlebten nun die Ratsuchenden ihre Realität im Vergleich zur Normstichprobe? Lediglich in den Bereichen Einkommen/finanzielle Sicherheit und Beruf/Arbeit unterschieden sie sich *nicht* von der Normalbevölkerung. In allen anderen Bereichen (Freunde und Bekannte, Freizeitgestaltung und Hobbys, Gesundheit, Wohnsituation, Familienleben und Kinder, Partnerschaft und Sexualität) waren sie signifikant unzufriedener. Beispielsweise lag der Mittelwert der Klientenstichprobe im Bereich Familienleben/Kinder bei 4,9 (Norm 9,8) und im Bereich Partnerschaft/Sexualität bei – 0,9 (Norm 7,9) (*Klann* 2002, 109).

Einer der Pioniere, der in seinen Untersuchungen der Frage nachging, warum manche Menschen trotz extremer Belastungen und zahlreicher potenzieller gesundheitsgefährdender Einflüsse *nicht* krank werden, sondern gesund bleiben, war *Aaron Antonovsky.* Er entwickelte das *Modell der Salutogenese,* das die Frage fokussiert, wie Gesundheit entsteht, im Gegensatz zum bisher dominierenden Modell der Pathogenese, der Frage also, wie Krankheit entsteht. Aus seiner Sicht wird der Gesundheits- bzw. Krankheitszustand eines Menschen wesentlich aus einer individuellen, psychologischen Einflussgröße bestimmt: einer allgemeinen Grundhaltung eines Menschen gegenüber der Welt und dem eigenen Leben. Diese Grundhaltung bezeichnete er als Kohärenz. Kohärenz zeichnet sich durch ein Gefühl der Stimmigkeit, des Einklangs mit sich und der Welt aus. Je stärker dieses Gefühl ausgeprägt ist, desto gesünder sind nach seiner Meinung Menschen bzw. umso schneller werden sie gesund (*Antonovsky* 1997). Und damit sind viele Ratsuchende zu Beginn einer Beratung konfrontiert, dass ihre Erwartungen an bestimmte Lebensbereiche, insbesondere der Ehe und Familie, sich bei weitem nicht mit ihrer Realität decken. Genau das macht sie möglicherweise auch anfällig für körperliche Krankheiten.

Zum Schluss gilt es noch auf ein weiteres wichtiges Ergebnis der EMNID-Studie hinzuweisen, mit dem so eigentlich niemand gerechnet hatte: Ratsuchende erwarten mehr Hilfestellung und solidarische Unterstützung im nahen sozialen Umfeld! Von den befragten Klienten von Ehe-, Familien- und Lebensberatungsstellen wünschten sich z.B. 89 Prozent mehr Kontakt zu Freunden und 59 Prozent äußerten, mehr Kontakt zu Nachbarn haben zu wollen. Obwohl also Ziele und Kontaktwünsche existieren, lassen sie sich scheinbar nicht realisieren. 61 Prozent (!) gaben an, bereit zu sein, sich in Selbsthilfegruppen zu engagieren. Das Ausmaß an erwünschter Unterstützung lag in allen Bereichen weit über der Einschätzung, die die ebenfalls befragten Stellenleiter von Ehe-, Familien- und Lebensberatungsstellen bezüglich des Unterstützungsbedarfs abgegeben hatten (*Saßmann* & *Klann* 2002, 103).

Zusammenfassung

Die Diagnostikbatterie der Beratungsbegleitenden Forschung hilft der Beraterin, sich neben ihrem persönlichen Eindruck ein umfassendes Bild von der aktuellen persönlichen und partnerschaftlichen Situation der Ratsuchenden zu machen. Darüber hinaus unterstützt das Ausfüllen der Fragebögen die Klienten bei der Mitsteuerung des Beratungsprozesses. In der Zusammenschau der Ergebnisse wird deutlich, dass Ratsuchende in vielfältiger Weise beeinträchtigt sind. Die meisten Konflikte beziehen sich auf das Binnenklima der Beziehung. Auch die Lebenszufriedenheit unterscheidet sich bis auf die Bereiche Einkommen und Beruf signifikant von der Normalbevölkerung. Angesichts fehlender Kontakte wünschen sich Ratsuchende in sehr hohem Maße Hilfe beim Aufbau tragfähiger freundschaftlicher Beziehungen und Netzwerke.

5. Beziehungserfahrungen steuern unsere Gene

Grundsätzlich geschieht unser Denken, Fühlen, Wollen, Planen, Handeln, Urteilen in unserem Gehirn durch Nervenzellen bzw. Nervenzellgruppen und deren Verknüpfungen miteinander, den Synapsen. Dabei kann jede Nervenzelle durch 10.000 Synapsen mit anderen Nervenzellen verschaltet sein.

Die Synapsen dienen der Erregungsübertragung von einer Nervenzelle zur anderen. Synapsen, die häufig und intensiv aktiviert werden, werden strukturell verstärkt, so dass sie zukünftig sowohl leichter erregt werden als auch stärker „feuern", d.h. mehr bzw. stärkere Signale senden. Indem also Wahrnehmungen und Tätigkeiten wiederholt werden, werden die dabei benutzten Synapsen stabilisiert beziehungsweise verstärkt. Solche, deren Aktivität reduziert wird, können ganz verloren gehen. „Use it or lose it" bezeichnen amerikanische Neurobiologen diese Realität. Diese Erkenntnis ist für Therapie und Beratung ausgesprochen Weg weisend und kann den Klienten Mut machen, denn sie bedeutet, dass das Gehirn in der Lage ist, seine Feinstruktur durch die Umwandlung seiner synaptischen Verschaltungen zu verändern. Denn auch zwischenmenschliche Beziehungsmuster und die entsprechenden Denkweisen, Interpretationsstile und Bewertungen von Situationen werden in neuronalen Netzwerken abgespeichert und aus diesen Tag um Tag abgerufen.

Mit der Geburt eines Menschen ist die neurobiologische Grundausstattung an Nervenzellen fast vollständig vorhanden. Ab dem zweiten und dritten Drittel der Schwangerschaft beginnt der Aufbau der Verschaltung durch Synapsen. Dieser Aufbau wird nach der Geburt durch ein Wechselspiel zwischen Mutter und Säugling fortgesetzt, in dem der Säugling entsprechend seiner Aufnahmefähigkeit den Rhythmus vorgibt, nach dem sich die Mutter intuitiv richtet. Ist die Mutter häufig unter Stress, wird diese Intuition massiv beeinträchtigt und sie kann sich ihrem Kind nicht angemessen widmen (*Papousek* & *Papousek* 1982). „Wird das neurobiologische System unter Stress gesetzt, durch Reize überflutet oder überfordert, so können sich auch beim Säugling die negativen Folgen der Stressreaktionen ergeben ... wobei Cortisol und Glutamat Nervenzellen und Synapsen zerstören. Nur eine angemessene Reizzufuhr für den Säugling lässt erwarten, dass die dadurch einbezogenen aktiven Nervenzellen und Synapsen in ihrer Funktionstüchtigkeit verstärkt werden" (*Bauer* 2002, 82).

Eine sehr gute und auch für Laien verständliche Beschreibung über die Zusammenhänge zwischen den Beziehungserfahrungen und ihren Auswirkungen auf die Steuerung der Gene findet sich bei *Bauer* (2002). So haben zwischenmenschliche Beziehungen während unseres gesamten Lebens, beginnend mit der Schwangerschaft, Auswirkungen auf unsere Gesundheit. Unlösbare Probleme im Bereich zwischenmenschlicher Beziehungen, Trennungs- bzw. Scheidungssituationen, chronischer Stress oder depressive Erkrankungen führen zu einer vermehrten Produktion von Cortisol. Dies kann bedeuten, dass unser Immunsystem behindert wird, Infektionen abzuwehren bzw. dass „schlafende" Viren (wie Herpes) geweckt werden. „Dauerstress ist überhaupt nicht gesund, schon gar nicht für den Hippocampus, der durch dauerhaft zu hohen Cortisolspiegel so sehr geschädigt wird, dass sein Volumen deutlich schrumpft" (*Grawe* 2004, 34).

Bei Menschen, die unter Einsamkeit oder familiären Belastungen litten, führte bereits die Teilnahme an einer Gruppe mit Entspannungsübungen innerhalb weniger Wochen zu einer verbesserten Funktion der Abwehrzellen und einer gesteigerten Abwehr gegen schlafende Viren.

Die Neurowissenschaften betrachten das Gehirn als einen sich selbst organisierenden Erfahrungsspeicher, als ein Überlebensorgan, das darauf spezialisiert ist, auf sich verändernde Umwelten flexibel zu reagieren und sich anzupassen. Neuere Veröffentlichungen geben wichtige Hinweise auf die Gestaltung von Prozessen zur Erhöhung der Beziehungsqualität, sie fundieren die Vorgehensweise der Partnerschule und lassen ihre Wirksamkeit verstehen (*Bauer* 2002; *Grawe* 2004; *Storch* 2002).

Wurde bislang eher die Meinung vertreten, dass unser Verhalten durch unsere Gene gesteuert wird, so muss aufgrund aktueller neurobiologischer Erkenntnisse konstatiert werden, dass es sich eher umgekehrt verhält. Die Erlebnisse in unserem Alltag und unser Lebensstil steuern ihrerseits die Aktivität von Genen und verändern so Strukturen im Gehirn. Alle unsere zwischenmenschlichen Beziehungserfahrungen, die eine Fülle an Emotionen und Lernerfahrungen umfassen, werden in den Nervenzell-Netzwerken des Gehirns gespeichert. Unsere Gene, als Träger unserer Anlagen, sind mit einem Konzertflügel zu vergleichen, der für sich allein noch keine Musik macht. Das Entscheidende ist, wie auf diesem Flügel gespielt wird, wie also die Gene in unserem Gehirn gesteuert werden.

Durch die Entschlüsselung des menschlichen Genoms im Jahr 2001 kam zu Tage, dass der Text der 35.000 menschlichen Gene bei allen Menschen untereinander zu 99,9 Prozent identisch ist! Wir Menschen sind uns also alle viel ähnlicher als wir oft den Eindruck haben. Deutlich wurde auch, dass das Ausmaß der Genregulation größtenteils nicht genetisch vererbbar ist – also die Art und Weise, wie auf dem Klavier gespielt wird. Das Geheimnis von Gesundheit und Krankheit liegt für die große Mehrheit aller Krankheiten nicht im Text der Gene, sondern in der Regulation ihrer Aktivität.

So bewirkt eine positive äußere Situation, ein freundliches, wohlwollendes Miteinander, eine interessante Aufgabenstellung die Aktivierung zahlreicher Gene im Gehirn, deren Proteine Wachstumsfaktoren für Nervenzellen sind. Deutet man also im Rahmen der Paarberatung die Probleme, die ein Paar hat, *als Herausforderung*, deren Klärung und Bewältigung jetzt ansteht, so macht man diese zu einer „interessanten Aufgabenstellung". Positive Umweltreize, also solche, die den Organismus aktivieren, ohne ihn zu bedrohen, sind für die Nervenzellen ein wichtiger Überlebensfaktor, weil sie zur Aktivierung zahlreicher Gene führen und somit die Funktion der Nervenzellen verbessern.

⇢ Beziehungserfahrungen beeinflussen Krankheit und Gesundheit

Zwischenmenschliche Belastungssituationen, typisch für Paare, die eine Beratung aufsuchen, bewirken, dass ein spezifisches Gen (CRH-Gen) im Gehirn eingeschaltet wird, das zu einer vermehrten Produktion des Hormons Cortisol führt. Darüber hinaus aktiviert dieses Gen eine dominoartige Kette von Folgereaktionen, wie z.B. die Erhöhung des Blutdrucks, rötliche Hautflecken im Gesicht sowie am Hals, Appetitlosigkeit. Jeder, der schon einmal Liebeskummer erlebt hat, weiß, wie sich eine Beziehungskrise anfühlt und hat solche oder ähnliche Erfahrungen am eigenen Leibe erlebt. Eine anhaltende Aktivierung dieses Gens, beispielsweise bei einer dauerhaft belasteten und unglücklichen Partnerschaft, führt sowohl beim Mann als auch bei der Frau zu einer Verminderung der Produktion von Sexualhormonen. Dies erklärt, warum Paare, die Stress miteinander haben, gleichzeitig über eine fehlende Sexualität miteinander klagen.

Will man nun eine wenig erfolgreiche Reaktion auf partnerschaftliche Belastungssituationen verändern, wird dem Problem, das diesen Stress auslöst, Aufmerksamkeit entzogen und stattdessen für gute stabilisierende Erfahrungen gesorgt. Das geht zunächst über eine wohlwollende, freundliche Grundhaltung der Beraterin dem Paar gegenüber. Sie lässt sich von dem Problem des Paares nicht schockieren, sondern versteht dies als „normal", als für die Entwicklung des Paares notwendig. Dann sorgt sie für gute Erfahrungen, indem sie zum Beispiel nach dem Beginn der Beziehung fragt, danach, wie das Paar sich kennen lernte, lässt sich von der Zeit des intensiven Verliebtseins erzählen, von den guten Erfahrungen, die man *auch* miteinander gemacht hat. Mit Beginn der Paarberatung im Gruppensetting sorgt sie durch die Auswahl der Übungen dafür, dass die Ratsuchenden sowohl mit anderen Gruppenteilnehmern als auch miteinander als Paar gute Erfahrungen machen können.

Würde man dem Ausdiskutieren der Probleme viel Zeit und Aufmerksamkeit widmen, würden dadurch die entsprechenden neuronalen Netzwerke nur weiter wachsen, denn die Zellen, die gleichzeitig feuern, verdrahten sich und verstärken so die Übertragungsbereitschaft, je häufiger und intensiver sie benutzt werden. Diese Vorgänge im Gehirn kann man mit bestimmten Muskeln vergleichen, die durch gezieltes Training im Fitnessstudio aufgebaut werden. Wenn Muskeln häufig beansprucht werden, erhöhen sie ihre Leistung und die, die selten beansprucht werden, verlieren ihre Leistungsfähigkeit, bilden sich zurück. Neurowissenschaftler sprechen in diesem

Zusammenhang von Bahnung. *Hüther* (1997) nutzt dafür das Bild eines Weges in unwegsamem Gelände. Je häufiger dieser Weg benutzt wird, desto breiter und ausgetretener wird er. Wege, die selten oder gar nicht mehr benutzt werden, verschwinden von der Bildoberfläche, sie verwildern und wachsen zu. Ähnlich ist es mit den Verbindungen zwischen Nervenzellen, die wenig genutzt werden. Auch diese verschwinden immer mehr aus der Gehirnlandschaft.

So hatte sich eine Frau *entschieden,* keine Energie und Aufmerksamkeit mehr in den Ärger, die Wut etc. über die Freundin des Ehepartners zu investieren. Stattdessen war sie dem Rat der Beraterin gefolgt, sich an den vorhandenen Gemeinsamkeiten mit ihrem Ehemann zu freuen und ihre emotionale Bedürfnisbefriedigung nicht ausschließlich von ihrem Mann zu erwarten, sondern diese auch im Kontakt zu Verwandten und Freunden zu leben. So stellte der Ehemann in einer späteren Beratungssitzung ganz erstaunt fest, dass seine Frau noch gar nicht bemerkt hatte, dass er sich mittlerweile von der Freundin getrennt hatte.

Deshalb werden im Rahmen der Partnerschule durch unterschiedlichste Übungen Anregungen gegeben, wie Paare wieder gute Erfahrungen miteinander machen können, die Entspannung und positive Gefühle auslösen. Denn erst diese ermöglichen es, die Konflikte und die Stress auslösenden Situationen klären und bewältigen zu können. Dass solche Atmosphären entstehen, ist *Gestaltungs*aufgabe der Beraterin! Was das konkret bedeutet, wird an folgendem Beispiel deutlich. Wenn man im Kino einen Horrorfilm gesehen hat und spät abends auf dem Heimweg einen lauten Knall hört, wird man weit schreckhafter, mit einem heftigen Cortisol Ausstoß darauf reagieren, als wenn man diesen Knall im Rahmen einer lustigen und entspannten Silvesterfeier eine Stunde vor Mitternacht hört. So verändert eine bewusst entspannt und wohlwollend gestaltete Eingangsphase im Rahmen der Gruppen zur Partnerschule bereits innerhalb weniger Stunden die von den Ratsuchenden mitgebrachten Stimmungen von Ängstlichkeit hin zu Vertrauen und Gelassenheit! In einer solchen, bewusst gestalteten Umgebung erscheinen dann die Probleme miteinander in einem ganz anderen Licht. Sie werden der Lösung und Bewältigung viel leichter zugänglich bzw. verschwinden nicht selten von selbst.

Bleiben Belastungen im Miteinander bestehen oder treten sie immer wieder auf, ohne dass das Problem für die betroffenen Partner zu lösen ist, können die körperlichen Folgen gravierend sein. Die Hormone Adrenalin und Noradrenalin – die in existenziellen Gefahrensituationen rasche Kampf- oder Fluchtreaktionen erleichtern – können bei häufiger Ausschüttung zur Entwicklung eines dauerhaften Bluthochdrucks beitragen. Wissenschaftlich fundiert kann man sagen, dass Stresserlebnisse die Lebenserwartung signifikant verkürzen, sie machen anfällig für Virusinfektionen, haben einen negativen Einfluss auf den Verlauf von Krankheiten, wie Multiple Sklerose, Hautkrankheiten wie Schuppenflechte, Herzkrankheiten inklusive Herzinfarkt, Zuckerkrankheiten, Asthma, aber auch bestimmte Tumorerkrankungen wie Brustkrebs. Nach gegenwärtigem Erkenntnisstand werden diese Krankheiten zwar nicht durch Stress verursacht, aber Stress hat einen bedeutenden Einfluss auf ihren Verlauf, das heißt auf die Fähigkeit des Körpers, sich mit dieser Krankheit auseinander zu setzen.

Als medizinisch gesichert gilt ferner, dass lang andauernder Stress für die Struktur, die Funktionstüchtigkeit und für die Alterung des Gehirns negative Folgen hat, weil Stresshormone freigesetzt werden und diese gleichzeitig die Aktivität von Genen hemmen, die das Wachstum von Nerven produzieren.

Demgegenüber können gute zwischenmenschliche Beziehungen – und für solche Erfahrungen bieten Gruppen ein optimales Lern- und Erfahrungsfeld – vor den negativen Auswirkungen von Stresserlebnissen auf die Lebenserwartung schützen. So empfahl einer der Urväter der Stressforschung, *Hans Selye*: „Erwirb dir die Liebe deines Nächsten!" Für die Arbeit mit Paaren, für deren Umgang mit ihren Kindern bedeutet es, dass gute zwischenmenschliche Beziehungen nicht nur im Gehirn abgebildet und gespeichert werden, sondern dass diese das beste und wirksamste Arzneimittel gegen seelischen und körperlichen Stress sind. Umgekehrt bedeutet dies, dass dort, wo sich die Qualität zwischenmenschlicher Beziehung verschlechtert, das Krankheitsrisiko zunimmt.

···› Stressreaktionen werden früh gelernt

Reaktionen, die Menschen auf belastende Situationen zeigen, sind nicht zufällig. Sie wurden vielmehr durch Erfahrungen erworben und sind somit Teil der individuellen Geschichte und Persönlichkeit eines Menschen. Befindet sich jemand in einer belastenden Situation, vergleicht er automatisch, wie er sich früher in einer Belastungssituation verhalten hat und reagiert ganz ähnlich. Darüber hinaus hinterlassen diese frühen Erfahrungen auch einen Abdruck im Ablauf des biologischen Stressreaktionsmusters. Über den Input unserer fünf Sinne wird in Sekunden Bruchteilen – 400 bis 600 Millisekunden – eine äußere Situation zu einem inneren Bild zusammengefasst und bewertet. Dies geschieht im Zentrum für unsere emotionale Intelligenz, dem „limbischen System". Eine Fähigkeit, ohne die wir nicht in der Lage wären, unseren Alltag zu bewältigen.

Die Bewertung der jeweiligen Situation hängt darüber hinaus von unseren bestehenden Motivationen und Absichten ab. Das heißt zum Beispiel konkret, dass jemand dann die Interaktion mit dem eigenen Ehepartner vor allem unter negativen Gesichtspunkten bewertet, weil er sich vielleicht frisch in einen anderen potenziellen Partner „verliebt" hat und von der Motivation getrieben ist, mit jenem zusammen zu sein.

Eine zentrale Bedeutung für die Paarberatung haben in diesem Zusammenhang gespeicherte, frühe Beziehungserfahrungen. So wird eine aktuelle Situation dann als Gefahr bewertet, wenn diese Erinnerungen an frühere Situationen wachruft, in der bedrohliche, übergriffige Erfahrungen gemacht wurden. Zu einem Großteil haben Ratsuchende während ihrer Kindheit in der Herkunftsfamilie schlechte Erfahrungen bis hin zu Traumatisierungen gemacht (Kapitel 4). So malte eine Ratsuchende nach einer Trance, in der Kindheitserinnerungen aktiviert werden, ihren gewalttätigen Vater und sich selbst hinter einer kleinen Tür. Dieser hatte sie häufig ohne Grund und völlig unberechenbar geschlagen und in ihr Zimmer eingesperrt, wenn sie „Widerworte" gab. Von der Mutter hatte sie keinerlei Schutz erfahren. Ist es da verwunderlich, dass sie heute noch nicht die Fähigkeit besitzt, Wünschen und Begehren ihres Mannes auch ein Nein! entgegenzusetzen? Und dass sie meinte, sich nur mit dem Auszug aus der gemeinsamen Wohnung retten zu können?

Es ist ein großer Unterschied, ob man als Paar miteinander befreundet ist, aber in *getrennten* Wohnungen lebt oder ob man *zusammen* in einem Haushalt wohnt. In *einer* Wohnung wird das Zusammenleben automatisch mit dem in der Herkunftsfamilie abgeglichen. Ist man am Anfang noch verliebt, also höchst motiviert, mit dem anderen möglichst viel zusammen zu sein, so lässt einen diese Motivation manches übersehen, ganz nach dem Motto: Liebe macht blind. Ist aber das erste Kind da, eine große Herausforderung und Aufgabe für das bisherige Zweiersystem, meist verbunden mit wenig Schlaf, dem Zurückstellen eigener Bedürfnisse, dem Verlust einer sozialen Einbindung durch die Aufgabe der Berufstätigkeit, dann kann es sein, dass *alte* Muster im Umgang mit Stresssituationen für das Leben in einer nahen Beziehung aktiviert werden. Dabei handelt es sich häufig um solche Muster, die früher einmal überlebenswichtig waren, etwa zu der Zeit, als man sich an eine ungünstige, aber unausweichliche Situation anpassen musste. Heute dagegen sind diese alten Muster dysfunktional.

Bewegen sich zwei unbewusst in diesem „alten Film", kann es passieren, dass die scheinbar unbedeutende Geste mit der Hand, die Flasche Bier auf dem Tisch, das Spielen einer bestimmten musikalischen Stilrichtung plötzlich eine Katastrophe auslöst. Eine Katastrophe, die zu heftigem Streit und Auseinandersetzungen führt, von denen hinterher keiner mehr den Anlass kennt. So löst das *jetzige* Zusammenleben unter einem Dach, in einer nahen Beziehung, Erinnerungen aus und spontane Bewertungen von Situationen, die der Gedächtnisspeicher aus den Erinnerungen der längst vergangenen Kindheit liefert. In einer solchen Situation übernehmen dann maladaptive Erregungsmuster Regulationsfunktionen.

Das Wissen aus unproduktiven Erinnerungen wird im Rahmen neurowissenschaftlich orientierter Theoriebildung als „maladaptives" Wissen bezeichnet. Für die Sicherung des psychobiologischen Wohlbefindens gibt es kein „gesund" oder „krank", sondern nur „nützliches" oder „nutzloses" Wissen. Wohladaptives Wissen ist dann solches, das dem psychobiologischen Wohlbefinden nutzt.

Nützliches Wissen erwerben

Darum ist es wichtig, dass die Partner voneinander wissen, wie man selbst und wie der jeweils andere groß geworden ist, um zu verstehen, warum man sich so verhält, wie man sich verhält und um zu verstehen, warum der Partner sich so verhält, wie er sich verhält. Dann eröffnet sich die Möglichkeit, unverhältnismäßige Reaktionen auf ganz normale „Alltäglichkeiten" nicht als gegen sich gerichtet zu interpretieren, sondern ihnen vielleicht eine ganz neue Bedeutung zu geben. Dann ist es vielleicht möglich, das jetzige, störende Verhalten als *Kompetenz* zu betrachten, die der Betroffene einmal hat entwickeln müssen, um eine bedrohliche Situation zu bewältigen.

Wenn jemand zum Beispiel in einem sehr gewalttätigen Elternhaus groß wurde, hat er möglicherweise die Fähigkeit entwickelt, sich unsichtbar zu machen, seine Gefühle zu anästhesieren. Ein sehr kompetentes Verhalten als Kind in dieser bedrohlichen Familie. Später dann, wenn er seine eigene Familie hat, kann es sein, dass er in Stresssituationen genau auf dieses alte Muster zurückgreift. Dann ist dieses Verhalten nicht mehr kompetent, sondern dysfunktional, sein Partner wird sich möglicherweise von ihm unverstanden, im Stich gelassen oder nicht ernst genommen fühlen.

Erst wenn das „störende" Verhalten von beiden Partnern verstanden wird, wenn der Betroffene sich dafür nicht mehr mit Schuldgefühlen quält, ist Veränderung, ist neues Lernen möglich. Dann wird die Lust zum Lernen wach: Wie das genau gehen kann, sich im Miteinander so angemessen und funktional zu verhalten, dass es der heutigen, eigenen familiären Situation entspricht. Hier ist es dann die Aufgabe der Beraterin, die Funktion einer Lehrerin zu übernehmen, die den Ratsuchenden dabei hilft, wohladaptives Wissen zu erwerben.

Wiederholungstäter

Bewirkte in früheren Zeiten der äußere Zwang ein Zusammenbleiben einer Ehe, geschieht es heute nicht selten, dass genau an dieser Stelle, wenn also dysfunktionales, maladaptives Verhalten im Miteinander auftaucht, ein Paar in einen Abwärtsstrudel seiner Beziehungsqualität gerät. Dieser wird dann beschrieben als: „Wir haben uns auseinander gelebt!" oder „Wir haben uns nichts mehr zu sagen!" Aber genau das Gegenteil ist der Fall. Man hat sich eigentlich ganz viel zu sagen, man möchte verstehen, welcher Film im Miteinander eigentlich läuft, aber man weiß nicht, wie das gehen kann. Und das Tragische ist dann, dass Menschen sich trennen und sich in eine neue Partnerschaft oder Ehe stürzen und nach einiger Zeit wieder ein ganz ähnlicher Film läuft. Sind Menschen sich ihrer impliziten, den ganz automatischen Verhaltensweisen und Problemlösestrategien nicht bewusst, neigen sie nun einmal dazu, ähnliche Situationen ganz ähnlich zu interpretieren und sich ganz ähnlich zu verhalten, also zu „Wiederholungstätern" zu werden. Denn sowohl positive als auch negative Beziehungserfahrungen lösen sich nicht einfach in Luft auf, sondern neigen dazu, sich in den Netzwerken unseres Gehirns zu addieren.

Nervenzellen, die während einer Gefahrensituation aktiviert werden, haben die Eigenschaft, sich zu vermehren und verstärken die Kontaktstellen (Synapsen), mit denen Nervenzellen untereinander vernetzt sind. Konkret bedeutet das, dass sie gegenüber jenen Nervenzell-Netzwerken die Oberhand gewinnen, deren Aufgabe es ist, die

Chancen und Bewältigungsmöglichkeiten einer Situation zu erkennen. Damit lässt sich die schleichende, manchmal auch plötzliche, negative Eskalation bei vielen Paaren, die zu Verzweiflung und Sprachlosigkeit führt, genau verstehen. Vorerfahrungen der einzelnen Partner von Gefahr, Niederlage, Angst und Flucht, häufig in der Kindheit erworben, stabilisieren deren neuronale Netzwerke so, dass – nach einer Phase der Verliebtheit – *dann* Situationen des Miteinanders immer häufiger in die Richtung dieser destruktiven Netzwerke interpretiert werden. So sind die alten Muster als breite Straßen zu verstehen, positive Erfahrungen aus der Zeit des Kennenlernens als ganz neue Wege, Trampelpfade. Die augenblickliche Situation verglichen mit der Zeit des Verliebtseins, des Anfangs der Beziehung wird dann nicht selten mit folgenden Worten beschrieben: „Wir wollten eigentlich unsere Ehe ganz anders gestalten als unsere Eltern, wir wollten eine glückliche Familie, doch jetzt sind offensichtlich unsere Träume zerplatzt."

In dieser Situation kann man den Ratsuchenden sehr gut ihre Verfassung mit Hilfe des Bildes von den ausgetretenen breiten Wegen und den zarten Trampelpfaden aus der Zeit des Verliebtseins plausibel machen. Ferner kann man als Beraterin die augenblicklichen Probleme so *deuten,* dass durch die bisherige Zeit des Miteinanders ein solches breites Fundament an Liebe gewachsen ist, dass einer (oder beide) sich jetzt auch trauen, alte Verletzungen und/oder Strategien aus Kindertagen zu präsentieren, um diese miteinander zu bearbeiten. Zu bearbeiten, indem man mehr voneinander, davon, wie man der Mensch geworden ist, der man ist, erfährt, um diese Erfahrung zu integrieren. Diese Integration hat dann zur Folge, dass man auf aktuelle Herausforderungen nicht mit alten Verhaltensmustern reagiert, sondern mit neuen, gemeinsam im Rahmen der Beratung gefundenen und eingeübten.

⇢ Die Stimmung der Eltern beeinflusst die Gehirnentwicklung eines Kindes

Macht man sich zum Schluss dieses Kapitels bewusst, dass die meisten Ratsuchenden einer Eheberatungsstelle auch als Eltern für Kinder verantwortlich sind, so wird deutlich, dass deren konkretes Verhalten für das Gedeihen ihrer Kinder zentrale Bedeutung hat. So impliziert eine Partnerschaftsberatung von Eltern gleichzeitig immer auch Familienberatung, unabhängig davon, ob die Kinder während der Therapie physisch anwesend sind oder nicht!

Experimente, die durch Beobachtungen an Tieren gewonnen wurden, konnten einen engen Zusammenhang zwischen der Intensität frühkindlicher Zuwendung und der späteren Fähigkeit, Stress zu verarbeiten eindrucksvoll belegen. So spielt das Ausmaß mütterlicher Zuwendung nach der Geburt eine wichtige Rolle dafür, inwieweit das Stress-Gen CRH im ausgewachsenen Zustand der Tiere Stresshormone produziert. Denn ein hohes Maß mütterlicher Zuwendung bedeutete nicht nur, dass dieses weniger aktiviert wurde, sondern auch, dass ein anderes Gen, das den Nervenwachstumsfaktor BDNF (Brain-Derived Neurotrophic Faktor) produziert, signifikant stärker aktiviert wird. Die Anwesenheit und Fürsorge der Mutter erwies sich als das beste Beruhigungsmittel. Die Trennung nach der Geburt bedeutet für Jungtiere purer Stress, der zu einer das Leben prägenden anhaltenden Sensibilisierung des Stresssystems führt.

Auch bei Menschenkindern mit einer beeinträchtigten Bindung zur Mutter konnte in Stresssituationen eine deutliche Erhöhung des Stresshormons Cortisol nachgewiesen werden. So zeigt sich, dass die frühen Erfahrungen, die ein Kind mit seiner Mutter macht, biologische Langzeitfolgen haben: Die Ansprechbarkeit des neurobiologischen Stresssystems wird dadurch bis ins Erwachsenenalter hinein reguliert bzw. justiert. Deshalb ist es so wichtig, dass Kinder nicht sozialer Not oder familiären Missständen, durch Krisen der Partnerschaft, Verwahrlosung oder gar Misshandlungen, ausgesetzt sind. Als Folge zeigen sich bei ihnen schwere Beeinträchtigungen des Sozialverhaltens und der Lernfähigkeit, bis hin zu einer Verminderung des Gehirnvolumens.

In einer Langzeitstudie konnten *Fthenakis* und Mitarbeiter (2002) eindrucksvoll den Zusammenhang zwischen „schwierigen" drei Monate alten und drei Jahre alten Kindern und der Zufriedenheit ihrer Eltern mit ihrer Partnerschaft belegen. Je häufiger die Partner miteinander stritten, je unfairer Streit ausgetragen wurde und je weniger sie miteinander redeten – also desto mehr Stress die Einzelnen durch die Art ihres Miteinanders hatten –, desto schwieriger war das Kind insgesamt für die Mutter zu handhaben. Es schrie häufiger, ließ sich schlechter beruhigen und verlangte ständig nach ihrer Aufmerksamkeit. Ebenso bietet die Art des Miteinanders der Eltern eines drei Monate alten Säuglings einen signifikanten Beitrag zur Vorhersage der Schwierigkeiten des knapp drei Jahre alten Kindes. Es erscheint beiden Eltern dann häufig als schlecht gelaunt, es neigt häufig zu Wutanfällen, ist motorisch unruhig und zeichnet sich durch ausgeprägtes Trotzverhalten aus (a.a.O. 273 – 281).

Zusammenfassung

Die Art der elterlichen Interaktion und Kommunikation hat herausragende Bedeutung für die biologische und soziale Entwicklung von Kindern, wie z.B. ihren Fähigkeiten, mit Stress und Herausforderungen umzugehen und ihren sozialen Beziehungskompetenzen.

In Abhängigkeit von frühkindlichen Beziehungserfahrungen werden Probleme des Zusammenlebens im Erwachsenenalter entweder eher als Gefahr interpretiert (die dann die Gene veranlasst, Hormone, wie Cortisol, auszuschütten) oder als spannende Herausforderung begriffen (die dann Gene aktiviert, deren Proteine Wachstumsfaktoren für Nervenzellen sind).

6. Von der Vorherrschaft des Mannes zum Modell der Partnerschaft zwischen Frau und Mann

Im Zusammenhang mit Ehe und Lebensgemeinschaft wird heute wie selbstverständlich das Wort Partnerschaft benutzt. Dabei handelt es sich hier um einen vergleichsweise modernen Leitwert für das Verhältnis von Mann und Frau im neuzeitlichen Europa. Die Egalisierung, also die Gleichberechtigung zwischen Mann und Frau in der Ehe, ist ein rechtlich gesehen sehr junges Konstrukt, das erst seit 1976 besteht. Allein diese historische Tatsache lässt ahnen, welches Konfliktpotenzial damit verbunden ist. Rein juristisch wird im ausgehenden zwanzigsten Jahrhundert in der Bundesrepublik Deutschland allen Familienmitgliedern ein bisher nicht gekanntes Maß an rechtlicher Selbständigkeit zugestanden (*Barabas* & *Erler* 2002). So kann eine verheiratete Frau ihren Beruf selber wählen oder Studierende können von Eltern Unterhaltszahlungen gerichtlich einfordern.

6.1 Ehe im Laufe der Geschichte

Die heute vorhandene rechtliche Selbständigkeit gab es nicht immer. Bei den Germanen war die Ehe kein selbständiges „Rechtsinstitut", sondern ein Lebensverhältnis, das sich nach den jeweiligen Sitten und Bräuchen gestaltete (*Dölle* 1964). Das Verhältnis der Ehegatten untereinander war ursprünglich gekennzeichnet vom Prinzip der „Muntgewalt" („Munt" = Schutzhand). Der Mann vertrat die Frau gegenüber Dritten, er hatte uneingeschränkte Gewalt über die Angehörigen seines „Hauses" (*Mitteis* & *Lieberich* 1992).

Das Erstarken des Christentums ab dem 10. Jahrhundert brachte eine radikale Änderung der Ehekonzeption. Die unter Christen geschlossene Ehe wurde als Teil des Schöpfungsauftrages gesehen und folglich zur religiösen Einrichtung. Die Kirche nahm deshalb für sich auch in Anspruch, Verantwortung über den Abschluss der Ehe zu proklamieren. *Dölle* meint dazu: „In steigendem Maße hatte dabei die Kirche erkannt, welche Möglichkeiten das Recht bietet, um die katholische Auffassung vom

Sinn und Zweck der Ehe in der Welt durchzusetzen" (1964, 56). Im Laufe des Mittelalters entstand so ein umfassendes kirchliches Recht, das als Grundidee die prinzipielle Unauflösbarkeit der Ehe vertrat.

Aber wieviel Bedeutung hatte ein kirchliches Eherecht tatsächlich für die Beziehungen zwischen Mann und Frau, wenn man die Tatsache betrachtet, dass erst 1868 das „Gesetz über die Aufhebung der polizeilichen Beschränkung der Eheschließung" innerhalb des Norddeutschen Bundes erlassen wurde, das die Heiratserlaubnis nicht mehr vom Erwerbs- und Vermögensnachweis abhängig machte (*Blasius* 1992). Das bedeutete, dass ab 1871 erstmals alle Bevölkerungsschichten uneingeschränkt heiraten konnten. Zuvor war das Recht zur Heirat gebunden an Besitzstand und Vermögen, weil man die Ausbreitung besitzloser Schichten vermeiden wollte.

Und derer gab es viele! *Wehler* (1987) zeigt auf, wie sich zwischen dem 13. und dem späten 18. Jahrhundert in Deutschland die Zusammensetzung der ländlichen Bevölkerung grundlegend änderte. Während die Zahl der bäuerlichen Großfamilien drastisch abnahm, wurden die Landarmen und Landlosen zur zahlenmäßig bedeutendsten Bevölkerungsgruppe. Aufgrund ihrer Armut waren sie allerdings keine vollberechtigten Gemeindemitglieder. Sie konnten jederzeit ohne Begründung aus dem Stadtbezirk ausgewiesen werden. So lag die Zahl der Bauern um 1700 in Niedersachsen bei 34 Prozent, die der Landarmen bei 66 Prozent, in der Mark Brandenburg zählten um 1800 die Landarmen und Landlosen 74 Prozent und in Mittel- und Hinterpommern 61 Prozent. Die Situation in den Städten bot ein vergleichbares Bild. Rund zwei Drittel der städtischen Bevölkerung im 15. und 16. Jahrhundert sind als arme Unterschicht zu bezeichnen. So betrug in Freiburg im Breisgau die Zahl der bedürftigen Frauen 1574 etwa 83 Prozent, von denen über die Hälfte alleinstehend war und zusätzlich für Kinder zu sorgen hatte. Deshalb spricht Fischer von der „vaterlosen Familie" als dominantem Typ der städtischen Unterschichten (1981).

6.2 Ehe und ihre Idealisierung

Angesichts der Massenarmut der vorindustriellen Zeit erweist sich die Vorstellung vom „Kontraktionsgesetz", das als historische Entwicklung von der Groß- zur Kernfamilie (Gattenfamilie) (*König* 1972) postuliert wurde, als kaum haltbar. Das Idealisieren der bäuerlichen Groß- bzw. Mehrgenerationenfamilie lässt sich vielleicht mit einer inneren Sehnsucht nach familiärer Harmonie erklären, so dass die Vorstellungen von Familie in der Romantik und im Biedermeier in Literatur und bildender Kunst (*Adalbert Stifter, Ludwig Richter*) eine große Breitenwirkung entfalten konnten. Die These, die Großfamilie sei vorherrschender Typus in vorindustrieller Zeit gewesen, idealisiert durch *Brunners* (1956) Konzept vom „ganzen Haus" als bedarfswirtschaftliche Produktions- und Lebensform, kann nicht aufrechterhalten werden (*Nave-Herz* 1990).

Die idyllische Vorstellung, Mann und Frau hätten mit mehreren Generationen in Einklang und Harmonie unter einem Dach zusammengelebt, lässt sich also kaum halten. Das Leben war für den größten Teil der Bevölkerung durch karge Umstände, Armut, Krankheit und geringe Lebenserwartung bestimmt. Die Fehleinschätzung der „Großfamilie" lässt sich vielleicht auch mit der hohen Geburtenzahl erklären. So waren nach Berechnungen in Kirchenbüchern 8-12 Geburten keine Seltenheit, aber höchstens vier Kinder erreichten aufgrund der hohen Säuglings- und Kindersterblichkeit das Erwachsenenalter (*Mitterauer* et al. 1977). Folglich war auch der Altersabstand zwischen den Geschwistern sehr viel größer als heute, und oft lebten bei der Geburt des jüngsten Kindes die ältesten nicht mehr im Haus. Darüber hinaus starben viele Frauen im Kindbett, so dass der Mann zur Versorgung der Familie neu heiraten musste und man von „sukzessiver Polygamie" sprechen kann.

Es kann aber auch nicht davon ausgegangen werden, dass mit der Industrialisierung die Kleinfamilie (Gattenfamilie) zum Normaltypus der Moderne geworden sei. So war in der Industrialisierungsphase trotz aufgehobener Heiratseinschränkungen ein großer Teil der Arbeiterschaft nicht in der Lage zu heiraten und eine Familie zu ernähren. Mitte des 19. Jahrhunderts waren in Wien beispielsweise nur etwa 10 Prozent der Arbeiter im Holz verarbeitenden Gewerbe und der Lebensmittelbranche, nur 14 Prozent der Arbeiter in der Bekleidungsindustrie und nur 16 Prozent der Metallarbeiter verheiratet (*Wehler* 1987).

6.3 Ehe als Institution

Im 19. Jahrhundert entwickelte sich dann die Idee der Ehe als Institution, die unabhängig vom Willen der Eheleute existiert. *Karl Marx* z.B. pflichtete 1842 dem Grundgedanken der Ehe als Institution bei: „Niemand wird gezwungen, eine Ehe zu schließen; aber jeder muss gezwungen werden, sobald er eine Ehe schließt, sich zum Gehorsam gegen die Gesetze der Ehe zu entschließen. Wer eine Ehe schließt, der macht, der erfindet die Ehe nicht, so wenig als ein Schwimmer die Natur und die Gesetze des Wassers und der Schwere erfindet. Die Ehe kann daher nicht seiner Willkür, sondern seine Willkür muss sich der Ehe fügen. Wer willkürlich die Ehe bricht, der behauptet: die Willkür, das Gesetzlose ist das Gesetz der Ehe, ... so hat doch wohl der Gesetzgeber nicht minder das Recht, es als die maßloseste Willkür zu betrachten, wenn Privatpersonen ihre Kapricen gegen das Wesen der Sache durchsetzen wollen" (*Marx* 1976, 149).

Das Verhältnis der Ehepartner untereinander lag also streng genommen nicht mehr in ihrer Verfügungsgewalt, sie waren mit der Ehe nicht mehr nur Privatpersonen, sondern der Staat schützte die Institution Ehe auch gegen den Willen der Eheleute. Diese Auffassung des Wesens der Ehe öffnete im Rahmen der deutschen Rechtswissenschaft die Tür für eine „Familienrechtspolitik als Ordnungspolitik" (*Voegli* 1982). Sie sollte eine konservative Ordnung in der Gesellschaft garantieren und durchsetzen: Ehe und Familie als Keimzelle von Staat und Gesellschaft (*Gerhard* 1978).

Diese Auffassung setzte sich auch mit dem Bürgerlichen Gesetzbuch (BGB) fort, das am 1.1.1900 in Kraft trat und in seinem 4. Buch alle bis dahin geltenden partikularen Ehe- und Familienrechte in Deutschland beseitigte. Die überindividuelle, sittliche Ordnung war gleichsam zur herrschenden Lehre geworden. Die Ehe sollte eine „vom Willen der Gatten unabhängige, sittliche und rechtliche Ordnung" sein (*Mugdan* 1899, 301).

In Bezug auf die Binnenstruktur einer Ehe war das Verhältnis der Gatten streng patriarchalisch geregelt. § 1354 BGB i.d.F. 1.1.1900 sagte: „Dem Mann steht die Entscheidung in allen das gemeinschaftliche eheliche Leben betreffenden Angelegenheiten zu." Für das Miteinander gab es eine eindeutige Funktionsteilung. Die Frau war berechtigt und verpflichtet, das gemeinschaftliche Hauswesen, immer vorbehaltlich der ehemännlichen Entscheidungsgewalt, zu leiten. Der Ehemann konnte sogar mit Ermächtigung des Vormundschaftsgerichtes einen gültigen Arbeitsvertrag seiner Frau kündigen. Der Mann hingegen hatte nach BGB die Verwaltung und Nutznießung am Vermögen der Frau. Diese wurde nicht für fähig angesehen, ihr eigenes Vermögen zu verwalten. Der Mann war auch Inhaber der elterlichen Gewalt, der Frau stand nur die tatsächliche Personensorge zu. Bei unterschiedlicher Meinung setzte sich die des Mannes durch. „Dass der Mann die Führung in Ehe und Familie übernimmt, ergibt sich ... aus der natürlichen Verschiedenheit der Geschlechter, aus der christlichen und deutschen Auffassung, dass der Mann das Haupt der Ehe sei" (*Coester-Waltjen* 1992, 35).

6.4 Ehe als Partnerschaft

Sicherlich auch die Erfahrungen des zweiten Weltkrieges, dass Frauen verantwortlich ihr Leben selbst in die Hand nehmen konnten, veranlassten die Mütter und Väter des Grundgesetzes der Bundesrepublik Deutschland, die Beziehung zwischen Mann und Frau neu zu regeln. Es hieß schlicht: „Männer und Frauen sind gleichberechtigt" (GG Art.3 Abs. 2). Dem Gesetzgeber wurde aufgegeben, bis zum 31.3.1953 alle die Gesetze zu ändern, die einer Gleichberechtigung im Wege standen. Dieser ließ sich jedoch bis zum Juni 1957 mit der Inkraftsetzung des Gleichberechtigungsgesetzes Zeit (BGBl. I 1957, 609).

Hinsichtlich der Ehe war aber noch nicht die volle Gleichberechtigung zugelassen. Es blieb beim Leitbild der Hausfrauenehe, bei der Reduzierung der Sphäre der Ehefrau auf Kinder und Küche. Erst 1976, mit dem neu gefassten Scheidungsrecht (§§ 1564 ff. BGB), wird die Hausfrauenehe zugunsten einer vertraglichen Konstruktion verabschiedet, die es Eheleuten erstmals ermöglichte, ihr Zusammenleben eigenverantwortlich zu organisieren (*Barabas* & *Erler* 2002).

Zusammenfassung

Das Verhältnis von Frau und Mann im Europa der letzten 1000 Jahre ist gekennzeichnet von der Vorherrschaft des Mannes. Erst im letzten Drittel des letzten Jahrhunderts entsteht durch die Aussagen zur Gleichberechtigung im Grundgesetz der Bundesrepublik Deutschland (1949) und durch das Gesetz zur Reform des Ehe- und Familienrechtes (1976) zumindest juristisch die Möglichkeit, gleichberechtigte Partnerschaft zwischen Mann und Frau zu leben.

7. Die Idee vom Paar

⇢ Psychische Grundlagen für eine partnerschaftliche Ehe

Nach Überwindung eines Ehemodells, das die Machtverteilung zu Gunsten des Mannes einseitig regelte, taucht die zentrale Frage auf, welche psychischen Voraussetzungen notwendig sind, damit die Machtbalance ausgeglichen und partnerschaftlich ist. Macht hat etwas mit *machen* zu tun und jeder von beiden muss die Möglichkeit haben, eigenverantwortlich und in Rücksicht und Absprache mit dem anderen dem gemeinsamen System zum Erfolg zu verhelfen. Vereinfacht ausgedrückt ist ein System dann erfolgreich, wenn es eine Zugewinngemeinschaft ist, die dem Einzelnen zu einem größeren Gewinn verhilft, als wenn er allein wäre. Dieser Gewinn ist weniger finanziell, als vielmehr unter der Perspektive zu verstehen, dass jeder von beiden immer mehr der Mensch werden kann, der in ihm steckt. Damit sich die Partner auf gleicher Augenhöhe begegnen können, sind einige psychische Voraussetzungen und „handwerkliche" Fähigkeiten notwendig. Stellt sich in der Arbeit mit einem Paar heraus, dass es an einzelnen Qualitäten bzw. Beziehungskompetenzen mangelt, gilt es, diese durch Einübung und die damit verbundenen neuen Erfahrungen zu vermitteln.

7.1 Autonomie und Souveränität

Menschen sind von Natur aus schöpferisch und deshalb in der Lage, Probleme und Herausforderungen, wie die Bewältigung des Alltags, die Entfaltung einer lustvollen Sexualität, die Ankunft eines Kindes oder das Überstehen von Krisen und Schicksalsschlägen zu meistern. Grundlage dafür ist eine sich im Laufe des Lebens immer weiter entwickelnde Autonomie und Persönlichkeit des Einzelnen. Die Bündelung dieser autonomen Kräfte im Paar führt zu Synergie-Effekten, die in Problemlöseprozessen in der Regel den Anstrengungen Einzelner überlegen sind.

Schauen wir uns die Realität von Paaren in der Beratung an, kommt die berechtigte Frage: „Was behindert diese autonomen Kräfte?"

Da läuft z.B. etwas in einem Paar ab, was beide nicht verstehen, kaum benennen können; da handeln beide nach immer wiederkehrenden, destruktiven Mustern oder verstricken sich ineinander wie Marionetten, an unsichtbaren Fäden bewegt; da werden aus nichtigen Anlässen existenziell zerstörerische Explosionen. Die Klienten beschreiben solche Phänomene mit Worten, wie: „Irgendwie habe ich den Eindruck, im falschen Film zu sitzen!"

Freud (1905/1912) beschrieb dieses Phänomen und bezeichnete es als Übertragung. Er wies darauf hin, dass Übertragungen ihrer Natur nach sich nicht dadurch unterscheiden, ob sie dem Arzt oder irgendeiner anderen Person gelten. Frühere Beziehungserfahrungen können sich also unbewusst in der Gegenwart eines Paares so stark aktualisieren, dass die Beziehung eine pathologische Qualität bekommt, weil eine Fixierung, ein Handeln nach den immer wieder gleichen erfolglosen Mustern, stattgefunden hat. Diese beruht auf ungünstigen Beziehungserfahrungen aus der Entwicklungsgeschichte des Einzelnen. Deshalb ist es für die Entwicklung einer Begegnung auf gleicher Augenhöhe für die Partner entscheidend, solche Übertragungsphänomene bewusst zu machen, sie langsam aufzulösen und durch angemessene Verhaltensweisen zu ersetzen.

Aus Übertragungen entstandene maladaptive Handlungsstrategien sind aus meiner Sicht eine der Hauptursachen für einen zunächst langsam beginnenden und dann sich immer weiter verstärkenden Prozess, der zu Unzufriedenheit mit der Partnerschaft führt. Dieser absorbiert intrapsychische Energie, die dann für autonome und souveräne Kräfte nicht mehr zur Verfügung steht. Dies kann so weit reichen, dass Paare meinen, sich trennen zu müssen, unwissend, dass sie große Gefahr laufen, in einer neuen Beziehung erneut ähnliche Übertragungen zu inszenieren.

Ein anderer Grund, warum autonome Kräfte in einem Paar nicht fließen können, resultiert aus dem Verlust einer *sozial-bezogenen Autonomie* (*Fiedler* 1994). Damit ist *nicht* gemeint, dass der betreffende Partner (oder beide) in seiner Entscheidungs- und Handlungsfreiheit von anderen abhängig sein muss. Sozialbezogene Autonomie bedeutet, dass er in der Lage ist, Realitäten als solche eigenständig wahrzunehmen und persönliche Urteile darüber zu erarbeiten, dass er weiß, woran er glaubt und dass er in der Lage ist, klar mitzuteilen, was er erlebt und fühlt und welche stabilen Grundüberzeugungen seinem sozial-integrierten Handeln zugrunde liegen und warum er sich gelegentlich für diese Grundüberzeugungen kämpferisch einsetzt.

Menschen, denen es an sozial-bezogener Autonomie fehlt, stehen in folgender Hinsicht außerhalb dieser zuvor genannten Möglichkeit: Entweder sie brauchen für ihre Selbstdarstellung andere Menschen, weil sie (scheinbar oder real) von deren Zuneigung, Zustimmung oder Bewunderung abhängig sind. Oder aber es mangelt ihnen an sozialer Bezogenheit, weil sie (real oder scheinbar) verbissen und egoistisch eigene oder allgemeine Interessen und Ziele voranstellen und durchzusetzen versuchen. Die Ausdrucksformen zwischen diesen beiden Extremen sind durch starke Unsicherheit in Bezug auf die Balance zwischen Egoismus und Anpassung, Autonomie und Zweisamkeit bestimmt.

Eine gute sozial-bezogene Autonomie zeichnet sich durch die Fähigkeit aus, klar zwischen sich (den eigenen Bedürfnissen) und anderen (und deren separat vorhandenen Bedürfnissen) zu unterscheiden. Es handelt sich um die Sicherheit, auf intuitive und grundlegende Weise unterscheiden zu können, ob bestimmte Gefühle, Gedanken, Ideen, Grundsätze und Handlungsabsichten nur einem selbst zu eigen sind und nicht von anderen abgeleitet. Umgekehrt bedeutet es natürlich auch, die Bedürfnisse und Perspektiven des anderen als dessen eigene, autonome zu würdigen (*Jervis* 1978; *Fiedler* 1994).

Bei Paaren, die in ihrer Interaktion gestört sind, fällt oft stark auf, dass die Partner sich insbesondere in ihrer affektiven Befindlichkeit als voneinander abhängig erweisen. Dem Einzelnen geht es schlecht, er fühlt sich verunsichert, empfindet Wut etc., *weil* der Partner so guckt, wie er guckt, *weil* der Partner mit einer bestimmten Stimmlage redet ... Der Einzelne macht also seine emotionale Verfassung und damit letztlich sein Selbstbild abhängig von möglichen Verhaltensweisen des Partners. In dieser Sichtweise braucht man nicht mehr auf die eigene Person zu schauen, sondern kann den Partner einerseits für das eigene Glück, andererseits aber auch für die eigene Misere verantwortlich machen.

Diese gegenseitige emotionale Abhängigkeit wird in der Diagnostik sichtbar, wenn Partner sich als Tonfigur darstellen und keine getrennten Personen formen, sondern zwei miteinander verbundene, oftmals umschlungene oder aneinander gelehnte, sich stützende Figuren.

Demgegenüber muss ausdrücklich davon ausgegangen werden, dass selbst bei liebevollstem Miteinander der Andere letztendlich fremd bleibt (*Adorno* 1973), so dass auch der Partner von der Differenz her betrachtet wird: der, die, das „Andere“ ist die radikale Differenz (*Levinas* 1992). Denn Verbundenheit und Begegnung im Paar sind nicht zu lösen vom Gedanken der Freiheit des Anderen, und die Wechselseitigkeit des Miteinanders ist nicht zu trennen von einer rigorosen Achtung vor der Andersheit des Anderen.

„Das Wahrnehmen und Anerkennen der Andersheit des Anderen, das Wahrnehmen und Anerkennen der Differenzen konstituiert den Ort der Grenze, wo Begegnung möglich wird als Aufeinandertreffen von Anderen, die zueinander wollen, Proximität herstellen, ohne die Grenze im letzten jemals aufheben zu können. Das Du bietet eine letzte Grenze, deren Widerständigkeit und Widerhall – Resistenz und Responsivität zugleich – ein Ich erst ermöglicht" (*Petzold* 1971).

Dieser Grundgedanke zum Verständnis eines Paares findet sich auch in der von *Goldschmidt* (1944/1993) vorgelegten Philosophie der Dialogik, die eine wichtige Grundlage für die Fähigkeit zur Partnerschaft bietet.

Die Philosophie der Dialogik begnügt sich nicht mit theoretischen Erörterungen, sondern ist schon in ihrem Ansatz auf Anwendung und Verwirklichung im täglichen Leben angelegt. Der Mensch wird als Subjekt grundsätzlich einbezogen. Das Welt- und Menschenverständnis ist nicht von der Beschreibung von Zuständen und Positionen geprägt, sondern der Blick richtet sich auf Interaktionen und die Dynamik intersubjektiver Prozesse. Dialogik führt zu Aufgaben für das menschliche Handeln, Erleben und Denken. Denn sie ist prozesshaft und dynamisch auf Widerspruch und Austausch zwischen zwei Gegenübern bezogen. So gelten für die Dialogik die zeitlichen und räumlichen Bedingungen wie Gleichzeitigkeit und Gleichwertigkeit.

„Die Dialogik postuliert, dass zwei Gedanken, die niemand gleichzeitig denken kann, oder zwei Strebungen, die niemand gleichzeitig verwirklichen kann, oder zwei Begriffe, die sich gegenseitig ausschließen und je einen Bereich für sich bezeichnen, gleichzeitig (d.h. nicht nacheinander) und gleichwertig (d.h. ohne Überlegenheitsanspruch und Unterordnung) gemeinsam ein Ganzes ausmachen" (*Herzka* 1989, 19-20).

Bei der Dialogik handelt es sich also um eine bestimmte Form der Wahrnehmung von Realität. Sie bietet ein Prinzip der Strukturierung und Ordnung, eine Systematik, ohne jedoch ein abschließendes System zu bilden oder dies auch nur anzustreben. Von zentraler Bedeutung ist der Widerspruch zwischen zwei gleichzeitig gültigen Bereichen. Dieser bleibt bestehen und im Zwischenraum beider findet ein Vorgang statt, der nicht aufzuheben oder aufzulösen ist, sondern den es auszuhalten, zu regulieren und fruchtbar zu machen gilt. Diese Haltung impliziert eine kontinuierliche Anerkennung und Wertschätzung der Andersartigkeit des jeweils Anderen. Denn es wird immer vom gemeinsamen Ganzen, das durch den Widerspruch gekennzeichnet ist, ausgegangen.

Wenn zwei Ehepartner widersprüchliche Standpunkte vertreten, sich damit aber gegenseitig respektieren, wenn sie klären, was sie trennt, aber auch klären, was sie verbindet und was sie gemeinsam beschäftigt, ermöglichen sie dadurch eine Entwicklung des gemeinsamen Anliegens. Zu beachten gilt allerdings, dass zusammen Reden ebenso wenig Dialogik gewährleistet, wie die Beiträge verschiedener Standpunkte oder Theorien zu einem gemeinsamen Thema als solche noch keine Interdisziplinarität sind, sondern erst Voraussetzungen für deren Bearbeitung und Entwicklung schaffen. Vereinfacht kann man bei einem Paar von Dialogik (*Goldschmidt* 1944/93) sprechen, wenn die Partner einen wohlwollenden Konsens darüber haben, dass sie unterschiedlicher Auffassung sind und dass sie diese unterschiedliche Auffassung gegenseitig schätzen und würdigen.

Guggenbühl (1997) stellt fest, dass Frauen und Männer sich *nicht* besser verstehen, *wenn* sie alle Geheimnisse voreinander ausbreiten, über alles und jedes reden und jeden Lebensbereich teilen. Er fordert eine Kultur der Distanz, damit das Gegenüber wieder unscharf und vielleicht sogar verfälscht wahrgenommen werden kann. Partner respektieren sich eher, wenn sie auch ihre je eigenen Lebensbereiche und Freundeskreise pflegen.

Folglich ist es ein zentrales Anliegen der Partnerschule, den Weg der Betroffenen zu höchstmöglicher Autonomie zu fördern. Sie sollen autonome Partner werden, sollen lernen, zunächst einmal für ihr Glück selbst verantwortlich zu sein, und in die Lage kommen, ihre eigenen Probleme nicht an den Partner zu delegieren, sondern sie, ganz im Sinne eines Selbstmanagements (*Kanfer* et al. 1996), selbst zu lösen. Entscheidend im Rahmen der Paartherapie ist es, dass solches Selbstmanagement im „Angesicht des Anderen" eingeübt wird, weil es ja gerade zu lernen gilt, in dessen Anwesenheit für sich selbst autonome Regelungen zu treffen und ihn nicht für die eigenen Probleme, Stimmungen etc. verantwortlich zu machen. Der Einzelne im Paar ist dabei herausgefordert, im Angesicht des Anderen immer mehr er oder sie selbst zu werden.

Damit dies gelingen kann, gilt es zunächst, in einer Klärungsphase zu verstehen, warum der einzelne Partner so handelt, wie er handelt. Dies ist deshalb wichtig, weil jede Verhaltensweise einen Sinn hat. Auch wenn ein Verhalten in einer Beziehung störend oder sogar dysfunktional ist, so hatte es in der Lebensgeschichte dieses Menschen doch einmal einen eigenen Wert, aus dem er seine Sicherheit und Beständigkeit bezogen hat. Wenn es möglich wird, Verhalten als etwas Sinnvolles (in einer früheren Zeit, in einer anderen Situation, in einem anderen Kontext) zu interpretieren, dann entsteht auch Bereitschaft, neues Verhalten zu lernen.

Ein Beispiel für das Ergebnis solcher Arbeit aus dem paartherapeutischen Seminar Paarkibbuz (Kap. 14.4): Eine Teilnehmerin – sie wusste bereits durch die klärungsorientierte Arbeit um ihre Probleme in der Gestaltung von nahen Beziehungen – setzte sich bewusst *nicht neben* ihren Ehemann und bewusst auch *nicht in dessen Blickrichtung,* damit sie den Kontakt zu ihren eigenen Empfindungen und Gefühlen nicht verlor. Sie sagte, das sei für sie eine wichtige Voraussetzung, auch gemeinsame Momente mit ihrem Mann erleben zu können. Sie hatte also bereits gelernt, für ihre eigenen Glücks- und Unglücksgefühle selbst verantwortlich zu sein.

So wäre in der Anfangsdiagnostik, wenn ein Partner sein durch den anderen ausgelöstes „Unglück" beklagt, einmal zu fragen, ob er denn in der Lage sei, sich unabhängig vom Partner schöne Momente am Tage zu verschaffen? Ob er z.B. das selbstvergessene Spiel der Kinder wahrnehmen und sich daran freuen könne? Oder die Tatsache genießen, dass gerade nach einer langen Regenperiode draußen die Sonne scheint?

Aber treibt nicht genau der Wunsch, miteinander symbiotisch zu verschmelzen, eins zu werden, Menschen zu einer Ehe und Paarbeziehung?

Der Begriff der Symbiose wurde erstmals in der psychoanalytischen Literatur durch *Fromm* eingeführt. In seinem Werk „Die Flucht vor der Freiheit" schreibt er: „Symbiose im psychologischen Sinn heißt die Vereinigung eines individuellen Selbst mit einem anderen Selbst ... wobei jeder die Integrität seines eigenen Selbst verliert und eines vom anderen abhängig wird" (*Fromm* 1941/1966, 157).

Dieser Begriff wird später von *Mahler* (1952) zur Bezeichnung einer schweren Form frühkindlicher Erkrankung verwandt. Sie meint damit den symbiotischen Wahn, die Mutter-Kind-Einheit wieder herzustellen. 1954 bezeichnete sie dann die Symbiose als eine normale Entwicklungsphase des menschlichen Säuglings. Sie postuliert damit erstmals, dass eine adäquat verlaufende symbiotische Phase Vorbedingung für die spätere erfolgreiche Ablösung von der Mutter ist. Ferner taucht hier auch erstmals der Gedanke vom symbiotischen Paradies auf. Für diese „normale Symbiose" gibt *Mahler* den Entwicklungsabschnitt zwischen vier bis sechs Wochen und fünf Monaten an. Er ist gekennzeichnet durch ein dunkles Wahrnehmen der Außenwelt und des mütterlichen Objekts. Entscheidend ist, dass dieses mütterliche Objekt nicht als unabhängig von der eigenen Person erfahren wird, sondern als mit ihr verschmolzen. Es wird eine grenzenlose Zweieinheit erlebt.

Bei *Mahlers* Beschreibungen der Symbiose fällt auf, dass sie übermäßig metapsychologische Begriffe, wie zum Beispiel „omnipotente Fusion mit der Mutter" etc., benutzt (*Mahler* et al. 1975). An empirischem Beobachtungsmaterial von Säuglingen in dieser Phase mangelt es fast vollständig. Zudem ist der Symbiosebegriff *Mahlers* zweideutig, da er zum einen die Phantasie des Säuglings beschreiben soll, zum anderen aber die tatsächliche Beziehung zwischen Mutter und Kind.

Betrachtet man dagegen empirische Untersuchungen zum Mutter-Kind-Verhalten, so lassen sich *Mahlers* Vorstellungen nicht mehr halten. Viele Studien zur frühen Interaktion von Mutter und Kind weisen ein erstaunliches Ausmaß an Abgestimmtheit, Wechselseitigkeit, Reziprozität und Zusammenpassen auf. Danach lässt sich ein Symbiosekonzept nicht mehr halten. Stattdessen wird deutlich, dass der Säugling schon in der frühesten Interaktion ein aktiver, initiativer und kompetenter Partner ist (*Dornes* 1993).

Der Säugling leitet viele Interaktionen ein, er kontrolliert und reguliert ihren Verlauf und handelt auch die Bedingungen in äußerst subtiler Weise aus. Wechselseitiger Blickkontakt, Blickabwenden, Wiederaufnahme des Kontaktes, bestimmte Töne und

Kopfbewegungen, all das kann man heutzutage in detaillierten Filmaufnahmen dokumentieren und so zeigen, dass es sich bei der interaktionellen Harmonie nicht um eine Symbiose im herkömmlichen Sinne handelt. Sie ist nichts Passives und Regressives, es gibt kein seliges Verschmelzen, das der Säugling einfach geschehen ließe und dem er sich hingibt, sondern die Beziehung zur Mutter und anderen Interaktionspartnern ist etwas, das er aktiv herstellt und mitgestaltet (*Lichtenberg* 1985). Ebenfalls ist der zwei bis drei Wochen alte Säugling bereits in der Lage, leblose von menschlichen Objekten zu unterscheiden. Hier liegt der Beweis für die biologischen Wurzeln der Sozialität. Diese „primäre Intersubjektivität" widerspricht damit dem Menschenbild der Psychoanalyse, die in ihrer Triebtheorie von einer angeborenen Asozialität des Säuglings ausgeht (*Trevarthen* 1974, 1979).

Die Ergebnisse der Säuglingsforschung als Impuls für die Arbeit mit gestörten Paaren

Aus der Analyse von schwer gestörten Erwachsenen wird immer wieder von Verschmelzungsphantasien berichtet (*Angel* 1967; *Harris* 1987). Sie treten insbesondere dann auf, wenn eigenständiges Handeln Angst hervorruft. Sie sind in der Regel nicht lustvoll, sondern ängstigend. Deshalb ist es auch nicht möglich, zur eigenen Beruhigung auf solche Verschmelzungsphantasien zurückzugreifen. Deutlich wird diese Unlust in der konkreten Arbeit mit einem Paar, wenn man als Beraterin auf die sich entwickelnde Atmosphäre achtet, die in dem Moment zwischen den Partnern entsteht, wenn „Verschmelzung" eingefordert wird. Was geschieht in solchen Situationen?

Zum einen wird mögliche Angst, die mit einem eigenständigen Funktionieren verbunden ist, gemildert, zum anderen aber werden neue Ängste evoziert, nämlich solche von Selbstverlust. Schaut man sich die interaktionelle Lerngeschichte an, so ist diese oftmals dadurch geprägt, dass Abhängigkeit in frühester Zeit traumatisch und nicht befriedigend erlebt wurde. Eine wesentliche Ursache für solche späten ambivalenten Verschmelzungsideen liegt in der früheren Tendenz der Eltern (aus welchen Gründen auch immer!), früheste autonome Regungen einzuschränken, als gefährlich zu interpretieren, zu unterbrechen oder mit Angst zu besetzen.

Auf diese Weise lernt ein Mensch schon als Säugling, dass selbständiges Handeln und Funktionieren gefährlich ist. Es wird also, weil mit Angst verknüpft, zugunsten einer „Flucht in die Symbiose" aufgegeben. Der Preis dafür ist die Einschränkung der eigenen Entfaltung – aber er sichert das physische Überleben. Somit lassen sich Verschmelzungsideen erwachsener Menschen nicht aus einer normalen symbiotischen Phase erklären, sondern aus einer pathologischen Eltern-Kind-Beziehung, die die biologisch vorhandenen Bestrebungen nach Autonomie und Individuation behindert (*Dornes* 1993).

⇢ Was lässt sich aus den Ergebnissen der Säuglingsforschung für die Interaktion in einer nahen Beziehung wie in einem Paar folgern?

Hilfreich ist in diesem Zusammenhang die Theorie von *Stern* (1983,1985), nach der die Gemeinsamkeitserlebnisse von Mutter und Kind tatsächlich stattfinden und wichtige psychische Erlebnisse darstellen. *Stern* nennt sie „experiences of self-with-other". Dabei finden jedoch keine Verschmelzungen statt, sondern das Gefühl für die Grenze zwischen Objekt und Selbst bleibt erhalten. Es kommt zu intensiven Gemeinsamkeitserlebnissen auf der Basis eines intakt bleibenden abgegrenzten Selbstempfindens. Dies sind aber nicht die einzigen und vielleicht nicht einmal die vorherrschenden Beziehungserfahrungen des Säuglings. Es gibt von Anfang an andere Arten des Beziehungserlebens, die gleichberechtigt neben Gemeinsamkeitserlebnissen stehen, z.B. die Mutter kocht und das Kind spielt im gleichen Raum mit einem Löffel.

Aufbauend auf diesen Erkenntnissen lässt sich für die Arbeit mit gestörten Paaren folgern: Wenn Symbiosephantasien bewusst oder unbewusst eine zentrale Rolle spielen, es an der Fähigkeit zu sozial-bezogener Autonomie mangelt, dann wird es wichtig, dass der Einzelne lernt, sich im Angesicht des Anderen als eigenständige abgegrenzte Persönlichkeit tatsächlich zu erleben, dass er eine neue Lerngeschichte beginnt, in der er Lust auf Eigenverantwortung und Autonomie entdeckt. Denn auch bei tiefer unmittelbarer Einfühlung der Partner, bei höchster Übereinstimmung im Denken und Fühlen, gemeinsamem Orgasmus etc., gibt es kein „Eins-Werden" mit dem anderen oder dem Kosmos, sondern das Gefühl für die Ich-Grenze bleibt intakt (*Ross* 1975). Auch im nährenden Akt an der Mutterbrust findet ein gegenseitiger Austausch zwischen Mutter und Kind statt, der beide in Erregung und spätere Entspannung bringt. Somit ist eine intensive Bezogenheit und Intimität bei Aufrechterhaltung der Grenzen zwischen den Subjekten möglich und wird damit zentrales Ziel in der Eheberatung.

7.2 Rahmenbedingungen für das Gedeihen von Liebe

Und was ist mit der Liebe? Mit der Leidenschaft? Es folgt nun keine Definition zu der Fülle der schon vorhandenen Literatur, aber es soll auf einige Rahmenbedingungen hingewiesen werden, die notwendig sind, damit Liebe überhaupt gedeihen kann.

Wenn sich die Übertragungsnebel der Partner allmählich auflösen und der Einzelne lernt, für sein Glück und Unglück selbst die Verantwortung zu übernehmen, dann entwickelt sich mehr und mehr eine partnerschaftliche kreative Beziehung zweier autonomer Persönlichkeiten mit immer größer werdender Komplexität, mit „Synergie" als Ergebnis eines flüssigen geistigen, reflexiven und emotionalen Zusammenspiels.

Damit dieses Zusammenspiel gut gelingt, braucht es einige Spielregeln, einen Rahmen. Wie kann ein solcher Rahmen für eine partnerschaftliche Ehe, in der Autonomie und Souveränität der Einzelnen zusammenfließen, aussehen? Diese Frage soll mit einem ethischen Treue-Modell und expliziten Grundwerten einer Partnerschaft beantwortet werden.

Treue als Basis für Partnerschaft

Ausgangspunkt des Zustandekommens einer nahen dauerhaften Beziehung zwischen Mann und Frau ist in der Regel ein erotisch-sexuelles Partnerinteresse. Aufgrund der modernen Kontrazeptiva führt dies nicht mehr automatisch zur Zeugung eines Kindes und zu den sich daraus ergebenden ökonomischen Verpflichtungen. Es führt auch nicht mehr automatisch zur Ehe, sondern es ist heute möglich, aus einer Vielzahl familialer Lebensformen die passende zu wählen. *Kaufmann* (1990) spricht in diesem Zusammenhang von „Optionserweiterung". Er meint damit, dass Optionen, die die frühere Familienordnung normativ ausschloss, nun zugänglich werden: Nichtheirat des Lebenspartners, Verzicht auf Kinder, Elternschaft ohne Ehe, Erwerbstätigkeit beider Eltern, Scheidung trotz gemeinsamer Kinder etc. sind potenzielle Möglichkeiten, die offen stehen.

War früher vor allem ökonomische Sicherung durch den und mit dem Partner grundlegender Wertmaßstab der Beziehung, so ist es heute das Glück und die Zufriedenheit beider. So sind die Liebenden herausgefordert, innerhalb ihrer Partnerschaft ihre eigenen inneren Wertsetzungen festzulegen. Nur sie bestimmen, was in ihrer Partnerschaft wichtig ist! Das bedeutet aber auch, dass sie im Lauf ihrer gemeinsamen Geschichte immer wieder bilanzieren, wie es um das Glück des Einzelnen steht. Psychische und soziale Entwicklungen der Partner, häufig aber auch die ganz normale Gestaltung des Alltags, die Verteilung der Pflichten können das Glück heftig ins Wanken bringen. „Als ich dich kennen lernte, warst du ein ganz anderer Mensch, jetzt haben wir uns auseinander gelebt und nichts mehr zu sagen", bilanziert mancher.

Im Folgenden wird aufgezeigt, wie Treue eine ethische Grundorientierung für eine enge intime Beziehung zwischen Mann und Frau sein kann. Dieser Begriff von Treue wurde von *Kramer* (1992) entwickelt. Dabei ist mit Treue, die man dem Bereich der Tugenden zuordnet, mehr gemeint als Ausdauer, Zähigkeit oder Gewohnheit; sie ist personaler. Solche Treue macht den Menschen fähig und bereit, gemachte Zusagen für die Zukunft zu erfüllen. Sie ist eine fundamentale Selbstausrichtung eines denkenden und planenden Menschen. Weil man sich für erkannte Werte im privaten wie öffentlichen Bereich entschieden hat, steht man in Treue dazu.

Treue steht aber auch immer in Gefahr, ideologisch verzerrt und missbraucht zu werden. Man denke etwa an die Nibelungentreue oder den Treueschwur der Wehrmacht auf den „Führer". Auch in einer intimen Partnerbeziehung kann dieser Wert missverstanden werden, insbesondere dann, wenn er als „Nichtfremdgehen" im Sinne von sexuellen Außenkontakten aufgefasst wird. Das mag so weit gehen, dass eine herzliche körperliche Umarmung einer gegengeschlechtlichen Person als Auftakt zu einer sexuellen Beziehung missdeutet und dem Partner „Untreue" vorgeworfen wird. So wird dieser Wert als Waffe gegen den Partner missbraucht. „Wehe, du wirst mir untreu!"

Wie lässt sich nun Treue operationalisieren?

···› Ich-Treue als Fundament der Beziehung

Aufgrund von Erfahrungen und in Abwägung seines Könnens orientiert sich ein Mensch mit Wissen und Willen in Ich-Treue auf bestimmte Werte hin. Er will Sinnvolles und Gutes tun, um seinem Ich Ausdruck zu verleihen. In der Ausrichtung an guten Werten und auf gute Ziele hin gewinnt ein Mensch Kontur, die ihm Selbstachtung und die Anerkennung anderer Menschen sichert. Auf diesem Lebensweg muss ein Mensch auch Mühen, Verzicht und ggf. auch Verletzungen in Kauf nehmen. Wieviel er davon auf sich nehmen will, muss er unter Achtung der eigenen Würde für sich selbst entscheiden. Manche Belastungen und Verletzungen darf man um der Ich-Treue willen nicht mehr zulassen. Besteht die Gefahr des Zerbrechens der Persönlichkeit und des Untergangs des eigenen Ich, dann ist die Fortsetzung, auch einer ehelichen Partnerschaft mit Kindern, nicht sinnvoll. So kennt auch die katholische Kirche die „Trennung von Bett und Tisch".

···› Du-Treue als Beziehungsebene zwischen Mann und Frau

Begegnen sich Mann und Frau auf der Basis der jeweiligen Ich-Treue, dann wird die Treue dialogisch; sie wird zur Du-Treue. In dieser Begegnung *kann* Liebe entstehen. *Buber* definiert diese Erfahrung so: „Die Liebe geschieht. Gefühle wohnen im Menschen; aber der Mensch wohnt in seiner Liebe. Das ist keine Metapher, sondern die Wirklichkeit: Die Liebe haftet dem Ich nicht an, so dass sie das Du nur zum »Inhalt«, zum Gegenstand hätte; sie ist *zwischen* Ich und Du." ... und so ist dann „Liebe Verantwortung eines Ich für ein Du" (1923/1983, 22).

Die Partner können sich durch die bestimmte und willentliche Zusage auf ihrem Lebensweg auf den Partner verlassen: „In guten und in schlechten Zeiten", heißt es z.B. in der Trauformel der Kirche.

Diese Treue ist zwar auf Gegenseitigkeit angelegt, aber nicht im Sinne eines „do ut des" – ich gebe, damit du gibst. Und auch nicht im Sinne eines Tauschgeschäftes. Sonst wird die Beziehung zur Beziehungsfalle, wie sie *Jellouschek* (1985) in seiner Interpretation des Märchens vom Froschkönig beschrieben hat: „Ich liebe dich, weil ich dich brauche."

Du-Treue nimmt den anderen wahr, freut sich an ihm „einfach so", ohne Vorbedingung, und begleitet mit Freundlichkeit und Wohlwollen die persönliche Reifung und Entwicklung des Partners. Auf Seiten des Partners wird das Wahrgenommensein gespürt, die Freude des anderen an einem selbst. „Beziehung ist Gegenseitigkeit. Mein Du wirkt an mir, wie ich an ihm wirke" (*Buber* 1983, 23). Nimmt allerdings die Entwicklung des Partners bedrohliche Formen an oder ist das Verhältnis des Gebens und Nehmens nicht ausgewogen, kann es zu Spannungen zwischen Ich-Treue und Du-Treue kommen.

··› Gesellschaftliche Treue als Fundament der Ich-Treue und der Du-Treue

Individuelles und soziales Leben lässt sich nur in einem sozial gesicherten Rahmen und mit sozialer Stützung realisieren. So wird dieser Rahmen und diese Stütze zur „Gesellschaftlichen Treue", auf der sich Ich-Treue und Du-Treue realisieren lassen. Schon *Aristoteles* (Politika III 6) beschrieb den Menschen als soziales Wesen, das sich in der Gemeinschaft handelnd entfaltet. Erfahrungen früherer Generationen über die Art und Weise menschlichen Zusammenlebens sind in die Entwicklung und Bereitstellung von Institutionen durch die Gesellschaft eingeflossen. Eine solche Institution ist die Ehe, deren institutioneller und rechtlicher Rahmen sich in der Gesetzgebung niedergeschlagen hat. Bei aller möglichen Kritik und auch der notwendigen Überprüfung und Verbesserung des Eherechtes ist es in der Regel sinnvoll, dass sich Frau und Mann in ihrer Partnerschaft der Entlastungen und Sicherungen, welche die Institution „Ehe" bietet, auch bedienen.

··› Ist ein „Seitensprung" Untreue?

Vielleicht ist es möglich, mit den oben dargelegten Gedanken dem Thema „Untreue" in der Beratung gelassener gegenüber zu treten und eher zu fragen, welche Funktion ein „Seitensprung" für die Beziehung hatte. Eine solche Deeskalierung scheint höchst sinnvoll angesichts der Folgen, die Trennung und Scheidung für die Betroffenen haben und aufgrund der Erfahrung, dass viele zu Wiederholungstätern werden. Manchmal lässt sich der Seitensprung vielleicht sogar als ein Sprung in die richtige Richtung deuten, wenn z.B. eine Ehe emotional fixiert aufeinander gelebt wird, in der beide Partner zu ersticken drohen, und die „Untreue“ des einen bewirkt, dass ein Paar in die Beratung kommt und erfahren will, wie ihre Ehe funktioniert und was es zu ändern gilt.

7.3 Partnerschaftliche Grundwerte

Ergänzend zu dem Konzept von Treue werden weitere Grundwerte vorgestellt, die ebenfalls als wichtige Aspekte bzw. „Spielregeln" eines partnerschaftlichen Miteinanders verstanden werden können:

Selbstbestimmung

Ein zentraler Wunsch jedes Menschen ist der nach Selbstbestimmung. Jeder möchte sein Leben selbst in die Hand nehmen, entscheiden, was und wie er etwas tut. In der Partnerschaft wünscht sich jeder Freiheit von Reglementierung und Zwang seitens des Partners, von Unterdrückung und Angst wie von erheblichen inneren und äußeren Beeinträchtigungen durch den anderen. Ist die eigene innere Kapazität aber zu großen Teilen durch Grübeleien, innere Dialoge mit dem Partner und Selbstgespräche gebunden, dann kann ein solcher Mensch nur sehr begrenzt Verantwortung für sich und sein Handeln wahrnehmen. Das hat negative Einflüsse auf sein Leben, auch auf seinen Berufsalltag, aber noch in viel größerem Maße auf eine klare und offene Auseinandersetzung mit seinem Partner.

Die geglückte eigene Selbstbestimmung wird wahrgenommen in Achtung vor der Würde und Selbstbestimmung, vor der Ich-Treue des Partners. In der Praxis lässt sich das folgende Verhältnis beobachten: Je mehr ein Mensch seine eigene Würde, seine Ich-Treue achtet, umso mehr achtet er auch die des Partners.

Achtung vor der personalen Integrität und Würde des Partners

Unabhängig von ihrer Herkunft, der je eigenen Geschichte, der Rasse und des Geschlechts sind beide Partner gleichwertig. Beide haben das gleiche Recht zur Befriedigung ihrer wesentlichen seelischen und materiellen Bedürfnisse. Der Würde des Partners widersprechen psychische und physische Demütigungen und Missachtung. Es widerspricht z.B. diesem Grundwert, wenn ein Mann sich beruflich weiterentwickelt, während er die Neigung und den Wunsch seiner Frau, sich sportlich regelmäßig in einem Handballverein zu engagieren, durch Ablehnung und Unzuverlässigkeit in der Betreuung der gemeinsamen Kinder torpediert.

Entwicklung der leib-seelischen Funktions- und Leistungsfähigkeit

Fähig zur Partnerschaft ist nur ein Mensch, der für eine gesunde Seele und einen gesunden Leib Sorge trägt. Das beinhaltet vor allem selbständiges Denken, Schaffung kreativer Produkte, Kooperation mit anderen, Wissen um körperliche und seelische Gesunderhaltung, Selbstachtung, Echtheit und Offensein gegenüber dem eigenen Erleben und der Auseinandersetzung damit. Dadurch kann jeder Partner mit qualifizierter Arbeit und Leistung zur gemeinsamen ökonomischen und psychischen Gesundheit des Paares beitragen. Nur mit wachsender gefühlsmäßiger, sozialer und intellektueller Funktionsfähigkeit hat der einzelne Partner die innere Freiheit zu Selbstbestimmung und Eigenverantwortung in der Partnerschaft.

Schließen also Krankheit oder körperliche Gebrechen eine Partnerschaft aus? Natürlich nicht, wenn Krankheit als Signal für ein Ungleichgewicht der leib-seelischen Befindlichkeit aufgefasst wird und alles unternommen wird, dieses Gleichgewicht wieder ins Lot zu bekommen, sei es durch Heilungsprozesse, sei es durch gemeinsame Bewältigung unheilbarer Leiden. Wird Krankheit dagegen als Druckmittel benutzt („Hör mit deinen Vorwürfen auf, ich bekomme sonst einen Herzanfall!"), wirkt sie partnerschaftszerstörend.

Achtung der sozialen Ordnung

Jede Gemeinschaft, auch jede Partnerschaft zwischen Mann und Frau entwickelt im Verlauf des Miteinanders Regeln und Normen. Diese sind oftmals unausgesprochen, aber in jeder Beziehung wahrnehmbar. Sie schützen das soziale Zusammenleben und insbesondere die drei vorgenannten Werte vor dem Missbrauch der persönlichen Freiheit durch den anderen in Form von Gewalt oder verantwortungslosem, rücksichtslosem Handeln. Sie fördern die Kooperation beider Partner. Diese Regeln sind nicht für alle Zeiten festgeschrieben und unveränderlich; sie bedürfen aber immer wieder der Überprüfung, vor allem im Konfliktfall.

So ist es einsichtig, dass z.B. ungezügelte Spielleidenschaft oder Kaufsucht eines Partners eine solche ungeschriebene Regel des sozialen Systems Paar verletzen würde, da sie im Extremfall den wirtschaftlichen Ruin bedeutet.

Entwickelt sich eine Ehe in den vorgenannten Rahmenbedingungen von Treue und Partnerschaft und gelingt es mit wachsender Autonomie und Souveränität der Beteiligten, diese zu gestalten, dann können Herausforderungen – wie z.B. die Geburt des ersten Kindes, die Bewältigung einer Krise, die Gestaltung der gemeinsamen Sexualität, aber auch so „einfache" Erfahrungen, wie eine gemeinsame Wanderung, Tanzen, Kochen – beim einzelnen Partner oder bei beiden „Flow"-Erfahrungen – glücklich Sein – auslösen. Dabei handelt es sich um Erlebnisse mit einem hohen inneren Belohnungswert, die „in sich selbst" befriedigend sind und dazu führen, dass die Partner „im Tun aufgehen". Es kommt dann meist zu einem Verschmelzen von Handeln und Aufmerksamkeit, zu einer „Selbstvergessenheit" bei gleichzeitigen intensiven Gefühlen von persönlicher Kompetenz (*Csikszentmihalyi* 2004).

7.4 Abgrenzung zu anderen Ehemodellen

Das hier zugrunde liegende Konzept von Ehe gründet auf der Idee der intensiven Gemeinsamkeit zweier autonomer und souveräner Persönlichkeiten, die aus Ich-Treue auch in Treue zum anderen stehen können und die sich partnerschaftlichen Grundwerten verpflichtet fühlen. Es ist somit der konsequente Weg nach einer Abwendung vom Holismus der Familientherapie (*Brunner* 1986). In diesem Ganzheitsdenken wird nämlich nicht nur das Ehe-Paar unter dem Begriff Familie subsumiert, sondern es beinhaltet auch eine Abstandnahme von den Individuen. Das System Familie wird als Kompakteinheit aus voneinander interdependenten Individuen gesehen. Diese Einheit wird jenseits, praktisch „oberhalb" dieser Individuen erklärt. Das Verhalten der Familienmitglieder (insbesondere das „auffällige") wird nicht mehr aus psychischen Dispositionen oder der jeweiligen Motivationslage verstanden, sondern funktional auf das Familienganze bezogen und von dort hergeleitet. Ja, es herrscht der simplifizierende Gedanke einer vollständigen Interdependenz vor, der besagt, dass Änderungen an einer Stelle im System automatisch Änderungen auch sonst überall nach sich ziehen.

Bedenklich und problematisch bei systemorientierten Familientherapien ist insbesondere, dass der individuellen störungsspezifischen Eigendynamik nicht angemessen Rechnung getragen wird, denn es wird davon ausgegangen, dass Verbesserungen der Familieninteraktionen automatisch zu einer positiven Veränderung der psychischen Störungen beim identifizierten Patienten führen. Als Folge solcher Verbesserungen kann es zwar zu einer positiven Entwicklung der Familiendynamik kommen, aber die psychischen Störungen des Einzelnen, des „Störenfriedes", bleiben weitgehend bestehen, weil auf sie kein spezifischer Einfluss genommen wird.

Die Soziologen *Tyrell* & *Herlth* (1994) betonen dagegen eine Systemdifferenzierung oder Subsystembildung in einer Ehe und einer Familie. Sie beziehen sich dabei auch auf eine gute Tradition der Familientherapie, die das Funktionieren von Familien an das Gelingen von stabiler interner Grenzziehung und Subsystembildung gebunden sieht (*Minuchin* 1977). In diesem Sinne bleibt ein klares Bekenntnis zur Ich-Treue, zu Autonomie und Souveränität beider Partner Voraussetzung zum Gelingen einer Paarbeziehung.

In Ermangelung vorgegebener gesellschaftlicher Qualitätsstandards für den Bereich der Eheberatung gibt es eine Menge an kryptoreligiösen, esoterischen, pseudowissenschaftlichen „paartherapeutischen" Modellen, die sich alle dadurch auszeichnen, dass ihnen eine empirische und an der wissenschaftlichen Psychologie und Pädagogik orientierte Überprüfung fehlt. Hier gilt es seitens der Fachverbände, Ratsuchende vor Scharlatanen zu schützen.

In der Partnerschule hat die persönliche Souveränität des Einzelnen im Paar eine zentrale Bedeutung. Diese Autonomie und Souveränität wird grundsätzlich gebunden an eine Ethik der Verantwortung. Solche Verantwortung ist immer Verantwortung für die Lebenswelt und für den Anderen, da der Einzelne immer nur im Kontext und Kontinuum, in der Achtung vor der Andersheit des Anderen gedacht werden kann (*Levinas* 1983). Diese Haltung nimmt den Partner ernst, sein Denken, seine Gefühle, seine Leiblichkeit, seine Freiheit und Selbstbestimmung und wird diese nicht manipulieren. Das „Ja" zu einem Partner bedeutet so immer, seine gänzliche Andersheit zu achten. Auf dieser Grundlage kann beider „Ja" in einer Ehe aus der eigenen Souveränität und Freiheit heraus gegeben werden.

Das „Ja" zu einem Menschen wächst im Laufe des Lebens und gewinnt mit der Souveränität seines Sprechers an Gewicht. So wird eine Ehe für den Einzelnen nicht absorbierend, kein Gefängnis, sondern eine Einheit in der Differenziertheit. Man bleibt für den Partner ein Anderer, der nicht vereinnahmt, dominiert, unterworfen werden darf, denn nur dann kann er sein gesamtes Potenzial in die gemeinsame Sache, die Ehe und Partnerschaft, einbringen.

Beraterinnen sollten daher, neben dem Blick auf die Lösung und Bewältigung von „Alltagsproblemen" immer die Förderung der Persönlichkeit des Einzelnen, seine Entwicklung zu „Selbstmanagement" im Auge behalten (*Kanfer* et al. 1996). Aus dem Erleben eigener Souveränität und der Gewissheit von Integrität ist es möglich, in intersubjektive Korrespondenz miteinander zu treten, ohne dem anderen seinen Freiraum zu nehmen (*Petzold* & *Orth* 1998).

Einfach gesagt: Die Partner lernen, sich zu verabschieden von unerfüllbaren Wünschen aneinander (meist entstanden durch unerfüllte Bedürfnisse aus Kindertagen). Sie lernen, sich für ihr eigenes Glück selbst verantwortlich zu fühlen und das, was sie aneinander haben, wieder wahrzunehmen und sich darüber zu freuen. Dann wird das möglich, was ein alter, biblischer Text sagt:

Zwei sind auf jeden Fall besser dran als einer allein.
Wenn zwei zusammenarbeiten, bringen sie es eher zu etwas.
Wenn zwei unterwegs sind und einer hinfällt, dann hilft der andere ihm wieder auf die Beine; aber wer alleine geht, ist übel dran, wenn er fällt, weil keiner ihm helfen kann.
Wenn es kalt ist, können zwei sich gegenseitig wärmen, aber wie soll sich einer allein warm halten?
Einer allein kann leicht überwältigt werden, aber zwei wehren den Überfall ab.
(Kohelet 4. 9-12)

Zusammenfassung

Grundlage des Modells von Ehe ist eine Beziehung, die auf Autonomie und Souveränität beider beruht. Sie ist eingebettet in ein Treuekonzept, das auf der Treue zu sich selbst, der „Ich-Treue" basiert. Diese ist Grundlage einer „Du-Treue" in einer intimen Partnerbeziehung. Basis beider ist die „Gesellschaftliche Treue". Inhaltlich gefüllt wird dieses Treuekonzept mit den partnerschaftlichen Werten: Selbstbestimmung, Achtung vor der personalen Integrität und Würde des Partners, Entwicklung der leib-seelischen Funktions- und Leistungsfähigkeit und Achtung der sozialen Ordnung des Paares. Dieses Konzept grenzt sich damit klar von Verschmelzungsideen für ein Zusammenleben als Paar ab.

7.5 Das Bild vom Paar in der Partnerschule

Innere Leitbilder vom Leben eines Ehepaares haben für die tatsächliche Gestaltung einer Beziehung zentrale Bedeutung. Da solche Leitbilder, wie etwa: „Die Ehe ist ein Hafen“ oder: „Der Mann ist das Haupt der Familie und die Frau der Hals“, dem Ansatz eines partnerschaftlichen, gleichberechtigten Verhältnisses zwischen Mann und Frau widersprechen, wird mit den Klienten auch an ihren Ideen zur Ehe gearbeitet und ihnen ein mögliches Modell vorgestellt, das von Souveränität und Autonomie als Grundlagen für eine Partnerschaft ausgeht. Denn unrealistische Erwartungen über die Ehe können eine ansonsten einigermaßen gesunde Beziehung zerstören.

Noch ein weiterer Grund spricht dafür, an den inneren Bildern zur Gestaltung einer Ehe zu arbeiten. Macht nämlich das Individuum Wahrnehmungen, die massiv gegen seine Grundüberzeugung verstoßen, so dass seine realen Wahrnehmungen nicht mehr an bestehende Erwartungen assimiliert werden können, führt das zu starker innerer Inkongruenz.

So konnte ein Mann es nicht ertragen, dass sich seine Frau neben der Führung des Haushaltes wieder einer beruflichen Aktivität widmete. Sein Ehe- und Familienbild ging davon aus, dass eine Frau zu Hause ist und ihr Leben für Mann und Kinder einsetzt. Ja, man konnte ihm körperliche Schmerzen und Verzweiflung anmerken, dass seine Frau diesem Bild nicht entsprechen wollte. Zumindest kam er am Anfang der Beratung zu der Feststellung, entweder die Ehe beenden zu müssen oder aber seine Einstellung zu ändern. Diese Einsicht bedeutete aber noch keine Veränderung seiner Stimmung oder seiner Inkongruenzgefühle. Erst in der späteren klärungsorientierten beraterischen Arbeit, als ihm deutlich wurde, wie seine Mutter mit diesem Verhaltensmuster auch ganz viel Macht ausgeübt und ihn abhängig gemacht hatte, war es ihm möglich, seine Einstellung zum Tun seiner Frau zu ändern.

Die Auseinandersetzung mit dem „Bild vom Paar“, das jemand hat, ist nicht symptomorientiert, sondern ausdrücklich auf eine Veränderung motivationaler Schemata ausgerichtet. Sie wird also dazu genutzt, den Klienten die Augen dafür zu öffnen, was alles in einem Paar zur Gestaltung der Beziehung dazugehören kann. Damit sie in der Lage sind, sich für eine Fortsetzung der Partnerschaft zu entscheiden, gilt es zunächst zu entdecken, was alles im Miteinander möglich ist. Wenn nämlich die Vielfalt von möglichen Gestaltungsweisen innerhalb einer Ehe sichtbar wird, können auch die geeigneten gewählt werden. Es gilt also, ein Paar aus der Enge (der Angst) heraus zu führen in die Vielfalt der Möglichkeiten. Damit erhöhen sich die Freiheitsgrade des Systems, oftmals allerdings gekoppelt mit chaotischen Zuständen im Paar, denn bisher noch nicht erprobte Bereiche des Raumes „Als-Ehepaar-zu-leben“ werden erkundet.

Die Situation der Ratsuchenden ist oftmals von einer eingeschränkten Sichtweise bestimmt. Durch eine Versklavung der Wahrnehmung sind ihnen unterschiedliche

Handlungsoptionen nicht mehr zugänglich. Zeigt die Beraterin ihnen mögliche Alternativen auf, kommen sie in einen reflexiven Prozess. So könnten z.B. einem Mann, der sich von seiner Frau wegen einer sexuellen Außenbeziehung betrogen fühlt und zum Rechtsanwalt gehen will, um die Scheidung einzureichen, folgende Alternativen aufgezeigt werden:

- Sie könnten Ihrer Frau verbieten, nochmals fremd zu gehen.
- Sie könnten Ihrer Frau sagen, wie sehr es Sie verletzt hat.
- Sie könnten sich rächen und selbst fremdgehen.
- Sie können die Angelegenheit ignorieren.
- Sie könnten ihr einen Strauß Blumen mitbringen und sich bedanken, dass sie so offen war und Ihnen davon erzählt hat.
- Sie könnten sich bei ihr dafür bedanken, weil Sie jetzt ja sonst nicht hier in der Beratung säßen und Sie die Gelegenheit nicht hätten, gemeinsam unter Anleitung der Beraterin an einer positiven Entwicklung Ihrer Ehe zu arbeiten.

Durch das Aufzeigen von Alternativen weitet sich eine verengte und damit Ängste auslösende Haltung – neue Handlungsoptionen tun sich auf.

Damit treten auch Fluktuationen im Systemzustand auf. Diese Fluktuationen verbunden mit Phasen erhöhter Instabilität sind allerdings Anzeichen und *Voraussetzung* für eine qualitative Änderung des Systemverhaltens mit dem Ziel einer größeren Komplexität. Da man als Beraterin um diese Prozesse weiß, kann man dieser Phase der Instabilität gelassen zusehen.

Es geht also beim Bild vom Paar nicht um ein in aristotelischer Logik „richtig" oder „falsch", „das ist noch Ehe, das ist keine mehr". Es geht vielmehr darum, sich im Sinne einer humanistischen Psychologie (*Rogers* 1972) auf die von den Klienten subjektiv erlebte Welt ihres Zusammenseins als Paar und deren Phänomene zu konzentrieren, also nicht von einer objektiven Welt auszugehen, so wie sie von externen Beobachtern oder „Eheexperten" gesehen würde.

Es sollen nicht innere Prozesse in Schritte der Informationsverarbeitung und deren Anbindung an beobachtbare Verhaltensweisen zerlegt werden, sondern es handelt sich um die Art und Weise, wie innere Prozesse zu neuen Einsichten und Wertorientierungen führen. Es geht bei diesem „Ehebild" nicht um ein Objektivitätsideal, sondern einfach darum, normalen Menschen den Weg zu einer für sie reicheren und befriedigenderen Ehe zu zeigen. So wird in diesem Bild „Fuzzy Logic" (*Zadeh* 1965) als Kunst des unscharfen Denkens auf die Gestaltung der Ehe angewandt (*Sanders* 1997). Wissen über das Gelingen von Zusammenleben, Wahrscheinlichkeiten und Erwartungen an eine Ehe werden einbezogen.

Dieses „Ehebild" basiert in seiner Grundidee auf dem erstmals von *Leary* entworfenen *Interpersonal Circle* (1957) zum Erfassen zwischenmenschlichen Beziehungsverhaltens. Es wurde später von *Cöllen* für die Diagnostik von Interaktionsstörungen im Paar aufgegriffen und weiterentwickelt (1989). Es geht davon aus, dass die Dynamik eines Paares und die innere Dynamik jedes Einzelnen als Gestaltungsfeld betrachtet werden können. Dieses Feld ist ein dynamisches Ganzes in einem umgrenzten Lebens- und Aufgabenbereich im Gesamtkontext der Gesellschaft. Es ist gekennzeichnet durch in multiplen Kausalbeziehungen stehende Feldkräfte, die Pole.

Ganz wichtig ist es dabei, jeweils beiden Polen ein *gleichberechtigtes Nebeneinander* zuzuordnen und keinesfalls eine innere Wertung vorzunehmen, im Sinne von z.B. der Pol „aktiv" sei gut und der Pol „passiv" sei schlecht.

Ehe als Gestaltungsfeld mit ambivalenten Polen

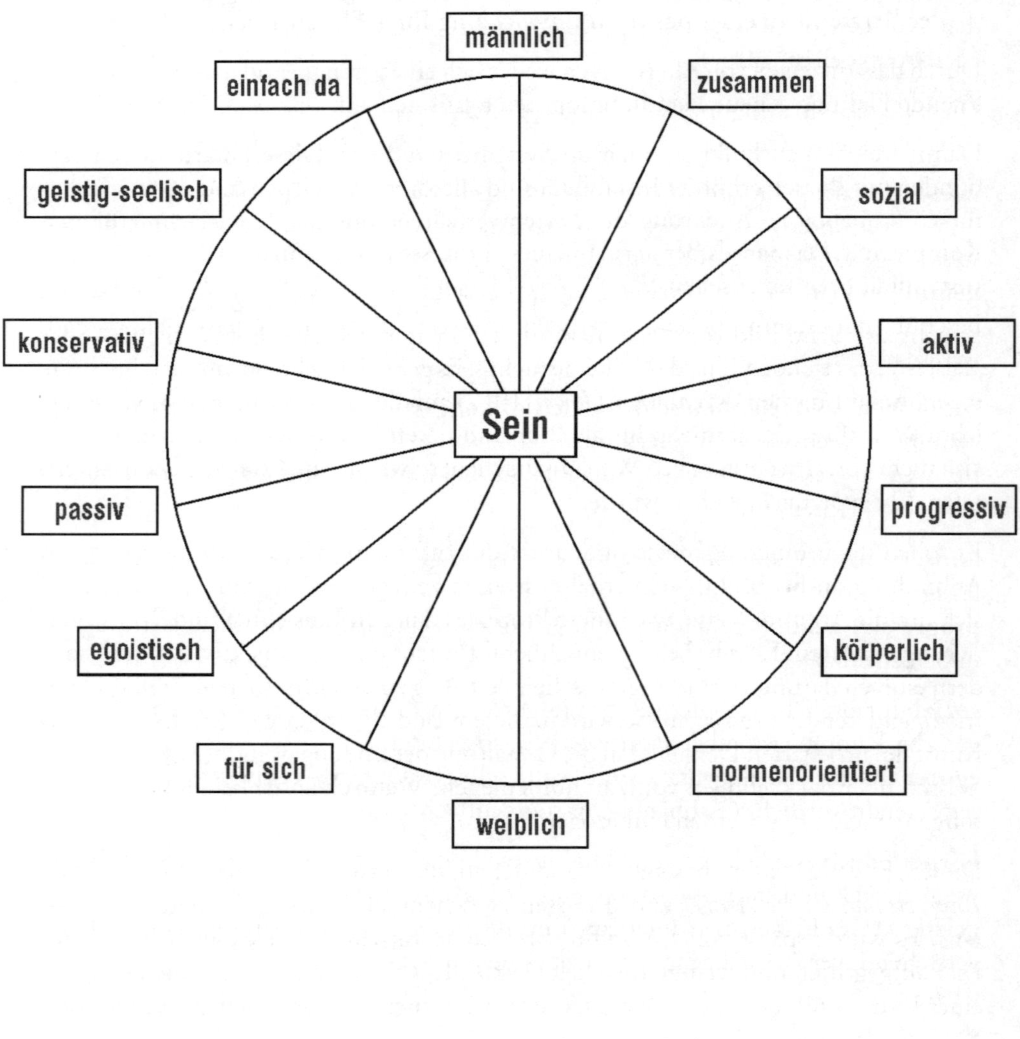

Jeder dieser Pole birgt in sich sowohl Aufforderungsmomente als auch Begrenzungen. So genießt z.B. ein Paar die Innigkeit des Zusammenseins, erstickt aber in ihr, wenn nicht auch der Gegenpol des Alleinseins gelebt wird, d.h. der Teil von Autonomie, „Ich-Treue", in jedem Menschen, der nicht auf den Partner bezogen ist.

Buber beschreibt dieses Phänomen folgendermaßen: „Und die Liebe selber kann nicht in der unmittelbaren Beziehung verharren, sie dauert, aber im Wechsel von Aktualität und Latenz. Der Mensch, der eben noch einzig und unbeschaffen nicht vorhanden, nur gegenwärtig, nicht erfahrbar, nur berührbar war, ist nun wieder ein Er oder eine Sie, eine Summe von Eigenschaften, ein figurhaftes Quantum geworden" (*Buber* 1962, 24-25).

Ein anderes Beispiel: Das „einfache Da-Sein", das Sich-Eingebunden-fühlen in den Kosmos zu genießen, könnte nicht durchgehalten werden, wenn nicht auch der an den Normen orientierte Alltag pflichtbewusst mit Geldverdienen und täglichem Kleinkram gelebt würde.

Diese Pole lassen sich, mit aller Vorsicht und Subjektivität, folgendermaßen beispielhaft charakterisieren:

weiblich: zart, gefühlsbetont, versorgend, geduldig, wehleidig, mütterlich, wankelmütig, verführerisch, diplomatisch, weich, sexy, hilfsbereit, verständnisvoll, geschwätzig, aufgeregt, einfühlsam
männlich: klar, hart, zielstrebig, brutal, rücksichtslos, väterlich, ordnend, sichernd, beschützend, unkommunikativ, stark, rational, vernünftig, stur, unsensibel, wissend, wo es langgeht

zusammen sein: harmonisch, friedfertig, konfliktscheu, liebesblind, du-treu, anklammernd, ich-schwach, verschmelzend
für sich: aggressiv, trennend, unnahbar, zurückweisend, autonom, ich-treu, rätselhaft, fern, abgrenzend

konservativ: vergangenheitsorientiert, bewahrend, unbeweglich, starr, sicher, zuverlässig
progressiv: zukunftsorientiert, mutig, hoffend, blind, fortschrittlich, extravagant, unberechenbar

sozial: fürsorglich, aufopferungsbereit, gesellschaftlich engagiert, politisch, selbstlos, gerecht, kämpferisch, überverantwortlich, ausgebrannt
egozentrisch: selbstbewusst, würdevoll, selbstversorgend, egoistisch, narzisstisch, selbstverantwortlich, unabhängig, ressourcenreich

körperlich: beweglich, geschmeidig, lustvoll, sexuell, trainiert, schmerzhaft, unbeweglich, steif und starr, funktionierend, erdhaft, realitätsnah, tatkräftig
geistig-seelisch: bewusst, überlegt, mitfühlend, geistvoll, feinfühlig, empfindsam, verstehend, verwirrt, abgehoben, versponnen, unrealistisch

aktiv: kreativ, schöpferisch, lebensbejahend, fruchtbar, ideenreich, phantasievoll, aufgeschlossen
passiv: tot, depressiv, müde, träge, verzweifelt, perspektivlos, gelassen, abwartend, auf Neues hoffend, frei für Unerwartetes, leer, aufnahmebereit

normenorientiert: pflichtbewusst, arbeitsam, fleißig, verantwortungsbewusst, zuverlässig, emsig, alltäglich, langweilig, rigide
einfach da-seiend: präsent, Existenzberechtigung spürend, sich in Gott (im Kosmos) verankert wissend, genießend, faul, lethargisch, unbekümmert, „null Bock"

Das Bild der Pole macht deutlich, welche Vielfalt an menschlichen Verhaltensweisen in einem Paar zur Lebendigkeit dazugehören kann. In der Partnerschule wird das Bild auch als Folie benutzt, um Probleme bei einem Paar zu beschreiben: Wie sieht die Polverteilung aus? Gibt es Einseitigkeiten? Ist einer z.B. immer traurig, depressiv (Pol: passiv) und der andere immer lustig, fröhlich (Pol: aktiv)? Sind beide symbiotisch miteinander verwoben (Pol: zusammen) und hat keiner den Mut, sich abzugrenzen, eigene Dinge zu tun (Pol: allein)?

Solche Einseitigkeiten der Verhaltensweisen bei einem Paar bieten auf der Ebene der Phänomene Hilfen zur Beschreibung der Schwierigkeiten des Paares. Ziel der Beratung ist es, bei dem Paar ein Fließgleichgewicht zwischen den verschiedenen Polen zu erreichen.

Kritisch betrachtet besteht bei diesem „Bild von Ehe" allerdings die Gefahr der „Ganzheitssuggestion" des Begriffes von Partnerschaft und Ehe, dann nämlich, wenn die Identität des einzelnen Individuums zugunsten eines Einheitsbegriffes vom Paar geopfert würde (*Tyrell* & *Hertel* 1994). Damit dies nicht geschieht, sei bei der Arbeit mit diesem Bild vom Paar verwiesen auf die Betonung stabiler interner Grenzziehungen und Subsystembildungen unterhalb des Paares, so wie sie in der Tradition der Familientherapie (*Minuchin* 1977) als Voraussetzung für das gute Gelingen von Familien gesehen werden.

Und diese Grenzen müssen „klar" sein. „Klarheit bedeutet nun in diesem Zusammenhang, dass die Grenzen weder unangemessen starr sind – die Subsysteme wären dann voneinander losgelöst bzw. isoliert – noch diffus. Minuchin spricht hier von ‚Verstrickung'. Positiv formuliert kann bei klaren Grenzen das Subsystem seine Funktion ohne eine unzulässige Einmischung von außen vollziehen und gleichzeitig Kontakt nach außen haben" (*Kriz* 1985, 285).

Zusammenfassung

Bei der kognitiven Arbeit am Bild der Ehe werden scheinbare Gegensätze, die im Zusammenleben eines Paares auftauchen, als lebendige Realitäten in einer Beziehung gleichberechtigt nebeneinander gestellt und als zusammengehörig definiert. Dadurch wird ein Modell geboten, um die vielen scheinbar gegensätzlichen Lebenswirklichkeiten eines Paares nicht als Zerstörung der Gemeinsamkeit zu betrachten, sondern sie als Realitäten zu integrieren.

8. Störungen der Kommunikation und Interaktion

Störungen der partnerschaftlichen Interaktion und Kommunikation und das Leiden, das sie auslösen, sind Anlass, eine Ehe- oder Paarberatung zu konsultieren. Bevor dieser Schritt getan wird, haben die Partner in der Regel schon vielfältige Möglichkeiten der Bewältigung versucht. Neben dem Studium einschlägiger Literatur gehört dazu auch das Gespräch mit nahen Verwandten oder Freunden. Oftmals helfen verständnisvolles Zuhören und deren Ratschläge, um die Situation wieder zu entspannen.

Die Störungen können aber auch so erlebt werden, dass beide Partner darüber berichten, als ginge es um völlig verschiedene Sachverhalte oder Ereignisse. Jeder ist heftig erregt, wirft dem anderen eventuell sogar vor, den Sachverhalt zu verdrehen, zu lügen etc. ... Störungen von dieser Gestalt bedürfen beraterischer Hilfe, sonst führt dieses Phänomen leider oftmals zur Trennung. Um es zu verstehen, soll im Folgenden menschliches Funktionieren aus grundlagenwissenschaftlicher Sicht unter verschiedenen Aspekten beleuchtet werden. Die Ausführungen basieren insbesondere auf den Arbeiten von *Grawe* (1998, 2004), der den aktuellen Forschungsstand zu diesem Thema zusammengetragen hat.

8.1 Zum Verständnis von Störungen

Bevor auf einzelne Aspekte der Störung in einem Paar eingegangen wird, sei grundsätzlich festgestellt, dass es beim psychischen Funktionieren des Einzelnen mindestens zwei qualitativ unterschiedliche Funktionsweisen gibt: eine implizite und eine explizite/konzeptuelle. Die konzeptuelle ist von Ideen, Willen und Bewusstsein geprägt, also von inneren Konzeptionen; demgegenüber ist die implizite nicht von Bewusstheit begleitet, sie geschieht eher automatisch. Ferner können im impliziten Funktionsmodus mehrere Prozesse gleichzeitig ablaufen. So ist die Gleichzeitigkeit mehrerer zielorientierter innerer Prozesse eines der offensichtlichsten Merkmale psychischer Aktivität. Dies ist nach *Grawe* (1998) ein Schlüssel zum Verständnis des menschlichen Seelenlebens und damit auch ein Schlüssel zum Verständnis von Partnerschaftskonflikten.

Paare kommen zur Beratung, weil etwas *zwischen* beiden stört. Diese Störung in der interpersonellen Beziehung hat ihrerseits wieder Bedeutung im psychischen Geschehen des Einzelnen. Insofern ist in der Paarberatung die intrapsychische Perspektive unverzichtbar, auch wenn es um Probleme im Miteinander geht. Eine Verkürzung auf eine systemische Perspektive wird dem Einzelnen und damit dem Paar nicht gerecht. Psychisches Leiden besteht immer in bestimmten neuronalen Erregungsmustern und diese ereignen sich im psychischen Geschehen des Einzelnen (siehe Kap. 5). Das intrapsychische Geschehen eines Menschen ist allerdings immer auf andere Menschen bezogen, weil seine Grundbedürfnisse nur im zwischenmenschlichen Kontext befriedigt werden können.

Dieser zwischenmenschliche Bezug ist für die motivationalen Schemata so zentral, dass *Grawe* (1986) sich veranlasst sah, diese Schemata als Beziehungsschemata zu bezeichnen. Denn innere Motive bringen das Individuum in einen bestimmten Austausch mit seiner Umgebung, insbesondere mit Menschen und ganz besonders mit denen, die in der Lebensgeschichte des Einzelnen zu seinen wichtigsten Bezugspersonen geworden sind. In der Beziehungsgestaltung mit diesen Menschen hat der Einzelne seine Beziehungsmuster gelernt. So bildet sich im Einzelnen intrapsychisch eine Abfolge von Erregungsmustern in ganz bestimmten Beziehungsabläufen, die ihrerseits wieder im Miteinander stattfinden.

Daraus folgt, dass Beziehungsabläufe und intrapsychische Prozesse eng miteinander verkoppelt sind. Will man also die Beziehungsmuster, die ein Mensch eingeht oder herstellt, verändern, gilt es, die motivationalen Schemata eines Menschen zu ändern. Da sich beide gegenseitig beeinflussen, sind sowohl die Veränderung von Beziehungsmustern als auch die Veränderung motivationaler Schemata zentrale Ansatzpunkte in der Paarberatung.

Zum Verständnis der Störungen bei einem Paar sind vergangene und gegenwärtige Beziehungsmuster der Einzelnen von eminenter Wichtigkeit. Denn diese Beziehungsmuster passen wie ein Deckel auf einen Topf zu den motivationalen Schemata. Sie sind die Bühne eines Menschen, auf der er seine Probleme manifestiert, und gleichzeitig sind sie die wichtigste Ressource für die Befriedigung seiner Bedürfnisse. Die Veränderung der Beziehungsmuster ist wichtig, um die psychische Befindlichkeit beim Einzelnen zu verbessern. So geben die Beziehungsmuster eines Partners nicht nur Aufschluss über seine motivationalen Schemata, sie sind gleichzeitig das Mittel, mit dem diese Schemata beeinflusst werden können.

8.2 Lernen von Verhaltensregeln

Powers (1973) versteht menschliches Verhalten als Ergebnis eines inneren hierarchisch geordneten Systems, das auf mehreren Ebenen Rückkoppelungsprozesse auslöst. Nur ein sehr kleiner Teil dieser Prozesse dringt in unser Bewusstsein vor. Wir sprechen, wir vollziehen mit der Hand eine Bewegung, wir stehen, und all dies ist mit hochkomplexen, neuronalen Erregungsmustern in unserem Gehirn verbunden, die z.B. Muskelbewegungen auslösen, die uns beim Gehen einen Schritt vor den anderen setzen lassen.

Die Fähigkeit zu unseren Handlungen und Emotionen haben wir zum Teil ererbt. Zum Beispiel die Angst vor Schlangen: Obwohl wir vielleicht nie eine Schlange gesehen haben, ist diese Angst wegen der Gefährlichkeit von Schlangen im Laufe der vier Millionen Jahre Menschheitsgeschichte als Überlebensstrategie in unser menschliches Erbgut eingegangen.

Andere Fähigkeiten haben wir, wie z.B. den aufrechten Gang, mit Unterstützung unserer Eltern erworben. Auch die grammatikalisch recht schwere deutsche Sprache wird in der Regel von Kindern mit zehn Jahren fehlerfrei beherrscht, ohne dass sie in der Lage wären, über die Syntax, die Regeln für den Satzbau oder den Gebrauch der Fälle Auskunft zu erteilen. Sie können und beherrschen sie einfach. Diese Fähigkeiten gehören zum nicht dem Bewusstsein zugänglichen impliziten Modus des Verhaltens. Sollen diese impliziten Sprachregeln dem Bewusstsein zugänglich gemacht werden, bedarf es schulischen Unterrichts, in dem Sätze analysiert und deren Regeln erklärt werden. Die Erklärungen werden vom Kurzzeitgedächtnis registriert und können im Langzeitgedächtnis gespeichert werden. Diese Regeln stehen dann dem Menschen, etwa zur Abfassung eines Textes, zur Verfügung.

An solchen Lernvorgängen, dem Stehen, Gehen, Sprechen ... sind in unserem Gehirn eine Vielzahl von Zellen beteiligt, wobei jede einzelne Nervenzelle gewissermaßen als eine Art „Detektor“ für ein ganz bestimmtes Merkmal eines ganz bestimmten Objektes anzusehen ist. Neue Reize von außen werden wieder von Nervenzellen wahrgenommen und in den bisherigen Erfahrungsschatz integriert, oder es bilden sich neue Muster. Diese werden als neuronale Erregungsmuster bezeichnet. Die meisten dieser unbewussten und automatisierten Prozesse sind durch spätere Erfahrungen nicht mehr modifizierbar (*Roth* 1995). Durch die Ansammlung neuronaler Erregungsmuster bildet sich im Menschen seine je eigene Sicht der Welt ab, ja der gesamte Organismus, seine Art zu funktionieren, kann als eine implizite Theorie über die Welt angesehen werden. Mit dieser Theorie, man könnte auch sagen mit dieser *Erwartung*, tritt der Mensch der Welt, seiner Umgebung gegenüber (*Epstein* 1991).

Wie kommen nun gänzlich unterschiedliche Wahrnehmungen ein und desselben Sachverhaltes bei einem Paar zustande?

Menschliche Wahrnehmung wird gekoppelt mit Wahrnehmungs*erwartungen.* Und es kann sein, dass Mann und Frau an den gleichen Sachverhalt mit völlig unterschiedlichen Wahrnehmungserwartungen herangetreten sind. So kann die Flasche Bier auf dem Tisch bei dem einen die Erwartung an eine kühle Erfrischung auslösen, der andere erlebt Panik, weil ein implizites Erregungsmuster aktiviert wird: „Damals zu Hause, wenn die Flasche Bier auf dem Tisch stand ... war die Hölle los."

Zusammenfassung

Menschen lernen ihr Beziehungsverhalten wie ihre Muttersprache in den ersten Lebensjahren. Da ihnen dies in „Fleisch und Blut" übergeht, handeln sie danach, ohne die Regeln ihres Handelns zu kennen, ebenso wenig, wie sie die grammatikalischen Regeln ihrer Sprache ohne schulisches Lernen benennen können.

8.3 Die Grundbedürfnisse des Menschen

⇢ Die Regelung der Konsistenz als Grundprinzip psychischen Funktionierens

Im Laufe der Evolution setzen sich die Arten durch, die unter den gegebenen Umständen überleben und in der Lage sind, ihre Gene weiterzugeben. Dabei gibt die Beschaffenheit der Art vor, was sie für ihr Überleben und ihre Reproduktion braucht. Das führt uns zu der Frage, was *ein Mensch braucht,* um als Mitglied der menschlichen Spezies gut gedeihen zu können, genauer gesagt, sich wohl fühlen und gut entwickeln zu können. Zunächst einmal sind die biologischen Bedürfnisse, wie Essen, Trinken und Schlafen zu nennen. Darüber hinaus geht *Grawe* (2004) von vier Grundbedürfnissen aus, die bei allen Menschen vorhanden sind und deren Verletzung oder dauerhafte Nichtbefriedigung zu einer Schädigung der psychischen Gesundheit und des Wohlbefindens führen.

Diesen Grundbedürfnissen übergeordnet ist die *Regelung der Konsistenz* als ein zentrales Prinzip des psychischen Funktionierens. Damit ist die Übereinstimmung bzw. Vereinbarkeit der gleichzeitig ablaufenden neuronalen bzw. psychischen Prozesse gemeint. Um die Grundbedürfnisse zu befriedigen und sie vor Verletzungen zu schützen, entwickeln Menschen *motivationale Schemata.* So gibt es *annähernde* und *vermeidende* Schemata. Wächst ein Mensch in einer feinfühligen und wohlwollenden Umgebung auf, so wird er vor allen Dingen annähernde motivationale Ziele entwickeln und viele positive Erfahrungen machen, die der Befriedigung seiner Grundbedürfnisse dienen. Wird er allerdings als Kind immer wieder in seinen Grundbedürfnissen verletzt, bedroht oder enttäuscht, so entwickelt er Vermeidungschemata, um sich vor weiteren Verletzungen zu schützen. Sind diese stark ausgeprägt, so hindern sie ihn im späteren Leben daran trotz vorhandener Möglichkeiten, Erfahrungen im Sinne seiner Grundbedürfnisse zu machen. Inkonsistenz im psychischen Geschehen ist die Grundlage für psychische und physische Störungen bzw. Krankheit. Beide Strategien, Annäherung und Vermeidung, sind nicht bipolar, sondern haben jede für sich eigene neuronale Schaltkreise, können gegeneinander wirken und so zu Inkonsistenz führen. Das lässt die Not von Klienten verstehen, die *trotz* aller vorhandenen Möglichkeiten nicht in der Lage sind, Erfahrungen von Nähe oder Wertschätzung durch den Partner zuzulassen und für ihr Wohlbefinden zu nutzen. Sie werden hin und her gerissen zwischen der Sehnsucht nach Verbundenheit und gleichzeitiger Angst davor.

⇢ Das Bedürfnis nach Bindung

Das Bedürfnis nach Bindung ist empirisch am besten abgesichert. *Bowlby* (1976) fasst seine Bindungstheorie in drei Postulaten zusammen:

1. „Wenn ein Individuum darauf vertraut, dass eine Bindungsfigur verfügbar ist, wann immer es das wünscht, dann neigt dieses Individuum weniger zu intensiver oder chronischer Furcht als eine andere Person, die dieses Vertrauen aus irgendwelchen Gründen nicht besitzt.
2. Vertrauen in die Verfügbarkeit einer Bindungsperson oder das Fehlen derselben entwickeln sich nach und nach in den Jahren der Unreife – Kleinkindzeit, Kindheit und Jugend –, und was immer sich an Erwartungen in diesen Jahren entwickelt, bleibt für den Rest des Lebens relativ unverändert bestehen.
3. Die mannigfaltigen Erfahrungen in Bezug auf die Zugänglichkeit und Reaktionsbereitschaft von Bindungsfiguren, die unterschiedliche Individuen in den Jahren der Unreife entwickeln, sind ziemlich genau Reflexionen der Erfahrungen, die diese Individuen tatsächlich bereits gemacht haben" (1976, 246).

Diese Erfahrungen schlagen sich nach *Bowlby* in einem „inneren Arbeitsmodell" für die Gestaltung von Beziehungen nieder. Sie werden im impliziten Gedächtnis abgespeichert in Form von Wahrnehmungs-, Verhaltens-, emotionalen Reaktionsbereitschaften und motivationalen Bereitschaften. Die motivationalen Schemata, die ein Mensch entwickelt, hängen also wesentlich von seinen ganz frühen Erfahrungen mit den primären Bezugspersonen ab. Macht er die Erfahrung, dass er die Nähe einer Person – insbesondere die von Mutter und Vater – suchen und aufrecht erhalten kann, die für ihn da ist, ihm Schutz und Sicherheit bietet, ihm Nahrung gibt, ihm das Leben erklärt, wird dieses Bedürfnis nach Bindung befriedigt. Mit der Basis dieses „sicheren Hafens" kann sich ein Kind seinen Aktivitäten zuwenden und die Welt Schritt für Schritt erkunden. Ist diese Sicherheit, die Nähe und Erreichbarkeit der Bezugsperson aber nicht gegeben, wird die gesamte psychische Aktivität darauf ausgerichtet, Nähe herzustellen.

In empirischen Untersuchungen zum Bindungsverhalten konnte *Ainsworth* (1982) nachweisen, dass diese sichere Basis für das psychische und physische Wohlergehen eines Menschen lebenslang wichtig bleibt. In der Paarberatung haben diese Untersuchungen zentrale Bedeutung, weil die Art und Weise, *wie* jemand seine Partnerbeziehung sucht und gestaltet, maßgeblich von den im impliziten Modus gespeicherten Beziehungserfahrungen mit den ersten Bezugspersonen abhängt. So konnten *Collins & Read* (1990) nachweisen, dass Menschen mit dieser sicheren Basis in einer Paarbeziehung mehr Nähe zulassen können und geringere Angst vor dem Verlassenwerden haben als solche, die sich nicht auf eine sichere Bindung zu zentralen Bezugspersonen verlassen konnten. Da diese Bindungsmuster zum impliziten inneren Gepäck eines Menschen gehören, spürt dieser zwar, dass er Schwierigkeiten im Gestalten seiner Beziehungen hat, weiß aber fast nie, wie er selbst diese Schwierigkeiten immer wieder aktiv herbeiführt und aufrecht erhält.

Zusammenfassend lässt sich nach dem jetzigen Stand der Forschung sagen, dass es Verletzungen des Bindungsbedürfnisses in frühen Kindertagen sind, die über weitere Schritte zu psychischen Störungen führen. Ein unsicherer Bindungsstil kann zurzeit als der größte Risikofaktor für die Ausbildung einer psychischen Störung angesehen werden (*Grawe* 2004).

⇢ Das Bedürfnis nach Orientierung und Kontrolle

Reale Lebenserfahrungen sind davon gekennzeichnet, etwas, was man anstrebt, zu erreichen oder es *nicht* zu erreichen. Man macht also fortwährend konkrete positive oder negative Erfahrungen von Kontrolle: „Ich bekomme es – ich bekomme es nicht". Aufgrund dieser Lebenserfahrungen – insbesondere in der frühen Kindheit – entwickelt ein Mensch eine Grundüberzeugung davon, ob eine Voraussehbarkeit (Orientierung) und Kontrolle besteht, ob es lohnt, sich für etwas einzusetzen und letztlich, ob das Leben überhaupt einen Sinn macht. Positive Erfahrungen – ein Baby schreit, hat Hunger und die Mutter gibt ihm zu essen; als Kleinkind spielt es lieb mit seinem Bruder und wird ganz spezifisch genau dafür gelobt – führen zu der Überzeugung, dass man mit dem eigenen Verhalten erfolgreich Wirkungen im Sinne bestimmter Ziele herbeiführen kann.

So ist nach *Powers* (1973) Verhalten darauf ausgerichtet, Wahrnehmungen im Dienst bestimmter Ziele herbeizuführen. Ist dies erfolgreich, wird das Kontrollbedürfnis befriedigt, wenn nicht, entsteht Inkongruenz. Inkongruenz geht also immer mit einer Nichtbefriedigung oder Verletzung des Kontrollbedürfnisses einher. Macht ein Baby die Erfahrung, dass die Mutter mal kommt und mal nicht kommt und später als Kleinkind, dass es eigentlich nichts richtig machen kann und ständig kritisiert wird, wird dieses Bedürfnis nach Orientierung und Kontrolle massiv verletzt. Es bilden sich unsichere Beziehungsschemata und Grundlagen für depressives Erleben und Verhalten, „erlernte Hilflosigkeit" wird erworben (*Maier* & *Seligman* 1976).

So können wir in der Beratung immer wieder erleben, dass Ratsuchende genau wissen wollen, *was* mit ihnen los ist, welcher „Film" zwischen ihnen läuft. Ähnlich wie die Wartezeit auf einen möglichen lebensbedrohlichen ärztlichen Befund unerträglicher sein kann als das schlimme Ergebnis selbst – weil man danach wieder anfangen kann, etwas zu tun, z.B. durch eine Chemotherapie wieder Kontrolle über die Situation gewinnen – ist nichts schlimmer, als das Nichtverstehen der dauernden Eskalationen im Miteinander. Schafft es die Beraterin, dieses etwa mit Hilfe der Chaostheorie plausibel zu erklären – befriedigt sie also das Bedürfnis nach Orientierung – und zeigt sie den Klienten die Chancen einer Paartherapie auf, dann kommt sie dem zentralen Anliegen des Paares nach, wieder Kontrolle über die Situation des Miteinanders zu gewinnen.

⇢ Das Bedürfnis nach Selbstwerterhöhung und Selbstwertschutz

Hierbei handelt es sich um ein spezifisch menschliches Bedürfnis, denn als Menschen sind wir zu reflexivem Denken fähig, wir sind in der Lage, uns als Individuum zu sehen. Das bietet überhaupt erst die Grundlage dafür, ein Selbstbild und damit ein Selbstwertgefühl zu entwickeln. Dies ist ein Ergebnis der Interaktionen und hier vor allen Dingen der sprachlichen Kommunikation mit anderen Menschen. Die Fähigkeit, sich selbst als wertvoll zu empfinden, spielt in vielen Therapieformen eine zentrale Rolle. Erstmals wurde in der Psychotherapie ein Streben des Menschen nach Erhöhung des Selbstwertes und nach Überwindung eines Minderwertigkeitsgefühles von *Adler* (1920) als zentrale Motivationsquelle gesehen.

Wie kommt es aber, dass Menschen schlecht über sich denken, dass z.B. die Komplimente des Mannes bei seiner Frau abprallen und sie eher ihren eigenen negativen Innenbildern glaubt? *Sullivan* (1953) führte dies darauf zurück, dass das Bindungs- und Kontrollbedürfnis seitens der primären Bezugspersonen verletzt wurde. Da aber in der Gedankenwelt des Kindes als Reaktion auf Frustration die Idee: „Mutter ist schlecht und ich bin gut", wegen der existenziellen Abhängigkeit unmöglich sei, entwickelt es ganz im Sinne des Grundbedürfnisses nach Sicherheit und Kontrolle die Umkehr: „Mutter ist gut und ich bin schlecht". Bezieht also das Kind das Verhalten der Mutter als Resultat auf sein eigenes „schlechtes", ist dies zwar nicht mit guten Gefühlen verbunden, aber es bleibt zumindest die Hoffnung, dass man selber etwas ändern könne, dass man ja vielleicht „lieber" sein könnte. So ist ein Rest von Kontrolle noch erhalten.

Solche Beziehungserfahrungen – als neuronale Erregungsmuster im Gehirn gespeichert – führen dann dazu, dass die Frau im obigen Beispiel den Komplimenten keinen Glauben schenken kann, weil ein entsprechendes neuronales Erregungsmuster: „Ich bin in Ordnung, ich bin toll, mein Mann sieht das, das tut mir gut, ich fühle mich wohl", (noch) nicht vorhanden ist.

Tragisch ist für Menschen, die nicht wissen, wie sie ihren Selbstwert stabilisieren und erhöhen können, dass sie Vermeidungsverhalten aktivieren, um sich vor *erwarteten* Enttäuschungen: „Keiner liebt mich" oder: „Bevor ich verlassen werde, verlasse ich lieber!" zu schützen. So nimmt dann bei einem Paar ein destruktiver Rückkoppelungsprozess seinen Lauf. Zwar ist der Wunsch da, geliebt zu werden und miteinander verbunden zu sein. Da aber der Betroffene sich selbst nicht liebenswert findet und unsicher gebunden groß wurde, kann er sich auch nicht vorstellen, von anderen geliebt zu werden oder er hat Schwierigkeiten, Nähe zulassen und genießen zu können. Als Folge eines solchen Grundmusters werden „Liebesbeweise" nicht registriert. Im Rahmen der Paarberatung werden die Betroffenen direkt darauf angesprochen: *„Haben Sie gehört, dass Ihr Mann gerade was ganz Liebes gesagt hat?"* Die Antwort darauf lautet dann oftmals: *„Nein! Wann denn?"* Oder: *„Das tut er nur, weil wir hier in der Beratung sind!"* Ein solcher Teufelskreis führt Partner oft zur Trennung. Leider wird bei einem neuen Partner nicht alles anders, sondern auch hier beginnt, meist etwas schneller, der selbstzerstörerische Weg der Selbstabwertung.

Das Bedürfnis nach Lustgewinn und Unlustvermeidung

Als letztes Grundbedürfnis gilt das u.a. von *Freud* (1911) postulierte Streben nach *Lustgewinn* und *Unlustvermeidung*, nach dem Menschen motiviert sind, Lust zu empfinden und unlustvollen Situationen aus dem Weg zu gehen. Aber was ist mit dem heftig streitenden Ehepaar, das in das „Rettungsboot" gestiegen ist und statt kräftig zu rudern, um an Land zu kommen, mit den Rudern aufeinander einschlägt? Was ist mit den vielen Paaren, bei denen einer oder beide über sexuelle Lustlosigkeit klagen? *Grawe* (2004) beschreibt dieses Grundbedürfnis als einen *ständig aktiven Monitor des psychischen Geschehens auf dem Hintergrund einer gut-schlecht-Bewertung.* So schreit das Kind, das auf dem Spielplatz hin gefallen ist, weil es sich wehgetan hat. Sein Bindungsbedürfnis ist aktiviert, um bei der Mutter Trost und Schutz zu finden. Aber wo bleibt die Mutter? Da das Kind sie nicht sehen kann, um sie auf seine Not aufmerksam zu machen, ist ebenso das Bedürfnis nach Orientierung und Kontrolle aktiviert. Es tut weh, es fühlt sich mutterseelenallein, schreit und richtet seine ganze Aktivität darauf, diese Unlustgefühle zu beenden. Deutlich wird an diesem Beispiel ebenfalls, wie in fast jeder Situation mehrere Bedürfnisse gleichzeitig aktiviert sind. Und so durchzieht dieses Bewertungssystem alle Aspekte des menschlichen Lebens.

Letztlich dient das Bedürfnis nach Lust bzw. Unlustvermeidung dem Zweck der Evolution, nämlich der Arterhaltung und Weiterentwicklung. Ohne die Lust auf Essen würden wir verhungern, ohne die Lust auf Sex aussterben. Und so bekommt die Häufigkeitsverteilung bei sexuellen Störungen einen ganz neuen Aspekt. Wurden Mitte der siebziger Jahre bei den Patientinnen in 80 Prozent Erregungs- und Orgasmusstörung diagnostiziert, so reduzierte sich dieser Anteil zwei Jahrzehnte später auf 20 Prozent. Im Gegenzug nahm die Lustlosigkeit dramatisch von 8 Prozent auf 74 Prozent zu, bei den männlichen Patienten veränderte sich der Prozentsatz von 4 Prozent auf 17 Prozent (*Schmidt* 1993).

⇢ So fragte eine Ratsuchende im Rahmen der Online-Beratung:

„Ich möchte mich heute mit einem Problem an Sie wenden, das mir und meinem Freund einer Familiengründung und einer glücklichen gemeinsamen Zukunft im Wege steht: Unser Sexualleben ist eingeschlafen. Kurz eine ausführlichere Schilderung unseres Problems: Mein Freund (38) und ich (32) sind seit neun Jahren ein Paar und haben kaum noch Geschlechtsverkehr. Am Anfang hatten wir sehr oft und sehr guten Sex. Nach einem halben Jahr ging ich zum Studium für ein Jahr nach England. Zwischendurch war ich vier Wochen hier, und auch in dieser Zeit hatten wir täglich Geschlechtsverkehr und sehr viel Spaß daran. Als ich dann endgültig zurückkam, zogen wir in eine gemeinsame Wohnung. Zu dieser Zeit (vor vier Jahren) begann es bereits, dass wir immer seltener miteinander schliefen. Mal hatte ich keine Lust, mal hatte er keine. Uns fiel das natürlich auf und wir haben offen darüber gesprochen. Eine richtige Ursache haben wir nicht gefunden. Seit zwei Jahren sehen wir uns aus beruflichen Gründen nur am Wochenende. Das frischte anfangs auch unser Sexualleben etwas auf, aber wir hatten nie wieder solch leidenschaftlichen Sex wie am Anfang. Mittlerweile ist es so, dass ich wieder Lust habe, mein Partner aber nicht. Er sagt, er verspürt nichts, wenn wir uns küssen und auch nicht, wenn wir miteinander schlafen. Wir werden immer verkrampfter und ich befürchte, dass unser Sexualleben vollkommen einschlafen wird. Aber wir lieben uns und sind ansonsten sehr glücklich miteinander. Wir genießen die gemeinsame Zeit und sind uns dann auch sehr nah. Wir finden uns attraktiv und anziehend und kuscheln auch, aber darüber hinaus ist kaum mehr etwas, was uns bezüglich unserer Zukunft und einer gemeinsamen Familie nicht sehr optimistisch stimmt. Wir waren immer sicher, wir würden heiraten und gemeinsam eine Familie gründen, aber jetzt sind wir unglücklich und stehen kurz vor einer Trennung. Weil wir uns lieben, wollen wir uns nicht trennen, finden aber keine Lösung für unser Problem. Uns ist klar, dass nach neun Jahren Beziehung das Sexualleben nicht mehr so ist wie am Anfang, aber so ganz ohne macht es auch nicht glücklich. Unsere Suche nach einer Lösung, die uns die Unbeschwertheit wieder gibt und alte Probleme und Verkrampftheiten vergessen lässt, blieb bisher jedoch unfruchtbar. Was können wir tun?"

Wird die Lust von der Weitergabe des Lebens entkoppelt – menschheitsgeschichtlich zum ersten Mal durch die „Pille" möglich –, entsteht die Lustlosigkeit vielleicht dadurch, weil Sexualität zu einem „Konsumgut" wurde. Vielleicht schwindet sie ja gerade dann, wenn diese wie im obigen Beispiel von den damit verbundenen Konsequenzen der Weitergabe des Lebens und den mit Schwangerschaft und Heranwachsen von Kindern verbundenen Mühen und Freuden losgelöst ist?

Oder kann man in einem anderen Beispiel die Arbeit eines Lehrers, der sich mit vollem Engagement für seine Schüler einsetzt, als Hedonismus bezeichnen? Aber er ist sehr zufrieden und glücklich mit seinem Leben. Vielleicht steckt hinter diesem Grundbedürfnis das, was *Csikszentmihalyi* als das Geheimnis des Glücks versteht: Flow. „... die Belohnung in den Ereignissen des Augenblicks zu finden. Wenn man lernt, in dem fortlaufenden Strom von Erfahrungen, im Prozess des Lebens selbst, Freude und Sinn zu finden ..." (2004, 36).

Zusammenfassung

Die Grundlage psychischen Wohlbefindens und psychischer Gesundheit ist die Fähigkeit des Menschen, Erfahrungen im Sinne der Befriedigung seiner Grundbedürfnisse zu machen. Dies sind die Bedürfnisse nach Bindung, nach Orientierung und Kontrolle, nach Selbstwerterhöhung und nach Lustgewinn und Unlustvermeidung. Annäherndes Verhalten, um befriedigende Erfahrungen zu machen oder aber auch vermeidendes, um sich vor Verletzungen zu schützen, wird durch die frühen Interaktionen mit den primären Bezugspersonen angelegt.

8.4 Intentionen motivieren Handlungen

Im Hinblick auf innerpsychisch vorhandene Hierarchien (*Powers* 1973) sind Prinzipien, die zu Intentionen werden, weit oben in diesen Hierarchien angeordnet. Eine solche Intention könnte z.B. sein: „Sei ein liebevoller Ehemann", und so ordnet sich das Verhalten gegenüber der Partnerin dieser unter. Menschen haben aber nicht nur eine Intention, sondern sie sind in der Lage, *mehrere gleichzeitig* zu verfolgen. So kann die Intention: „Sei selbstbewusst und handle autonom!" durchaus gleichzeitig mit der vorgenannten gelebt werden. Widersprechen sich allerdings im konkreten Fall für den Betroffenen diese beiden Intentionen, kann es zu innerer Spannung kommen und in Folge zu negativen Konsequenzen für die psychische und physische Gesundheit.

Es kann also sein, dass Grundbedürfnisse untereinander in Konflikt geraten. Der Mann spürt vielleicht, dass sein Bedürfnis nach Bindung kollidiert mit dem Bedürfnis seiner Frau nach Selbstwerterhöhung durch Autonomie, also z.B. danach, etwas zu tun, was *nichts* mit ihm zu tun hat, was seinem augenblicklichen Wunsch nach Zweisamkeit widerspricht. Da er dies nicht versteht, ist sein Bedürfnis nach Kontrolle der Situation ungestillt. Vielleicht macht er sich auch Gedanken, seiner Frau nicht zu genügen, nicht „der Richtige" zu sein und beginnt so einen Prozess der persönlichen Selbstabwertung.

Betrachtet man solche Situationen sowohl aus einer individuumsbezogenen als auch aus einer systemischen Perspektive, so ist es Aufgabe der Beratung, mit dem Einzelnen und mit dem Paar wieder zu einer Konsistenz dieser (scheinbaren) Widersprüche zu kommen, dahin, dass der Einzelne wieder mit sich und damit mit seinem Partner in einen Gleichklang kommt. Im obigen Beispiel würde dies bedeuten zu erarbeiten, dass Zweisamkeit kein Widerspruch zu autonomen Handlungen des Einzelnen ist, sondern sogar die Voraussetzung, um einander als Partner überhaupt auf gleicher Augenhöhe begegnen zu können. – Deutlich wird hier, warum das Vorhandensein mehrerer – insbesondere gegensätzlicher – Intentionen von *Grawe* als Schlüssel zum Verständnis des menschlichen Seelenlebens bezeichnet wird (1998).

Ein Paar etwa, bei dem jeder meint, der *andere* würde von einem anderen Sachverhalt sprechen, lügen etc., kommt vielleicht mit dem Wunsch, in der Beratung würde die Beraterin vermitteln, Recht sprechen oder zumindest Schiedsrichterin sein. Aber dies ist nicht Aufgabe einer psychologisch-pädagogisch orientierten Therapeutin, sondern wäre Aufgabe eines Mediators bzw. des Familienrichters.

Neben dem möglichen Wunsch nach Vermittlung oder Rechtsprechung gibt es in jedem Ratsuchenden auch noch andere Intentionen. Geht man davon aus, dass dieses Paar sich einmal sehr geliebt hat, dass sie vielleicht in einer „Hoch-Zeit" ihrer Beziehung geheiratet und Kinder bekommen haben, dann darf man als Beraterin getrost auch folgende am Prinzip der Lustgewinnung orientierte Intention unterstellen, etwa: „Wir beide wollen lernen, das, was im Miteinander stört, zu verstehen. Wir wollen lernen, so miteinander umzugehen, dass unsere Ehe eine ‚Zugewinngemeinschaft' wird, an der jeder Teil hat. Wir wollen uns wieder gut miteinander fühlen."

Wenn diese Unterstellung, als mögliches Ziel der Beratung im ersten Kontakt offen angesprochen, die Zustimmung des Paares findet, kann man als Beraterin an dieser Intention anknüpfen und hat es mit der Beratung leicht! Erstens lassen sich gute Erfahrungen im Miteinander des Paares als tragende Ressource aktivieren und aufbauen. Zweitens ist das genannte Ziel in hohem Maß anziehend und gibt Kraft für die mit den Klärungs- und Bewältigungsprozessen verbundenen Mühen und Anstrengungen. Und zuletzt (oder vielleicht zuerst) induziert eine Verbindung der Beraterin mit gerade dieser Intention Hoffnung. Mit dem Prinzip Hoffnung werden positive Erwartungen auf Besserung geweckt, sie geben dem Paar wieder Glauben an seine Zukunft. Allein dieses Gegengewicht gegen die vorhandene Perspektivlosigkeit und Demoralisierung setzt durch die damit beabsichtigte Veränderung von Erwartungen Selbstheilungskräfte frei (*Frank* 1961/1982).

Hoffnung kann entstehen, wenn im Erstkontakt für den Klienten deutlich wird, dass die Beraterin in seinen Augen kompetent ist und klare Vorstellungen über das Behandlungsvorgehen hat. Kollegen, die im institutionellen Rahmen arbeiten, verbuchen ein weiteres Plus zur Hoffnungsinduktion, da bereits ein solcher Rahmen (Beratungsstelle, Klinik etc.) in sich vertrauensbildend wirkt.

Zusammenfassung

Als zentrale Motivationsquelle menschlichen Handelns wird die Befriedigung der Grundbedürfnisse nach Bindung, nach Orientierung und Kontrolle, nach Selbstwerterhöhung und nach Lusterfüllung und Unlustvermeidung angenommen. Da mehrere Intentionen gleichzeitig verfolgt werden können, bedeutet deren mögliche Inkongruenz einen Schlüssel zum Verständnis von Paarkonflikten. Unterstützend für den paartherapeutischen Klärungs- und Bewältigungsprozess ist es, wenn die Beraterin die im Paar vorhandenen guten Erfahrungen und Erinnerungen fokussiert.

8.5 Störungen und ihr Eigenleben

Setzt die Beraterin den Fokus ihrer Aufmerksamkeit bei einem streitenden Ehepaar weniger auf den Inhalt des Streits, als auf den Prozess, der sich vor ihren Augen zwischen beiden Personen abspielt, dann fallen ihr eventuell Verhaltensweisen und Reaktionen auf, die zum impliziten Modus beider Partner gehören. – Die Frau beschwert sich z.B. wortgewaltig und langatmig, dass ihr Mann ihr nicht zuhöre, ihr nicht nachfühlen könne usw. und merkt selbst gar nicht dessen geduldiges Aushalten ihres Wortschwalles und seine zaghaften Bemühungen, sich auch zu Wort zu melden. Der Mann merkt nicht, wie es ihm unmöglich ist, dem Wortschwall Einhalt zu gebieten, etwas dagegen zu setzen, vielmehr lauscht er wie ein „treuer Hund" auf die Stimme seiner Herrin.

Die zentrale Frage an dieser Stelle lautet: Warum verhalten sich Menschen so, wie sie sich verhalten und nicht anders? Warum kann die Frau nicht weniger reden und dem Mann seinen Platz (zum Reden) lassen? Warum merkt er denn nicht, wie seine Frau ihn bestimmt? Warum kann er sich nicht dagegen wehren?

Interaktives Verhalten wird in Interaktionen vom ersten Moment des Lebens an als Kind bei der Mutter gelernt. Und Säuglinge sind dabei sehr aktive und kompetente Partner (*Dornes* 1993). Wenn die primären Bezugspersonen „gut drauf" sind und auf ihre Kinder mit einem intuitiven angemessenen Erziehungsverhalten reagieren, kann das Kind sich gut entwickeln (*Papousek* & *Papousek* 1990). Ist das aber nicht der Fall, muss das Kind sich vielleicht „verrückte Dinge" antrainieren, die in dieser Situation passend sind. Denn Menschen sind von Säuglingszeiten an „problem solvers" (*Rovee-Collier* 1993). Sie zeichnen sich durch eine hohe Verhaltenselastizität, Originalität und Durchsetzungskraft aus. So benutzen sie diese Elastizität und Originalität, um unter den gegebenen „verrückten" Umständen zu überleben. Kommen Mutter oder Vater also nicht ihrem Auftrag nach, Bindung herzustellen und bieten sie keine sichere Basis, dann versucht der Säugling selbst durch Schreien, Weinen etc. immer wieder, auf sich aufmerksam zu machen und diese Bindung herzustellen. Wenn diese Mühen oft von ihm verlangt werden, geht in seinen impliziten Modus Folgendes ein: „Wenn ich mit einer nahen Person zusammen sein will, muss ich mich ganz schön anstrengen und muss aufpassen, dass diese nicht wegläuft."

Solche Störungsmuster haben in sich eine Ordnung, die aus mehreren Komponenten – Kontrollparametern – bestehen. In der obigen Situation sind es beispielsweise die Folgenden: Die primäre Bezugsperson ist schlecht gelaunt, raucht, schreit manchmal laut, geht und kommt in schnellem Wechsel ins Zimmer, hat keine Aufmerksamkeit für das Kind, dieses aber eine volle Windel ...

So bilden sich seit frühester Kindheit eine Vielzahl ganz bestimmter Ordnungsmuster ab, Attraktoren genannt, sich in Interaktionen zu verhalten. Diese können später in bestimmten Situationen aber nicht mehr angemessen sein, werden dysfunktional zu

„Störungsattraktoren". So wäre es nicht passend, wenn ein Mann immer dann, wenn seine Frau das Haus verlässt oder in der Wohnung ihren eigenen Beschäftigungen nachgeht, mit „Verlustangst" reagiert und alles Mögliche und Unmögliche inszeniert, nur damit sie ihm ihre Aufmerksamkeit widmet – selbst wenn sie mit ihm zankt.

Tragisch kann es für eine Paarbeziehung sein, dass störende Verhaltensmuster – Störungsattraktoren – ein Eigenleben führen können. Dann reicht bereits eine Komponente – zum Beispiel ein lautes Wort, eine Flasche Bier auf dem Couchtisch, ein blondes Haar, ein „komischer Blick" – und der gesamte Attraktor mit all seinen negativen Emotionen ist plötzlich präsent. Der andere versteht seinen Partner nicht mehr, meint im „falschen Film" zu sitzen.

Der im Gedächtnis in Form von Erregungsbereitschaften gespeicherte Attraktor hat sich so von seinen Entstehungsbedingungen gelöst und wird funktional autonom (*Allport* 1937). Da Störungsattraktoren einmal in der Lebensgeschichte dieses Klienten eine wichtige Funktion hatten, lassen sie sich nicht einfach verändern. Insbesondere Emotionen wie Jähzorn oder Eifersucht haben oftmals den Charakter eines funktional autonom gewordenen emotionalen Attraktors. Beide Gefühle sind durch alle möglichen Situationen auslösbar, ja sie steigern sich durch positive Rückkoppelung zu einer Intensität, die für Außenstehende nicht mehr durch die konkrete Situation gerechtfertigt zu sein scheint.

So kann es passieren, dass ein Ehepaar gemeinsam fernsieht und beim Erscheinen einer blonden Frau die Ehefrau plötzlich heftigste Gefühle der Eifersucht bekommt, ohne dass der Mann diese blonde Frau überhaupt wahrgenommen hätte. Beide leiden an der Situation, die Frau, weil sie mit heftigsten Emotionen überschüttet wird und keine Kontrolle über diese Gefühle hat, der Mann, weil er nicht weiß, was er machen soll, denn seine Frau findet überall Anlässe zur Eifersucht.

Diese Situation zeigt, wie sich eine bestimmte Emotion gewissermaßen verselbständigt hat. Es handelt sich hierbei nicht mehr um Varianten normaler psychischer Aktivität, sondern offensichtlich um Produkte der psychischen Aktivität des betreffenden Menschen. Das soll nicht die systemische Perspektive leugnen, dass äußere Umstände auch eine wichtige Rolle bei der Entstehung psychischer Störungen haben können, doch ist es oftmals nicht die objektive Umgebung, *sondern* vielmehr die subjektiv repräsentierte Wirklichkeit, die das Erleben und Verhalten bestimmt. Eine bestimmte Konstellation neuronaler Erregungsmuster versklavt das Gefühlsleben des betreffenden Menschen. Sie führt gewissermaßen ein Eigenleben neben anderen bewusst verfolgten Zielen. Gerade bezüglich des Phänomens der Eifersucht berichten Betroffene häufig davon, dass sie sich in ihrem Seelenleben ausbreitet, nicht gewollt ist und sie sie außerhalb ihrer Kontrolle erleben. Ähnliche Auswirkungen kann auch das Phänomen des Verliebtseins bekommen, wenn es nicht als normale Entwicklungsphase im jugendlichen Alter durchlebt wird, sondern im Erwachsenenalter ständig das Gefühlsleben eines Menschen bestimmt, beziehungsweise versklavt.

Eine Beraterin sollte mit Gelassenheit auf Gefühle wie Jähzorn, Eifersucht oder dauerndes Verliebtsein eines der beiden Partner in Außenstehende reagieren, um in der Beratung die Kontrollparameter der jeweiligen emotionalen Attraktoren herauszufinden. Erst dann ist es möglich, diese zu verändern oder die Selbstkontrolle des Klienten zu stärken.

In dem Beispiel mit der Eifersucht könnte als wichtige dahinter liegende Dimension eine Angst vor Verlassenwerden stecken. Wird dies der betroffenen Klientin klar, kann sie lernen, mit auslösenden Momenten, z.B. „blonde Frau", in Zukunft anders umzugehen, sie anders zu bewerten. Sie kann sich zum Beispiel ganz bewusst sagen: *„Mein Mann wird mich wegen dieser blonden Frau nicht verlassen. Er steht zu mir und bleibt bei mir!"* Neurobiologisch gesprochen wird sie dadurch ein neues Erregungsmuster bahnen, was durch intensive Übung in der Lage ist, das alte, dass die Angst vor Verlassenwerden aktiviert, zu hemmen.

Deutlich wird an diesem Beispiel ferner, dass eine Klärung und Bewältigung solcher Störungen nur in einem gemeinsamen therapeutischen Prozess *beider* Partner möglich ist, da für einen Erfolg der Behandlung beide umeinander wissen müssen. – Es gilt zu beachten, dass Kontrollparameter nicht nur in der Kindheitsgeschichte des jeweiligen Partners zu suchen sind, sondern sich auch in aktuellen Konflikten oder Notsituationen finden. So sind die Ankunft eines Kindes, Arbeitslosigkeit, Älterwerden, Krankheit oder der Tod eines nahen Verwandten mögliche Kontrollparameter für Störungen. Beispielsweise lösten sich bei einem Paar die massiven Interaktionsprobleme, als die Beraterin dafür sorgte, dass der Familie mit ihren sechs schulpflichtigen Kindern vom Jugendamt eine kostenlose Haushaltshilfe gestellt wurde. So gilt es in der Beratung, keine Scheu davor zu haben, auch Hilfe bei der konkreten Lebensbewältigung zu leisten.

Die prozessuale Aktivierung, Bewusstmachung und Veränderung von Störungsattraktoren erstreckt sich über einen längeren Prozess. Parallel dazu werden durch gegenwartsbezogene, störungsspezifische Übungen neue angemessenere Verhaltensweisen als Partner*schule* vermittelt. Gleichzeitig bedeutet das, dass im Gehirn neue neuronale Netzwerke und Erregungsmuster etabliert werden und Ratsuchende sich im Laufe der Zeit *gegen* dysfunktionale Reaktionsweisen entscheiden können, da ihnen jetzt Alternativen zur Verfügung stehen.

Zusammenfassung

Störungen haben Muster, die aus verschiedenen Kontrollparametern bestehen. Unabhängig von der tatsächlichen Situation kann bereits ein Parameter das Störungsmuster auslösen. So entstehen heftige Auseinandersetzungen, ohne dass die Partner Auslöser benennen können bzw. die Situation in irgendeiner Weise adäquat bewältigen könnten.

8.6 Die Produktion von Wahrnehmung und Erinnerung

Bei einem streitenden Ehepaar, bei dem man als Außenstehender den Eindruck hat, beide erzählen von völlig verschiedenen Sachverhalten, spielt das Wissen um die Konstruktion von Wahrnehmung und Erinnerung eine wichtige Rolle, um zu verstehen, dass jeder von beiden die „Wahrheit" erzählt.

Fragen wir uns, was Wahrnehmung und Erinnerung sind, so werden die meisten Menschen sie als Spiegel der aktuellen oder vergangenen Realität verstehen. Das ist aber nicht so. Die psychologische Grundlagenforschung konnte nachweisen, dass wir im Wesentlichen das wahrnehmen, was wir selbst an die Umwelt herantragen und dass unsere ganze psychische Aktivität darauf ausgerichtet ist, Wahrnehmungen im Sinne ganz bestimmter Ziele herbeizuführen. Das bedeutet, dass unsere „Realität" immer eine im Dienste ganz bestimmter Ziele hergestellte subjektive Wirklichkeit ist. Unsere Wahrnehmung wird durch unsere Vorerfahrung bestimmt, und je selbstverständlicher wir unsere Intentionen an die Umgebung herantragen, desto mehr neigen wir dazu, sie als Anforderung seitens der Umwelt zu verstehen. Da die Intentionen durch unsere neuronalen Erregungsmuster gut eingespielt sind und zum impliziten Modus gehören, sind sie dem Bewusstsein nicht zugänglich.

„Bewusste" Wahrnehmungen sind das Ergebnis einer „figuralen Synthese". Durch einen Prozess von Hypothesenbildung und -prüfung wird auf einem Wahrnehmungshintergrund eine Figur erzeugt. Auf zweierlei Weise nehmen unsere vorhandenen Wahrnehmungsbereitschaften Einfluss auf das, was wir schließlich bewusst wahrnehmen: zum einen darauf, was wir überhaupt aus der Fülle der Eingangsinformationen auswählen, worauf sich also unsere fokale Aufmerksamkeit richtet und zum anderen auf das, was wir im Prozess der figuralen Synthese auf der Basis bisheriger Erwartungen, Wahrnehmungsbereitschaften, Hypothesen und Schemata als Wahrnehmungsinhalt konstruieren. Entscheidend ist, dass uns lediglich das Ergebnis dieses Konstruktionsprozesses bewusst wird, nicht der Prozess als solcher (*Neisser* 1974).

Diese Tatsache kann mit folgendem recht einfachen Experiment Klienten nahe gebracht werden. Man zeigt ihnen folgendes Bild:

Kippbild alte/junge Frau – Original von W.H. Hill (1905)

Es handelt sich um eine der bekannten „Kippfiguren". Fast alle Menschen erkennen darauf entweder eine junge oder eine alte Frau. Der Prozess des Erkennens dauert aber meist etwas länger als das Erkennen eines eindeutigen Gesichts. Hat man allerdings ein Gesicht erkannt, ein altes oder ein junges, so dauert es recht lange, bis man auch die andere Figur in dem Bild entdecken kann. Man spricht von einer „Versklavung" der Wahrnehmung. Sind erst einmal beide Wahrnehmungszustände etabliert, kann man in der Regel beide auch willentlich herbeiführen.

Lässt man Klienten ganz konkret in der Beratung mit Hilfe des Bildes diese Erfahrung machen, ist es einfach, ihnen zu erklären, warum Äußerungen der Partner nie „Dokumentarberichte" sind, sondern immer aktive Konstruktionsprozesse, die mit der bisherigen Lebensgeschichte konsistent sind, aber nicht immer funktional im partnerschaftlichem Miteinander. Jetzt wird deutlich, warum beide Partner unterschiedliche, ja widersprüchliche Wirklichkeiten haben. Die Beraterin kann auch auf ihre Wirklichkeit mit dem Paar verweisen, nämlich den jetzigen Augenblick, in dem sie ihr Miteinander erlebt.

Aufgabe einer Beziehungsberatung ist es, die im Prozess des Miteinanders auftauchenden Störungen als Wegweiser an der Oberfläche für darunter liegende Strukturen zu deuten, destruktive neuronale Erregungsmuster zu dechiffrieren und alternative Verhaltensweisen anzubieten, um diese Muster durch Bahnung neuer zu hemmen.

Dieser Prozess kann an folgendem Beispiel deutlich werden: Eine Frau lernte z.B. zu unterscheiden, dass ihr Mann eine ganz andere Person ist als ihr Vater, der ihr eine sichere Basis *nicht* geben konnte. Im Rahmen der Gruppe begann sie sich anderen Personen anzuvertrauen, die sie als zuverlässig erlebte, die für sie zur sicheren Basis wurden, bis der Zeitpunkt kam, dass sie diese innere Sicherheit zu Selbstvertrauen hin, immer mehr *in sich selbst* ausbilden konnte. Ferner begann sie wahrzunehmen – konfrontiert mit den, ihren Wahrnehmungen widersprechenden Rückmeldungen der Gruppenmitglieder –, dass ihr Mann tatsächlich präsent ist, ihr zuhört und sie deshalb auf ihren Wortschwall immer mehr verzichten konnte. Ihr altes Beziehungsmuster „Ein Mann in einer nahen Beziehung ist kaum da, hört nicht zu, da muss ich ganz viel sagen, wenn ich ihn erreichen will ...“ kann sie so verändern und dann ein angemesseneres trainieren. So lernt sie, auf Bindungen einzugehen, Nähe zuzulassen und auch selbst zu geben.

Zusammenfassung

Entgegen der herkömmlichen Meinung sind Wahrnehmung und Erinnerung keine objektiven Tatsachen, sondern innere Produkte, entstanden aus ganz bestimmten Erwartungen. Deshalb haben auch beide Partner „Recht“, wenn sie von ein und derselben Sache Unterschiedliches erzählen. Die Konfrontation mit der augenblicklichen Wirklichkeit der Beraterin bzw. anderer Gruppenmitglieder ermöglicht den Klienten, den subjektiven Wahrnehmungshorizont zu erweitern.

8.7 Die Bedeutung von Emotionen

Das Wahrnehmen von und der Umgang mit Emotionen spielen in einer Partnerschaft eine wichtige Rolle. Die Aussage „Ich fühle nichts mehr für meinen Partner“ ist für nicht wenige Menschen der Auslöser zur Trennung. Die Nachfrage, was sie denn mit „fühlen“ meinen, was sie denn zuvor für den Partner gefühlt hätten, lässt die Befragten oft ins Nachdenken, manchmal auch ins „Schwimmen“ kommen, weil ihnen eine passende Antwort darauf fehlt.

Emotionen haben im psychischen Geschehen eine wichtige Funktion, an der ein Mensch feststellen kann, ob er mit sich im Einklang ist oder nicht. Verfolgt eine Frau die Intentionen
a) Ich bin eine „treue“ Ehefrau,
b) Ich habe auch „Lust“ auf andere Männer,
und passen diese nicht mit ihren bisherigen Vorstellungen überein, so kann es als Folge von Inkongruenzsignalen zu negativen Emotionen kommen.

Wenn man davon ausgeht, dass bisher gebildete Vorstellungen als neuronale Erregungsmuster im Gehirn repräsentiert sind, kann es interessant sein zu fragen: Wie kommt es, dass z.B. der gleiche Sachverhalt, „treue Ehefrau“ und „Lust auf andere Männer“ bei einer anderen Frau keinerlei negative Emotionen, gespeist durch Inkongruenzsignale auslöst? Neues Lernen, auch das Umgehen mit neuen Situationen (sie entdeckt: Ich habe auch „Lust“ auf andere Männer) hängt also nicht nur von der äußeren Reizeinwirkung „schöner fremder Mann“, sondern im Wesentlichen auch von der Lernbereitschaft, den vorgebahnten, neuronalen Erregungsmustern ab. Wir nehmen interessante Sachen (aus unserer subjektiven Sicht) locker und leicht auf, Langweiliges muss gepaukt werden, bis es zu unserem Gedächtnisinhalt gehört. So sind unsere Gefühle im Alltag ein wichtiger Indikator, sowohl für die Offenheit gegenüber neuen Lernerfahrungen als auch für deren Abwehr sowie im Hinblick auf das Erwerben von Gefühlsreaktionen selbst.

In der beraterischen Klärung der negativen Emotionen jener Frau, die sich durch ihr Interesse an zwei Männern zerrissen fühlte (verbunden mit körperlichen Symptomen wie Schlafstörungen, Depressionen, unkalkulierbaren Wutausbrüchen), wurde Folgendes eruiert: Schon als Kind fühlte sie sich innerlich zerrissen, auf der einen Seite gab es einen schlappen, von der Mutter unterdrückten, langweiligen Vater, auf der anderen Seite eine kinderlose Nachbarsfamilie, die ihre Kinderliebe diesem Kind schenkte. Es machte dort regelmäßig die Hausaufgaben, wurde zu Ausflügen mitgenommen und hatte dort ein Nest, das es zu Hause so nicht hatte. Dies wurde von den Eltern zwar offiziell geduldet (man war ja ein freundlicher Nachbar), nonverbal kam es aber zu ablehnenden Äußerungen, so dass das Kind mit etwa neun Jahren – aus Solidarität zum Elternhaus – den Kontakt minimierte und damit wieder sein inneres Gleichgewicht herstellte.

Was war 30 Jahre später passiert, als sie sich plötzlich in einen anderen Mann „verliebte"? – Ihre Situation als kleines Mädchen, abgebildet in ihren neuronalen Erregungsmustern verband sich nun mit ähnlichen Wahrnehmungen und löste die betreffende Emotion aus: Zerrissen-Sein zwischen zwei Familien – ihrer eigenen jetzigen, in der sie meinte (ohne konkrete Gründe nennen zu können), es nicht mehr auszuhalten und einer „neuen Familie" mit diesem „fremden schönen" Mann.

Diese Frau hatte also in ihrer Kindheit durch die wiederholte Wahrnehmung (häufige Besuche bei der Nachbarsfamilie), gekoppelt mit Inkongruenzgefühlen (Zerrissenheit zwischen zwei Familien), eine Bereitschaft für ähnliche Wahrnehmungen erworben, die für sie lebensgeschichtlich mit den entsprechenden Emotionen verbunden war. Ihre Wahrnehmung „sich verlieben, schwärmen für den anderen Mann" löste die betreffende Emotion aus, obwohl keine aktuelle Inkongruenz vorlag. Die Frau wollte weder ihren Mann noch ihre Familie verlassen, noch hatte ihr Mann irgendwelche Probleme damit, wie sie die Bekanntschaft mit dem fremden Mann gestaltete.

An diesem Beispiel wird deutlich, wie Emotionen und ihr (oftmals eigenständiges) „Gefühlsleben" in einem Paar eine zentrale Rolle spielen. „Ich hasse dich, ich fühle mich von dir bedroht, deine Nähe macht mich ganz verrückt!" Oder: „Ich fühle nichts mehr für dich!" Was sie auch immer genau damit meinen, ist den Beteiligten oft unklar, aber es scheint ihre Messlatte für weitreichende Entscheidungen zu sein.

Angesichts der Konsequenzen von Trennung und Scheidung ist es manchmal erschütternd, wie viel Bedeutung solchen Gefühlen beigemessen wird, im Vergleich etwa zu anderen „objektiven" Tatbeständen, wie dem tatsächlichen Vorhandensein von Nahrung, Wohnung, Geld ... In der Paarberatung ist der Blick also darauf zu richten, wie solche negativen Emotionen entstehen und wie sie gegebenenfalls veränderbar sind.

Emotionen gehören als Regulationsmechanismen zu unserer artspezifischen Ausstattung als Mensch (*MacLean* 1970). Sie können das psychische Geschehen augenblicklich auf bestimmte überlebenswichtige Ziele hin ausrichten. In der Regelung der sozialen Interaktion lösen bestimmte affektive Signale auf die jeweiligen Bedürfnisse bezogene Verhaltensweisen aus. Z.B. wird ein Mann – zumindest im Regelfall – seiner Frau, die während eines Spaziergangs plötzlich einen Schwächeanfall erleidet, unterstützend zur Seite stehen. So gibt es kulturübergreifend Grundmuster des mimischen Ausdrucks für bestimmte Gefühle. Dazu gehören als „primäre Emotionen" Überraschung, Freude, Ärger, Trauer, Furcht und Ekel.

„Primär" deshalb, weil sie zu den älteren Strukturen unseres Gehirns gezählt werden, während kulturell gesteuerten Emotionen jüngere Gehirnstrukturen zugrunde liegen (*Buck* 1984). Als Kombination der primären Emotionen und damit als ein Ergebnis komplexer kognitiver Bewertungen, werden Verachtung, Scham, Schuld, Interesse, Verlegenheit, Stolz, Dankbarkeit, Eifersucht und Treue betrachtet und deshalb als „sekundär" bezeichnet (*Ekmann* 1989). Zur Unterscheidung von primär ausgelösten Reaktionen im Vergleich zu komplexen, unter Beteiligung kognitiver Prozesse ausgelösten emotionalen Reaktionen bezeichnet *Grawe* (1998) diese als Affekte. Sie haben Bewertungsfunktion (Werden meine angeborenen Grundbedürfnisse befriedigt?), Motivationsfunktion (Es brennt – nichts wie weg aus dem Haus!) und Kommunikationsfunktion (Ich habe Lust, mit ihr zusammen zu sein!).

Diese Affekte sind also sozusagen menschliche Grundausstattung, wohingegen die emotionalen Erfahrungen des Menschen im Laufe seines Lebens zum Inhalt des persönlichen Gedächtnisses werden. Sie werden in emotionalen Schemata gespeichert (*Greenberg, Rice* & *Elliott* 2003), die nicht nur die emotionalen Reaktionsbereitschaften enthalten, sondern auch die auslösenden Bedingungen für diese Reaktionen. Diese können persönlich oder aber stellvertretend durch Beobachtungslernen erworben werden. Wenn z.B. der Vater losbrüllte, weil die Mutter das Essen nicht pünktlich auf dem Tisch hatte, kann sich im Kind und späteren Erwachsenen mit Unpünktlichkeit beim Essen eine aggressive Stimmung einstellen.

Bedeutsam ist, dass das Bewusstsein auf diese emotionalen Schemata keinen Zugriff hat, weil diese dem impliziten emotionalen Gedächtnis zugeordnet werden. Es wird vermutet, „dass das Gedächtnis für die emotionale Bedeutsamkeit von Ereignissen tatsächlich durch andere Hirnstrukturen vermittelt wird als das Gedächtnis für die Ereignisse selbst ... Dass konditionierte Ängste oft über Monate und Jahre persistieren und außerordentlich resistent gegenüber Veränderungen durch bewusste Einsichten sind, könnte also daran liegen, dass sie auf einem »impliziten Emotionsgedächtnis« beruhen, das durch Hirnstrukturen vermittelt wird, die unabhängig vom deklarierten Wissensgedächtnis operieren" (*Goschke* 1996, S. 402).

So kann in der therapeutischen Arbeit allein durch Gespräche kein Einfluss auf emotionale Reaktionsbereitschaften, die im impliziten Gedächtnis gespeichert sind, genommen werden. Da aber für die zwischenmenschliche Beziehungsregulation der implizite Modus von herausragender Bedeutung ist – der größte Teil der Kommunikation und Interaktion ist nonverbal, wird implizit wahrgenommen und nicht bewusst verarbeitet –, ist es wichtig, diese unbewussten Regeln dem Bewusstsein zugänglich zu machen und diese gegebenenfalls durch neue angemessenere aktiv zu hemmen.

Geht man davon aus, dass eine hauptsächliche Funktion der Emotion die Bewertung einer augenblicklichen Individuums-Umgebungs-Beziehung ist, so stellt diese also eine Bewertung im Hinblick auf aktivierte Ziele dar (*Lazarus* 1991). Da Lazarus die Ziele als erwünschte Bezüge eines Individuums zu seiner Umgebung bezeichnet, lässt sich im Umkehrschluss von Emotionen, die einer der Partner oder beide erleben, auf deren Ziele schließen. Zeigt ein Partner eine starke emotionale Reaktion, ist ein wichtiges Ziel von ihm berührt worden. So werden in der beraterischen Praxis starke Emotionen zu Wegweisern für dahinter liegende Ziele und Intentionen der Partner.

Die starke Eifersucht eines Mannes gegenüber seiner Frau kann aus dem Ziel gespeist sein, sie nicht zu verlieren. Ist dieses Ziel erst einmal benannt, wird es für den Mann möglich zu prüfen, ob er wirklich dieses Ziel in Bezug auf seine Frau verfolgen muss oder ob es nicht zu seinem impliziten Modus gehört, gespeist aus frühen Beziehungserfahrungen etwa mit seiner Mutter. Deshalb ist es unabdingbar, dass die Szenen, die ein Paar quälen – und die damit verbundenen Emotionen – in der Beratung aktiviert werden. Dann wird es möglich, mit Hilfe der Beraterin auf die dahinter liegenden Ziele und deren Entstehungsgeschichte zu stoßen.

Die Beraterin könnte sich z.B. in der Eifersuchtsszene hinter den Mann stellen und an seiner Stelle zu der Frau gewandt sagen: „Wenn ich so eifersüchtig bin, dann habe ich ganz viel Angst, dich zu verlieren!“ Wenn diese durch die Beraterin vorgegebene und verbalisierte Intention durch den Klienten bestätigt wird, besteht die Möglichkeit, mit dem Klienten zu überlegen, wem diese Botschaft eigentlich gilt. Dieser kann dann in der Rückschau auf das gerade Erlebte seine emotionalen Erregungsmuster durch die Aktivierung im Kurzzeitgedächtnis registrieren und dadurch im Langzeitgedächtnis speichern. So kann er eine neue emotionale Geschichte mit seiner Frau beginnen, die nicht von Eifersucht behindert wird. Damit diese neue emotionale Geschichte erfolgreich wird, ist es hilfreich, den Prozess durch „Nachnährung“ zu unterstützen, dass z.B. der Mann, im Rahmen einer „Hausaufgabe“ – einer vorgegebenen strukturierten Übung für eine begrenzte Zeit – in der Rolle des ängstlichen Kindes von damals liebevolle mütterliche Präsenz von seiner Ehefrau erfährt.

Eine Schwierigkeit in der Arbeit mit starken Emotionen besteht darin, dass ihr immanenter Bewertungsprozess von Ereignissen automatisch abläuft. Der Klient stellt einfach dieses oder jenes Gefühl fest und nimmt es als gegeben hin. Menschen haben in der Regel kein Bewusstsein dafür, dass sie durch ganz bestimmte Bewertungen diese Gefühle selbst erzeugen. Da aber kognitive Bewertungen immer auch bewusste Verarbeitungsprozesse enthalten, lässt sich – nach der Aktivierung jenes Gefühls und des Betrachtens der damit verbundenen Bewertungen – fragen, ob das Gefühl wirklich zu der Situation, in der es aufgetreten ist, passt oder nicht. Vielleicht wäre ein anderes Gefühl angemessener, wenn dem Ereignis, welches das Gefühl ausgelöst hat, eine andere Bewertung zugemessen wird. Die neue Bewertung würde dann ihrerseits zu einem anderen Gefühl führen.

So wurde ein Paar wegen Depressionen des Mannes überwiesen, die sich immer dann aktualisierten, wenn die Ehefrau das Haus verließ, um einer Freizeitbeschäftigung nachzugehen. Im Erstkontakt mit dem Paar fiel der Beraterin eine Bewegung der Hand des Mannes auf, die ungewöhnlich war und ihr bedeutsam erschien. Deshalb machte sie diese Beobachtung zum Gegenstand der bewussten Aufmerksamkeit des Mannes. Weder ihm noch der Ehefrau war die Bewegung bisher aufgefallen. Er wurde gebeten, einmal die Augen zu schließen und diese Bewegung der Hand einige Male zu wiederholen und zu intensivieren. Plötzlich kam dem Mann das Bild eines Hampelmanns in Form eines Chinesen vor Augen. Diesen hatte seine Mutter ihm zurückgelassen, als sie ihn in der Nachkriegszeit mit drei Jahren im Kinderheim abgeben musste. Der Hampelmann hing über dem Bett des Kindes und, wenn er dort lag, griff er regelmäßig danach. Eines Tages wurde im Heim aufgeräumt, und der Hampelmann war verschwunden. Übrig geblieben waren die Suche nach dem Hampelmann und die

Suche nach der Mutter, die sich automatisiert hatte und zum impliziten Modus des Klienten gehörte, von dem er keinerlei Bewusstsein hatte.

In der Arbeit mit dem Paar wurde deutlich, dass der Weggang der Mutter für das Kind traumatische Folgen hatte. Diese wirkten bis heute in die Beziehung des Paares hinein, da der Mann im impliziten Modus – also auf der Ebene seiner unbewussten Spielregeln für Beziehungsverhalten – das Weggehen seiner Frau mit dem Weggehen seiner Mutter verwechselte und sich so Gefühle der Niedergeschlagenheit und Traurigkeit in ihm ausbreiteten.

Ausgelöst durch ein Bild, das der Mann nach einer Trance zur Induktion von Kindheitserinnerungen malte, schrieb er folgende Zeilen, die diese Situation im Kinderheim und die dazu gehörigen Gefühle benannten. Deutlich wird in diesem Gedicht, dass es ein Erwachsener ist, der die Gefühle und die Traumatisierungen des Kindes von damals ausdrückt:

Mein Name wird nicht gerufen, nur der Gong ruft!
Bin ich überhaupt existent?

Warum hat man mir nicht meinen Chinesen gelassen?
Er ist doch das einzige, was ich noch habe!
Ich will ihn wiederhaben!!

Gebt ihn mir wieder!!

Ich will nicht mehr nur immer zurückstehen!
Ich will meinen Chinesen wiederhaben.

Ich bin so klein und unwichtig, dass man
mich überhaupt nicht zur Kenntnis nimmt.
Ich kann nicht über den Graben, die Gruppe
läuft einfach weiter. Mich hört niemand.

Aber ich bin doch da!

Ich will wahrgenommen werden. Ich will!!!

In der Beratung mit dem Mann konnte die für ihn kritische Situation, wenn seine Frau das Haus verließ, nun aufgrund seiner Erinnerung an das frühe Verlassenwerden durch seine Mutter neu bewertet werden. So lernte er, mit dieser Situation anders umzugehen und in ihr neue angemessenere Gefühle zu entwickeln. Derartige Neubewertungsprozesse werden von *Lazarus* als Reappraisal bezeichnet (1991). Sie können schon im Laufe der Entwicklung einer Emotion zu einer Neubewertung führen, so dass die Emotion – in diesem Beispiel die depressive Stimmung – erst gar nicht entstehen muss.

Folgende Emotionen sind Wegweiser für dahinter liegende Bewertungen (nach *Lazarus* 1991):

- ➔ Ärger – für eine Verletzung der Selbstachtung oder des Ansehens;
- ➔ Schuld – für die Verletzung eines moralischen Wertes, dem man sich verpflichtet fühlt;
- ➔ Scham – für Abweichung vom Ich-Ideal;
- ➔ Stolz – für die Erhöhung der Selbstachtung oder des sozialen Ansehens;
- ➔ Trauer, Niedergeschlagenheit – für den Verlust eines wichtigen Teils der Ich-Identität;
- ➔ Glück – wenn man sich in allen wichtigen Teilen seiner Ich-Identität sicher fühlt.

Für das Glück eines Paares ist es wichtig, in der Beratung mit den Partnern den Blick auf das Gelingende zu richten, das, was gut läuft zu trainieren und zu lernen, nicht auf das fixiert zu sein, was nicht zum Besten steht. Bei gestörten Paaren sollte zumindest dafür gesorgt werden, dass die Mängel in der Beziehung keine Dominanz erfahren. Dabei wird nicht dem Phänomen, „die Probleme unter den Teppich zu kehren“ Vorschub geleistet, sondern es wird überhaupt erst eine Grundlage dafür geschaffen, diese zu klären und zu bewältigen. Ist diese Grundlage vorhanden – denn es gibt bei jedem Paar Dinge im Miteinander, die gelingen –, so lassen sich auch negative gegenseitige Emotionen der Partner auf ihre dahinter liegenden Bewertungen überprüfen.

Im Laufe der Beratung werden dann neue Leitsätze entwickelt, die andere Bewertungen beinhalten, und diese werden durch Einüben zu automatisieren versucht. War der alte Leitsatz des Mannes in obigem Beispiel: „Meine Frau verlässt *mich,* wenn sie aus dem Haus geht und dann bin ich mutterseelenallein, ich weiß nicht, ob sie wiederkommt“, so bedeutet der neue Leitsatz: „Meine Frau verlässt *das Haus,* ich kann jetzt die Zeit für mich alleine gestalten und genießen.“ Neue Bewertungen der Situationen führen dann zu anderen Emotionen. Der Mann empfand es in der Folge als entspannend, einfach für sich zu sein. Er konnte zu Dingen kommen, die sonst liegen blieben.

Es ist wichtig, darauf zu achten, dass konkret mit dem Klienten (hier mit dem Mann) im Vorfeld überlegt wird, wie *genau* er die andere Bewertung der emotional kritischen Situation auch tatsächlich gestalten kann. Es wird eingeübt, wie er mit der zunächst belastenden Szene situations- und problemgerecht fertig werden kann.

Zusammenfassung

Emotionen gehören zur artspezifischen Ausstattung des Menschen, sie geben ihm Signale zur augenblicklichen Orientierung. Sie können Wegweiser für hinter ihnen liegende Bewertungen sein. Da unterschiedliche Bewertungen von Situationen oftmals eine Quelle für Paarkonflikte sind, gilt es, diese Bewertungen zu benennen, sie auf ihre Relevanz zu überprüfen und gegebenenfalls zu verändern.

8.8 Bedeutung der Emotionsveränderung für den Erfolg der Beratung

Will man in der Beratung dysfunktionale Verhaltensweisen verändern, so ist entscheidend, dass die Klienten ihre echten Emotionen wahrnehmen und zulassen lernen. Das wichtigste therapeutische Mittel dazu ist das Lenken der Aufmerksamkeit auf echte Emotionen (*Greenberg* et al. 1993). Bevor auf die Möglichkeiten dazu eingegangen wird, sollen Mechanismen beschrieben werden, die im psychischen Funktionieren dysfunktionale emotionale Schemata aufrechterhalten. Dabei handelt es sich um folgende vier Eigenarten:

1. Reize aus der Umwelt werden im Sinne des emotionalen Schemas selektiert; beispielsweise wird jemand, der sich von seinem Partner ungeliebt fühlt, ständig in dessen Äußerungen Anzeichen für Zurückweisung finden.
2. Informationen aus der Umwelt, die nicht das bestehende Schema bestätigen, werden verzerrt wahrgenommen. Sie können deshalb auch nicht zu korrigierenden Erfahrungen führen. Jemand, der sich selbst nicht liebenswert findet, wird positiven Äußerungen des Partners, etwa Komplimenten, keinen Glauben schenken.
3. Möglichkeiten, neue Erfahrungen zu machen, werden vermieden. So kann eine Frau sich intensiv darüber beschweren, dass ihr Mann ihr den Kontakt mit anderen Männern verbiete, ohne zu merken, dass sie selbst gar nicht weiß, wie sie Kontakt zu anderen Männern herstellen und gestalten kann. (Ihr Mann hat nämlich überhaupt nichts dagegen, dass sie auch Kontakt mit anderen Männern pflegt.) Sie kann also in abstrakter Weise ihrem Mann Vorwürfe machen, ohne selbst zu spüren, mit wie viel Angst und Unsicherheit für sie der Kontakt mit anderen Männern verbunden ist.
4. Wenn erst einmal ein emotionales Schema aktiviert ist, kann der Einzelne von den ausgelösten Gefühlen so besetzt sein, dass er keine Kapazitäten mehr hat, darüber hinausgehende, nicht bestätigende Informationen zu verarbeiten. So wird lediglich die Emotion wiederbelebt, es kommt aber nicht zu korrektiven Erfahrungen.

Zu der entscheidenden Frage, wie diese emotionalen Schemata verändert werden können, schlagen *Greenberg* et al. (2003) folgende Vorgehensweisen vor:

- ➜ In der Beziehung zur Beraterin muss sich der Klient sicher und aufgehoben fühlen. Dadurch kann er seine Aufmerksamkeit auf seine inneren Erfahrungen richten, ohne dass seine interpersonalen Ängste ihn in dieser (Beratungs-) Beziehung auf Dauer daran hindern können.
- ➜ Die inneren Erfahrungen stehen im Vordergrund der Aufmerksamkeit des Klienten. Seine Aufmerksamkeit darauf zu richten, kann durch geeignete Fragestellungen seitens der Beraterin unterstützt werden.
- ➜ Insbesondere helfen dem Klienten nonverbale Übungen, die durch Stimulierung und Aktivierung emotionaler Schemata Zugang zu impliziten Gedächtnisinhalten aus lebensgeschichtlichen Beziehungserfahrungen verschaffen.

- Hinsichtlich realer Angstsituationen ist es hilfreich, dem Klienten Mut zu machen, sich diesen auszusetzen, damit er zunächst neue Erfahrungen machen kann. Dann gilt es, seine bewusste Aufmerksamkeit auf diese zu richten, um so auf Dauer eine Umstrukturierung seiner Erwartungen in Gang zu setzen.
- Im Rahmen der Beratung ist es zentrales Anliegen, dass die Paare Situationen erleben, in denen sie sich in *neuer* Weise verhalten. Sie können lernen, wie sie etwa Gefühle ausdrücken können, die sie bisher noch nie zum Ausdruck gebracht haben. Kommt z.B. ein Partner allein zur Eheberatung, wird er aufgefordert, seinen Ärger über den Partner nicht der Beraterin zu erzählen, sondern in Richtung eines leeren Stuhls, auf dem in der Vision sein Partner sitzt. Durch diese erlebnisaktivierende Vorgehensweise kann der Klient gezielt erfahren, auf welche Weise (unter vielen möglichen, vielleicht auch noch nicht gelernten Arten) er den Kontakt mit seinem Partner gestaltet.
- Werden in der Beratungssitzung – und hier bietet insbesondere die Arbeit in und mit Gruppen hervorragende Möglichkeiten – emotionale Schemata aktiviert, leitet die Beraterin zu korrigierenden Erfahrungen an.

Zusammenfassung

In einer sicheren Atmosphäre, fundiert in der Beziehung zur Beraterin, ist es den Klienten möglich, ihren echten Emotionen auf die Spur zu kommen, um die bewusste Aufmerksamkeit darauf zu lenken. Dieser Prozess wird durch erlebnisaktivierende Übungen unterstützt. Das Bewusstmachen ermöglicht es, Emotionen zu verändern und damit Einfluss auf die selbst produzierte Wahrnehmung zu nehmen.

9. Probleme im Zusammenleben als Ausgangsbasis für Entwicklungsprozesse

Was macht eine Beraterin mit den Phänomenen, die sie erlebt, wenn ein Paar vor ihr sitzt? Was bedeutet es, wenn jemand wie ein geprügelter oder dressierter Hund von seinem Partner mitgeschleppt wird? Wenn jemand wie ein Wasserfall redet und sich darüber beklagt, dass der Partner ihm nichts mitteilen würde? Das alles sind wichtige Beobachtungen, die als Ausgangsbasis für mögliche Veränderungsprozesse dienen können. Dabei soll ein Paar die eigene „Betriebsblindheit" immer mehr verlieren, um unbewusste Regeln des Beziehungsverhaltens zu klären. Diese Klärung ist dann Ausgangspunkt für Veränderungen. Einleitend werden einige grundlegende Aussagen und Begriffe, soweit sie für die Partnerschule von Bedeutung sind, erläutert.

9.1 Der Weg des Verstehens

Die neurowissenschaftliche Forschung der letzten Jahre gibt eine ziemlich eindeutige Antwort auf die Frage, wie psychische Störungen entstehen. Sie sind häufig eine Antwort, eine Reaktion auf Erfahrungen mit den Eltern in der frühen Kindheit. In Längsschnittuntersuchungen konnte nachgewiesen werden, dass unsicher gebundene Kinder ihre früh erworbenen Beeinträchtigungen in alle nachfolgenden Altersabschnitte mitnehmen (*Grossmann* & *Grossmann* 2004). Sie haben ein geringeres Selbstvertrauen und geringere Selbstwirksamkeitserwartungen, ein schlechteres Selbstwertgefühl und eine schlechtere Robustheit bei Belastungen. Insbesondere unterscheiden sie sich nachteilig von sicher gebundenen Gleichaltrigen in ihrem zwischenmenschlichen Beziehungsverhalten und in der Qualität ihrer Beziehungen. Ihre Impulse, Wünsche und Gefühle – insbesondere die negativen – können sie sehr viel schlechter zum Ausdruck bringen.

Der Mensch tritt also nicht als „unbeschriebenes Blatt" in die Ehe bzw. Lebensgemeinschaft ein; das bisherige Leben hat ihn maßgeblich geprägt. Deshalb ist auch ein gestörtes, auffälliges, unangemessenes, vielleicht psychopathologisches Verhalten nicht für sich zu betrachten, sondern der Blick muss sich immer auf die Beziehung zwischen den Einzelelementen hin weiten. In der Sozialpsychologie besteht die Erkenntnis, „dass der Einzelne als solcher, ohne seine Beziehungen zu anderen, nicht adäquat, vielleicht gar nicht verstanden werden kann“ (*Sbandi* 1973, 18). So hatte bereits *Allport* (1920) festgestellt, dass allein schon das Zusammensein mit anderen, auch ohne eine gemeinsame Aufgabe, einen Einfluss auf den Einzelnen hat. *Watzlawick* et al. (1974) hatten dies in dem metakommunikativen Axiom: „Man kann nicht *nicht* kommunizieren!“ zusammengefasst. Selbst der Partner, der auf einem Sessel in der Ecke sein Buch liest, teilt mit: „Ich will jetzt nicht gestört werden, sondern in Ruhe mein Buch lesen.“ – Oder auch nicht? Vielleicht will er auch sagen: „Ich fühle mich allein, verkrieche mich hinter meinem Buch. Ich hoffe, dass mich jemand stört, damit ich mich mit ihm wegen der Störung streiten kann; so habe ich wenigstens Kontakt.“

Außerdem sind der Bezugsrahmen, die umgebenden Umstände, der Kontext zu betrachten, in dem korrespondiert wird und dieser ist situationsabhängig. Das bedeutet für das obige Beispiel, dass der, der das Buch liest, dies im Hause seiner Schwiegereltern tut, obwohl er sonst keine Leseratte ist. Und diese Korrespondenz, mit diesem Kontext, findet in einem größeren Zusammenhang statt, im obigen Beispiel während des alljährlichen Pflichtbesuchs zu Weihnachten.

Menschen korrespondieren nicht allein über die Sprache, sondern mit ihrem ganzen Körper: mit ihrer Gestik, Mimik, Stimme, mit der Atmosphäre, die sie ausstrahlen, mit dem Geruch, den sie verströmen; und auch mit dem, was sie aus einer gesendeten Nachricht machen, also *wie* sie hören. Deshalb achtet die Beraterin nicht allein auf den Inhalt der Worte, sondern auch auf all diese Signale: Den tiefen Seufzer des Klienten, mit dem er sich auf dem Stuhl niedersetzt; die leise, weinerliche Stimme, mit der sich jemand über den Partner beklagt. All diese „Mitteilungen“, die jeder Außenstehende bewusst wahrnehmen könnte, die den Betroffenen aber völlig bedeutungslos erscheinen oder völlig unbewusst sind.

Diese Phänomene werden als Abbildungen des Klienten von dessen Realität verstanden und sind für die Beraterin Wegweiser an der Oberfläche. Die Wegweiser können zu dahinter liegenden Strukturen, im Sinne von gebündelten Beziehungserfahrungen dieses Menschen führen. Ob dies tatsächlich der Fall ist, hängt ab von der Gewichtung – und auch diese Gewichtung ist korrespondierender Prozess zwischen Klient und Therapeutin, ein „Aushandeln der Wahrheit“ (*Rahm* et al. 1993). Es ist also entscheidend, ob auch der Klient den Eindruck hat, dass das Phänomen bedeutsam ist, das der Therapeutin – aus der unendlichen Zahl möglicher Phänomene – ins Auge gesprungen ist, z.B. dass eine Frau mit völlig ineinander verschlungenen Beinen auf dem Stuhl sitzend ihrem Partner ihre Sehnsucht nach mehr körperlicher Nähe mitteilt und ihm vorwirft, ihm ginge es ja nur um Sex.

Man könnte aber auch fragen, wieso gerade dieses Phänomen der Beraterin ins Auge fällt. Das führt zu der wichtigen Feststellung, dass die phänomenale Realität nicht „draußen“ in der Umgebung existiert, sondern in einem Menschen – auch in der Beraterin – selbst. In einem mehrstufigen Transformationsprozess werden die verschiedenen äußeren und inneren Signale empfangen und verarbeitet: integriert, ausgeblendet oder mit ganz anderen inneren Erregungsmustern verknüpft, die vielleicht nichts mit dem Signal zu tun haben – und lösen dadurch wieder innere und gegebenenfalls äußere Prozesse und Verhaltensweisen aus. Denn menschliches Verhalten – als Ergebnis von Transformationsprozessen – ist darauf ausgerichtet, subjektive Wahrnehmungen ganz bestimmter Qualität zu erzeugen. Es geht nicht um das Herstellen eines objektiven Umgebungszustandes! Und deshalb gilt es, immer zu klären, ob das Phänomen auch für den Klienten Bedeutung hat.

Vielleicht nimmt er es überhaupt erst einmal wahr, und der Partner ergänzt: „Jetzt, wo Sie das sagen, fällt es mir auch auf, meine Frau sitzt eigentlich immer so", dann ist es möglich, diesem Phänomen Raum zu geben, mit einer wachen Bewusstheit gegenüber inneren wie äußeren Ereignissen, es leiblich zu spüren.

Die Klientin könnte die mangelnde Durchblutung ihrer Beine spüren, den dauernden Schmerz, den sie sich selbst, ohne ihn jedoch zu merken, damit zufügt. Und dieses „Dem-Phänomen-Raum-Geben" kann zu den dahinter liegenden Strukturen dieses Menschen führen. Damit ist allerdings nicht etwas Statisches gemeint, denn Persönlichkeitsstrukturen entstehen auf dem Hintergrund von Interaktionen; Begegnungserfahrungen, seit dieser Mensch die Welt betreten hat. Solches „Betreten" meint auch schon die Zeit im Mutterleib, in der ein Mensch bei normal verlaufender Schwangerschaft allmählich, d.h. mit dem Aufbau der Verarbeitungszentren, die grundlegende Erfahrung machen kann, dass er das, was er für seine Reifung und Entwicklung braucht, auch bekommt. Der genetisch und physiologisch gut vorbereitete Interaktionsprozess im Mutterleib kann sich dann fortsetzen im Interaktionsprozess der Familie.

In diesem Prozess lernt der Mensch nicht nur Gehen und Sprechen, sondern auch Regeln für das Gestalten von Beziehungen, emotionale Reaktionsbereitschaften und Regeln für das Ausdrucksverhalten. Diese nonverbalen Äußerungen im Beziehungsverhalten konnten erst durch Filmaufnahmen der Interaktionen zwischen Mutter und Säugling durch eigens dafür entwickelte mikroanalytische Methoden nachgewiesen werden (zusammenfassende Übersicht bei *Dornes* 1993, 39ff). Ebenfalls lässt sich eine Dynamik, lassen sich regelhafte Abläufe in der dyadischen Interaktion bei einem Paar nachweisen. Die Betroffenen selbst haben in der Regel kein Bewusstsein davon, weil dies unterhalb der bewussten Wahrnehmungsschwelle läuft (*Ekman* & *Friesen* 1969). Durch die vorsprachlichen Interaktionen mit seinen nächsten Bezugspersonen erwirbt ein Mensch implizite (d.h. dem Bewusstsein nicht zugängliche) Gedächtnisinhalte, die sich im Sinne von Regeln auf sein späteres Verhalten auswirken.

Verlaufen diese frühen Interaktionen aber ungünstig oder schädigend, ist ein Kind z.B. nicht erwünscht oder kann eine depressive Mutter das Kind in seiner Entwicklung nicht entsprechend fördern und gibt es keine Kompensation, so prägen sich neuronale Muster im Gehirn ein, die die Interaktionen zwischen diesem Menschen und seiner Umwelt prägen und alle nachfolgenden Entwicklungen entscheidend beeinflussen (Übersicht bei *Bauer* 2002).

Deshalb sind wahrgenommene „Realitäten“ immer das Ergebnis eines inneren Konstruktionsprozesses auf der Grundlage der bisherigen Erfahrungen, ja, Menschen haben sogar die Eigenschaft, Wahrnehmungen auf dem Hintergrund ihrer Intentionen aktiv zu gestalten. „Während unsere Sinnesorgane vieles ausblenden, was in der Außenwelt passiert, enthält umgekehrt unsere Wahrnehmungswelt auch ihrem Inhalt nach sehr vieles, was keinerlei Entsprechung in der Außenwelt hat. Dazu gehören scheinbar einfache Wahrnehmungsinhalte, wie Farben und räumliches Sehen (Objekte in unserer Umwelt sind nicht farbig; unsere Umwelt ist nicht perspektivisch aufgebaut, d.h. entfernte Objekte sind nicht kleiner). Insbesondere aber gehören hierzu alle Kategorien und Begriffe, mit denen wir die Welt (unbewusst oder bewusst) ordnen, alles Bedeutungshafte in unserer Wahrnehmung (die Ereignisse in der Umwelt sind an sich bedeutungslos), Aufmerksamkeit, Bewusstsein, Ich-Identität, Vorstellungen, Denken und Sprache. Wir wenden diese hochkomplexen Konstrukte auf die Welt an, sie sind ihr aber nicht entnommen“ (*Roth* 1995, 232).

Solchen Persönlichkeitsstrukturen als Ansammlung von Beziehungserfahrungen, die die „Realität“ einer Interaktion zweier Partner ausmachen, gilt es durch die Phänomene auf die Spur zu kommen.

Denn mit dem oft noch verborgenen Wunsch: „Sich auf die Spur zu kommen“, kommen Menschen in die Beratung. Sie wollen verstehen, wer man ist, wie man so geworden ist, warum man so handelt und welche Dynamik im Miteinander stattfindet. Die Klienten wollen also die Regeln verstehen, die sie zwar anwenden, von deren Existenz sie aber keinerlei Bewusstsein haben. Und insbesondere wollen sie lernen, diese Regeln zu kontrollieren und so zu verändern, dass sie in der Lage sind, angemessener zu reagieren und zu interagieren. (Eine gute Übersicht über solche Beziehungsmuster findet sich bei *Otte* 2005.)

Dabei geht es zunächst weniger um den Inhalt des Verstehens, als vielmehr um die Tatsache als solche, besser zu verstehen, was mit einem los ist und die Situation irgendwie wieder in den Griff zu bekommen, also einer Befriedigung des Grundbedürfnisses nach Orientierung und Kontrolle. Denn unangenehmer als ein aversives Ereignis selbst (z.B. bösartige Vorwürfe vom Partner) kann es sein, plötzlich, aus heiterem Himmel ohne erklärlichen Grund mit aversiven Ereignissen konfrontiert zu werden. Dann ist es nämlich nicht möglich, sich darauf vorzubereiten und Kontrolle über die Situation zu haben. So fügen sich Menschen lieber selber Schmerzen zu, als einflusslos darauf zu warten, wann der Schmerz eintritt: „Ich verlasse dich lieber, bevor du mich verlässt!“ Man kann als Beraterin z.B. feststellen, dass Menschen, die sich in starkem Maße eine nahe Beziehung wünschen, manchmal alles tun, um Nähe zu vermeiden. Ihre (unbewusste) Kontrolle schützt sie vor einer (erwarteten) unkontrollierbaren Enttäuschung.

Paare in der Beratung wollen ihre Lebens-, Liebes-, und Leidensgeschichte betrachten, indem sie sie erzählen, sie miteinander und mit anderen interpretieren, ihren Sinn zu verstehen suchen: „Warum habe ich soviel Sehnsucht nach meinem Mann? Aber statt ihm meine Liebe zu zeigen, zeige ich ihm nur Spott und Verachtung – ?! *Ich* bin seiner nicht wert."

In diesem Vorstehensprozess wird den Klienten ein „plausibles Modell" für die Entstehung und den Verlauf ihres Problems vermittelt. Das ist gerade in der Anfangsphase einer Partnerschaftsberatung wichtig, wenn es den Klienten noch weniger um konkrete Veränderungen, sondern vielmehr um eine subjektiv einleuchtende Erklärung für ihr Problem geht (*Kadushin* 1969). Ein plausibles Modell hat insofern große Bedeutung, als dadurch eine neue kognitive Strukturierung des Problems erfolgt: Man gibt ihm einen Namen und ist ihm dadurch nicht mehr ausgeliefert. Dabei gilt zu beachten, dass das entscheidende Kriterium für die Richtigkeit eines solchen Modells dessen Plausibilität aus Sicht der Klienten ist (*Kanfer* et al. 1996).

Dieser Erkenntnisprozess ist nicht in sich abgeschlossen, denn mit jeder Erkenntnis wächst auch der eigene Verstehenshorizont, wird immer offener für neue Wahrnehmungen, die erfasst, verstanden und erklärt werden wollen. So lässt sich der Erkenntnisweg mit einer nach oben sich weitenden Spirale vergleichen. In diesem Erkenntnisprozess wird dem Einzelnen deutlich, dass sein Verhalten darauf ausgerichtet ist, Wahrnehmungen im Sinne ganz bestimmter Ziele herzustellen und ferner, dass ein Mensch immer gleichzeitig mehrere Ziele verfolgt.

Beispielsweise will jemand
- ➜ seinem Partner zugewandt sein,
- ➜ mit ihm zusammen sein und Zeit verbringen,
- ➜ mit diesem Ziel aber auch Erholung erreichen,
- ➜ sowie von der Arbeit ausspannen,
- ➜ und evtl. seine Lieblingsmusik anhören,
- ➜ oder einen gemeinsamen Spaziergang machen,
- ➜ auf dem er sich am Gesang der Vögel erfreuen kann.

Er ist also in der Lage, gleichzeitig mehrere Intentionen zu verfolgen. Kommt es bei einem Paar zu einem Konflikt, könnten beide das Zusammensein mit unterschiedlichsten Intentionen verbinden. So könnte im obigen Fall z.B. der andere Partner mit dem Zusammensein als Paar die Hoffnung verbinden: „Da ist jemand nur für mich da, sorgt sich um mich, liest mir meine Wünsche von den Augen ab und verwöhnt mich ..."

Das Tempo und den Umfang von Erkenntnisprozessen bestimmen der Einzelne im Paar und das Paar für sich. Die Beraterin hat bei diesem Weg mit ihrer Kompetenz und ihrem Fachwissen eine begleitende Funktion. Sie selbst wird aber aus dem Prozess nicht unverändert hervorgehen, denn auch sie reift in ihrem eigenen Erkenntnisprozess. Und dieses Reifen hat für sie wieder Auswirkungen, z.B. auf die Gestaltung ihrer eigenen Paarbeziehung. Diese Art, den Weg gemeinsam zu gehen, setzt seitens der Beraterin das Gefühl von menschlicher Gleichwertigkeit mit dem Paar voraus.

Zusammenfassung

Menschen entwickeln ihr Beziehungsverhalten auf der Grundlage ihrer mitmenschlichen Erfahrungen von Kindertagen an. Es ist ferner geprägt von den jeweiligen äußeren Umständen. Aufgrund obiger Erfahrungen bilden sich in jedem Menschen Strukturen, die wiederum den äußeren Phänomenen des Verhaltens zugrunde liegen. Im Erkenntnisprozess werden diese Phänomene wahrgenommen und ihre Gründe erkannt. Dieser Erkenntnisprozess lässt Menschen zu den Regeln vorstoßen, die ihr Erleben und Handeln beeinflussen.

9.2 Die Bedeutung von Ordnung und Chaos

Läuft bei einem Paar alles nach fest gefügten Regeln ab, hat jeder seine scheinbar „vereinbarte" Rolle, ist also alles „wohlgeordnet" (auch der regelmäßige Tobsuchtsanfall, wenn Spielsachen der Kinder auf dem Boden verstreut liegen, ist in sich noch eine Regelmäßigkeit oder Ordnung), dann droht dem Paar gerade durch diese Starre das Ende der Beziehung. – Ist auf der anderen Seite nichts geregelt, ist unklar, ob die Partner übermorgen noch zusammensein wollen oder ob irgendetwas Unvorhersehbares sofort die Existenz der Beziehung in Frage stellt, dann ist ein ähnliches Ende vorprogrammiert.

Den Sinn der Spannung zwischen Ordnung und Chaos versucht die Chaosforschung (*Gerok* 1990; *Haken* 1992) zu beschreiben. Das Wissen um diese Spannung hat in der Paartherapie eine wichtige Bedeutung, denn viele Paare haben die Tendenz, „die Flinte zu früh ins Korn zu werfen", wie die seit 1960 stetig steigenden Scheidungsziffern eindeutig zeigen.

Mit seinem Wissen kann sich die Beraterin auf das Chaos einlassen, ja, es als lebenswichtigen Prozess des jeweiligen Paares verstehen. Ihr Verstehen und Akzeptieren wird dem Paar Mut machen, sich den eigenen Schwierigkeiten zu stellen und sie zu bewältigen.

Die Welt ist entstanden und entwickelt sich immer weiter in einem evolutionären Prozess, den *Darwin* (1859) als Mutation, Selektion und Artaufspaltung bezeichnete: Die Natur lässt durch Mutation und Artaufspaltung auf der bisherigen Grundlage etwas ganz Neues entstehen, das sich in der Selektion bewähren muss, sonst verschwindet es wieder. Bezieht man diesen sehr vereinfacht dargestellten evolutionären Vorgang auf ein Paar, so könnte man feststellen: Auch das Paar, das in der Beratung vor der Beraterin steht, ist Endpunkt einer evolutionären Entwicklungsgeschichte. Jeder von beiden hat in seinen Genen vier Millionen Jahre Gattungsgeschichte und damit Überlebensverhalten der Spezies „Mensch" gespeichert.

Deutlich wird dies z.B. im menschlichen Werbeverhalten. In westlichen Kulturen, die den Blick zwischen den Geschlechtern gestatten, schauen Männer und Frauen einen möglichen Partner oft zwei bis drei Sekunden lang direkt an. Dabei können sich als Zeichen höchsten Interesses die Pupillen weiten. Danach senkt der oder die Starrende die Lider und schaut weg (*Eibl-Eibesfeldt* 1986). Dieses Angeschautwerden lässt sich nicht ignorieren. Eine Antwort geschieht durch Lächeln und Anknüpfung eines Kontaktes oder durch Wegschauen und Rückzug. Diese Kontaktaufnahme durch den Blick und das Werbeverhalten konnte *Smuts* (1985, 1987) auch bei Pavianen beobachten, obwohl diese Affenart sich möglicherweise schon vor mehr als neunzehn Millionen Jahren von unserem menschlichen Entwicklungsstammbaum abzweigte. Der als „Kopulationsblick" bezeichnete Augenkontakt scheint also von der Evolution her tief in der menschlichen Psyche verankert zu sein. So kommt *Fisher* zu der Meinung, „dass vielleicht das Auge – und nicht Herz, Genitalien oder Hirn – ein Liebesabenteuer einleitet, veranlasst doch der Blick oder das Anstarren den Menschen oft zum Lächeln" (1993, 25).

Eine weitere Betrachtungsweise von Lebensprozessen ist die des Systems (*Tjaden* 1971). Ein System ist eine Form, die in sich etwas Eigenes ist, aber sich mit der Umgebung im Austausch befindet. Das System kann sich weiterhin in Subsysteme untergliedern. Als Ganzes kann es mit anderen Systemen in Korrespondenz treten. Auch ein Paar ist ein solches System, bestehend aus zwei Teilen. Jeder Teil bildet für sich allein bereits ein Subsystem; mit anderen zusammen, etwa mit Arbeitskollegen, andere Systeme. Je nach dem Blickwinkel des Betrachters werden diese anderen zu Subsystemen. So wird etwa in der Paartherapie das System „Arbeitsplatz" als Subsystem untergeordnet. Diese Subsysteme gilt es mit in Betracht zu ziehen, da sie sehr großen Einfluss auf das Paar haben können. Man denke nur an den Arbeitgeber, der regelmäßige unbezahlte Überstunden seines Angestellten für selbstverständlich hält.

Systeme haben die Eigenschaft, sich über einen gewissen Zeitraum selbst zu erhalten, d.h. hier: Die Partner schworen bei der Hochzeit, zusammen zu bleiben, bis dass der Tod sie scheidet. Und trotz des Wissens um die Gefahr des Scheiterns heiraten Paare mit dieser Vision. Die Vision ist es, die Kraft geben kann, sich den Herausforderungen, denen das System „Paar" ausgesetzt ist, zu stellen und sich soweit auf Änderungen einzulassen, dass das Paar Bestand hat und damit im Sinne der Evolution mit Blick auf „an Leib und Seele gesunde Kinder" fruchtbar wird.

Solche Herausforderungen haben viele Gesichter, z.B. wenn sich ein Kind ankündigt, Depressionen eines Partners, ein dritter Partner taucht auf, die Briefmarkensammlung nimmt zu viel Zeit in Anspruch ... Herausforderungen, die das Paar in seiner Existenz bedrohen können. Die bisherige „Ordnung" stimmt nicht mehr, „Chaos" tritt ein. In dieser Phase werden Kräfte mobilisiert, eine neue Art des Miteinanders wird ausprobiert. Dabei wird nach *Thorndikes* (1898) Grundregel von „Versuch und Irrtum", vor allem aber durch eine plötzliche neue Einsicht („der Groschen ist gefallen"), ein evidentes Erlebnis, eine neue „Ordnung" des Paares erreicht. *Köhler* (1921) beschrieb diesen Vorgang der Einsicht in seinem berühmten Experiment, bei dem Affen plötzlich anfingen, Kisten aufzutürmen bzw. Stöcke zusammensteckten, um an die sonst nicht erreichbaren Bananen zu gelangen. *Kanfer* et al. (1996) sprechen in diesem Zusammenhang von dem Phänomen „substantieller Sprünge". Damit sind qualitative Veränderungen und spontane Änderungen und Lösungen bedeutenden Ausmaßes gemeint, die plötzlich auf unvorhersehbare Art zustande kommen.

Die Chaosphase ist für manche Paare so neu und unbekannt, hat manchmal eine solche Heftigkeit, dass eine Begleitung durch Partnerschaftsberatung angezeigt ist, um ein vorschnelles Auseinandergehen zu verhindern. Das Wissen um den Wechsel zwischen Chaos und Ordnung macht der Beraterin Mut, sich mit dem Paar der scheinbaren Hoffnungs- und Perspektivlosigkeit zu stellen und deren Sinn für die jetzige Ordnung des Paares zu ergründen. Damit kann das Paar zu einer neuen Ordnung, zu einer neuen Gestalt mit einer größeren Komplexität gelangen.

Dieser evolutionäre Vorgang, in welchem ein System eine bestehende, nicht mehr tragfähige Ordnung durch Chaos zu einer neuen, komplexeren verändert, wird als „Synergetische Selbstorganisation“ (*Haken* 1992) bezeichnet.

Zusammenfassung

Ein Paar lässt sich als ein System aus zwei Subsystemen betrachten. Dieses System hat die Eigenschaft, sich zu erhalten. Treten existentielle Bedrohungen auf, reagiert das System, das Paar, mit Chaos. Dabei kann die Hilfe durch Beratung angezeigt sein, damit das Paar aus dem Chaos zu einer komplexeren Ordnung des Miteinanders kommen kann. Dieser Vorgang wird synergetische Selbstorganisation genannt.

10. Psychotherapieforschung als ein Wegweiser

Obwohl erst wenige wissenschaftliche Untersuchungen über die Ergebnisse von Eheberatung und Paartherapie vorliegen, lassen die bisherigen doch auf wichtige Handlungsanweisungen für das Vorgehen schließen. Diese Ergebnisse der Psychotherapieforschung müssen in das praktische beraterische Vorgehen einbezogen werden, denn ein Handeln rein aus dem Bauch heraus ist unverantwortlich.

Orlinsky et al. konnten in Prozess-Outcome-Studien über 2.000 signifikante Zusammenhänge zwischen Therapieeffekten und bestimmten Merkmalen des Therapieprozesses feststellen (1994). *Grawe* et al. berichteten über die Ergebnisse fast aller bisher durchgeführten psychotherapeutischen Wirksamkeitsstudien und werteten diese detailliert aus. Beziehungs- und Interaktionsstörungen lassen sich aufgrund dieser Ergebnisse am besten an dem Ort, wo sie entstehen, also beim Paar und in Form der Beratung in und mit Gruppen heilen (*Grawe* et al. 1994; *Grawe* 1998).

„Es gibt eine große Anzahl von Hinweisen darauf, dass die Schwierigkeiten eines Patienten am besten in einem Setting behandelt werden können, in dem eben diese Schwierigkeiten aktualisiert werden: Partnerprobleme unter Einbeziehung beider Partner; ... generalisierte zwischenmenschliche Schwierigkeiten in einer Gruppentherapie; ... Eine Gruppentherapie bietet ... noch reichere Übertragungs- bzw. Aktualisierungsmöglichkeiten als eine Einzeltherapie und ist daher, wie in unseren Ergebnisberichten für eine ganze Anzahl verschiedener Therapiemethoden festgestellt wurde, noch besser geeignet, Veränderungen des zwischenmenschlichen Erlebens und Verhaltens herbeizuführen" (*Grawe* et al. 1994, 704). „Für Patienten, bei denen Veränderungen im zwischenmenschlichen Bereich erwünscht sind, ist das gruppentherapeutische Setting aber dem einzeltherapeutischen auf jeden Fall vorzuziehen" (a.a.O. S. 706).

Wie oben erwähnt, gibt es weltweit nur wenige Untersuchungen zur Ergebnisqualität von Paartherapie. Ein Ergebnis ist für *Grawe* et al. (1994, 555f) allerdings richtungsweisend: eine „sehr gute Untersuchung von *Snyder* und *Wills* (1989)". In dieser war eine herkömmliche Verhaltenstherapie mit einer „Insight Oriented Marital Therapy" verglichen worden. In der Letzteren ging es darum, dass die Partner mehr Verständnis füreinander gewannen, indem sie kennenlernten, wie jeder Einzelne von ihnen aufgrund seiner Herkunftsfamilie und seiner Lebensgeschichte so geworden war. Es handelte sich im Gegensatz zur *bewältigungsorientierten* Verhaltenstherapie (dem Erlernen von besserer Kommunikation und Problemlösungsstrategien etc.) hier um eine *einsichtsorientierte* Therapie. Die Wirksamkeit beider Methoden war, mit leichter Überlegenheit der Verhaltenstherapie, auch bei der Katamnese nach sechs Monaten etwa gleich gut. Völlig überrascht waren *Snyder* et al. (1991) allerdings bei der Vierjahreskatamnese. 39 Prozent der mit Verhaltenstherapie behandelten Paare waren geschieden, aber lediglich 3 Prozent der Paare, deren Therapie auf ein größeres gegenseitiges Verständnis ausgerichtet war. Damit hatte die verständnisorientierte Therapie langfristig den Paaren zu größerer Zufriedenheit und Stabilität ihrer Beziehung verholfen als die problemlösungsorientierte Therapie.

Grawe et al. schließen daraus: „Die Studien ... deuten an, dass klärungsorientierte Vorgehensweisen der Paartherapie Wirkungen erzielen können, die mit bewältigungsorientierten Vorgehensweisen nicht zu erzielen sind. Dies könnte auch in der Paartherapie dafür sprechen, die Vorzüge beider Vorgehensweisen miteinander zu verbinden. Dafür bestehen aber bisher weder ausgearbeitete Konzepte noch liegen dazu Untersuchungen vor ... deshalb wäre es wünschenswert, auch in der Paartherapie durch die Verbindung bewältigungs- und klärungsorientierter Vorgehensweisen neue Wege zu erproben, die bisher noch gar nicht zu gehen versucht wurden“ (1994, 556).

Ferner schlägt *Grawe* aufgrund der Forschungsergebnisse gesicherte Elemente einer allgemeinen psychotherapeutischen Veränderungstheorie vor. Diese ist therapieschulenübergreifend und erklärt viele der festgestellten Zusammenhänge zwischen bestimmten therapeutischen Vorgehensweisen und ihren Wirkungen. Insbesondere expliziert *Grawe* (1995) vier Elemente, die er als „gesicherte Bestandteile einer allgemeinen psychotherapeutischen Veränderungstheorie“ (a.a.O. S. 134) bezeichnet. Im Folgenden werden diese „gesicherten Bestandteile“ vorgestellt und ihre Umsetzung in der Partnerschule dargelegt.

10.1 Ressourcenaktivierung

Dieser empirisch breit abgestützte Wirkfaktor weist darauf hin, dass man Klienten besonders gut helfen kann, wenn man an ihre positiven Möglichkeiten, Eigenarten, Fähigkeiten und Motivationen anknüpft.

Deshalb sollen sich Klienten in der Beratung gerade auch mit ihren Stärken und positiven Seiten erfahren. Ferner lassen sie sich auf die vorgeschlagene Vorgehensweise dann bereitwilliger ein, wenn diese mit ihren eigenen mitgebrachten Zielen, Eigenarten und Gewohnheiten übereinstimmt, als wenn sie verunsichert und gezielt mit ihrer Unfähigkeit konfrontiert werden oder wenn der beraterische Prozess andere Ziele hat, als man von sich aus eigentlich will. – Selbstverständlich ist der Inhalt der Not, mit der ein Paar kommt, wichtiges Gesprächsthema, aber die Beraterin darf sich von dieser Not nicht paralysieren lassen, indem all ihr Denken um diese Störung kreist.

In diesem Zusammenhang ist es interessant, auf wissenschaftliche Vergleichsstudien hinzuweisen, in welchen Laientherapeuten gleich gute oder annähernd gleich gute Therapieerfolge erzielten wie fachlich ausgebildete Therapeuten (*Strupp* & *Hadley* 1979). Diese Laientherapeuten waren danach ausgewählt, dass sie besonders beliebt waren. In ihrer Beziehungsgestaltung waren sie eher ressourcenorientiert als defizitorientiert-kritisierend. Die professionellen Therapeuten in dieser Studie dagegen waren ausgebildete Psychoanalytiker, die in ihrem Denken eher defizit- und konfliktorientiert waren.

Deshalb kann es im Erstgespräch weit mehr Sinn machen, auch wenn man noch keine klare Vorstellung von den vorliegenden Störungen im Paar hat, den Klienten trotzdem Mut zuzusprechen nach dem Motto: *„Schwierigkeiten in einer Ehe sind etwas ganz Normales, fassen Sie nur Mut, wir werden das schon gemeinsam schaffen!“* Dieser Satz klingt zwar etwas banal, wird aber mit hoher Wahrscheinlichkeit bei den Klienten Besserungserwartungen und Hoffnung auslösen, so dass Selbstheilungskräfte aktiviert werden.

Entscheidend für ein gutes Beratungsergebnis ist, dass der Klient seine Beraterin als ihn unterstützend, aufbauend, in seinem Selbstwert positiv bestätigend erlebt. Das ist unter dem Aspekt der Ressourcenaktivierung deshalb so wichtig, weil die höchste Korrelation für den Therapieerfolg *nicht* im Therapiebeziehungsverhalten des Therapeuten, sondern in dem des Klienten gefunden wurde (*Orlinsky* & *Howard* 1986; *Orlinsky* et al. 1994). Also ist es Aufgabe der Beraterin, dafür zu sorgen, dass der Klient sich in seinem Beziehungsverhalten, etwa den Gruppenmitgliedern gegenüber, als wertvoller und fähiger Beziehungspartner erlebt. Insbesondere die Erfahrung, ein akzeptierter und wichtiger Teil einer Gruppe zu sein, die sich durch eine hohe Gruppenkohäsion auszeichnet, ist ebenso wichtig wie eine tragfähige sichere Beziehung im Einzelsetting.

Betrachtet man, wie dieser Wirkfaktor in der Partnerschule umgesetzt wird, dann ist bereits der erste Kontakt zu erwähnen, in dessen Verlauf das Paar im Anschluss an die Schilderungen seiner Probleme danach gefragt wird, was denn alles *miteinander gelingt.* Haben die Partner Schwierigkeiten, etwas zu nennen, dann wird nach solchen aus Sicht der Klienten „Kleinigkeiten" oder „Selbstverständlichkeiten" gefragt, wie etwa, ob jemand das Geld erwirtschaftet, ob die Kinder ihr Mittagessen bekommen oder ob man sich im Krankheitsfall gegenseitig Beistand leistet. Diese Dinge werden dann durch die Beraterin in ihrer Wichtigkeit, die sie ja tatsächlich für das Zusammenleben haben, betont. Solches Konfrontieren mit den Ressourcen hat in der Regel eine im Aufatmen der Klienten sichtbare Reaktion: „So schlimm sieht es also nicht mit uns aus; es ist also etwas da, auf das aufgebaut werden kann." Im weiteren Verlauf der therapeutischen Arbeit wird dann oftmals gefragt: „Erzählen Sie einmal, was Ihnen seit unserem letzten Gespräch alles gelungen ist, alleine oder für sich als Paar?"

Diese Vorgehensweise der Beraterin, ihr bewusster Seitenwechsel – hin zu dem, was gelingt, was schön miteinander war und ist oder die Aktualisierung der Erinnerung des Paares an die erste Zeit des Kennenlernens und Verliebtseins durch die Frage im Paarinterview zur Beziehungsgeschichte (PIB; *Saßmann* 2001): „Wie war das eigentlich, als Sie sich kennen lernten?" – hat unter dem Gesichtspunkt der nonverbalen Beziehungsregulation einen positiven Effekt auf das Paar und dessen augenblicklichen emotionalen Umgang, ohne dass überhaupt ein Wort über diesen verloren wurde.

Eine empirische Absicherung der Auswirkungen eines solchen positiven „Leitaffektes" seitens der Therapeutin auf den Therapieerfolg wurde von *Krause* (1997) vorgelegt. Er wies nach, dass jenseits der therapeutischen Orientierung die Ergebnisse dann am besten waren, wenn die Beraterin auf einen negativen Leitaffekt seitens des Klienten mit einem positiven reagierte. Nicht reziprokes Beraterverhalten – also nicht darauf einzuschwingen, dass in der Beziehung zum Partner alles zum Schlechten bestellt sei und dass man deshalb gekommen sei, um eine „Scheidungsberatung" in Anspruch zu nehmen – kann also dem Klienten wirksam helfen, aus eingeschliffenen emotionalen Reaktionsmustern herauszukommen (*Kiesler* 1982).

Unter Umständen können die Klienten ärgerlich auf die Beraterin werden, weil sie scheinbar nicht die gleichen Anliegen wie sie vertritt. Wenn sie z.B. im Erstgespräch ihrem Wunsch nach „Scheidungsberatung" nicht ohne weiteres nachkommt, sondern Trennung und Scheidung als das Ergebnis eines noch offenen Prozesses bezeichnet.

Die Hauptverantwortung für eine förderliche Beziehungsgestaltung liegt bei der Beraterin, was nicht ausschließt, dass sie den Klienten auch Dinge sagen muss, die unangenehme Gefühle auslösen können (*Sanders* 2004).

Das nonverbale Beziehungsmuster der ersten Sitzung korreliert so hoch (.69) mit dem Therapieerfolg, dass aufgrund dessen Aussagen über das Therapieergebnis möglich sind. Lässt sich die Beraterin von dem negativen Leitaffekt des Klienten anstecken („Oh, wie schrecklich, es hat auch keinen Zweck mehr mit Ihnen. Ist erst mal ein

Sprung in der Schüssel ..."), so hat dies negative Auswirkungen auf den Therapieerfolg (*Krause* 1997).

In der Beratung in und mit Gruppen wird bewusst an die Ressourcen der Teilnehmer bereits in der ersten Runde angeknüpft. Sie werden darauf aufmerksam gemacht, dass der Erfolg der Gruppe nicht allein von der Beraterin abhängt, sondern immer ein Erfolg aller ist; dass er davon abhängt, dass sich jeder mit seinen Fähigkeiten in den Prozess einbringt. Auch hier handelt es sich in der Anfangsrunde um das Setzen eines positiven Leitaffektes, der jenseits einer „schweren Atmosphäre" Leichtigkeit induziert, die auch durch bewegungstherapeutische Übungen, Kennenlernspiele etc. unterstützt wird. So lässt sich in der Regel bei mehrtägigen Gruppen spätestens am zweiten Tag, nach der ersten Nacht, ein Stimmungswechsel zu Hoffnung und Mut beobachten. Bei Seminaren, die über mehrere Abende an der Beratungsstelle laufen, setzt die Wirkung dieses positiven Leitaffektes etwa beim dritten Treffen ein. Er wird hier noch dadurch unterstützt, dass jeder Teilnehmer zum gemeinsamen Abendbrot etwas mitbringt und sich so positiv einbringen kann.

Zusammenfassend sieht *Grawe* (1998) folgende positive therapeutische Funktionen der Ressourcenaktivierung:

- ➜ Die Ressourcenaktivierung hat eine bedürfnisbefriedigende Wirkung, die Wohlbefinden und Selbstvertrauen verbessert und zu eigenen Problembewältigungsversuchen ermuntert.
- ➜ Die positiven Erfahrungen mit der Beraterin geben dem Paar Vertrauen in diese und führen zu einer beiderseitigen guten Therapiebeziehung.
- ➜ Der verbesserte Zustand der Klienten aufgrund der Inkongruenzreduktion *(„Es sieht alles ja doch nicht ganz so schlimm mit uns aus, wie wir zunächst befürchtet haben!")* und der guten Therapiebeziehung macht sie aufnahmebereiter für therapeutische Vorschläge und bewirkt, dass sie bereitwillig und aktiv dabei mitmachen. So sind Klienten oft bereits nach zwei bis drei Sitzungen bereit, sich neuen Erfahrungen auszusetzen und auch an einer Gruppe teilzunehmen, obwohl dieser Schritt für viele mit einer großen Scheu und Überwindung verbunden ist.
- ➜ Jedes Mal, wenn Ressourcen der Klienten und damit positive Gefühle aktiviert werden, werden die zugrunde liegenden neuronalen Erregungsmuster besser gebahnt. Deren leichtere Erregungsbereitschaft führt dann dazu, dass die wünschenswerten Erregungsmuster immer häufiger aktiviert werden und mehr Raum im psychischen Geschehen der Klienten einnehmen. Es bleibt weniger Raum für problematisches Erleben und Verhalten. So ergänzen sich Ressourcenaktivierung und Destabilisierung störenden Verhaltens durch gezielte, die Beziehungskompetenz fördernde Übungen, gegenseitig.

10.2 Problemaktualisierung

In der Therapie ist es wichtig, dass das, was verändert werden soll, auch real erlebt wird. „Reden ist Silber, real Erfahren ist Gold" (*Grawe* 1995, 136).

Aus diesem Grund wird in der Partnerschule Paarberatung nicht mit getrennten Partnern, sondern mit beiden Partnern gemeinsam durchgeführt, also nicht gesonderte Beratungsstunden für die Frau und den Mann einzeln. Wenn ein Paar kommt, wird weniger auf die Geschichte des Miteinanders von gestern geachtet, sondern das „Problem" sitzt ja leibhaftig vor der Beraterin. Sie achtet also besonders auf das *Wie* des Miteinanders. Es geht nicht darum, dass ein Paar erzählt, wie sie sich gestern gestritten haben, sondern dass sie sich jetzt streiten. Dann ist konkret erlebbar, wie einer dem anderen etwa durch „Du-Botschaften" ein Bild überstülpt, das der andere nur zurückweisen kann, und wie in der Folge ein end- und erfolgloses Streiten entsteht. Die Problemaktualisierung, die prozessuale Aktivierung des Problems, ist also ein zentrales diagnostisches Instrument.

10.3 Aktive Hilfe zur Problembewältigung

Dieser Faktor wurde durch die größte Anzahl von Forschungsbefunden bestätigt (*Grawe* et al. 1994). Danach ist es Aufgabe der Beraterin, den Klienten mit geeigneten Maßnahmen zu unterstützen oder ihn direkt anzuleiten, mit einem bestimmten Problem besser fertig zu werden.

In dem zuvor geschilderten Beispiel könnte die Beraterin den Klienten den Unterschied zwischen Du- und Ich-Botschaft erklären (*Engl* & *Thurmaier* 1992) und sie anschließend bitten, das Gespräch so fortzusetzen, dass jeder nur noch von sich und seinen Gefühlen spricht. Also: „*Ich* denke, fühle, meine, will ..." statt: „*Du* bist ...". Sollten die Klienten dazu nicht in der Lage sein, weil sie bisher noch gar nicht gewohnt waren, von sich selbst zu sprechen, dann stellt die Beraterin sich hinter den Stuhl des Klienten, versucht, sich in ihn einzufühlen und für ihn einen Satz zu formulieren, der mit „ich" anfängt. Anschließend wird der Klient gebeten, den Satz zu überprüfen und, wenn er für ihn zutrifft, zu wiederholen. Dann werten die Klienten ihre Erfahrungen mit diesem „neuen" Gesprächsstil aus. Im Verlauf der Beratung reicht es später, dem Klienten leise während eines Gespräches mit dem Partner ein „ich" zuzuflüstern, damit er wieder anfängt, von sich zu reden. So macht der Klient die konkrete, reale Erfahrung, dass er im Sinne seiner Intention (das Zusammenleben positiv zu verändern) besser mit dem neu gelernten Gesprächsstil zurechtkommt. Diese Erfahrung ist für die therapeutische Wirkung entscheidend. Die Therapie vermittelt ihm das Erlebnis, etwas lernen zu können, was er vorher nicht konnte oder etwas zu tun, was er sich bisher nicht zutraute.

Die Betrachtung dieses Wirkprinzips unter der Perspektive des „Könnens" versus „Nichtkönnens" ist der rote Faden überhaupt. Da das Binnenverhältnis zwischen Frau und Mann historisch gesehen mindestens in den letzten 1.000 Jahren von der Vorherrschaft des Mannes geprägt war (vgl. Kap. 6 sowie *Barabas* & *Erler* 2002), haben die Partner keine Modelle, wie es geht, gleichberechtigt und partnerschaftlich zusammenzuleben. Es ist erklärtes Ziel der Partnerschule, solche Modelle mit dem jeweiligen Paar zu erarbeiten.

10.4 Klärungsperspektive

Der Wirkfaktor der Klärungsperspektive beinhaltet, dass sich der Klient über die Bedeutung seines Erlebens und seines Verhaltens im Hinblick auf seine bewussten und unbewussten Ziele und Werte klarer wird. Es geht um eine Explikation impliziter Bedeutungen und um ein Aufspüren der alten Quellen für heutiges Verhalten, Denken, Fühlen und Wollen.

Beispielsweise lernen Klienten zu unterscheiden, ob ihre augenblickliche Wut gegenüber dem Ehepartner oder den Kindern einem vorliegenden Anlass angemessen ist oder ob diese Wut noch aus Kindertagen stammt. Die Betrachtung der individuellen Lerngeschichte wird von *Fiedler* (1994) nahegelegt. Er fasst „problematische" Verhaltensweisen als einmal erworbene Kompetenzen auf, um auf psychosoziale Anforderungen, einschneidende Lebensereignisse oder zwischenmenschliche Krisen zu reagieren. Sie lassen sich als Teil eines Bemühens begreifen, gegenüber diesen Belastungen und Krisen zu bestehen und/oder die eigene Vulnerabilität zu schützen. Bei der Eskalation interpersoneller Konflikte und Krisen wird oftmals auf diese Verhaltensweisen zurückgegriffen. Das Problem besteht dann besonders darin, dass diese Verhaltensweisen (etwa Trotz, sozialer Rückzug oder aggressive Abwehr sozialer Anforderungen) für die Bezugspersonen gar nicht als Vulnerabilitätsschutz verstehbar sind, sondern als Verletzung interpersoneller Umgangsformen interpretiert werden.

Betrachtet man also die „Störung" eines Menschen unter diesem Aspekt, bekommt sie ein ganz neues Gewicht. Durch ihre Deutung als eine früh erworbene Kompetenz zur Lebensbewältigung des Klienten ist sie ein Anknüpfungspunkt, diesem Mut zu machen und an seine Fähigkeit zu glauben, auch heute wieder die notwendigen Kompetenzen für sein Leben zu lernen.

Durch solche Klärungsarbeit werden also Bedeutungen verändert, in denen sich der einzelne Partner im Verhältnis zu sich selbst und seiner Umwelt erfährt. Diese Klärung alter, in die Beziehung mitgebrachter, störender Beziehungsmuster ermöglicht oftmals erst ein Erlernen von beziehungskompetentem Verhalten.

Zusammenfassung

Die Partnerschule orientiert sich in ihrem therapeutischen Handlungsmodell am theoretischen Wissensstand empirischer Psychologie und Pädagogik. Deshalb sind die vier Elemente Ressourcenaktivierung, Problemaktualisierung, aktive Hilfe zur Problembewältigung und Klärungsperspektive Basis für die Vorgehensweise. Außerdem kommt der methodischen Anlage als Beratung in und mit Gruppen zentrale Bedeutung zu.

11. Wissenschaftliche Fundamente

Wenn man Paare fragt, warum sie es im Miteinander nicht mehr aushalten, warum sie sich trennen wollen, können sie in der Regel konkrete Gründe nicht benennen. Wenn auch in 69 Prozent der Fälle eine sexuelle Außenbeziehung als der Tropfen bezeichnet wird, der das Fass zum Überlaufen brachte und zur Trennung führte (*Rottleuthner-Lutter* 1992), so ist doch dieses Fass irgendwie anders voll geworden.

Da, wie zuvor dargelegt wurde (Kap. 8), Wahrnehmung von Realität, Störungen im Miteinander, negative Emotionen füreinander oftmals in impliziten – also nicht mit Bewusstheit versehenen – Beziehungsregeln wurzeln, gilt es, im Prozess der Beratung vielfältige Gelegenheiten zu bieten, damit Störungen, Wahrnehmungen, Emotionen, implizite Verhaltensmuster aktualisiert werden können. Denn diese machen nach *Epstein* (1991) das implizite Selbst aus. *Epstein* konzipiert das Selbst als „persönliche Realitätstheorie". Damit ist *nicht* das Bild gemeint, das ein Individuum von sich selbst hat. Denn das Selbstbild ist für *Epstein* ein Teil der Konzepte eines Menschen über sich und wird aus verfügbaren Gedächtnisinhalten hergestellt. Das *implizite Selbst dagegen ist diesem Selbstbild vorgeordnet,* und wenn dessen Veränderung gelingt, dann verändert sich auch das Erleben und Verhalten und infolgedessen auch das bewusste Selbstbild. Insofern ist es primäre Aufgabe einer Therapie, sich auf die Veränderung dieses impliziten Selbst zu zentrieren. Klienten müssen also im Rahmen der Beratung Gelegenheit erhalten, dieses implizite Selbst, das aus emotional bedeutsamen Lebenserfahrungen abgeleitet wird, zu verändern.

Dazu ist es zunächst notwendig, die gezielte Aufmerksamkeit der Klienten auf Wahrnehmung von Realität, Störungen im Miteinander, negative Emotionen zu lenken. So werden die dahinter liegenden impliziten Regeln dem Kurzzeitgedächtnis und, über eine Speicherung im Langzeitgedächtnis, der bewussten Steuerung und Veränderung zugänglich gemacht. Dadurch werden die Klienten immer mehr zu Fachleuten ihrer Störungen, können Bewertungen, die hinter negativen Emotionen stecken, verändern. Darüber hinaus ist es erforderlich, dass sie Kompetenzen erwerben, die für die Gestaltung einer Beziehung förderlich sind. Sie beginnen so, die Störungen im Miteinander zu klären und neues Verhalten zu lernen, so dass sich ihr Miteinander zum Guten wendet und sie somit für gute Gefühle selbst Sorge tragen (*Csikszentmihalyi* 2004).

Um diese Ziele im Rahmen der Beratung zu erreichen, werden die nachfolgend dargestellten psychologischen, soziologischen und pädagogischen Annahmen, Schulen und Techniken zur Grundlage der Partnerschule. Ferner werden Probleme des Zusammenlebens als natürliche Erscheinungsformen im Sinne der Chaos-Theorie (vgl. auch Kap. 9.2) definiert.

11.1 Psychologische und pädagogische Vorgehensweisen

Im Rahmen der Partnerschule kommen mehrere psychologische Schulen, deren Menschenbild und deren Techniken, synergetisch zum Tragen. Ziel ist es dabei, das Beratungsgeschehen aus verschiedenen Perspektiven zu betrachten und zu handhaben. Darüber hinaus bietet der aktuelle Wissensstand zu den neurobiologischen Grundlagen psychischer Prozesse (*Grawe* 2004) Orientierung. Da Ratsuchende insbesondere auch im impliziten Modus lernen – also weit über die explizite sprachliche Kommunikation hinaus –, müssen sie hier positive Erfahrungen im Sinne ihrer Grundbedürfnisse machen.

In der Regel sind sie sehr verzweifelt über die Art ihres Miteinanders, können die Ursachen ihrer Schmerzen nicht benennen und haben auch kaum eine Vorstellung davon, wie *genau* es anders aussehen soll miteinander. Der Schritt in eine Eheberatung ist ihnen nicht leicht gefallen. Ganz im Sinne des Bedürfnisses nach Bindung – wie ein Kind sich jemandem zuwendet, der das Leben besser meistern kann als es selbst – suchen sie in der Beraterin genau eine solche Person. Sie haben die Erwartung, dass diese ihr Problem versteht, Wege daraus mit ihnen gehen kann und sich mit vollem Engagement für sie einsetzt. Wenn sie dann in der ersten Stunde der Beratung die Erfahrung machen, dass sie auf einen solchen Menschen gestoßen sind, der in ihnen die berechtigte Hoffnung aufkommen lässt, ihre Probleme miteinander zu verstehen, wird ihr Grundbedürfnis nach Orientierung und Kontrolle befriedigt. Wenn sie dann auch noch danach gefragt werden, was außer ihren Schwierigkeiten alles *gut* miteinander läuft, was jeder unabhängig vom anderen *kann,* dann machen sie Erfahrungen der Selbstwerterhöhung, ohne dass über diese drei Bedürfnisse je ein Wort verloren worden ist. Und fällt ihre gut-schlecht-Bewertung (Befriedigung des Bedürfnisses nach Lustgewinn und Unlustvermeidung) nach der ersten Sitzung positiv aus, sind sie motiviert, sich auf den Prozess einzulassen. – Erfahrungen auf dieser Ebene sind mit folgenden Haltungen und Vorgehensweisen gut zu ermöglichen.

Grundsätzlich kann man drei Bereiche unterscheiden:

- → Die zugrunde liegende Haltung zum Klienten sieht im Individuum eine ständige Tendenz nach Entwicklung und Realisierung der eigenen Fähigkeiten und orientiert sich an der humanistischen Theorie (*Rogers* 1972).
- → Als klärungsorientierte Vorgehensweise wird auf die Ergebnisse der Bindungsforschung (*Bowlby* 1976; *Grossmann* & *Grossmann* 2004) und auf die Vorstellung von der *Störung als Kompetenz* rekurriert (*Mentzos* 1984; *Fiedler* 1996). Hier geht es darum, die Grundmuster des heutigen dysfunktionalen Verhaltens aus seinem lebensgeschichtlichen Kontext heraus zu verstehen und Lernprozesse für ein angemesseneres Verhalten zu initiieren. Um diesen Lernprozess auszulösen, werden vielfältige Möglichkeiten gegeben, störendes Verhalten zu aktualisieren. Wenn sich dieses Verhalten zeigt, wird versucht, es auf der Prozessebene zu verstehen, sei-

ne lebensgeschichtlichen Quellen zu eruieren. Durch das Bewusstmachen dieses Verhaltens im Kurzzeitgedächtnis wird es dem Langzeitgedächtnis und somit einem bewussten Umgehen damit zugänglich gemacht.

- Bei der konkreten Bewältigung der vorhandenen Probleme und zum Aufbau von Beziehungskompetenzen kommen vielfältige Methoden der Verhaltenstherapie zum Tragen. „Verhaltenstherapie“ ist ein Sammelbegriff für eine heterogene Gruppe therapeutischer Methoden, die auf einem gemeinsamen Hintergrund aufbauen. Grundkonzept der Verhaltenstherapie ist die Annahme, dass Verhalten erlernt wird. In der Beratung geht es dabei um die Modifikation von Verhalten. Ferner werden physiologisch-organische sowie verdeckte Reaktionen (Kognitionen, Emotionen) in das therapeutische Veränderungsbemühen einbezogen. Vergangene Reaktionen werden dann einbezogen, wenn sie für die Aufrechterhaltung momentaner Reaktionen von Relevanz sind. Im Vordergrund der Therapie stehen übende Verfahren.

Diese Bereiche fließen zu einem integrativen paartherapeutischen Modell, der Partnerschule zusammen. Schon *Lazarus* (1978) empfahl dieses schulenübergreifende Vorgehen in seinem Buch „Verhaltenstherapie im Übergang – Breitbandmethode für die Praxis“. Für ihn sind die wichtigsten Eigenschaften einer effektiven Therapeutin die Beweglichkeit und Vielseitigkeit, die die Fähigkeit einschließen, „viele Rollen zu spielen und viele Techniken anzuwenden, um die Therapie nach den Bedürfnissen und Idiosynkrasien jedes Patienten auszurichten“ (a.a.O., S. 35). Ziel ist dabei, wirksames Copingverhalten in den verschiedensten Lebenssituationen des Einzelnen und des Paares aufzubauen oder zu unterstützen.

Eine integrative Vorgehensweise wird durch die vorliegenden empirischen Untersuchungen zur therapeutischen Wirksamkeit, die ein breit angelegtes und flexibles therapeutisches Vorgehen nahe legen, bestätigt (*Grawe* et al. 1994). Abzugrenzen gilt es sich allerdings vom Synkretismus, d.h. der unkritischen und unsystematischen Kombination von Auffassungen und Methoden unterschiedlichster Herkunft (*Norcross* 1995). *Eysenck* bezeichnete Synkretismus als „theoretischen Mischmasch und methodisches Durcheinander“ ohne jede Grundlage und jeden empirischen Nachweis (1970, 145).

Die Klientenbezogene Gesprächspsychotherapie

Das Basisverhalten, die innere Einstellung der Beraterin zum Klienten beruht auf der von *Rogers* (1942/1972) begründeten Klienten bezogenen Gesprächspsychotherapie. Für *Rogers* zielt diese Therapieform auf die Entwicklung der Fähigkeit, menschliche Beziehungen eigenverantwortlich zu gestalten, weil sich heute der Einzelne nicht mehr vornehmlich auf die Bräuche und Traditionen seiner Gesellschaft verlassen kann. Dadurch verunsichert, entdeckt er viele der grundlegenden Probleme in sich selbst. Der moderne Mensch ist herausgefordert, Fragen und Probleme allein auf sich gestellt zu lösen.

Die Notwendigkeit, sein Leben selbstbestimmt in die Hand zu nehmen, scheint aber manche Menschen zu überfordern. Für die beraterische Arbeit bedeutet das, dass der Klient die Fähigkeit zur Selbstbestimmung aus dem Vertrauen in sich selbst vielfach erst entwickeln bzw. entdecken muss. Voraussetzung dafür ist, dass die Beraterin Vertrauen in die Fähigkeit des Individuums hat, seine Probleme selbst zu lösen, und dass sie z.B. dessen Recht auf Selbstlenkung achtet. Dieses Vertrauen ist genährt aus dem „grundlegenden Vertrauen in die sich vorwärts bewegenden Tendenzen im menschlichen Organismus" (*Rogers* 1972, 47). *Rogers* geht sogar soweit, dass nach seiner Vorstellung die Therapeutin *jede* Möglichkeit und jede Richtung des Individuums als Kapazität zur konstruktiven Handlung erkennt. „Wenn er ganz damit einverstanden ist, dass unter Umständen auch der Tod gewählt wird, dann wird das Leben gewählt werden; wenn die Neurose ebenfalls zur Wahl steht, dann wird die gesunde Normalität gewählt" (a.a.O., S. 59).

Für die Paartherapie bedeutet diese Aussage, dass die Beraterin für jede Entwicklung des Paares, also auch für den Tod der Beziehung, offen sein muss. Paradoxerweise mobilisiert diese Offenheit oftmals die von Rogers beschriebenen Tendenzen, das Leben, d.h. hier den Fortbestand der Beziehung, zu wählen.

Damit das Vertrauen in die eigenen Selbstheilungskräfte auch vom Klienten entwickelt wird, konzentriert sich die Beraterin (statt auf diagnostischen Scharfsinn und professionelle Wertbestimmung) nur auf ein Ziel: „... zu tiefem Verstehen und zur Akzeptierung der Einstellungen zu gelangen, die der Klient in dem Augenblick bewusst einnimmt, in dem er Schritt für Schritt in das gefährliche Gebiet eindringt, das er bislang seinem Bewusstsein gegenüber geleugnet hat" (*Rogers* 1972, 43).

Dieses Verstehen und dieses Akzeptieren bewirken im Klienten eine Änderung seiner Einstellung zu sich selbst in Richtung größerer Akzeptanz und zu mehr Mut, seine Probleme mit den ihm zur Verfügung stehenden Mitteln zu lösen. Für ein Paar bedeutet es, dass Endlosschleifen von projektiven Vorwürfen unterbrochen werden, d.h. die Partner hören damit auf, dasjenige, was sie an sich selbst nicht mögen, besonders vehement dem anderen zum Vorwurf zu machen. „Das Wesentliche scheint zu sein, dass das Individuum sich auf drei generelle Arten verändert. Es nimmt sich als adäquatere Person mit mehr Wert und mehr Möglichkeit, dem Leben zu begegnen, wahr. Es lässt mehr Erfahrungstatbestände in das Bewusstsein dringen und gelangt so zu einer realistischeren Bewertung seiner selbst, seiner Beziehungen und seiner Umgebung. Es neigt dazu, die Grundlage für seine Maßstäbe in sich selbst zu legen und erkennt, dass »Gutsein« oder »Schlechtsein« einer Erfahrung oder eines wahrgenommenen Objektes nichts ist, was dem Objekt innewohnt, sondern ein Wert ist, den es, das Individuum selbst, ihm beimisst" (*Rogers* 1972, 137).

Hinsichtlich dessen, was „Liebe" ist (und dies ist ja für Paare ein zentraler Wert), meint *Rogers*, abgeleitet aus der Haltung der Therapeutin: „‚Geliebt' hat hier vielleicht seine tiefste und allgemeinste Bedeutung – nämlich die, tief verstanden und tief akzeptiert zu werden" (a.a.O., S. 154). In der Therapie mit Paaren wird es oftmals eine fundamentale neue Erfahrung für die Klienten, wenn die Beraterin scheinbare „Fehltritte" eines Partners nicht verurteilt, sondern sie als Ausdruck eines inneren Entwicklungsprozesses und in Beziehung auf die Dynamik des Paares zu verstehen sucht. Als Folge entwickeln die Partner im Laufe der Zeit ein geändertes Bild von dem, was sie als „Liebe" bezeichnen.

Zusammenfassung

Die offene, akzeptierende Haltung, wie sie von *Rogers* beschrieben wurde, bildet die Grundhaltung der Beraterin. In diese Haltung bezieht sie auch andere Techniken und Schulen integrierend ein und verwendet sie im Sinne der Entwicklung des Einzelnen und des Paares.

Erkenntnisse aus der Bindungsforschung

Wegen der existenziellen Abhängigkeit von ihren Eltern bringen Kinder von Natur aus die außerordentliche Fähigkeit mit, sich an die familiäre Situation anzupassen. Kinder sind bereit, alles zu tun und auf alles zu verzichten, selbst auf das, was eigentlich entwicklungsmäßig ansteht, um die elterliche Bindung zu erhalten. Hilfreich für Ratsuchende ist es, böse Erfahrungen aus Kindertagen auch unter einem ganz anderen Aspekt zu beleuchten, dem der Kompetenz. Das heißt, dass sie sich in ganz verrückten, ausweglosen Situationen Fähigkeiten erworben haben, die ihnen das Überleben gesichert haben!

Denn eine zu strenge Erziehung und die permanente Erfahrung, es den Eltern nie recht machen zu können (vgl. Kap. 4 sowie *Saßmann* & *Klann* 2002), sind zentrale Ursachen für Störungen in aktuellen Beziehungen. So resümierte *Bowlby* hinsichtlich der Ergebnisse der Bindungsforschung: „Der Kern meiner Aussage ist, dass eine enge und kausale Beziehung besteht zwischen den Erfahrungen eines Individuums mit seinen Eltern und seiner späteren Fähigkeit, emotionale Bindungen einzugehen" (1979, 135).

Nach mittlerweile mehr als 300 Interviews, die ich zur Beziehungsgeschichte der ratsuchenden Paare mit Hilfe des PIB durchgeführt habe (*Saßmann* 2001) und anhand der Berichte über Kindheitserlebnisse, die im Basisseminar (Kap. 14.2) durch eine hypnoide Trance hervorgerufen werden, kann ich sagen, dass ca. 70 Prozent der Ratsuchenden über eine schwere Kindheit bis hin zu Traumatisierungen in der familiären Situation berichten. Solche Kindheitserlebnisse sind beispielsweise gekennzeichnet von verunsichernden Erfahrungen bezüglich der Zuverlässigkeit von Bindungen, von Ängsten vor dem Verlust von Beziehungspersonen oder tatsächlich erlittenen Verlusten (z.B. durch Trennung und Scheidung), von hohem Anpassungsdruck an die Bedürfnisse oder die Gebote anderer, einer starken Zurückstellung eigener Bedürfnisse und auch Erfahrungen von Gewalt und sexuellem oder emotionalem Missbrauch.

Insbesondere die Bindungsforschung (*Grossmann* & *Grossmann* 2004) hat die frühen Erfahrungen im Kindesalter und deren Folgen für die Gestaltung von Beziehungen im Erwachsenenalter untersucht: „Bei der Entwicklung zur Verstrickung der Bindungsrepräsentation oder, wenn man das Gegenteil betrachtet, zu einer reflektierten, kohärenten und relativ objektiven Bindungsrepräsentation, die trotz negativer Erfahrungen Bindungen wertschätzt, spielte das voneinander abhängige Verhalten der Eltern (der statistische Interaktionseffekt) eine wesentlich größere Rolle (21 Prozent) als jeweils die direkten Einflüsse (jeweils 9 Prozent). Die Klarheit und Autonomie des Modells von Bindungen stammt demnach nicht nur aus direkten Interaktionen mit dem jeweiligen Elternteil, sondern offenkundig vor allem daher, wie Eltern einander beeinflussen und in dieser Wechselseitigkeit das Kind behandeln. Aus dem Verhalten beider Eltern während der mittleren Kindheit ließ sich klar (zu 41 Prozent) vorhersagen, ob das Kind später eine verstrickte Bindungsrepräsentation haben würde“ (a.a.O., S. 567-568).

Bei einer verstrickten Bindungsrepräsentation ist das innere Bild, mit dem sich jemand in Beziehungen zu vertrauten Menschen erlebt, überwältigend, chaotisch, undurchsichtig und unzuverlässig. In solch nahen Beziehungen wird eher ein Gefühl von großer eigener Hilflosigkeit erzeugt, die verbunden ist mit nie endenden Enttäuschungen über die Unzuverlässigkeit der erwarteten Zuwendung.

So haben also die frühen Beziehungserfahrungen *heute* Auswirkungen auf die Gestaltung von interaktionellen Kontexten, auf das Empfinden von Atmosphären oder Stimmungen, die immer wieder Konflikte auslösen, ohne dass die Beteiligten diese einordnen oder verstehen könnten. Durch eine offene Atmosphäre in der Beratung, durch eine Vielzahl an erlebnisorientierten Übungen werden dem Einzelnen und dem Paar Möglichkeiten geboten, diese Störungen in Anwesenheit der Beraterin zu aktualisieren. Solches Aktualisieren ist wichtig, um aus der Außenperspektive der Therapeutin (und anwesender Gruppenmitglieder) auf der Prozessebene festzustellen, was genau zwischen den Partnern abläuft und wo die Hintergründe für das dysfunktionale Verhalten und Erleben liegen können. Da dieses in der Regel dem impliziten Beziehungsmuster der Klienten zuzurechnen ist – im Grunde will niemand den Partner verletzen oder ihn schädigen – muss Raum gegeben werden, gerade dieses Verhalten zu aktualisieren.

Um solche Szenen zu verstehen und zu klären, wird auf ein Verständnis von Störung als einer einmal erworbenen Lebenskompetenz zurückgegriffen, um diese dann einer Neubewertung zu unterziehen.

Aus psychoanalytischer Sicht weist *Mentzos* (1984) darauf hin, dysfunktionales Verhalten immer in seinem ursprünglichen Lernzusammenhang zu sehen: „Eine der Hauptthesen dieser Einführung in die psychoanalytische Neurosenlehre ist die Auffassung, dass das Neurotische nur ein (unter ungünstigen Bedingungen fast zwangsläufig) abgewandeltes „Normales“ ist; dass neurotische Abwehrvorgänge, neurotische Symptome und Charaktere also zwar verfehlte, aber trotz allem oft respektable, adaptive Ich-Leistungen sind. Weder die neurotisch verfestigten Konflikte noch die neurotischen Modi ihrer Verarbeitung sind „vom Himmel gefallen". Die Ersten entstehen aus der rigiden Polarisierung normaler, obligatorisch vorkommender Entwicklungskonflikte; die Zweiten entwickeln sich aus regelrechten Ich-Funktionen und Bewältigungsmechanismen" (S. 19).

Die Betrachtung der individuellen Lerngeschichte wird auch von *Fiedler* (1994) nahe gelegt. Er fasst „problematische" Verhaltensweisen als einmal erworbene Kompetenzen auf, mit Hilfe derer auf psychosoziale Anforderungen, einschneidende Lebensereignisse oder zwischenmenschliche Krisen reagiert wurde. Sie lassen sich als Teil eines Bemühens begreifen, gegenüber diesen Belastungen und Krisen zu bestehen und/oder die eigene Vulnerabilität zu schützen. Bei der Eskalation interpersoneller Konflikte und Krisen wird oftmals auf diese Verhaltensweisen zurückgegriffen. Das Problem besteht dann besonders darin, dass solche Verhaltensweisen (etwa Trotz, sozialer Rückzug oder aggressive Abwehr sozialer Anforderungen) für die Bezugspersonen gar nicht als Vulnerabilitätsschutz verstehbar sind, sondern als Verletzung „normaler" interpersoneller Umgangsformen interpretiert werden.

Betrachtet man die „Störung" eines Menschen unter diesem Aspekt, dann bekommt sie ein ganz neues Gewicht. Durch ihre Deutung als eine früh erworbene Kompetenz zur Lebensbewältigung des Ratsuchenden wird sie ein Anknüpfungspunkt, ihm Mut zu machen und an seine Fähigkeit zu glauben, auch heute wieder die notwendigen Kompetenzen für sein Leben, auch in einer Partnerschaft, zu lernen.

Wenn die Partner dysfunktionales Verhalten des anderen erleben, benennen sie es oftmals folgendermaßen: „Du verhältst dich wie ein drittes Kind!" oder „Deinen dauernden Trotz könntest du von deiner Tochter abgeschaut haben!" Solche Phänomene lassen sich als Reaktivierung eines „inneren Kindes" (*Orth* & *Petzold* 1993) beschreiben, die, je nach Alter der Reaktivierung, unterschiedliche Ausprägungen annehmen können. Bei Konfliktpaaren ist vielfach zu beobachten, dass der eine Partner über das „kindische Verhalten" des anderen ärgerlich ist, während jener es weit von sich weist, sich in dieser Weise zu verhalten. Dann wird der Konflikt auf der Ebene der Verunglimpfung, des Ärgers und der Missverständnisse ausgetragen.

Aufgabe der Beraterin ist es, den „Störenfried" auf dem Hintergrund des jeweiligen „inneren Kindes" zu verstehen. Sie wird das heutige dysfunktionale Verhalten und Erleben in seinem frühen Kontext interpretieren und als frühere Kompetenz deuten, die heute allerdings nicht mehr passend ist, da sich ja der Kontext geändert hat. Für Ratsuchende klärt sich dann immer mehr, wie prävalent pathogene Szenen sich in ihrer Paarbeziehung aktivieren können. Die Betroffenen verstehen diesen Vorgang in der Regel sehr gut, sie können sich dadurch langsam aus den Verstrickungen miteinander lösen. Z.B. merkt ein Partner, dass der „Trotz" des anderen nicht ihm gilt, sondern dass er selbst „nur" Auslöser für den Trotz wurde, der ursprünglich einmal dem Vater des Partners gegolten hat.

Solches „Erkennen" – der Weg *Freuds* in der klassischen Psychoanalyse – reicht aber allein nicht aus. Es ist ebenso wichtig, *„Nachnährungsprozesse"*, „reparentage" (*Iljine* 1942) bzw. „parentage" (*Petzold* 1993) zu initiieren. In diesen Prozessen begegnet die Beraterin dem Klienten, seinem gerade aktivierten „inneren Kind" in der Rolle des „guten Vaters", der „guten Mutter" – also einer kompetenten Bindungsperson – durch wohlwollende Blicke, gute Worte, tröstende Hände. Es geht für den Klienten um die Erfahrung eines „sozioemotionalen Mikroklimas", in dem einem einstmals erlebtem Mangel ein Angebot entgegengesetzt wird, das das Fehlende ergänzt, auffüllt, zumindest aber teilweise kompensiert oder substituiert (*Petzold* 1993).

In der Paarbeziehung geschieht dies häufig unbewusst und intuitiv, indem ein Partner dem anderen in die Regression mit eigener Regression folgt. Partner steigen in das Kinderland des Partners herab, um emphatisch erfassen zu können, was der andere braucht. Es besteht dann allerdings die Gefahr, dass die Fähigkeit und Kompetenz des Erwachsenen verloren geht und symbiotische Konfusion eintritt. Da einem solchen gegenseitigen „parentage" und „reparentage" durchaus ein wichtiger Platz im Miteinander eines Paares zukommt, gilt es, dies als bewusstes, zielgerichtetes Handeln aneinander zu lernen. So wird es annäherungsweise möglich, „alte" Sehnsüchte aus Kindertagen nach Angenommensein, Wahrgenommenwerden, Berührtwerden etc. zu stillen.

Wenn man Klienten die Funktionsweise des impliziten Modus und seine Bedeutung für das Miteinander nahe bringen will, bietet der szenentheoretische Ansatz von *Petzold* (1993) ein plausibles Modell. Nach diesem Konzept wird die Lebenswelt als eine Bühne angesehen, auf der alle Ereignisse als „Theaterstücke" inszeniert werden. „The whole life is a stage" (*Shakespeare, Macbeth,* 5. Akt). Die erlebten Szenen und Ereignisse mit den dazugehörigen Atmosphären werden zu einer „Struktur" (einer Gestalt) kondensiert, die sich im Lebenskontinuum eines Menschen an unterschiedlichen Orten homolog reinszeniert.

Dazu ein Beispiel: Genau so, wie eine Ehefrau ihren Vater wahrgenommen hat, nämlich schlapp und unzuverlässig, nimmt sie auch „Männer", mit denen sie eine nähere Beziehung hat, wahr. Diese spezifische Art der Wahrnehmung (ihr Schema für Männer) ist die Quelle der dauernden Auseinandersetzungen mit ihrem Ehemann. Sie inszeniert unbewusst auf der Lebensbühne ihr Drama. Dadurch, dass dies der Klientin durch die prozessuale Aktivierung im Rollenspiel deutlich wird, begreift sie, wie sie ihr eigenes Vaterbild mit anderen Menschen reinszeniert. Ebenso kann sie dann im Rollenspiel – evtl. durch das Vormachen anderer Gruppenmitglieder – neues Verhalten lernen. Das kann mit der Zeit bewirken, dass sie ihr Beziehungsschema Männern gegenüber verändert.

Erklärungsansätze dafür, dass manche Menschen trotz Katastrophen, Familienstreit oder psychopathologischen Eltern einen Ausweg aus diesen Widrigkeiten fanden und als Erwachsene ein positiv angepasstes Leben führen konnten, fanden Langzeitforscher in folgenden Bedingungen: Diese Menschen suchten hilfsbereite andere Menschen aktiv auf, die ihnen halfen, konstruktiv mit dem Problem umzugehen und die vor allem ihre Bemühungen und ihre vorhandenen Kompetenzen dabei anerkannten und verstärkten. Insbesondere aber bekamen sie Hilfe beim Verstehen ihrer Gefühle und Motive und beim Finden angemessener Lösungen. Sie lernten, ihre Erfahrungen realistisch zu interpretieren und entsprechend zielstrebig und zielkorrigiert partnerschaftlich zu handeln (*Großmann* & *Großmann* 2004, 587).

Elemente der Gestalttherapie

Techniken und Vorstellungsweisen der Gestalttherapie bieten von ihrem Ansatz her Möglichkeiten, implizite Modi durch Richten der Aufmerksamkeit auf das Hier und Jetzt bewusst zu machen. Denn die Gestalttherapie ist ihrem Charakter nach experimentell, sie richtet sich auf die augenblickliche, persönliche Erfahrung des Klienten. Seine Erfahrung und die der Beraterin stehen im Mittelpunkt, mit dem Ziel, dass dem Einzelnen in einem Paar bewusst wird, was er jetzt tut und *wie* er etwas tut und welche Auswirkungen das im Miteinander hat (*Zinker* 1997).

So könnte die Beraterin z.B. einem Klienten zurückmelden: „Wenn Sie mit Ihrem Partner reden, schauen Sie ihn gar nicht an. Merken Sie das selber?" Ziel des Bewusstwerdens dieser Interaktion ist nicht ein erzieherischer Aspekt nach dem Motto: „Eigentlich sollten Sie aber Ihren Partner anschauen", sondern ein Wechsel in die Reflexion der Prozessebene. Durch dieses Verdeutlichen kann der Klient sich dann dahinter liegender Strukturen bewusst werden. So könnte er z.B. antworten: „Ich schaue eigentlich nie jemanden an, wenn ich mit ihm spreche." Ein nächster, klärungsorientierter Schritt wäre dann, gemeinsam die Quellen zu suchen, wo dieses Verhalten entstanden ist. Der Klient könnte sich erinnern: „Wenn meine Eltern mit mir sprachen, hatte ich immer Angst, etwas falsch gemacht zu haben." Aufgrund dieses Bewusstwerdens ist in der Folge Lernen neuen Verhaltens leichter möglich. Der Klient könnte feststellen: „Ja, wenn ich nun meinen Partner anschaue, merke ich, dass das ja gar nicht Vater oder Mutter ist, und ich brauche auch kein schlechtes Gewissen zu haben, weil ich mein Tun selbst verantworten kann."

Dieses zunehmende Bewusstwerden bezieht sich auf die Gesamtheit der Bedürfnisse eines Menschen. In einem Paar ermöglicht es, ehrlicher und authentischer miteinander umzugehen, z.B.: „Ich kann dir jetzt noch nicht zuhören, da ich von der Arbeit ganz geschafft bin, aber in einer Stunde habe ich mich erholt, und dann kannst du mir von den Problemen mit den Nachbarn erzählen." So spürt ein Partner seine Müdigkeit und teilt es offen mit, statt sich noch „Mühe zu geben" und doch nicht mehr mit voller Aufmerksamkeit während einer Problemschilderung innerlich dabei zu sein. Denn solche Situationen enden dann oftmals mit der enttäuschten Feststellung des Partners: „Du hörst mir auch nie richtig zu!"

Als weiteres wichtiges Element aus der Gestalttherapie kommt das Wahrnehmen von Kontakt und Grenze zur Anwendung. Alle Beziehungen, besonders die eines zusammenlebenden Paares, sind auf Kontakt und Nähe angewiesen. Dieser Kontakt ist aber nur dann erfahrbar, wenn auch Grenze erfahrbar ist. Denn an der Grenze, etwa wenn zwei sich berühren, spüren sie sich selbst und den anderen.

So ist zu beobachten, dass ein Partner sich oftmals nichts sehnlicher wünscht als ein klares: „Nein, das will ich nicht", weil er nicht weiß, wo er mit dem anderen „dran" ist. Oder ein Partner hält dem anderen vor, was er noch alles im Haushalt und Garten tun könne. Dieser dagegen müht sich doch so ab, tut alles, es dem anderen recht zu machen. In dieser Situation kann die Beraterin sich z.B. hinter den „überforderten" Partner stellen und, statt sein dauerndes Bemühen zu dokumentieren, jetzt etwa deutlich sagen: „Mir reichen deine Forderungen. Da ich es dir ja doch nie recht machen kann, tue ich nur noch das, was ich will und das ist für mich gut, wie ich es mache, wie ich z.B. den Teppich sauge." So zeigt er seine Grenzen auf: „Bis hierher und nicht weiter." Die Erfahrung zeigt, dass der fordernde Partner in der Regel über diese Reaktion befriedigt ist. Es scheint, dass er sich nach klaren Grenzen gesehnt hat.

Schließlich ist für die klärungsorientierte Vorgehensweise noch das Element der Gestaltwerdung wichtig. Damit ist das Streben danach gemeint, etwas nicht Vollendetes, eine „offene Gestalt" (*Perls* 1980) zu vollenden, zu schließen.

So verstand eine Frau nicht ihr tiefes Hingezogensein zu einem aidskranken Menschen, trotz der Gefahr, beim ungeschützten Geschlechtsverkehr selbst infiziert zu werden. Auf die Frage, an was sie das augenblickliche Gefühl erinnere, fiel ihr Folgendes ein: Als sie sieben Jahre alt war, starb ganz plötzlich in ihrer Anwesenheit ihr Vater. Sie hatte eine sehr enge Beziehung zu ihm, denn der Vater hatte sie vor den Wutausbrüchen der Mutter bisher immer geschützt. Die hinzugezogene Krankenschwester gab ihr in der damaligen Situation den „Auftrag": „Jetzt *musst* du dich um deine Mutter kümmern!" Auf dem Hintergrund der Theorie der „offenen Gestalt" kann man vermuten, dass sie die plötzliche tödliche Erfahrung mit ihrem Vater „langsamer" wiederholen möchte.

Deutlich wird an diesem Beispiel noch ein weiteres Prinzip, das des „Figur-Hintergrundmodells". Im Vordergrund steht die unerklärliche Hingezogenheit zum Freund, im Hintergrund das plötzliche Verlassenwerden durch den Vater. In der therapeutischen Arbeit gilt es, diese Emotionen im Hintergrund, die Wut und Trauer über das Verlassen worden sein, kennenzulernen, um den verdrängten Gefühlen endlich Raum zu geben. Dadurch wird ein Schließen dieser Gestalt, ein Beenden der alten unverarbeiteten Szene möglich. Wenn das geschieht, lässt sich vermuten, dass auch die Vordergrundszene, das Hingezogensein zu dem Freund, sich verändern kann.

Elemente des Psychodramas

Eine weitere Möglichkeit, um intrapsychische Vorgänge sowie extrapsychische Beziehungen und Interaktionen zu verstehen und zu bearbeiten, ist deren szenische Darstellung im von *Moreno* (1973) begründeten Psychodrama. Dabei werden die Konflikte des Einzelnen oder des Paares nicht nur verbalisiert, sondern auch in Szene gesetzt. Einmal Erlebtes oder Erfahrungen, „So erlebe ich meinen Alltag", oder auch in die Zukunft hinein Gedachtes, Phantasien, etwa „So würde ich gerne mit dir zusammenleben", werden im Spiel möglichst spontan und konkret dargestellt. In der Gruppe können einzelne Teilnehmer in die Rolle von Eltern, Geschwistern oder auch des eigenen Partners schlüpfen. So besteht die Möglichkeit, dass der Protagonist durch das Spiel mit verteilten Rollen hier und jetzt mit den Personen spricht, die sein Leben bestimmt haben. Es kann auch ein innerer Dialog der Hauptperson mit verteilten Rollen aufgeführt werden oder die Hauptperson spielt selbst verschiedene eigene Anteile. Z.B. wünschte sich ein Klient angesichts seiner vermeintlichen Misere nichts sehnlicher als den Tod. Er wurde aufgefordert, den Stuhl zu wechseln und hier den „Toten" zu spielen. Aus dieser Sichtweise heraus musste er plötzlich über seine „Misere" lachen.

Die Wahrnehmung von verschiedenen Rollen, auch der des Gegners oder Partners, dient, über das Erlebnis der Bewusstwerdung und Verarbeitung hinaus, auch dem Ausprobieren und Kennenlernen eigener Lebensmöglichkeiten. Bei diesem Ausprobieren handelt es sich um kreative Akte, die nach einer Definition *Morenos* bedeuten, dass der Mensch auf eine alte Situation in neuer Weise und auf eine neue Situation adäquat zu reagieren vermag (*Petzold* & *Orth* 1990).

Wenn der Klient in die Haut des Partners schlüpfen kann, wird er empfänglicher für die Gefühle des anderen. In der Gruppenarbeit kommen auch die Mitspieler und Zuschauer zu Selbst- und Du-Erfahrungen. In der Auswertung ist es deshalb wichtig, alle Gruppenmitglieder nicht nur darüber berichten zu lassen, was sie beim Protagonisten erlebt haben, sondern auch, was das Spiel in ihnen selbst bewegt hat.

Ferner ist es möglich, Ideen über sich selbst im Spiel einmal auszuprobieren, z.B. die Idee: „Ich habe Angst, meinem Partner meine Wünsche zu sagen." Genau das wird ausprobiert, „Wünsche zu sagen". Seitens der Beraterin wird genau hingeschaut, wie es ausprobiert wird, also wie Erfolg versprechend jemand seine Wünsche an den Partner richtet bzw. wie er vielleicht durch die Art, sie auszudrücken, eine Ablehnung inszeniert. In einer Gruppe ist es möglich, mit verschiedenen Partnern zu trainieren. Es ermöglicht das Einüben neuer Verhaltensmuster: „Das wünsche ich mir von dir." Durch den erlebten Erfolg: „So kann ich also mit meinem Partner reden" und durch das Bewusstmachen seitens der Beraterin bzw. des Partners und der Gruppenmitglieder wird neues, angemesseneres Verhalten gezielt verstärkt.

Elemente der Verhaltenstherapie

Oftmals hindern sich Klienten durch unangemessene Ängste an einem freien und selbstbestimmten Leben. So ließ sich z.B. ein Ehemann aus Angst vor der schimpfenden Ehefrau daran hindern, sich mit seinen Freunden zu einem Segeltörn zu verabreden. Oder er kann, falls er sich doch dazu durchgerungen hat mitzufahren, die Fahrt wegen seiner inneren Spannung nicht genießen. Oder aber er ist in der Zeit, während die anderen auf Reise sind, zu Hause mit seiner Frau mehr als unzufrieden. Um einen Zugang zu den sich widersprechenden Intentionen in ihm zu bekommen, sollte er zunächst in eine körperliche Entspannung kommen. Aus dieser heraus kann er seine Inkongruenzsignale wahrnehmen.

Danach ist es ihm vielleicht möglich festzustellen, dass er seine alten Ängste vor seiner schimpfenden Mutter auf seine Frau überträgt. Diese Erkenntnis allein reicht allerdings noch nicht aus, auch ein neues Körpergefühl zu entwickeln, sich seiner Spannung zu entledigen und angstfreier und selbstbestimmter zu leben. Hier sind verhaltenstherapeutische Techniken zur Bewältigung angezeigt.

Zentrales Verfahren zur Entspannung ist das Erlernen einer mit Angst nicht zu vereinbarenden Reaktion, wie der progressiven Muskelrelaxation nach *Jacobsen* (1938) oder Autogenes Training. Hier lernt der Klient, in einen entspannten Gesamtzustand zu kommen. Von dieser entspannten Ausgangslage her ist ihm neues Verhalten, etwa der Angst auslösenden Ehefrau gegenüber, möglich. Nachgewiesenermaßen sind die Fähigkeit und das Wissen, sich entspannen zu können, wichtig für den Erfolg der Verhaltensänderung (*Fliegel* et al. 1981).

Die Bedeutung der Entspannung für positive Veränderungseffekte innerhalb der Ehe hat auch *Gottman* (1995) beschrieben. In den letzten 20 Jahren untersuchte er in Langzeitstudien das kommunikative und physiologische Geschehen zwischen Ehepartnern. Er versuchte, die Unterschiede zwischen Paaren, die zusammenbleiben, und solchen, die sich trennen, herauszufinden. Insbesondere fiel ihm auf, dass Männer die Tendenz haben, physiologisch stärker auf Spannungen in der Ehe zu reagieren als Frauen. Beim Streit steigen Pulsschlag und Blutdruck beim Mann eher an als bei der Frau und bleiben länger auf einem hohen Niveau. Konfliktklärungen, so hat *Gottman* festgestellt, sind dann völlig unproduktiv und verschlimmern die eheliche Situation. Durch die erhöhte Pulsfrequenz setzt der Körper deutlich größere Mengen Adrenalin als gewöhnlich frei und löst damit eine panikhafte Kampf- oder Flucht-Stressreaktion aus, die es dann unmöglich macht aufzunehmen, was der Partner sagt. Grundvoraussetzung für eine positive Entwicklung des Miteinanders in der Partnerschaft ist für *Gottman* das Erlernen von Entspannungstechniken für den Einzelnen, wie etwa die Konzentration auf den Atem oder die progressive Muskelrelaxation. Ferner empfiehlt er destruktive Kognitionen, wie etwa: „Ich werde nie verzeihen und vergessen, was er (sie) gesagt und getan hat", durch solche, wie z.B.: „Es geht eigentlich nicht gegen mich" zu ersetzen (a.a.O., S. 223f).

Im Zusammenhang mit dem Thema Entspannung sind auch die Erkenntnisse neurowissenschaftlicher Forschung zu beachten. Alternative Verhaltensweisen, wie z.B. sich zu entspannen, sind häufig erst dann erlernbar, wenn „der Rahmen stimmt". Das heißt sowohl die Beziehung zur Beraterin als auch die Atmosphäre in der Gruppe muss sich durch Entspannung auszeichnen, so dass bei den Klienten nicht das Vermeidungssystem, sondern dass innere Annäherungssystem aktiviert ist (*Grawe* 2004).

Als weitere Technik bei der Behandlung von Ängsten ist die Reizkonfrontation zu nennen. Voraussetzung dafür ist allerdings, dass das Annäherungssystem aktiviert ist, andernfalls würden die alten Ängste nur neu aktiviert und neuronal verstärkt werden. Nachdem in der klärungsorientierten Arbeit die Angst vor früheren Personen deutlich wurde, lernt z.B. eine Klientin, sich zunächst in der Imagination diesen zu stellen. Der trinkende, prügelnde Vater, vor dem die Klientin, obwohl er schon lange tot ist, noch heute vor Angst zittert, wird in der Vorstellung auf einen leeren Stuhl gesetzt. Eine weitere Möglichkeit wäre im Rahmen der Gruppentherapie, dass die Teilnehmerin einen anderen Teilnehmer bittet, die Rolle des Vaters zu spielen. Im anschließenden psychodramatischen Rollenspiel beginnt die Konfrontation mit dem Angst auslösenden Reiz. Hier macht die Klientin die Erfahrung, dass sie die Situation ertragen kann, indem sie beginnt, sich mit dem Vater auseinanderzusetzen und indem sie spürt, dass unangenehme Folgen ausbleiben. Solange sie den Vater, der noch in ihr lebendig ist, meidet und vor ihm flieht, verfestigt sich ihre Angst. Dadurch, dass sie Wut und Ärger jetzt gegen den Vater – aus sich heraus – ausdrücken lernt, verringert sich ihre Angst immer mehr und zusätzlich verschwindet z.B. auch ihre unspezifische Wut gegenüber dem Ehemann.

Nach einer solchen Konfrontation ist es sinnvoll, nicht bei der Wut oder dem Ärger stehen zu bleiben, sondern sich *auch* seiner Sehnsüchte und Wünsche gegenüber diesem Elternteil bewusst zu werden. Das können beispielsweise Wünsche nach Nähe, Klarheit, Schutz usw. sein. Auch diese gilt es, in einem anschließenden Rollenspiel mit einer idealen Mutter oder einem idealen Vater in Szene zu setzen und sich jetzt als Erwachsener in Eigenverantwortung „Halt" oder „Nähe" zu holen. Dann klärt sich nicht nur die unspezifische Wut gegen den Partner, sondern es löst sich auch die Rollenkonfusion; so kann nach Auflösung der Übertragung immer mehr eine Beziehung zwischen zwei Erwachsenen auf gleicher Augenhöhe entstehen.

Mangel bzw. Unsicherheit in den Bereichen Selbstzuwendung, Selbstakzeptanz und Selbstvertrauen sind Belastungen für eine partnerschaftliche Beziehung. Sehr häufig wird der Partner mit Erwartungen an emotionaler Zuwendung nicht nur überfordert, sondern er macht darüber hinaus die Erfahrung, dass der „Eimer ein Loch hat". Er investiert und gibt, es ist aber nie genug. Deshalb ist Selbstsicherheit eine wichtige Fähigkeit im partnerschaftlichen Kontakt zwischen Mann und Frau. Selbstunsicherheit bei einem Partner beruht auf der Angst vor Ablehnung, Beleidigung oder Verletzung. Auch hier ist es sinnvoll, nach einer klärungsorientierten Arbeit, die die möglichen Ursachen für die Selbstunsicherheit aufdeckt, eine bewältigungsorientierte anzuschließen, die dem Klienten neue Erfahrungen ermöglicht. Sehr praxisnahe therapeutische Anregungen zu diesem Komplex geben *Potreck-Rose* & *Jacob* (2004).

So wurde im Rahmen einer Gruppentherapie deutlich, dass ein Großteil der Schwierigkeiten eines Paares mit der Angst bzw. der Idee des Mannes, von seiner Frau abgelehnt zu sein, zusammenhing. Er glaubte auch wohlwollenden Worten seiner Frau nicht, sondern interpretierte vieles aus der gemeinsamen Interaktion als: „Ich mache etwas falsch, ich bin nicht in Ordnung, ich kann dankbar sein, dass meine Partnerin überhaupt noch mit mir zusammen ist." Er wurde daraufhin gefragt, ob er sich auf ein Experiment einlassen könne. Zögernd stimmte er zu. Da zwischen ihm und der Beraterin ein gutes Vertrauensverhältnis bestand, lud diese ihn ein, zu den einzelnen Gruppenmitgliedern – die Gruppe saß in einem Kreis – hinzugehen und zu fragen, was sie von ihm hielten. Hier hörte er ehrliche Äußerungen, die ihm zumeist sehr viel Sympathie und Wohlwollen für seine Art, so wie er war, vermittelten. Anschließend wurde er von der Beraterin gefragt, ob er den anderen glauben könne. Zögernd bestätigte er es, aber es war für ihn noch völlig ungewöhnlich. In der weiteren Arbeit mit dem Paar wurde diese Erfahrung rückblickend zu einem zentralen Erlebnis von mehr Selbstsicherheit für den Klienten. Die negative Selbstzuschreibung „Ich werde abgelehnt und alles, was mein Partner sagt, unterstreicht dies!" verwandelte sich in eine positive Entwicklung für das Paar.

Dieses Beispiel ist auch geeignet, die fließenden Übergänge zum „Training der sozialen Kompetenz" deutlich zu machen. Dieses Training geht davon aus, dass angemessenes Verhalten in der Vergangenheit nicht gelernt wurde, dass zu wenig Übungsmöglichkeiten bestanden oder dass es dem Klienten an Möglichkeiten fehlte, Rückmeldungen aus der Umgebung, die das Selbstbewusstsein stützen könnten, adäquat zu verarbeiten. Weil Symptome oft in Interaktionen mit anderen Personen erworben und aufrechterhalten wurden, ist es wichtig, in die Behandlung andere Personen mit einzubeziehen. Dies geschieht insbesondere in Gruppen durch die anderen Teilnehmer (*Hinsch* & *Pfingsten* 2002).

···› Bewusst machen und Verändern von Konfliktschemata

Um die innerpsychischen Prozesse und die daraus folgenden Handlungs- und Erlebensweisen im zwischenmenschlichen Miteinander zu beschreiben, spricht *Grawe* von Beziehungsschemata (1998). Er betont damit den relationalen Aspekt von Schemata, die für ihn die wichtigste Grundlage der menschlichen Beziehungsgestaltung sind. Diese sind darauf ausgerichtet, den Menschen immer wieder in ganz bestimmte Arten zwischenmenschlicher Beziehungen zu bringen. Ist ein Schema aktiviert, bedeutet das, dass die psychische Aktivität darauf ausgerichtet ist, Wahrnehmungen im Sinne der Zielkomponente des Schemas herzustellen. Menschen suchen solche Situationen auf oder stellen sie her, die für ihre Schemata relevant sind.

Hat man langjährige Erfahrungen als Paartherapeutin und lernt dadurch auch Zweitpartner (nach einer Trennung des ersten Paares) kennen, so ist es oft verblüffend, wie sich die Beteiligten wieder ganz ähnliche Partner ausgesucht haben. So machen nicht wenige Partner nach einer Trennung die schmerzliche Erfahrung, dass sie durch die Trennung „das Problem" meist noch nicht gelöst haben, sondern dass es sich auch in der neuen Beziehung wieder einstellt. Mit dieser Tatsache lässt sich gut begründen, dass es sinnvoll ist, Probleme nicht sofort durch eine „Scheidungsberatung" zu lösen, sondern im Sinne einer persönlichen Entwicklung der Beteiligten dahingehend zu arbeiten, dass die tatsächlichen Probleme im Angesicht des auslösenden Partners geklärt und bewältigt werden. Der Spruch: *Lieber mit dem alten Partner was Neues, als mit dem neuen das Alte!* bringt für viele Ratsuchende ihr eigentliches Anliegen, Eheberatung aufzusuchen, auf den Punkt. Ist das geschehen, hat es nicht selten zur Folge, dass die Partner sich mit neuen Augen sehen lernen und wieder ineinander verlieben.

Nach *Grawe* (1994) entstehen Schemata aus der tätigen Auseinandersetzung des Einzelnen mit seiner Umwelt. Sie sind darauf ausgerichtet, das Individuum in ganz bestimmte intendierte Bezüge zu seiner Umgebung zu bringen. Ziel eines Schemas ist es also, erwünschte Beziehungen des Individuums mit seiner Umgebung herzustellen. Da die wichtigsten Motive eines Menschen sich auf solche Ziele beziehen, die sich in seinen zwischenmenschlichen Bezügen realisieren, spielt das Bewusstmachen von Beziehungsschemata in der Paarberatung eine zentrale Rolle.

Dass ein Schema ein spezieller Teil des Selbstkonzeptes ist, das je nach Situation bei der Informationsverarbeitung, hier für die Situation „als Paar zu leben", aktiviert wird, haben *Markus* & *Smith* (1981) empirisch belegt. Die handlungssteuernden Komponenten der Schemata werden von *Grawe* et al. (1994) als Plan bezeichnet. Aber nicht nur durch umgebungsbezogene Handlungen wirken sich die jeweiligen aktivierten Schemata aus, auch durch Phantasien, Erinnerungen und die Art der Wahrnehmung der Realität. *Grawe* et al. schreiben: „All unser Erleben und Verhalten ist Produkt der jeweils aktivierten Schemata. Es entsteht im Bemühen, Wahrnehmungen im Sinne der aktivierten Schemata zu erzeugen" (1994, 758). Zusammenfassend kann man sie als Grundlage der zwischenmenschlichen Interaktionen begreifen.

Wenn nun Beziehungsschemata als wichtigste Grundlagen zwischenmenschlicher Beziehungsgestaltung zu betrachten sind, so fragt sich, welche Rolle sie bei den Konflikten *bei* einem Paar spielen.

Ein zentrales Thema bei jedem Paar ist z.B. die Gestaltung von Nähe und Distanz. Auf der einen Seite ist der Wunsch da, mit dem Partner verbunden zu sein, auf der anderen aber auch, Dinge selbständig zu entscheiden und zu erledigen, die nichts mit dem Partner zu tun haben. Wird dieses Thema zu einem Konflikt, lässt sich vermuten, dass die zugrunde liegenden Konfliktschemata der Partner in der Geschichte der Autonomieentwicklung des Einzelnen entstanden sind.

Beispielsweise könnte ein Konfliktschema sich folgendermaßen gebildet haben: Zu der Zeit als ein Partner (oder beide) als Kind Anstalten zu unabhängigen Schritten machte, wurden diese seitens der primären Bezugsperson, in der Regel der Mutter, durch Botschaften wie: „Du darfst mich nicht allein lassen" behindert. Welche Gründe auch immer die Mutter dazu veranlasst haben, für den Betroffenen hatte es die Auswirkung, dass seine Unabhängigkeitsintentionen mit Schuldgefühlen (man verlässt die Mutter nicht) gekoppelt wurden. Diese Koppelung kann durch zeitliche Kontingenz erfolgen, aber auch auf symbolischer Ebene. Wenn in der Folge bei diesem Menschen Wünsche auftauchen, etwas unabhängig zu unternehmen, wird ein neuronales Erregungsmuster aktiviert, das Schuldgefühle repräsentiert. Es übt dann einen hemmenden Einfluss auf das noch nicht aktivierte Unabhängigkeitsstreben aus.

So bilden sich in einem Menschen Beziehungsschemata aus, die von verschiedenen konkurrierenden Intentionen geprägt sind: der Wunsch nach Nähe und Beziehung und der Wunsch, sich autonom zu verhalten. Da aber beide im Konflikt miteinander stehen, lösen diese Inkongruenzen Schuldgefühle und in der Folge Vermeidungsstrategien aus. Es handelt sich hierbei um implizite Beziehungsregeln, deshalb sind die betroffenen Partner nicht in der Lage, die verschiedenen Intentionen wahrzunehmen oder zu benennen. Sie berichten stattdessen von schlechten Atmosphären oder von Nichtigkeiten, die zu Katastrophen in der Ehe führen können, ohne dass ihnen die Ursachen bewusst wären.

Derartige Atmosphären sind von starken Verletzungen und negativen Emotionen, wie Enttäuschung und Scham geprägt. Sie können immer dann entstehen, wenn gerade ein Wunsch aktiviert wird, der einem persönlich sehr wichtig ist. Enttäuscht wird man, wenn man für die Erfüllung des Wunsches auf einen anderen angewiesen ist. Die Themen Geld, Kindererziehung und Gestaltung der Sexualität sind Bereiche, in denen es zu oftmals schwer beschreibbaren Konflikten kommt. Insbesondere dann, wenn man sich bedürftig fühlt, ist man am leichtesten verletzbar. Daher ist leicht zu begreifen, dass Kerne dieser Konfliktschemata in der Kindheit, dann, wenn Menschen am bedürftigsten sind, angelegt werden.

Die therapeutischen Erfahrungen, vor allem in Gruppen, zeigen, dass die Klienten in der Partnerschaftsberatung zum überwiegenden Teil Traumatisierungen und Verletzungen in ihren Grundbedürfnissen in der Kindheit erfahren haben und das über einen längeren Zeitraum (*Saßmann* & *Klann* 2002). Durch das Erinnern in der hypnoiden Trance (Kap. 14.2), durch das anschließende Malen und Aufschreiben ihrer Erinnerungen, das Erzählen ihrer Lebensgeschichte und das Zuhören bei den Lebensgeschichten anderer, bekommen sie Verständnis für und Zugang zu ihren eigenen Beziehungsmustern. Auf der anderen Seite besteht aber auch gerade im Rahmen der Paartherapie und insbesondere, wenn diese in und mit Gruppen geschieht, die Gelegenheit, Konfliktschemata zu aktualisieren. Die Klienten beschreiben das mit den Worten: „Die gleichen Probleme wie zu Hause". Oftmals ist es ihnen peinlich, dass sie sich streiten oder sich von ihrer „negativen Seite" zeigen. Wichtig ist dann, ihnen Mut zu machen, gerade das, was sie zu Hause quält, im Rahmen der Beratung zuzulassen. Es hilft, ihnen zu erklären, dass sie ja gerade deshalb hier seien und dass es gut sei, sich hier mit seinen Schwierigkeiten zu präsentieren.

Um Konfliktschemata zu verändern, ist es unabdingbar, diese prozessual zu aktivieren. Es wäre eine Illusion zu meinen, geäußerte Gefühle seien bereits eine Aktivierung eines relevanten Konfliktschemas. Vielmehr handelt es sich dabei um eine Aktivierung der erinnerbaren Gedächtnisinhalte. Konfliktschemata aber zeichnen sich dadurch aus, dass sie noch nicht zum konzeptionellen Gedächtnisinhalt gehören. Innerhalb der Paartherapie ist es besonders wichtig, dass diese Konfliktschemata in der Gegenwart anderer als nur der Beraterin aktualisiert werden, damit diese nicht in die Rolle eines Schiedsrichters gedrängt wird oder einer der beiden Partner sie aufgrund ihrer Rückmeldungen als parteiisch ablehnt.

Beispielsweise beschwerte sich ein Ehemann über seine Frau, dass sie ihm seit der Geburt ihrer Kinder nicht mehr genug Aufmerksamkeit schenke. Als er ihr dies vorwarf, konnten ihm die anderen Gruppenmitglieder mitteilen, dass sie im Moment erlebten, dass seine Frau ihm voller Aufmerksamkeit zugewandt zuhöre. In der anschließenden therapeutischen Arbeit, ausgelöst durch die Frage: „Woher kennen Sie das sonst noch, dass Ihnen keine Aufmerksamkeit geschenkt wird?", aktualisierte sich eine Verbindung zu seinem Erleben in der Herkunftsfamilie mit seiner Mutter. Der Klient konnte anschließend seine Enttäuschung darüber der Mutter, die er in der Vision auf einen leeren Stuhl gesetzt hatte, mitteilen. Für die Beziehung zu seiner Frau hatte es zur Folge, dass er deren Zuwendungen wahrzunehmen lernte.

Oftmals verdichten sich Schemata zu Leitmotiven einer Ehe, mit einer Steuerungsfunktion, derer sich die Partner meist nicht bewusst sind. Erst durch eine „top down" Analyse, also von den Leitmotiven zu den Taten, werden sie der Veränderung zugänglich. Sprichwörter der Ratsuchenden machen z.B. deutlich, wie die eigene augenblickliche Situation beim Paar oftmals ein Produkt der inneren Leitmotive ist:

- In der Ehe geht immer das Kreuz voraus!
- In der Ehe ist der Mann das Haupt und die Frau der Hut darauf!
- E H E = errare humanum est!

Oder Paare stellen in einer ersten Bilanz fest: „Eigentlich wollten wir es ganz anders als die Eltern machen: Wir wollten uns nie streiten und unsere Familie sollte einmal ein richtiges Nest werden." Solche Leitbilder werden oft zu *Leid*-bildern einer Ehe und lassen sie scheitern. Sie werden als Grundüberzeugungen auf die Normen des Zusammenlebens im Paar bezogen und so als verbindlich angesehen (*Janis* & *Mann* 1977).

Es kann aber auch geschehen, dass Leitbilder aus Defiziterfahrungen erwachsen, insbesondere dann, wenn die eigenen Erfahrungen schrecklich waren. Es entsteht eine Dominanz des Mangels: Alles Miteinander der Partner wird z.B. nur noch unter dem Maßstab der eigenen Sehnsucht nach Geborgenheit erlebt. So wünschte sich ein Mann nichts sehnlicher als eine „wohlgeordnete und harmonische" eigene Ehe und Familie und stand dann völlig verzweifelt vor seinem Scherbenhaufen. Er wollte doch alles besser machen als zu Hause erlebt, ihm standen aber keine anderen Verhaltensmuster als die selbst erlebten zur Verfügung. Das alte, bekannte Muster der mangelnden Geborgenheit in der Familie wurde wieder zur eigenen Realität.

Wenn alte Bilder nicht mehr leiten, werden in der Beratung neue erarbeitet, mit dem Ziel, den Horizont (die Schemata) der Klienten darüber, „was alles in einer Beziehung sein darf", zu erweitern. Dieses „Erarbeiten" geschieht zum einen auf der kognitiven Ebene, indem u.a. das Ehebild der Partnerschule (Kap. 7.5) vorgestellt wird. Es vollzieht sich zum anderen in dem Stadium der Beratung, in dem die alte Verhaltensweise und ihre schädigende Auswirkung auf die Partnerschaft evident werden. Dann wird neues Verhalten ausprobiert, in seiner Wirksamkeit überprüft und die Klienten werden für ihr neues Verhalten gestärkt. Das Stärken geschieht sowohl durch die Therapeutin als auch innerpsychisch durch den Erfolg der neuen Erfahrung, der Erfahrung von Selbstwirksamkeit.

Ein Beispiel: Ein Mann war gewohnt, alles regelnd und bestimmend in die Hand zu nehmen. In seinem dreizehnten Lebensjahr war ihm der Vater gestorben. Dadurch wurde er plötzlich für die Mutter und die drei Geschwister der Mann im Haus. In der Beratung entdeckte er seine damalige Überforderung. Er begann neu zu lernen, wie es geht, Verantwortung abzugeben und sich für seine eigene Sehnsucht nach Ruhe, Entspannung und Gehaltensein zu öffnen. Dazu legte er seinen Kopf ausruhend in den Schoß seiner Frau und entspannte sich immer mehr.

Auf Nachfragen der Beraterin konnte er seine frühe Überforderung und seine Sehnsucht nach Ruhe thematisieren. Anschließend wurden die anderen Gruppenmitglieder befragt, was sie augenblicklich erlebten. Der Klient erfuhr sehr viel Empathie für diese Überforderungsszene, ganz viel Freude, aber auch Neid auf seinen Mut, sich gegenüber seiner Partnerin mit seiner Schwäche und Hilfsbedürftigkeit zu zeigen.

Anschließend machte die Therapeutin das gemeinsam Erlebte noch einmal bewusst: Rückblickend vom Ausgangspunkt der Beratung, dem Dominanzverhalten des Klienten seiner Frau gegenüber und dem Verstehen dieser Verhaltensweise als frühe Kompetenz, dann über die Arbeit in der Regression, sein Sich-Öffnen für seine Sehnsucht nach Versorgtwerden und über die Rückmeldungen durch die Gruppe bis hin zum Entdecken der eigenen Schwäche und Hilfsbedürftigkeit in der Beziehung. Das Ausprobieren des Zulassens eigener Schwäche im Kontakt mit der Partnerin wurde als wichtiger Baustein für eine Änderung der Paarbeziehung verstärkt.

Solches Bewusstmachen des Erlebten, auf der Grundlage der intersubjektiven Beziehung „Klient-Beraterin", ist für die Veränderung ein wichtiger Schritt. Das Geschehene bleibt nicht im nebulösen Raum, sondern der Klient wird sich seiner Verantwortung und Entscheidung als handelndes Subjekt in seiner Beziehung immer wieder bewusst.

Solch erfolgreiches Neugestalten bisher scheinbar nicht veränderbarer „Theaterspiele" im Beziehungsmuster zwischen Frau und Mann ermöglicht diesen die Erfahrung der Selbstwirksamkeit, dass jemand sich in seinen Lebenssituationen angemessen verhalten kann. Und diese Erfahrung wird auf andere Lebenssituationen generalisiert (*Bandura* 1977).

Zusammenfassung

Jeder Partner bringt aufgrund seiner Erfahrungen ganz bestimmte Schemata mit in die Beziehung, die zum Teil aber die positive Entwicklung der Partnerschaft behindern können. Der Entstehungsgeschichte dieser Schemata nähern sich das Paar und die Beraterin durch ein Verstehen heutiger dysfunktionaler Verhaltens- und Lebensweisen als frühgelernte „Lebensbewältigungskompetenzen". Mit Hilfe der Konzepte der Gestalttherapie, des Psychodramas und Techniken der Verhaltenstherapie können der Einzelne und das Paar ihren impliziten Beziehungsregeln auf die Spur kommen und anschließend neue Erfahrungen miteinander machen. Aufgrund der Erfahrungen von Selbstwirksamkeit werden diese generalisiert.

11.2 Die Bedeutung der Gruppe

Ein zentrales Element der klärungs- und bewältigungsorientierten Vorgehensweise der Partnerschule ist die Beratung in und mit der Gruppe (*Fiedler* 1996). Zu Beginn dieses Kapitels soll allerdings betont werden, dass dies nicht eine Ausschließlichkeit bedeutet. Auch der Einzelkontakt zwischen Beraterin und dem Paar ist wichtig: Hier geht es beispielsweise darum, zum Mitmachen in Gruppen zu motivieren und Erfahrungen von dort zu gewichten und aufzuarbeiten.

Denn wie sollen sich die Probleme, die ein Mann mit seiner Frau deshalb hat, weil er sich ihr gegenüber im impliziten Beziehungsmodus immer wieder wie seiner strengen, herrschsüchtigen Mutter gegenüber verhält, auf der konkreten Beziehungsebene verändern, wenn er seine Eheprobleme lediglich im Einzelkontakt mit einer netten wohlwollenden Beraterin verbalisiert? Es geht also darum, mögliche Therapiesettings vorteilhaft miteinander zu kombinieren, um ihre jeweiligen Stärken zu nutzen und ihre Schwächen zu kompensieren. Erfahrungsgemäß ist es schon im Erstkontakt wichtig, Klienten darauf hinzuweisen, dass für die erfolgreiche Behandlung ihrer Störungen im Miteinander die Beratung in und mit Gruppen vorrangig ist. Wird diese „Verschreibung" nachvollziehbar begründet, können sich die Klienten in der Regel darauf einlassen. So werden sie in der ersten Beratungsstunde durch aufklärende Information, verbunden mit dem Aushändigen eines Veranstaltungsprospektes über das Gruppensetting unterrichtet.

So entdecken Paare in einer Gruppe, dass sie dort ganz neue Erfahrungen miteinander machen können: „So hätten wir zu Hause nie über Sexualität gesprochen." Darüber hinaus erleben sie, dass sie aneinander heilsam werden. Deshalb ist es ein wichtiges „Kapital" für die Beraterin, die Fähigkeiten und Ressourcen der Klienten mit einzubeziehen. Es gilt, sie im Entdecken und Ausprobieren ihrer Fähigkeiten und Ressourcen zu unterstützen und zu fördern. Weil das Heilsame der zwischenmenschlichen Dimension nicht nur auf „offizielle" therapeutische Zeiten beschränkt ist, sind ebenso informelle Gelegenheiten wichtige Räume für die Klienten, sich als kompetente Beziehungspartner zu erfahren. Hier bieten bei mehrtägigen Seminaren die Pausen oder die Abendgestaltung eine Fülle an Gelegenheiten.

Das Konzept, Probleme in der Gruppe selbst zu diagnostizieren und zu heilen, wurde historisch gesehen erstmalig von *Burrow* (1924) in einem Rahmen für Gruppentherapie entworfen. Er führte Störungen des Gefühlslebens auf ungelöste zwischenmenschliche Probleme zurück, die besser erkannt werden könnten, wenn der Patient in einem Kreis mehrerer Personen agiert, als in der traditionellen Zweier-Beziehung zwischen Arzt und Patient. Diese alte Erkenntnis ist deshalb bedeutsam, weil oftmals in einzeltherapeutischen Settings die Therapiebeziehung als *das* diagnostische Instrument zur Identifizierung unbewusster motivationaler Konflikte des Klienten verstanden wird. Dieses Instrument ist aber weder zuverlässig noch objektiv, es kann zu „Fehlanzeigen" oder „Nichtanzeigen“ kommen. Alles in allem ist es ein sehr unsicheres Instrument zur Identifizierung motivationaler Konflikte. Wie im Folgenden aufgezeigt wird, bestätigt die spätere Therapieforschung ausdrücklich das Behandlungskonzept von *Burrow*.

Nach den empirischen Befunden der Bindungsforschung (*Ainsworth* et al. 1978; *Grossmann* & *Grossmann* 2004) ist eine Veränderung der zwischenmenschlichen Beziehungsgestaltung ein wichtiger Schlüssel dafür, dass es Klienten nach einer Behandlung dauerhaft besser geht. Insofern ist es wichtig, neben der Behandlung der Störung auch dem Beziehungsverhalten der Klienten explizit und systematisch Raum zu geben. Unter diesem Aspekt hat gerade eine längerfristige Gruppentherapie mit Paaren einen großen Stellenwert, was auch empirisch nachgewiesen wurde (*Sanders* 1997; *Kröger* & *Sanders* 2002, 2005). Hier besteht in reichlichem Maße die Möglichkeit, angemessenes Beziehungsverhalten zu trainieren und somit das persönliche Spektrum an Kompetenzen zu erweitern.

So setzen sich Klienten plötzlich neuen Erfahrungen aus, die sie bisher vermieden haben, weil sie befürchteten, diese könnten ihre Bedürfnisse verletzen. Dies geschieht bewusst oder auch unbewusst, ähnlich wie diese Befürchtungen bewusst oder unbewusst sein können. Die Ängste und das damit verbundene Vermeidungsverhalten sind oftmals das Ergebnis früherer Erfahrungen, oder sie wurden auch durch Modelllernen erworben. Hat die Mutter dem Mädchen z.B. immer erzählt, dass Männer nur „das Eine“ wollen oder dass diese sich in ihrer Lust wie wilde Tiere auf die Frauen stürzen, dann übt das auf das Verhalten der erwachsenen Frau Männern gegenüber einen wichtigen Einfluss aus, denn das Vorbild der Mutter, verbunden mit ihren Äußerungen, hat in dieser Frau bestimmte neuronale Erregungsmuster begründet.

Aufgrund solcher Vorgaben können sich Erregungsmuster fortschreiben, weil sie nicht durch andere Erfahrungen neuronal gehemmt wurden. Der Umgang dieser Frau mit ihrem Ehemann wird durch diese Angst und Vorsicht Männern gegenüber geprägt. Menschen, die durch reale Erfahrungen der Vergangenheit oder aber durch Modelllernen Vermeidungsmuster entwickelt haben, probieren in der Regel später nicht mehr aus, ob die gegenwärtigen Lebensumstände das Vermeiden immer noch notwendig machen. Selbst wenn die aktuellen Lebensbedingungen die Möglichkeit zu anderen, positiven Erfahrungen bieten, werden durch das Vermeiden eigentlich gegebene glückliche Situationen nicht wahrgenommen.

So kann man, um in einem Bild zu sprechen, als Beraterin den Eindruck gewinnen, dass Menschen vor einer vollen Obstschüssel sitzen und verhungern, statt zuzugreifen und zu genießen. Das alte Vermeidungsschema hat eine solche Macht über sie, dass es nicht zu korrektiven Erfahrungen kommt. Der Einzelne ist noch nicht in der Lage, unter seinen heutigen Lebensbedingungen positive Erfahrungen hinsichtlich seiner Wünsche zu machen. Gerade hier bietet das Erleben in einer Gruppe über einen längeren Zeitraum die Chance, zum einen durch gezielte Übungen und anschließendem Austausch über diese korrektiven Erfahrungen, zum anderen durch die Rückmeldungen anderer Gruppenmitglieder zu neuen Wahrnehmungen zu kommen. Diese neuen Wahrnehmungen lösen dann wieder positive emotionale Stimmungen im Miteinander des Paares aus, so dass positive Rückkoppelungsprozesse in Gang gesetzt werden.

Die Bedeutung der Gruppe ist noch unter einem anderen Gesichtspunkt wichtig. Es gibt Verhaltensweisen von Klienten, die unter einer „objektiven" Brille nicht korrekt sind, ja auch einer Therapeutin das Gruseln lehren können. (So weigerte sich eine Mutter während eines 14-tägigen paartherapeutischen Seminars, der zweijährigen Tochter abends noch einen Gute-Nacht-Kuss zu geben, weil an diesem Abend ja der Ehemann mit dieser Aufgabe dran war.) Teilt hier die Beraterin ihre Betroffenheit mit, kann sich das negativ auf die Therapiebeziehung auswirken, ja es könnte in einem paartherapeutischen Dreier-Setting (Paar und Therapeutin) als Parteinahme missverstanden werden und zum Abbruch der Therapiebeziehung führen.

Im gruppentherapeutischen Setting aber kommen korrektive Rückmeldungen von Seiten der anderen Teilnehmer. Wenn die Regeln für das Gelingen einer Gruppe (siehe unten) eingehalten werden, fallen diese zumeist auf fruchtbaren Boden. (So konnte im obigen Beispiel die betreffende Mutter die Rückmeldung einer anderen Frau gut annehmen und feststellen, dass sie ein originäres Bedürfnis ihrer Tochter mit der Auseinandersetzung mit ihrem Mann verwechselt hatte.)

Bedeutung der Gruppenarbeit aus Sicht der vergleichenden Psychotherapieforschung

Nach *Grawe* et al. (1994) ist die Therapie in Gruppen am besten geeignet, Veränderungen des zwischenmenschlichen Erlebens und Verhaltens herbeizuführen, da sie den Teilnehmern noch reichere Übertragungs- bzw. Aktualisierungsmöglichkeiten als eine Einzeltherapie bietet.

Das Zusammenleben in der Gruppe, insbesondere in einem zeitlich längeren Kontext (5 bis 14 Tage) und so weit wie möglich unter Einbeziehung der Kinder der Teilnehmer, bietet eine Fülle an Erfahrungsmöglichkeiten über die Wahrnehmungs-, Verhaltens- und emotionalen Reaktionsbereitschaften der Klienten. Ein solches Setting entspricht am ehesten der natürlichen Umgebung der Klienten (Kinder sorgen für die Alltagsrealität!) und es birgt gleichzeitig in sich vielfältige Situationen mit einem reichhaltigen Aufforderungscharakter. Somit ist diese Art des Zusammenlebens ein hervorragender Zugang zu den impliziten Gedächtnisinhalten der Klienten, die ja deren Beziehungsverhalten, ihre individuellen Motive und ihre Emotionen stark beeinflussen.

Grawe (1998) bedauert es deshalb ausdrücklich, dass das einzeltherapeutische Setting als das natürliche Setting der Psychotherapie behandelt wird, so dass Gruppentherapie, Paar- und Familientherapie eher als Ausnahmen oder Abweichung von der Regel erscheinen: „Mit der Wirkungsweise von Psychotherapie scheint es mir nur viel seltener als Setting der ersten Wahl zu begründen zu sein, denn das Wirkungspotential anderer therapeutischer Settings ist wohl eher größer einzuschätzen" (S. 129).

Bislang dominiert auch im Arbeitsfeld der Ehe-, Familien- und Lebensberatung das Einzelsetting. In der Auswertung einer aktuellen Untersuchung im Bereich der katholischen Eheberatung im Erzbistum Köln stellen *Märtens* et al. eine deutliche Überlegenheit der Paarberatung im direkten Vergleich mit der Einzelberatung bei Beziehungsproblemen fest. „Die Paarberatung ist der Einzelberatung in allen Fällen überlegen. Die Sexualität wurde in der Einzelberatung sogar schlechter eingeschätzt. Alle Änderungswerte der Paarberatung sind signifikant. Die Einzelberatung bleibt bis auf die Problembewältigung wirkungslos“ (2006, 12). Sie fragen sich dann, „mit welchen Überredungs- und Überzeugungsstrategien Beraterinnen bei Beziehungsproblemen Paargespräche als das Beratungssetting der Wahl anbieten sollten. Möglicherweise könnten hier empirische Befunde der Vor- und Nachteile der beiden Settings dienlich sein, die schon gewachsene Bereitschaft zu gemeinsamen Gesprächen bei noch mehr Klienten zu fördern, ... Die Befunde legen allerdings nahe, dass die allgemeine Beratungspraxis von diesem Scheitelpunkt noch weit genug entfernt ist und gemeinsame Beratungsgespräche bei Problemen in der Paarbeziehung eher anzustreben sind, um die insgesamt belegbaren Verbesserungen noch weiter zu steigern“ (a.a.O. 14-15).

··➛ Regeln für die beraterische Arbeit in und mit einer Gruppe

Wegen der immensen Bedeutung der Gruppenarbeit ist es wichtig, einige Bedingungen für das erfolgreiche Arbeiten in und mit Gruppen einzuhalten (*Fiedler* 1996), hier bezogen auf paartherapeutische Gruppen. Hält sich eine Beraterin an diese Leitlinien, so gelingt die Gruppenarbeit in der Regel und ist für alle Teilnehmer mit viel Freude, Spaß und Hoffnung verbunden. Die letztgenannten Seelenzustände sind ausgesprochen wichtig, denn sie sind mit einer Aktivierung positiver motivationaler Schemata – neurologisch gesehen des Annährungsmodus – verbunden. Diese bieten eine Grundlage, auf der einen Seite die anstehenden Probleme zu klären und zu bewältigen, auf der anderen Seite aber auch sich korrektiven Erfahrungen, die nicht mit den bisherigen Erwartungen übereinstimmen, auszusetzen. Eine solche Atmosphäre löst dann wiederum positive Rückkoppelungsprozesse bei den Klienten aus.

··➛ Die Leitlinien für Gruppenarbeit sind im Einzelnen:

➜ Eine Beraterin geht mit einem Paar einen Dienstvertrag ein. Das Paar erwartet, dass sie sich in ihrem therapeutischen Handeln auf der Grundlage empirisch gesicherter Konzepte bewegt.

➜ Klienten wissen selbst am besten, was gut für sie ist. Deshalb werden sie an keiner Stelle gezwungen, etwas gegen ihren eigenen Willen zu tun. Alle Interventionen sind Vorschläge und können vom Klienten angenommen werden oder nicht. Bei allen Interventionen von Seiten der Beraterin gilt es, etwa durch eine genaue Beschreibung der Übung, deutlich zu machen, welche Absicht diese damit in Hinblick auf die Intentionen des Klienten erhofft. Die Intentionen können allerdings nicht einfach vorausgesetzt werden, sondern die Beraterin muss versuchen, sie zu aktivieren, zu stärken und zu fördern.

→ In einer Gruppe äußert sich jeder Teilnehmer nur insoweit, wie er es selbst möchte. Es ist sogar möglich, auch nur „zuschauend" an einer Gruppe teilzunehmen.

→ Jede Gruppenarbeit ist einzelfallorientiert. Das heißt, es geht immer um die Beziehungskonflikte des Einzelnen, des einzelnen Paares. Entstehen Konflikte der Gruppenteilnehmer untereinander, so werden diese auf ihre Relevanz für das sonstige Alltagsleben des Klienten untersucht: „Kennen Sie ähnliche Konflikte auch außerhalb dieser Gruppe? Wie erleben Sie diese? Wie gehen Sie damit um?" Die Beraterin sorgt also dafür, dass eine Beziehungsanalyse nicht dadurch behindert wird, dass die Gruppenmitglieder in eine gruppendynamisch inspirierte Diskussion ihrer Konflikte und Interaktionsprobleme untereinander eintreten. Vielmehr sorgt sie dafür, dass Beziehungsprobleme möglichst individualisiert auf den Einzelnen bzw. das einzelne Paar hin betrachtet werden. Dadurch wird für den Einzelnen bzw. das Paar eine möglichst geschützte Situation hergestellt, in der über ihre Beziehungsschwierigkeiten ohne voreilige Interpretation und Störungen durch die übrigen Gruppenteilnehmer in aller Ruhe reflektiert werden kann. Werden die anderen Gruppenteilnehmer eingeladen, ihre Wahrnehmungen mitzuteilen, geht es immer um konstruktives Feedback. So weit wie möglich wird versucht, das in der Gruppe gezeigte Verhalten mit alltäglichen Verhaltensmustern in einen sinnvollen Zusammenhang zu stellen.

→ Keinesfalls werden Konflikte der Teilnehmer untereinander durch die Leitung provoziert oder intendiert. An dieser Stelle gilt es, sich von konfliktorientierten Gruppenansätzen abzugrenzen, die für sich in Anspruch nehmen, dass die Bearbeitung von gruppeninternen Konflikten bereits therapeutisch wirksam sei. Hierbei handelt es sich um einen Mythos, der bisher in keiner Weise belegt werden konnte (*Fiedler* 1996).

→ Eine klare Struktur und Transparenz des therapeutischen Vorgehens sind im Hinblick auf das Bedürfnis nach Orientierung und Kontrolle auf Seiten der Klienten von positiver Bedeutung. Dadurch wird explizit deren Würde geachtet und ihre Autonomie verstärkt. Dem Einzelnen und den Paaren wird ein Raum bereitgestellt, in dem sie sich selbst orientieren und aktiv sein können. Ihre eigene Aktivität wird im Sinne der Therapieziele gefördert.

Zusammenfassung

Die Arbeit in der Gruppe hat in der Partnerschule einen zentralen Stellenwert. In den Ressourcen der Teilnehmer steckt ein wichtiges Potential zur Klärung und Bewältigung der Interaktions- und Kommunikationsprobleme eines Paares. Die Psychotherapieforschung bestätigt, dass das Beratungssetting in und mit Gruppen besser als eine Einzeltherapie geeignet ist, Veränderungen des zwischenmenschlichen Erlebens und Verhaltens herbeizuführen. Hält sich die Beraterin an zentrale Regeln, so wird eine therapeutische Gruppe in der Regel ein Erfolg für alle Beteiligten.

11.3 Wie erwachsene Menschen lernen

Bei der Gestaltung der Beratung darf man die simple Tatsache nicht aus den Augen verlieren, dass es sich beim Gegenüber um erwachsene Menschen handelt. Das hat für die Interaktionsprozesse zwischen Klient und Beraterin vor allem folgende Bedeutung (*Mader* & *Weymann* 1975):

→ Der Ratsuchende bringt in den Prozess seine lange und komplexe Lebensgeschichte mit ein. Dabei handelt es sich nicht nur um spezifische Lernerfahrungen, sondern auch um spezifische Einstellungen und Verhaltensweisen zum Gestalten von Lernprozessen überhaupt. Über diese ist er sich selbst oftmals nicht im Klaren. So meinen viele Klienten, ihre Äußerungen in der Gruppe würden wie in der Schule noch nach „richtig“ oder „falsch“ bewertet. Andere, wenn sie aufgefordert werden, ein Problem mit Farben und Formen oder in Ton auszudrücken, haben von sich die Idee: „In der Schule konnte ich auch nie malen, da habe ich immer nur schlechte Zensuren bekommen“.

→ Erwachsene haben für ihr alltägliches Miteinander praktikable Anwendungsmodelle für Wissen entwickelt. Sie neigen dazu, diese Modelle in allen Lebenssituationen für richtig und anwendbar zu halten. So haben manche Menschen die Erfahrung gemacht, dass im beruflichen Alltag persönliche Schwierigkeiten und Probleme besser nicht benannt werden, da ihnen dies zum Nachteil in ihrer Karriere gereichen könnte. Daraus folgern sie für ihre persönliche Situation: „Unsere Probleme gehen Dritte nichts an.“ So gilt es z.B. dann, wenn ein Partner nur widerwillig mit zur Beratung kommt, dessen Bedenken ausdrücklich zu benennen und auch immer wieder zu überprüfen. Als Folge solcher Überprüfungen kann der Betroffene dann vielleicht feststellen, dass die berufliche Situation eine andere ist als die private mit dem Ehepartner und dass es hier sehr wohl sinnvoll sein kann, mit Dritten über Probleme zu sprechen.

→ Erwachsene haben in der Regel eine gesellschaftliche Position erreicht. Daran geknüpft ist ein Status mit Verhaltenserwartungen. Dieser Status ist ausgesprochen identitätsstiftend. Konkret können sich daraus Probleme für Interaktionsprozesse ergeben, wenn der Klient selbst einen helfenden Beruf als Arzt, Lehrer oder Therapeut ausübt. So kann es für ihn unter seiner Würde sein, Hilfe in Anspruch zu nehmen in einem Bereich, wo er eigentlich auch Fachmann sein könnte und müsste.

Die Beachtung der genannten Punkte bildet eine hervorragende Grundlage, an vorhandene Ressourcen der Klienten anzuknüpfen. Denn will man bei einem Paar Veränderungen erreichen, kommt man ohne eine Ressourcenaktivierung nicht aus. Störungspezifische Interventionen bleiben erfolglos, wenn nicht zumindestens eine Basis da ist, auf der sich der Klient gut fühlt, von der aus er seine Schwierigkeiten und Probleme anschauen und dann klären und bewältigen kann.

Für eine erfolgreiche Gestaltung von Beratungsprozessen ist außerdem wichtig, die dargestellten Hintergründe einzubeziehen. So werden die Klienten zu Beginn der Arbeit in der Gruppe darauf hingewiesen, dass sie nicht in der Schule sind und ihre Äußerungen nicht nach Noten bewertet werden. Sie werden durch eine gezielte Hinführung und Anweisung, wie etwa „Formen Sie den Ton mit *geschlossenen* Augen" angeleitet, mit einem unbekannten kreativen Material wie Ton ganz intuitiv zu arbeiten. In den seltensten Fällen verweigern Klienten die Arbeit mit kreativen Medien. In der Regel sind sie erstaunt und freuen sich wie Kinder über ihre Werke. Hinsichtlich ihres eigenen „Expertenstatus" werden alle Teilnehmer ausdrücklich motiviert, ihr Wissen, ihre Sichtweisen in den Prozess mit einzubringen, da sie selbst durch ihre Lebenserfahrung Experten in Sachen Ehe, Liebe, Sexualität und Beziehung seien.

Insbesondere gilt zu beachten, dass menschliches Lernen und Verhalten meistens im impliziten Modus, also in dem Bewusstsein nicht zugänglicher Weise, geschieht. Um die Verhaltensweisen bewusst werden zu lassen und sie zu verändern, müssen sie zunächst (bottom-up) durch Herstellung entsprechender Situationen prozessual aktiviert werden. Erst dann können sie Gegenstand der bewussten Aufmerksamkeit werden und über den Kurzzeitspeicher Teil des konzeptionellen Langzeitgedächtnisses werden. Durch diesen Transformationsprozess werden implizite Einstellungen, Erwartungen, Verhaltensweisen der bewussten Planung und Handlungssteuerung zugänglich. Man muss also diejenige Störung, derentwegen die Paare um Beratung nachsuchen, hervorrufen, um sie zu beseitigen. Dabei handelt es sich, mit *Grawe* (1995) gesprochen, um das Wirkprinzip der Problemaktualisierung.

Dieser Aktualisierung wird dadurch Raum gegeben, dass z.B. die Beraterin gelassen bleibt, wenn ein Paar sich vor ihren Augen streitet. Ja, sie könnte es sogar als einen besonderen Vertrauensbeweis deuten, dass das Paar sich so verhält wie zu Hause. Sie lässt den Streit zu, aber nicht, um sich inhaltlich zu beteiligen, sondern sie nutzt den Streit, damit sie mit den Klienten in die Metaebene steigen und über den Prozess, der sich gerade zwischen beiden abgespielt hat, sprechen kann (nach dem Motto: „Wir schauen uns jetzt einmal gemeinsam an, wie Sie gerade miteinander gestritten haben und was Sie dabei erlebt haben. Anschließend können Sie sich weiter streiten und feststellen, ob sich durch unser Anschauen etwas in Ihrem Miteinander geändert hat.").

Vielleicht bietet die Beraterin auch dem Partner, der am meisten emotional engagiert ist, eine Gelegenheit, seinem Ärger stärker Ausdruck zu verleihen. Sie bittet vorher den anderen Partner, einmal den Stuhl zu wechseln und den Zornigen, dass er jetzt den Zorn und Ärger in Richtung „leerer Stuhl" äußern möge. Diese kleine Intervention bewirkt bei den Betreffenden oft eine plötzliche Neuorientierung. Sie merken, dass ihr Zorn in Wirklichkeit jemand ganz anderem (z.B. Vater oder Mutter) gilt. Diese Übung darf allerdings nicht als „Training" verstanden werden, um den (alten) Eltern nach der Therapiestunde gehörig die Meinung zu sagen. Vielmehr lernen die Klienten, sich mit möglichen inneren Gestalten, also alten inneren Bildern auseinanderzusetzen und sich auf Dauer von diesen zu lösen. So bekommen die Klienten Zugang zu ihren impliziten Modi. Sie lernen, bewusster zu handeln, (unberechtigten) Zorn nicht mehr am Partner auszulassen, neu damit umzugehen und Ärger, Wut, Enttäuschung oder ungestillte Sehnsucht an die ursprüngliche Adresse zu richten.

Das Problem miteinander ist aber nicht immer so offenkundig sichtbar. Deshalb wird je nach Situation, d.h. nach der „Themenlage“, die von den Klienten im diagnostischen Prozess oder durch eine thematische Schwerpunktsetzung der Beraterin vorgegeben ist, auf verschiedene körper- und/oder erlebniszentrierte und/oder bewusstseinserweiternde Techniken zurückgegriffen, deren Anleitung sich in der Beschreibung der Handlungsmodelle findet (Kapitel 14).

Hier bieten sich dann Möglichkeiten, gerade auch in einer Gruppe, frühere und heutige reale Beziehungssituationen zu aktivieren, sie durch Reflexion (durch genaue Beschreibung dessen, was erlebt wurde) bewusst zu machen und förderliche Verhaltensweisen zu erlernen. Die alten Muster werden bestehen bleiben, aber es gilt sie dadurch zu *hemmen,* dass neurologisch *neue gebahnt* werden. So geschieht die korrektive Erfahrung durch forcierte Fokussierung auf neue, nicht erwartungsentsprechende Wahrnehmungsinhalte. Hier ist aber entscheidend, dass es nicht bei einer *einmaligen* Erkenntnis und *einmaligen* neuen Erfahrung bleibt. Dies reicht nicht als Grundlage zu einer andauernden Veränderung des Erlebens und Verhaltens. Durch *Wiederholung* und *Einübung* müssen an neue Erregungsmuster viele Erfahrungen assimiliert werden, bis sich ein stabiles neues Muster etabliert hat. „Stark vereinfacht: Etwas Positives hinmachen ist für den Therapieerfolg wichtiger als etwas Negatives weg machen!“ (*Grawe* 2004, 351). Insofern bietet gerade das therapeutische Setting einer längeren Zeit bestehenden Gruppe, die mitbekommen hat, warum der Einzelne sich bisher so verhalten hat, wie er sich verhalten hat, und was er jetzt anders versuchen will, dafür einen optimalen Rahmen.

So war es beispielsweise wichtig, dass eine Frau, die große Sehnsucht hatte, sich an ihren Mann anzulehnen, also auch einmal schwach zu sein, dieses neue Muster nicht nur mit ihrem eigenen Mann ausprobierte und lernte. Sie wurde deshalb von der Beraterin aufgefordert, das, was sie gerade gelernt hatte, nämlich sich anzulehnen, im Laufe der Tage des paartherapeutischen Seminars auch mit anderen Männern auszuprobieren. So stabilisiert sich in ihr ein neues Muster, hemmte das alte, von Erfahrungen mit dem schwachen Vater geprägte. Jetzt kann sie die Botschaft leben: „Ich bin eine starke Frau, aber wenn ich es will und brauche, kann ich mich auch bei (m)einen Mann ausruhen, ihm meine Schwäche zeigen.“

Wenn Erwachsene so durch Erleben und darüber Nachdenken ein kompliziertes Problem verstanden und gelöst haben, dann haben sie sich damit Gedächtnisinhalte geschaffen, auf die sie später zurückgreifen können. Solch ein erwachsenengemäßes Lernen geschieht in tätiger, selbstbestimmter und zielorientierter Auseinandersetzung mit der Mitwelt. Es beschränkt sich keinesfalls auf rationales Lernen. Dadurch, dass auch unbewusste Bereiche, wie die Intentionen, vorher transparent werden, kann sich der Einzelne selbstbestimmt diesen neuen Erfahrungen aussetzen, auch solchen, die mit heftigen Emotionen verbunden sind. So gelangt er zu einer Veränderung seiner bisherigen Wahrnehmungs-, Verhaltens- und emotionalen Reaktionsbereitschaften. Dann wirken sich veränderte Erwartungen dauerhaft auf zukünftiges Verhalten aus. Zusätzlich wird er spüren, dass der vor ihm liegende Raum, die Zukunft, als ein Entwicklungsraum zu begreifen ist, mit noch vielen offenen Möglichkeiten.

Zusammenfassung

Die Ratsuchenden haben bisher ihr Leben nach bestem Wissen und Können gelebt und gestaltet. Die Achtung vor dieser Tatsache wird zur (ressourcenorientierten) Plattform, veränderte und neue Verhaltensweisen zu erlernen.

11.4 Ansatzstellen beraterischen Handelns

Eheberatung bedarf immer einer doppelten Perspektive. Zum einen geht es um die Art der Interaktion und Kommunikation im Paar, die beide gestalten. Zum anderen geht es um das Individuum, das leidet. Es sind immer die Individuen, die an der Beziehung, so wie sie im Moment ist, leiden, auch wenn ein Paar sich wegen Paarproblemen vorstellt. Da Wahrnehmungen das Ergebnis eines aktiven inneren Prozesses sind, gilt es, Einfluss darauf zu nehmen, welche Wahrnehmungen die Klienten mit sich selbst und miteinander als Paar machen.

Ausgangspunkt dafür ist die Aktivierung neuronaler Erregungsmuster, die im impliziten Gedächtnis gespeichert sind. Durch bewusste verbale Kommunikation mit den Klienten werden bestimmte Bewusstseinsprozesse in Gang gesetzt, um die bewusste Aufmerksamkeit dahin zu lenken, wo es für sie etwas Neues zu erfahren gibt. Das könnten z.B. implizite Prozesse sein, die zuvor auf nonverbalem Weg durch eine erlebnisaktivierende Übung ausgelöst wurden. An dieser Stelle kann den Klienten eine Rückmeldung auf das gerade von ihnen gezeigte Verhalten gegeben werden. So kann ein aktiviertes Schema gezielt bestätigt und/oder der Klient kann mit noch nicht assimilierbaren Wahrnehmungen konfrontiert werden. Über den impliziten und über den bewussten Funktionsmodus nimmt die Beraterin Einfluss auf das Verhalten des Klienten. Somit ist es möglich, ihn sowohl durch Übungen anzuregen als auch auf sein Verhalten zu reagieren.

Im Rahmen einer Paartherapie gilt es darüber hinaus, Beziehungsabläufe und deren nonverbale und implizite Muster bewusst zu machen. Insbesondere im Interagieren *vor* den anderen Gruppenmitgliedern ist dies möglich, etwa wenn diese ihr Erleben des Paares zurückmelden oder auch nachspielen und so dem betroffenen Paar Störungsmuster wie in einem Spiegel vorhalten.

Um die vielfältigen Möglichkeiten des Interagierens miteinander auszuschöpfen, aber auch um Gelegenheit zu geben, korrektive Erfahrungen miteinander zu machen, wird in der paartherapeutischen Arbeit auf eine Vielzahl von erlebnisaktivierenden Übungen zurückgegriffen. Damit eine dauerhafte Veränderung motivationaler Schemata erreicht wird, sollen vielfältige Möglichkeiten einer Veränderung des realen umgebungsbezogenen Verhaltens eingeübt werden. Eine Erklärung des Vermeidungsverhaltens, ein persönliches Verständnis seiner Entstehungsgeschichte reichen nicht aus, wenn weiterhin Situationen und Verhaltensweisen vermieden werden, die für ein Herbeiführen bedürfnisbefriedigender Erfahrungen notwendig sind. Z.B. sind für manche Teilnehmer des sexualtherapeutischen Seminars (Kap. 14.3) einige Übungen mit viel Widerstand verbunden. Deshalb werden die Teilnehmer darüber aufgeklärt und somit motiviert, dass ein lustvolles, sexuelles Miteinander auch mit einem lebendigen Atem gekoppelt ist und dass, wenn sie ihr sexuelles Empfinden verändern wollen, sie auch lernen müssten, durch ein tiefes Atmen ihren Körper mit Lebendigkeit anzufüllen.

So wird es möglich, durch Ausprobieren, auch durch Vormachen mit Hilfe anderer Teilnehmer, eine Änderung der dysfunktionalen Beziehungsabläufe bei einem Paar einzuleiten. Schälen sich gute Interaktionsmuster heraus, werden diese verstärkt und eingeübt. Gleichzeitig werden auf diesem Weg vorhandene negative Erregungsbereitschaften beider Partner durch neue Erfahrungen aktiv gehemmt.

Es gilt also, durch gezielte Beeinflussung der Kontrollparameter destruktive Beziehungsabläufe bei einem Paar zu destabilisieren. Werden Partner zum Beispiel gebeten, nicht das Wort: „*Man* sollte, *man* fühlt, ...“ zu nutzen, sondern von sich selbst zu sprechen: „*Ich* denke, *ich* fühle ...“ oder zu sagen: „*Ich* muss, ich *kann,* ich *will* nicht anders ...!“, bewirkt dies in sich schon eine Destabilisierung störenden Verhaltens.

Wenn sich die Klienten auf einen Vorschlag der Beraterin eingelassen haben und diesen mit positiven korrigierenden Erfahrungen verknüpfen können, lässt sie das offen für weitere Änderungsvorschläge werden. Sie beginnen, neue Erfahrungen wirklich zuzulassen und sogar selbst aktiv herbeizuführen – z.B. indem sie zu Hause versuchen, neu gelernte Gesprächsregeln in ihrem Alltag anzuwenden. Dies geschieht in einem Kontext, den sie als Annäherung an ihre eigenen Ziele erleben, nämlich besser miteinander klar zu kommen. Das Wissen um dieses Ziel, wohin man sich als Paar entwickeln will, ist oft wichtiger als die problembezogene Arbeit. Es ist beraterische *Kunst,* die Klienten auf ein für sie erstrebenswertes Ziel hin zu motivieren. Voraussetzungen dafür sind allerdings eine vertrauensvolle Beziehung und immer wieder der Blick der Beraterin auf das, was in einem Paar gelingt.

Zusammenfassung

Die Aktivierung störenden Verhaltens bei einem Paar wird dazu genutzt, mit den Klienten den Prozess seiner Entstehung gemeinsam anzuschauen und dessen Abläufe bewusst zu machen. Danach ist eine Basis vorhanden, neues Verhalten einzuüben.

12. Lernziel Beziehungskompetenz

Wenn man seine Beobachtungen als Beraterin nicht auf die *Inhalte* des Streits eines Paares, sondern vielmehr auf das *Wie* legt, so fällt nicht selten auf, dass es den Beteiligten häufig an grundlegenden Fähigkeiten mangelt, eine Beziehung auf gleicher Augenhöhe zu leben. Dann wird dem Partner z.B. vorgeworfen, dass dieser überhaupt nicht in der Lage sei zuzuhören, und gleichzeitig wird er bei seinen knappen Meinungsäußerungen mitten im Satz unterbrochen. Oder ihm wird vorgeworfen, keine Ideen zur gemeinsamen Freizeitgestaltung beizutragen und gleichzeitig ist der Ankläger – angeregt durch die Nachfrage der Beraterin – nicht in der Lage, selbst Vorschläge zu machen. Diese Beobachtungen waren ein wesentlicher Motor für mich, die Vermittlung von Beziehungskompetenzen in den Vordergrund der Beratung zu stellen. Häufig kann man danach als Beraterin erleben, dass sich die Probleme, wegen derer Paare in die Beratung gekommen sind, mit den neuen Kompetenzen in Luft auflösen.

Angesichts der großen Bedeutung, die ein Gelingen einer Partnerschaft für das körperliche und seelische Wohlbefinden der Partner und deren Kinder hat, sollen solche Kompetenzen vermittelt werden, die es den Partnern ermöglichen, ihr System Ehe und Familie als Zugewinngemeinschaft – und das weniger im finanziellen Sinne – für alle Beteiligten, einschließlich ihrer Kinder, zu gestalten.

Warum überhaupt ein solcher Begriff wie Partner*schule*? Viele Ratsuchende können sich leichter mit dem Begriff eines Lernenden identifizieren als mit dem eines psychisch Kranken, der einer „Therapie“ bedarf. In einer Schule muss man noch nichts wissen, man darf Fehler machen, wird angeleitet zum richtigen Handeln und man ist vor allen Dingen nicht allein, es gibt andere, die mitmachen, eine Klassen*gemeinschaft*. Im Folgenden wird aufgezeigt, was genau die Ratsuchenden in dieser „Schule“ lernen können. Dabei besteht natürlich kein Anspruch auf Vollständigkeit!

Folgende Hypothesen gelten als Grundlage einer *wachstumsorientierten* Arbeit mit Paaren. Diese sind eine Ausweitung der vier Grundbedürfnisse nach *Grawe* (1998, 2004), die er als oberste Sollwerte menschlicher Aktivität benennt (Kap. 8). Darüber hinaus spüren Ratsuchende deutlich, dass sie gute Beziehungen, die über die Partnerschaft hinausgehen, wie Freunde und Nachbarn, ein tragendes Netzwerk also, für die Gestaltung ihres Lebens brauchen (*Saßmann* & *Klann* 2002):

- Menschen wollen sich in ihrer allernächsten Beziehung gut fühlen. Sie merken das daran, dass sie hier Entspannung finden, sie sich als Person wertvoll empfinden und sie sich kompetent im Umgang miteinander verhalten.
- Sie wollen verstehen, wie ihr Miteinander funktioniert – warum sie so handeln, wie sie handeln und warum ihr Partner so handelt, wie er handelt.
- Sie wollen ihre Potenziale entfalten.
- Sie wollen Leben empfangen und es weiter geben.
- Sie wollen ihre Kinder gut erziehen können.
- Paare wollen zusammen bleiben, wollen, dass ihre Liebe wächst, bis dass der Tod sie scheidet.

Notwendig sind also Räume und/oder Felder, in denen sie dieses lernen können und in denen sie sich als kompetente Beziehungspartner erfahren. Das heißt dann konkret: Menschen, die eine Beratungsstelle aufsuchen, sind in der Regel nicht krank. Sie wissen nur nicht, *wie* das geht, in Ehe und Familie so zusammenzuleben, dass sie eine Zugewinngemeinschaft bilden. Die mathematischen Ergebnisse der Spielforschung zeigen uns, dass Kooperation nur dann gelingt, wenn beide von dem Spiel Nutzen haben und Gewinner sind. Und das ist mit dem Spiel des Lebens nichts anderes.

Menschen sind sehr intelligente Wesen. Deshalb schaffen sie sich Lernsituationen und/oder Herausforderungen, an denen sie wachsen und reifen können. Sie verfolgen dabei das Ziel, immer mehr die oder der zu werden, die oder der in ihnen steckt. Sie wollen ihre Potenziale entfalten. So sind die Situationen, mit denen Ratsuchende in die Beratung kommen, ihr Chaos, für sie solche Herausforderungen, an denen sie lernen können. Sie lernen etwa durch die Entwicklung neuer Strukturen, neuer Verhaltensweisen, neuer Denkmuster, ihr Chaos zu überwinden, um zu einer größeren Komplexität des Miteinanders zu gelangen. Dabei stellen sie immer mehr fest, dass sich die Anzahl ihrer Möglichkeiten vergrößert.

Menschen sind in der Lage, bis an ihr Lebensende hinzuzulernen. Sie können ausgetretene Pfade der Selbstabwertung, destruktive Muster des Miteinanders verlassen, um neue konstruktive Möglichkeiten zu lernen, mit sich selbst und mit anderen umzugehen.

Was also lernen Erwachsene in der Partnerschule?

Nachfolgende Qualitäten für das Gelingen einer Partnerschaft werden vermittelt. Primäres Ziel ist dabei *nicht* das Aushandeln von Streitpunkten, sondern vielmehr die Vermittlung von Beziehungskompetenzen. Diese ermöglichen dann, die eigene Situation unter einem alternativen Gesichtspunkt zu betrachten und so Lösungen zweiter Ordnung zu entwickeln.

- ***Entspannung***: Ratsuchende lernen, sich zu entspannen, um sich selbst spüren und fühlen zu können. Dadurch bekommen sie Kontakt zu ihren somatischen Markern

(*Stauch* 2004). Erst aus dieser Entspannung heraus und in Kontakt mit ihrem emotionalen Gedächtnisspeicher können sie dann auf ihr Leben schauen und mögliche Veränderungen planen.

→ ***Einen eigenen Stand entwickeln:*** Sie lernen, bei sich anzukommen und sich auf sich selbst zu zentrieren. Sie machen die Erfahrung, wie es sich anfühlt, auf eigenen Füßen zu stehen, selbständig zu sein, einen eigenen Stand zu haben. Aus diesem heraus verantwortlich zu sein für die Gestaltung ihres eigenen Glücks und Unglücks.

→ ***Gefühle ausdrücken:*** Sie lernen, ihr Gefühlsspektrum zu erweitern und einen angemessenen Ausdruck dafür zu finden.

→ ***Ja sagen und Nein sagen***: Sie lernen, sich abzugrenzen, „Nein" und auch „Ja" zu sagen und so Grenze als Ort des Kontaktes zu sich selbst als auch zum Partner zu erfahren.

→ ***Sich anzuvertrauen:*** Dadurch, *dass* sie erfahren haben, dass sie auf eigenen Füßen stehen können, können sie *jetzt* auch lernen, wie das geht, sich anzuvertrauen, sich anderen zuzumuten, sich halten zu lassen. Aus dieser Gewissheit ist es jetzt auch möglich, für andere Halt zu sein. Aus der Treue sich selbst gegenüber sind sie jetzt in der Lage, *auch* dem Partner bzw. ihren Kindern gegenüber treu zu sein.

→ ***Sich hingeben, sich fallen lassen:*** Sie lernen, sich dem anderen hin zu geben, sich einfach fallen zu lassen.

→ ***Aggressionen gestalten:*** Aggressionen sind eine wichtige Grundausstattung unseres Menschseins; Ratsuchende lernen, sich dessen bewusst zu sein. Aus diesem Bewusstsein heraus lernen sie diese gezielt einzusetzen, *und* sie werden auch in die Lage versetzt, Aggressionen abzuwehren.

→ ***Einen Ausdruck finden und darüber ins Gespräch kommen:*** Durch den Einsatz kreativer Medien, wie Ton, Farben und Formen finden sie einen nicht sprachlichen Ausdruck für bisher noch Unaussprechbares. Mithilfe dieser Form kommen sie mit ihrem Partner und mit anderen ins Gespräch.

→ ***Sich einfühlen:*** Aus einem guten Spüren seiner selbst wird es dann *auch* möglich, sich in den Partner einzufühlen. Klienten lernen, den Körper und die Seele des Partners zu spüren und wahrzunehmen. Aus diesem heraus verändern sie die Gestaltung ihres Miteinanders ganzheitlich. Zum Beispiel lösen sie sich in ihrer Sexualität von einer Orgasmusfixiertheit hin zu einem spielerischen Miteinander, das den ganzen Körper einbezieht.

→ ***Sprechen und Zuhören lernen:*** Durch das EPL (Ein partnerschaftliches Lernprogramm) lernen sie kommunikative Fertigkeiten, „richtig" zu sprechen und „richtig" zuzuhören (*Engl* & *Thurmaier* 1992).

→ ***Sich präsentieren:*** Im Rahmen der Gruppenarbeit wird ihnen Mut gemacht – insbesondere im Freizeitbereich –, sich mit ihren Fähigkeiten und Künsten den anderen Teilnehmern zu präsentieren. Sie machen so die Erfahrung, etwas zu können, was von anderen geschätzt wird. Sie lernen, die Anerkennung anderer wahrzunehmen und sie anzunehmen und auch, sich selbst zu verstärken und sich zu loben.

→ ***Mit anderen kooperieren:*** Im Zusammenspiel mit anderen in der Gruppe machen sie die Erfahrung, *wie* und *dass* sie mit anderen kooperieren können. Sie sind solidarisch und erleben tätige Solidarität der anderen. Insbesondere aber machen sie die Erfahrung, dass sie selbst kompetente Beziehungspartner sind.

→ ***Wissensvermittlung:*** Partnerschule ist auch „Klientenschulung", also *konkrete Wissensvermittlung*. Dabei werden unter anderem folgende Informationen, am besten immer am Prozess orientiert, vermittelt:

... Grundlagen der Chaostheorie (Chaos als etwas Normales, als Übergang zu einer größeren Komplexität des Miteinanders);

... der Unterschied zwischen impliziten und expliziten Verhaltensweisen (zwischen vorbewussten und bewussten Beziehungsregeln);

... Produzieren von Wahrnehmung (Erinnerung nicht als Dokumentarfilm, sondern als ein Produkt der augenblicklichen Situation);

... Entstehung von Störungen, Störungsattraktoren, Bedeutung neuronaler Erregungsmuster für das Verstehen konflikthafter Interaktionen;

... Informationen über den geschichtlichen Wandel in der Ehe von der Vorherrschaft des Mannes zur Partnerschaft zwischen Mann und Frau;

... Bedeutung der Kontrazeptiva und der in Medien produzierten Meinung für eine veränderte Einstellung und Gestaltung der Sexualität;

... eine systemische Sichtweise zum Verstehen des „Filmes" der zwischen Paaren läuft, zum Beispiel an der Fragestellung, wie macht das Opfer den Täter zum Täter?

Zusammenfassung

Vor allem erfahrungsorientiert lernen die Klienten Verhaltens- und Erlebensweisen, die ihnen, ausgehend von einem guten Kontakt und einem guten Wissen um sich selbst, ermöglichen, sich in Beziehungen angemessen und kompetent zu verhalten.

Partnerschule in der Praxis

13. Diagnostik und Evaluation

Ehe- und Familienberatung ist eine Aufgabe mit hoher Verantwortung den Betroffenen und ihren Kindern gegenüber, schließlich hängt die Weiterentwicklung der psychischen und physischen Gesundheit aller Familienmitglieder von den Ergebnissen dieser Arbeit ab. Deshalb ist es selbstverständlich, dass standardisierte diagnostische Verfahren als unverzichtbare Bestandteile einer verantwortungsvollen Beratungstätigkeit das therapeutische Geschehen begleiten. Ähnlich, wie der Arzt im Rahmen der Behandlung den Blutdruck kontrolliert, wird die Beraterin prüfen, ob sich etwa die Anzahl der Konflikt trächtigen Probleme, die so schwerwiegend sind, dass die Klienten an eine Trennung denken, verringert oder nicht; ob sich die Problemlösekompetenz verändert oder nicht usw.

Mit den im Folgenden vorgestellten Möglichkeiten kann die Wirksamkeit des beraterischen Vorgehens sowohl im Hinblick auf den Einzelfall bzw. ein einzelnes Paar als auch in Bezug auf eine größere Stichprobe von Klienten überprüft und dokumentiert werden. Damit leistet die Beraterin einen Beitrag zur Qualitätssicherung und zum Verbraucherschutz.

13.1 Leitfaden für den ersten Kontakt – Faktensammlung

Ein Paar betritt ein Beratungszimmer, betritt den Gruppenraum, und dies geschieht in einer für dieses Paar charakteristischen und einmaligen Weise: Sie erwidern jeder für sich den Gruß, sie betreten jeder für sich den Raum, schauen sich um, nehmen in einer Gruppe, in einer für jeden von beiden spezifischen Art mit anderen Teilnehmern Kontakt auf, suchen sich einen Platz ... jeder für sich und doch sind beide miteinander verbunden, da ist etwas Spezifisches *„zwischen ihnen"*, was sie zum Paar macht (*Buber* 1962). Und so wird dieses *„Zwischen"*, das „Wie" des Miteinanders, werden sie selbst zum eigentlichen Thema der Beratung. Es gilt also, neben den im Folgenden aufgeführten Fakten insbesondere auf das zu achten, dafür eine Antenne zu entwickeln, was man in der Interaktion beider erlebt. Dies wird zum Leitfaden therapeutischen Handelns.

In der ersten Phase wird den Klienten Gelegenheit gegeben, sich als Paar in Szene zu setzen. Ausgangslage dabei sind seitens der Klienten in der Regel die Störungen im Miteinander. Davon sollte sich die Beraterin nicht irritieren lassen und beharrlich auch nach dem fragen, was gelingt. Darüber hinaus gilt es, möglichst viele Fakten zu sammeln, um einen Eindruck von den Rahmenbedingungen zu bekommen, unter denen das Paar lebt. Diese Faktensammlung umfasst verschiedene inhaltliche Bereiche bzw. Ebenen.

Sachebene:

- ➜ Ist das Paar verheiratet oder nicht?
- ➜ Sind Kinder vorhanden?
- ➜ Leben Eltern oder andere Verwandte im Haushalt oder in der Nähe?
- ➜ Trägt das Paar Verantwortung für kleinere Kinder oder pflegebedürftige Eltern?
- ➜ In welchen Lebensbezug ist das Paar eingebunden? Wie gestaltet sich ihr sozioökonomisches Umfeld?
- ➜ Ist ein Partner von Arbeitslosigkeit oder Krankheit bedroht?
- ➜ Gehören sie einer gesellschaftlichen Gruppe, wie etwa einem Verein, Familienkreis etc. an?

Affektebene:

- ➜ Welche Atmosphäre, welches emotionale Klima herrscht zwischen beiden?
- ➜ Welche Gefühle und Gedanken über die einzelnen Partner und über beide als Paar werden bei der Beraterin bzw. bei anderen Gruppenmitgliedern ausgelöst?

Ressourcenebene:

- ➜ Was kann jeder für sich, unabhängig vom Partner?
- ➜ Was bringt jeder zum gemeinsamen Wohl ein?
- ➜ Was schaffen beide als Paar?
- ➜ Was gelingt ihnen?

Interaktionsebene:

- ➜ Hat jeder einen eigenen Stand oder definiert er sich über den anderen: „Meine ganze Sorge ist es, dass es meiner Frau gut geht"?
- ➜ Wie werden sexuelle Wünsche mitgeteilt: „Wenn mein Mann tagsüber nur etwas netter zu mir wäre ... ginge ich mit ihm auch abends ins Bett"?
- ➜ Oder nach welchen Kommunikationsregeln laufen die Gespräche ab: „Du bist auch zu nichts zu gebrauchen ..."?
- ➜ Ist der Einzelne in der Lage, selbst für sein Wohlergehen zu sorgen oder soll der Partner dafür verantwortlich sein?

Paare suchen eine Beratung auf, weil sie ein Problem haben, das in der Regel einen hohen Leidensdruck bei ihnen auslöst. Das hat zur Folge, dass dasjenige, was *gelingt,* außer Blick gerät. Da verdient z.B. jemand regelmäßig Geld für den Unterhalt der Familie, oder die Kinder werden morgens nach einem guten Frühstück in die Schule geschickt, aber keiner ist sich dieser Ressourcen bewusst. Gerade für Ehen in einer Krise ist es ganz wichtig, nicht aus den Augen zu verlieren, was in der Partnerschaft gelingt. Kann das Paar selbst keine Ressourcen und Stärken im Miteinander entdecken, so hilft die Beraterin durch gezieltes Nachfragen bei der Suche.

13.2 PIB – Paarinterview zur Beziehungsgeschichte – Standard für das Erstgespräch mit einem Paar

Nach dem Erstkontakt und der Bereitschaft, sich gemeinsam auf den paartherapeutischen Prozess im Rahmen des vorgeschlagenen Weges einzulassen, schließt sich das PIB – das Interview zur Beziehungsgeschichte (*Sassmann* 2001) – an.

Sowohl die Klienten als auch die Beraterin bekommen dadurch eine Fülle von qualitativen Informationen. Dabei geht es weniger um eine objektive Wahrheitsfindung, als vielmehr darum, den Interaktionsprozess zwischen den Partnern zu erleben. Wie etwa erinnern die Partner den Beginn ihrer Beziehung? Wie interpretieren sie ihr Miteinander in Konfliktsituationen? Aus dieser Art der Interpretation lassen sich Rückschlüsse auf den augenblicklichen Zustand eines Paares ziehen. Erscheint die Erinnerung an den Anfang der Beziehung nur noch in einem negativen Licht oder lässt sich durch die Frage danach im Moment ein positives Klima induzieren?

Das PIB wird in der zweiten Sitzung durchgeführt. Das Interview selbst findet in einer lockeren Atmosphäre statt. Die Beraterin fragt die einzelnen Fragen hintereinander ab. Dabei geht sie *nicht* auf die Aussagen der Klienten ein, sondern ihre Aufgabe ist es, ähnlich wie bei einem Zeitungsinterview, den Klienten zuzuhören und einen Prozess zwischen beiden zu ermöglichen.

Als hilfreich hat es sich erwiesen, dieses Interview als Videoaufzeichnung zu dokumentieren und anschließend nochmals auszuwerten. Ein auf Video aufgezeichnetes Interview bietet ferner eine gute Möglichkeit, ein Paar in der Supervision vorzustellen. Als Nebenprodukt (?!) dieses Interviews kann man sehr häufig beobachten, dass sich selbst stark belastete und unzufriedene Paare, auf die Frage nach dem *Beginn der Beziehung,* nach dem ersten Kennenlernen, immer mehr entspannen. Der Gesichtsausdruck verändert sich und eine angenehme Stimmung zwischen beiden breitet sich aus. Es ist also möglich, durch dieses Interview *auch* an vorhandene, aber zurzeit verschüttete emotionale Ressourcen anzuknüpfen und so implizit eine gute Atmosphäre auszulösen.

1. Teil – Geschichte der Ehe

1. Frage

Lassen Sie uns doch einfach von vorne anfangen ... Erzählen Sie mir, wie Sie sich kennen gelernt haben und wie Sie dann zusammengekommen sind. – Können Sie sich daran erinnern, als Sie sich das erste Mal gesehen haben? Erzählen Sie darüber! Was war Besonderes an (Name von Mann bzw. Frau)? Was war der erste Eindruck, den Sie voneinander hatten?

2. Frage

Wenn Sie an die Zeit denken, als Sie sich kennen gelernt haben, also bevor Sie geheiratet haben, woran können Sie sich da erinnern? Was war besonders an dieser Zeit? – Wie lange haben Sie sich gekannt, bevor Sie geheiratet haben? Woran erinnern Sie sich in dieser Zeit? Welche Höhepunkte gab es? Welche Spannungen bestanden? Welche Dinge haben Sie zusammen unternommen?

3. Frage

Erzählen Sie mir, wie Sie zu der Entscheidung kamen zu heiraten. – Von allen Menschen auf der Welt haben Sie sich entschieden, diesen Menschen zu heiraten. Wie kam es dazu? War es eine schwere oder eine leichte Entscheidung?

4. Frage

Können Sie sich an Ihre Hochzeit erinnern? Erzählen Sie mir darüber! – Waren Sie auf Hochzeitsreise? Woran erinnern Sie sich bei der Hochzeitsreise?

5. Frage

Woran erinnern Sie sich, wenn Sie an das erste Jahr Ihrer Ehe denken? – Hat es Anpassungen an das Verheiratetsein gegeben? (Falls das Paar Kinder hat:) Wie war das, als Sie beide Eltern wurden? Erzählen Sie mir über diese Periode Ihrer Ehe! Wie erging es Ihnen beiden in dieser Situation?

6. Frage

Zu einer Partnerschaft gehört auch immer Sexualität. Gab es besonders schöne Zeiten der Sexualität oder Probleme für Sie? Wie hat sich dieser Bereich menschlichen Zusammenseins verändert? Wie sind Sie mit Familienplanung und Verhütung umgegangen?

7. Frage

Wenn Sie an die letzten Jahre denken, was gab es in Ihrer Ehe an richtig schönen Zeiten? (Was zeichnet schöne Zeiten für dieses Paar aus?)

8. Frage

Viele Menschen, mit denen wir gesprochen haben, erzählen, dass es in ihrer Beziehung Hochs und Tiefs gab. Würden Sie sagen, dass das auch für Ihre Beziehung zutrifft?

9. Frage

Wenn Sie an die letzten Jahre denken, was haben Sie für wirklich harte Zeiten in Ihrer Ehe erlebt? Was glauben Sie, warum Sie zusammengeblieben sind? Wie haben Sie diese schweren Zeiten überwunden?

10. Frage

Vielfach berichten uns Paare von Streiteskalationen. So kann einer handgreiflich werden oder die Wohnung verlassen. Wie würden Sie einen für Sie eskalierten Streit beschreiben? Wie häufig kommen solche Auseinandersetzungen vor?

11. Frage

Was glauben Sie, worin sich Ihre Ehe heute von Ihrer Ehe kurz nach der Heirat unterscheidet?

2. Teil – Philosophie der Ehe

12. Frage

Wir interessieren uns dafür, was Sie glauben, was eine Ehe funktionieren lässt. Was glauben Sie, warum manche Ehen klappen und manche nicht? Denken Sie mal bitte an ein Paar, das Sie kennen und welches eine gute Ehe führt, und an eines, das eine ausgesprochen schlechte Ehe führt. Wie würden Sie Ihre eigene Ehe mit jeweils diesen Paaren vergleichen?

13. Frage

Erzählen Sie mir über die Ehe Ihrer Eltern (beide Partner fragen). Wie war Ihr Verhältnis zu Ihrem Vater als Sie aufwuchsen? Wie war Ihr Verhältnis zu Ihrer Mutter als Sie aufwuchsen? Wie war deren Ehe? Würden Sie sagen, dass Ihre eigene Ehe der Ihrer Eltern sehr gleicht oder sich davon stark unterscheidet? Warum?

14. Frage

Was würden Sie gerne über Ihre Ehe oder die Ehe im Allgemeinen noch sagen, was wir noch nicht angesprochen haben? Haben Sie Zukunftspläne? Haben Sie Ratschläge für junge Paare, die mit dem Gedanken spielen zu heiraten?

Dauer ca. 45 – 90 Minuten

13.3 Fragebogen zur Erstdiagnostik und Evaluation

Nach dem ersten Kontakt bekommen die Ratsuchenden die Fragebögen der Beratungsbegleitenden Forschung (*Klann* & *Hahlweg* 1994a; *Klann* & *Sanders* 2004) mit nach Hause. Sie werden gebeten, diese ausgefüllt zum nächsten Termin, also *vor* dem PIB mitzubringen. Neben der Diagnostik dienen die Fragebögen der Qualitätskontrolle der Beratung, da sie auch am Ende und zu einer Katanamneseerhebung (ein halbes Jahr nach Beratungsabschluss) eingesetzt werden. Durch ein Computerprogramm sind die Handhabung und die Auswertung einfach und unkompliziert. Die Bögen und das Computerprogramm zur Auswertung sind beim Hogrefe Verlag unter folgender eMail-Adresse erhältlich: apparatezentrum@hogrefe.de

Insgesamt können mit Hilfe der Fragebogenbatterie der Beratungsbegleitenden Forschung verschiedene wesentliche Dimensionen des Verhaltens und inneren Erlebens der Einzelnen in ihrer Partnerschaft und Familie abgebildet werden. Als Bezugs- und Orientierungspunkt stehen dabei immer die Daten einer Normstichprobe, d.h. einer Stichprobe von unbelasteten Paaren, die mit ihrer Beziehung zufrieden sind, zur Verfügung. Auf dieser Grundlage kann dann beispielsweise ermittelt werden, ob und in welchen Bereichen sich Unterschiede zwischen Ratsuchenden und unbelasteten Paaren ergeben. Natürlich dürfen solche Vergleiche immer nur mit Vorsicht gezogen werden, denn das subjektive Erleben des gleichen Sachverhaltes ist bei verschiedenen Menschen auch höchst unterschiedlich. Beispielsweise kann ein Mensch, der in seiner Kindheit durch Krankheit oder Unfall ein Bein verlor, zwar mit Hilfe von guten Prothesen und einem intensiven Lauftraining sich wieder gut fortbewegen, ja er kann sogar Medaillen bei den olympischen Spielen für Behinderte gewinnen. Er wird sich aber nie mit einem Menschen messen können und wollen, der noch beide Beine hat. Dennoch lassen sich mit den Erhebungsinstrumenten der Beratungsbegleitenden Forschung wichtige Hinweise darauf gewinnen, in welchen Aspekten der Partnerschaft besonders ausgeprägte Schwierigkeiten vorliegen. Darüber hinaus bietet der Fragebogen zur Lebenszufriedenheit am Abschluss der Batterie ein mögliches Korrektiv.

Auf Seiten der Klienten lösen die Fragebogen einen Selbstbeobachtungsprozess aus, der für den Beginn des Beratungsprozesses sehr hilfreich sein kann, weil den Klienten eine Hilfe gegeben wird, die Schwierigkeiten und Probleme im Miteinander zu benennen. Außerdem fühlen sie sich durch den Einsatz dieser von der Beraterin „ernst“ genommen. Denn es liegt der Vergleich zu dem Arzt, der ein Blutbild macht nahe.

Im Einzelnen umfasst die Fragebogenbatterie der Beratungsbegleitenden Forschung folgende Erhebungsinstrumente:

···› Fragebogen zur Einschätzung von Partnerschaft und Familie (EPF)

Bei diesem Fragebogen handelt es sich um die deutsche Version (vgl. *Klann, Hahlweg, Snyder* & *Limbird* 2005) des Marital Satisfaction Inventory – Revised (MSI-R) von Snyder (1997). Der EPF umfasst insgesamt 150 Items, die sich auf 12 Skalen verteilen; die Antwortalternativen lauten jeweils „stimmt" und „stimmt nicht".

1. Inkonsistenz-Skala (IKO)

Die Inkonsistenz-Skala soll helfen, solche Personen zu identifizieren, die die Items mehr oder weniger zufällig oder nachlässig beantworten. Zur Berechnung der Inkonsistenz werden die Antworten von 20 Itempaaren miteinander verglichen. Die Items stammen jeweils aus einer Skala und sind inhaltlich ähnlich, so dass bei konsistenter Beantwortung die vergleichbare Antwortalternative zu erwarten ist:

1. Beantwortung inkonsistent, da die Person unterschiedliche Antworten gibt:
„Ich wünsche mir, mein(e) Partner(in) würde meinen Neigungen mehr Interesse entgegenbringen." (stimmt)
„Mein(e) Partner(in) nimmt sich selten Zeit für das, was ich gerne mache." (stimmt nicht)

2. Beantwortung inkonsistent, da die Person die gleiche Antwort bei gegensätzlich formulierten Items gibt:
„Manchmal bin ich mit unserer sexuellen Beziehung unglücklich." (stimmt)
„Unser Sexualleben ist vollauf befriedigend." (stimmt)

2. Globale Unzufriedenheit (GUZ)

Diese Skala erfasst die generelle Unzufriedenheit mit der Partnerschaft. Die Skala korreliert mit dem kurz- und langfristigen Erfolg einer Paartherapie. Die Items erfassen drei inhaltlich eng zusammenhängende Bereiche:

1. Pessimismus hinsichtlich der Partnerschaft:
„Manchmal bin ich in unserer Beziehung ziemlich entmutigt." (stimmt)
„Es hat Zeiten gegeben, in denen ich meine(n) Partner(in) sehr gern verlassen hätte." (stimmt)

2. Generelle Unzufriedenheit mit der Partnerschaft:
„Es gibt in meiner Beziehung vieles, was mir gefällt." (stimmt nicht)
„Die guten Seiten unserer Beziehung wiegen die schlechten bei weitem auf." (stimmt nicht)

3. Unvorteilhafte Vergleiche mit anderen Partnerschaften
„Meine Beziehung ist so zufriedenstellend wie jede andere, die ich kenne." (stimmt nicht)
„Mein(e) Partner(in) und ich sind glücklicher als die meisten Paare, die ich kenne." (stimmt nicht)

3. Affektive Kommunikation (AKO)

Diese Skala soll mit 13 Items die Unzufriedenheit mit dem Ausmaß an Zuneigung, Affektivität, Selbstöffnung und Verständnis erfassen, das vom Partner gezeigt wird. Es handelt sich um das beste Maß für die emotionale Intimität, die in der Partnerschaft erlebt wird.

1. Mangel an Affektivität und Unterstützung:
„In unserer Partnerschaft drücken wir unsere Liebe und Zuneigung offen aus." (stimmt nicht)
„Wenn ich traurig bin, gibt mein(e) Partner(in) mir das Gefühl, dass er/sie mich liebt und macht mich wieder glücklich." (stimmt nicht)

2. Fehlen von Empathie und gegenseitiger Selbstöffnung:
„Manchmal kann ich mich leichter einem Freund als meinem Partner anvertrauen." (stimmt)
„Manchmal versteht mein(e) Partner(in) meine Gefühle nicht." (stimmt)

4. Problemlösung (PBL)

Diese Skala mit 19 Items soll die generelle Effektivität erfassen, mit der die Partner ihre Konflikte und Differenzen lösen können. Drei Aspekte werden erfasst:

1. Scheitern selbst bei geringen Differenzen:
„Häufig verrennen wir uns hoffnungslos in unsere Streitereien." (stimmt)
„Kleinere Meinungsverschiedenheiten mit meinem(r) Partner(in) enden oft im Streit." (stimmt)

2. Fehlen spezifischer Problemlöse-Fertigkeiten:
„Selbst wenn mein(e) Partner(in) böse auf mich ist, kann er/sie meinen Standpunkt verstehen." (stimmt nicht)
„Wenn wir beide verschiedener Meinung sind, versucht mein(e) Partner(in), eine für beide akzeptable Lösung zu finden." (stimmt nicht)

3. Überreaktion und Unfähigkeit, wichtige Themen zu diskutieren:
„Mein(e) Partner(in) ist bei manchen Themen so empfindlich, dass ich sie nicht einmal erwähnen darf." (stimmt)
„Die Gefühle meines Partners sind zu leicht verletzbar." (stimmt)

5. Aggression (AGG)

Diese Skala, bestehend aus 10 Items, erfasst das Ausmaß an Einschüchterung (intimidation) und körperlicher Gewalt des Partners. Die Einschüchterung äußert sich in Anschreien, im Zerstören von Gegenständen und im Werfen von Gegenständen nach dem Partner. Körperliche Aggression reicht von Schubsen bis hin zu Handlungen, die den Partner verletzen. Die Skala ist als Screening-Instrument gedacht, deshalb wird auch danach gefragt, ob die Verhaltensweisen jemals aufgetreten sind und nicht nach der jetzigen Häufigkeit des Auftretens.

1. Physische Aggression:
„Mein(e) Partner(in) hat schon an meinem Körper blaue Flecken oder Wunden hinterlassen.“ (stimmt)
„Mein(e) Partner(in) hat mich noch nie körperlich verletzt.“ (stimmt nicht)

2. Nicht-physische Aggression und Einschüchterung:
„Mein(e) Partner(in) hat Türen schon zugeschlagen oder hat aus Wut mit Gegenständen geworfen.“ (stimmt)
„Manchmal schreit oder brüllt mein(e) Partner(in) mich an, wenn er/sie wütend ist.“ (stimmt)

6. Gemeinsame Freizeitgestaltung (GFG)

Diese Skala mit 10 Items soll die Qualität und Quantität der gemeinsamen Freizeitgestaltung erfassen. Erfragt wird, ob die Partner ausreichend Zeit miteinander verbringen, diese Zeit miteinander genießen und ob sie gemeinsame Interessen haben. Die GFG-Skala kann als Maß für die verhaltensmäßige Intimität gelten, in Ergänzung zur emotionalen Intimität, die mit den Skalen ‚Affektive Kommunikation‘ und ‚Sexuelle Unzufriedenheit‘ erfasst wird.

1. Fehlen gemeinsamer Aktivitäten:
„Wir verbringen viel Freizeit miteinander zum gemeinsamen Vergnügen.“ (stimmt nicht)
„Wir verbringen mindestens eine Stunde am Tag mit gemeinsamen Unternehmungen.“ (stimmt nicht)

2. Fehlen gemeinsamer Interessen:
„Wir beide haben wenig gemeinsame Gesprächsthemen.“ (stimmt)
„Mein(e) Partner(in) nimmt sich selten Zeit für das, was ich gerne mache.“ (stimmt)

7. Konflikte um Finanzen (KOF)

Diese Skala mit 11 Items erfasst das Ausmaß an Konflikten, die im Zusammenhang mit der Handhabung finanzieller Angelegenheiten entstehen. Drei Bereiche werden erfragt:

1. Sorgen hinsichtlich der Finanzen:
„In unserer Partnerschaft gab es wegen finanzieller Fragen nie ernsthafte Schwierigkeiten.“ (stimmt nicht)
„Unsere finanzielle Zukunft scheint gesichert.“ (stimmt nicht)

2. Misstrauen dem Partner gegenüber hinsichtlich des Umgangs mit Finanzen:
„Ich vertraue meinem(r) Partner(in) bezüglich des Umgangs mit unserem Geld.“ (stimmt nicht)
„Mein(e) Partner(in) kauft zu viel, ohne mich vorher zu fragen.“ (stimmt)

3. Auseinandersetzungen um Geld:
„Wir beide können nur schwer über Geld miteinander reden, ohne aufeinander wütend zu werden.“ (stimmt)
„Der Versuch, einen Haushaltsplan aufzustellen, verursacht uns mehr Ärger, als die ganze Sache wert ist.“ (stimmt)

8. Sexuelle Unzufriedenheit (SUZ)

Diese Skala mit 13 Items soll die Unzufriedenheit mit der Qualität und Quantität der partnerschaftlichen Sexualität erfassen. Drei Aspekte werden erfragt:

1. Generelle Unzufriedenheit mit der gemeinsamen Sexualität:
„Sexualität ist das Thema, über das mein(e) Partner(in) und ich uns nicht völlig aussprechen.“ (stimmt)
„Unser Sexualleben ist vollauf befriedigend.“ (stimmt nicht)

2. Mangelndes Interesse des Partners:
„Mein(e) Partner(in) zeigt manchmal zu wenig Lust auf Sex.“ (stimmt)
„Es gibt ein paar sexuelle Verhaltensweisen, die ich mir wünschen würde, denen mein(e) Partner(in) aber anscheinend nichts abgewinnen kann.“ (stimmt)

3. Zu wenig Zärtlichkeit:
„Ich habe einen Seitensprung nie ernsthaft in Erwägung gezogen.“ (stimmt nicht)
„Ich würde mir von meinem(r) Partner(in) etwas mehr Zärtlichkeit während der sexuellen Kontakte wünschen.“ (stimmt)

9. Rollenorientierung (ROR)

Diese Skala mit 12 Items soll traditionelle oder egalitäre Einstellungen zur ehe- und elterlichen Rollenorientierung erfassen. Hohe Werte deuten auf eine partnerschaftlich-kameradschaftliche (egalitäre) Einstellung hin, niedrige Werte auf eine eher traditionelle Einstellung. Die individuelle ROR-Skala erfasst nicht notwendigerweise partnerschaftliche Unzufriedenheit mit der Rollenverteilung. Ob Unzufriedenheit und Konfliktpotential vorliegt, erschließt sich aus den Differenzen der beiden Partner. Drei Aspekte werden erfasst:

1. Verteilung der Aufgaben in Haushalt und Kindererziehung:
„Für Wäsche, Putzen und Kindererziehung ist in erster Linie die Frau verantwortlich.“ (stimmt nicht)
„Die Rolle der Frau sollte die der Hausfrau sein.“ (stimmt nicht)

2. Gleichheit hinsichtlich Status und Entscheidungsfällung:
„Der Mann sollte das Oberhaupt der Familie sein.“ (stimmt nicht)
„Eine Frau sollte nach der Eheschließung den Nachnamen ihres Mannes tragen.“ (stimmt nicht)

3. Gleichheit hinsichtlich Beruf und Bedeutung:
„Es sollte mehr Kindertagesstätten und Kindergärten geben, damit mehr Mütter von kleinen Kindern berufstätig sein können." (stimmt)
„Erkrankt das Kind einer berufstätigen Mutter, sollte der Vater auch bereit sein, zu Hause zu bleiben und sich um das Kind zu kümmern." (stimmt)

10. Konflikte in der Ursprungsfamilie (KUF)

Diese Skala mit 9 Items soll das Störungsausmaß in der Ursprungsfamilie erfassen. Die Skala wurde in das MSI aufgenommen, da ungelöste Konflikte in der Ursprungsfamilie oder schlechte elterliche Modelle einen Beitrag zu Problemen in der eigenen Beziehung leisten können. Die Skala erfasst drei Aspekte:

1. Unglückliche Kindheit:
„Als junger Mensch konnte ich es nicht abwarten, meine Familie zu verlassen." (stimmt)
„Meine Eltern haben mich nie wirklich verstanden." (stimmt)

2. Problematische Ehe der Eltern:
„Meine Eltern haben nicht so kommuniziert, wie sie es hätten tun sollen." (stimmt)
„Ich habe mich oft gefragt, ob die Beziehung meiner Eltern in einer Scheidung enden würde." (stimmt)

3. Gestörte Familienbeziehungen:
„Alle Ehen in meiner Verwandtschaft wirken ziemlich glücklich." (stimmt nicht)
„In meiner Familie standen wir uns alle sehr nahe." (stimmt nicht)

11. Unzufriedenheit mit den Kindern (UZK)

Diese Skala mit 11 Items soll erfassen, wie zufrieden die Partner mit dem Verhalten ihrer Kinder und der Eltern-Kind Beziehung sind. Außerdem wird erfragt, ob sich die Anforderungen der Kindererziehung negativ auf die Partnerschaft auswirken. Folgende Bereiche werden angesprochen:

1. Bedenken hinsichtlich des Verhaltens der Kinder:
„Im Allgemeinen benehmen sich unsere Kinder ordentlich." (stimmt nicht)
„Unsere Kinder sind nicht so glücklich und sorglos wie Kinder in ihrem Alter es sein sollten." (stimmt)

2. Enttäuschung mit der Kindererziehung:
„Unsere Beziehung wäre vielleicht ohne Kinder glücklicher." (stimmt)
„Die Kinder haben mir nicht die Freude gebracht, die ich mir erhofft habe." (stimmt)

3. Keine Interaktion mit den Kindern:
„Meine Kinder und ich haben wenig Gemeinsames, über das wir reden können." (stimmt)
„In der Freizeit unternehme ich regelmäßig etwas mit den Kindern." (stimmt nicht)

4. Konflikte mit den Kindern:
„Unsere Kinder versäumen es selten, ihren Anteil an der häuslichen Arbeit zu erledigen.“ (stimmt nicht)
„Das Großziehen von Kindern ist nervenaufreibend.“ (stimmt)

12. Konflikte bei der Kindererziehung (KKE)

Diese Skala mit 10 Items soll Konflikte zwischen den Partnern bezüglich der Kindererziehung erfassen. Im Gegensatz zur UZK-Skala, in der die Qualität der Eltern-Kind-Beziehung erfragt wird, stehen hier die Probleme, die zwischen den Partnern bezüglich der Kindererziehung auftreten können, im Mittelpunkt. Drei Aspekte werden erfasst:

1. Partner vernachlässigt seine Pflichten bei der Kindererziehung:
„Mein(e) Partner(in) verbringt zu wenig Zeit mit den Kindern.“ (stimmt)
„Mein(e) Partner(in) trägt zu wenig zur Kindererziehung bei.“ (stimmt)

2. Partnerschaftsprobleme durch die Kindererziehung:
„Den Kindern gelingt es oft, einen Keil zwischen meinen Partner und mich zu treiben.“ (stimmt)
„In unserer Partnerschaft gab es wegen der Kinder noch nie ernsthafte Schwierigkeiten.“ (stimmt nicht)

3. Nichtübereinstimmung in der Kindererziehung:
„Wir beide streiten selten wegen der Kinder.“ (stimmt nicht)
„Wir beide entscheiden gemeinsam, welche Regeln für die Kinder gelten sollen.“ (stimmt nicht)

⇢ Problemliste (PL)

Gewichtung von und Umgang mit Konflikten: In der Problemliste sind 23 Bereiche des partnerschaftlichen Zusammenlebens aufgeführt (z.B. Zuwendung des Partners, Sexualität, Kommunikation/gemeinsame Gespräche, Vorstellungen über Kindererziehung), in denen es zu Konflikten kommen kann. Die Partner bearbeiten die PL getrennt voneinander und geben dabei anhand einer vierstufigen Skala an, in welchen Bereichen Konflikte bestehen und wie mit diesen Konflikten üblicherweise umgegangen wird:
In dem jeweiligen Bereich des Zusammenlebens entstehen:

→ keine Konflikte,	0
→ des öfteren Konflikte, erfolgreiche Lösungen,	1
→ oft Konflikte, keine Lösungen, oft Streit	2
→ oft Konflikte, aber wir sprechen nicht darüber.	3

Anhand der Problemliste gewinnt die Beraterin auch einen Eindruck von der Gesamtbelastung durch gravierende Partnerschaftsprobleme.

⇢ Stimmungsskala (ADS)

Die Allgemeine Depressionsskala (ADS; *Hautzinger* & *Bailer* 1992) erfasst die momentane Beeinträchtigung durch depressive Verstimmungen. Das Ausmaß der Depressivität wird ermittelt, indem die Klienten das Vorhandensein und die Dauer von 20 (für depressive Verstimmungen typische) Symptomen (wie z.B. Appetitlosigkeit, Konzentrationsschwierigkeiten, deprimierte und niedergeschlagene Stimmung) während der letzten sieben Tage beurteilen.

⇢ Beschwerden (BL)

Anhand der BL (*Zerssen* 1976) kann die subjektiv empfundene Beeinträchtigung durch körperliche oder seelische Allgemeinbeschwerden eingeschätzt werden. Inhaltlich umfasst die BL die folgenden Bereiche:

- Allgemeinbeschwerden (z.B. „Schwächegefühl", „Mattigkeit"),
- lokalisierbare, körperliche Beschwerden (z.B. „Schluckbeschwerden", „Kreuz- oder Rückenschmerzen"),
- körpernahe Allgemeinbeschwerden (z.B. „Gewichtsabnahme"),
- psychische Beschwerden (z.B. „Grübelei", „innere Unruhe", „Reizbarkeit").

Die Klienten schätzen den momentanen Ausprägungsgrad der einzelnen Beschwerden auf einer vierstufigen Antwortskala ein („gar nicht" bis „stark").

⇢ Fragen zur Lebenszufriedenheit (FLZ)

Dieser Fragebogen ergänzt die Palette zur Erfassung der Gesamtsituation der Klienten. Mit den FLZ (*Henrich* & *Herschbach* 2000) wird die allgemeine subjektive Lebenszufriedenheit bzw. -qualität der Ratsuchenden erfasst. Gleichzeitig liegt damit ein Instrument vor, das die durch die Beratung angestoßenen Veränderungen im Hinblick auf wichtige Lebensbereiche (z.B. Freunde/Bekannte, Gesundheit, Partnerschaft/Sexualität) dokumentieren kann. Da es zu den Selbsteinschätzungen der Klienten vergleichbare Normenwerte gibt, lässt sich feststellen, wie groß das Ausmaß der Zufriedenheit bzw. der Beeinträchtigungen verglichen mit anderen Personen in Deutschland ist.

Zusammenfassung

Zur Anfangsdiagnostik werden neben dem Erstgespräch das Partnerinterview zur Beziehungsgeschichte und die Fragenbogenbatterie der Beratungsbegleitenden Forschung eingesetzt. Die Letzteren dienen auch zur Evaluation der Beratung.

14. Drei Seminarformen

14.1 Übersicht über die drei Module

Andragogik (die Lehre von der Erwachsenenbildung) bedeutet u.a. Wahrnehmung des Erlebten mit dem Ziel, dieses durch Theoriebildung zu verstehen und durch Lernangebote zu verbessern. Deshalb wird als Ausgangspunkt die Alltagspraxis des jeweiligen Paares genommen. Das kann dann im konkreten Fall bedeuten, dass die hier vorgeschlagenen Übungen, Lernangebote oder „Hausaufgaben" auf die jeweiligen Teilnehmer hin zu verändern bzw. ganz neu zu erfinden sind. So beklagte sich eine Frau, dass sie von ihrem Mann nicht wahrgenommen, nicht gesehen würde. Aufgrund dieser Äußerung wurde zusammen mit dem Paar folgende Übung erfunden: Jeden Abend sollten sich beide während des Abendessens zu einem festgelegten Zeitpunkt, genau um 19.30 Uhr, eine Minute lang anschauen. Ferner sollten sie die Veränderungen, die sie bei sich feststellen würden, schriftlich festhalten. Zwei Monate später war der Ursprung des Problems, das Sich-nicht-gesehen-Fühlen, verschwunden. Trotzdem behielt das Paar diese Übung bei und falls sie es einmal vergaßen, dann erinnerten ihre Kinder sie daran.

Die Partnerschule ist vor allem eine Intervention in und mit Gruppen. Die Beratung mit dem Paar bzw. auch mit einem Partner allein vor dem Beginn einer Gruppe dient der Eingangsdiagnostik bzw. einer Beruhigung der Situation, um das Paar vor übereilten Entscheidungen zu bewahren. *Nach* einer Gruppe handelt es sich häufig um eine „Feinjustierung". Das Verfahren Partnerschule setzt sich neben dem Einzelkontakt aus drei einander ergänzenden Modulen mit unterschiedlichen Schwerpunkten zusammen. Es folgt nun eine Übersicht über diese Module, die anschließend mit den dazugehörigen Übungen detailliert vorgestellt werden.

In der ersten Interventionsphase wird mit dem Paar gemeinsam ein Bild von seiner augenblicklichen Situation mit seinen Schwierigkeiten und Konflikten, aber auch mit seinen Ressourcen gewonnen. Diese Situationsbeschreibung geschieht zum einen verbal durch die Schilderung der Ratsuchenden, durch diagnostische Verfahren und durch den Einsatz kreativer Medien, wie Malen oder der Arbeit mit Ton. Die psychische Situation des Einzelnen, die Frage danach, warum der Einzelne sich im Moment so und nicht anders verhält bzw. nicht anders verhalten kann, wird in der zweiten Interventionsphase in den Vordergrund gestellt. Hier geht es insbesondere darum, die impliziten Regeln, mit denen der Einzelne und im Zusammenspiel das Paar seine Beziehung gestaltet, zu dechiffrieren.

Die ersten beiden Interventionsphasen sind klärungsorientiert, d.h. es gilt festzustellen, wie genau das Paar interagiert und kommuniziert und warum sich der Einzelne aufgrund seiner Herkunftsgeschichte und seiner bisherigen Beziehungserfahrungen so verhält. In der dritten Phase, in der es um die jeweiligen Intentionen geht, die jemand mit einer Ehe verknüpft, werden die inneren Leitbilder und Kognitionen für das Zusammenleben überprüft und gegebenenfalls korrigiert. Diese Vorgehensweise ist bewältigungsorientiert, da der Schwerpunkt auf einer möglichen Einstellungsänderung über die Art und Weise, wie Frau und Mann zusammenleben können, liegt.

In der vierten Phase, die ebenfalls überwiegend bewältigungsorientiert ausfällt, steht die Vermittlung von Beziehungskompetenzen im Vordergrund. Überwiegend deshalb, weil auch durch die Übungen immer wieder neuronale Erregungsmuster aktiviert werden können, die durch ihre Wahrnehmung zu einer Erhöhung der Komplexität des Wissens um das eigene Verhalten beitragen. Hier kommen insbesondere Techniken der Verhaltens- und Kommunikationstherapie und einer teilnehmerorientierten Erwachsenenbildung mit körperbezogenen, erlebnis- und bewusstseinserweiternden Vorgehensweisen zum Tragen.

Alle Elemente ergänzen und befruchten sich gegenseitig. Wenn ein Paar in der ersten Sitzung unter Beobachtung und Anleitung von seinen Schwierigkeiten erzählt, handelt es sich sowohl um die Einübung von „kommunikativer Kompetenz“ als auch um den Beginn des Klärungsprozesses.

Während der gesamten Beratung muss das Lernen neuer Verhaltensmuster dort einsetzen, wo implizite Beziehungsregeln – also solche, die dem bewussten Handeln noch nicht zugänglich sind – im Prozess aktualisiert werden. Deshalb reicht in der Beziehungstherapie eine einseitige Orientierung am Training von Kommunikationsfertigkeiten nicht aus, da es gilt, auch nonverbale Defizite zu verändern. Diese verlangen eine eigene Beachtung und darauf zugeschnittene Maßnahmen.

Das Neugestalten, das Ausprobieren anderer befriedigenderer Formen des Miteinanders wird vornehmlich durch psychoedukatives Lernen in und mit Gruppen eingeübt (*Fiedler* 1996). Dabei ist das Einüben und Erlernen der Eigenverantwortung eine wichtige Leitlinie, wie es das folgende Beispiel aus der konkreten Arbeit mit einem Paar verdeutlicht: Eine Frau, die sich über den Druck des Partners beschwerte: „Ich *muss* zu Hause den ganzen Tag räumen, weil sonst mein Mann nicht zufrieden ist“ wurde gebeten, das Wort „muss“ durch das Wort „will“ zu ersetzen. „Ich *will* zu Hause den ganzen ...“ Durch diesen kleinen Hinweis konnte dann sehr viel an Veränderungsprozessen hinsichtlich mehr Selbstbestimmung und Eigenverantwortung in Gang gesetzt werden. (Er ermöglichte aber auch zu reflektieren und zu fragen, wer immer „Du musst“ gesagt hat.)

Durchgehendes Element dieses integrativen, beraterischen Ansatzes ist für den Klienten die Erfahrung, nicht nur mit allem angenommen zu sein, also keine Vorhaltungen zu hören, sondern auch, dass man mit Hilfe der Beraterin entdecken lernt, welche „Kompetenz" in dem, was heute stört, einmal gesteckt haben kann. Aufgrund dieser Erfahrung eines Seitenwechsels hin zu den eigenen Ressourcen, lassen sich Veränderungsprozesse überhaupt erst in Gang setzen (*Grawe* 1998). Außerdem sind Erfahrungen der gelebten Gemeinschaft mit anderen Menschen in der Gruppe oft *die* entscheidenden, heilenden Erlebnisse, etwa die Erfahrung, mit der eigenen Kompetenz anderen Hilfe zu sein, anderen Mut machen zu können.

Bei dem Verständnis und der Bewältigung von Interaktions- und Kommunikationsstörungen in der Ehe spielt die Gestaltung der Sexualität eine zentrale Rolle, denn Störungen in diesem Bereich korrelieren signifikant mit anderen Paarproblemen. Deshalb wird in der Eheberatung auf Grundlage der Partnerschule dem Gestalten einer für das jeweilige Paar angemessenen Sexualität großer Wert beigemessen.

Methodisch steht der Blick auf die Situation des einzelnen Paares vor, während und nach den Gruppenseminaren im Vordergrund. Gruppendynamische Prozesse und deren Ent- oder Verwicklungen treten in den Hintergrund. Man kann also von einer Einzelfallorientierung unter Einbezug der Möglichkeiten einer Gruppe sprechen. Die Gruppenarbeit verläuft in einem ausgesprochen angenehmen und akzeptierenden Gruppenklima. Gruppenkonflikte und gruppendynamische Verwicklungen kommen so gut wie nie vor. Das hat zur Folge, dass etliche Klienten nach Beendigung der „offiziellen" Gruppentherapie den Prozess in Eigenverantwortung als Selbsthilfegruppe fortführen (ausführlich in Kap. 16).

Die Gruppenseminare werden entweder als Abendveranstaltung in vierzehntägigem Abstand in den Räumen einer Beratungsstelle durchgeführt oder stationär in Kooperation mit Einrichtungen der Erwachsenenbildung ein bzw. zwei Wochen lang oder über mehrere Wochenenden verteilt. Maximal nehmen neun Paare an einer Gruppe teil, manchmal auch Einzelpersonen, deren Partner eine Teilnahme ablehnt. Parallel zur Gruppentherapie wird eine Kinderbetreuung angeboten. Allein schon der Ortswechsel bietet mit neuer Umgebung eine andere Atmosphäre für das Paar und die Familie.

Denn für manche kann es schon eine Last sein – und diese Tatsache wird zum möglichen Kontrollparameter für Störungen –, wenn man täglich für andere kochen muss, wenn die Wohnung mit 60 m^2 und vier Kindern sehr klein ist, wenn man keine Gelegenheit hat, die Kinder sorglos zum Spielen auf die Straße zu schicken, wenn die Schwiegermutter über einem wohnt ... So können unbewusst destruktive psychische Prozesse aktiviert werden durch Wahrnehmungen, die immer in einer bestimmten Umgebung ablaufen, gekoppelt mit Gedanken, Erinnerungen und Vorstellungen. Insofern bieten allein schon die Räumlichkeiten der Beratungsstelle oder der Tagungshäuser einen wichtigen, äußeren Rahmen für positive Veränderungsprozesse. Der Volksmund spricht von den Vorzügen des „Tapetenwechsels".

Jedes Modul ist in sich abgeschlossen – der Einstieg sollte sinnvollerweise mit dem Basisseminar beginnen, dies ist aber nicht zwingend notwendig. Auch die Häufigkeit, mit der einzelne Module gewählt werden, hängt von der Situationsentwicklung des jeweiligen Paares ab. Durchgehende Elemente aller drei Module sind: (a) verbale und nonverbale Übungen, die das partnerschaftliche miteinander Umgehen fördern, (b) die Einladung, sich mit seinen Kompetenzen an der Gestaltung des Seminars zu beteiligen, (c) gezielte, am Prozess orientierte Informationsvermittlung durch kurze Referate, (d) Reflexionen, um das Erleben und neue Erfahrungen mitzuteilen und (e) die Aufforderung, diese im Rahmen eines Therapietagebuchs persönlich festzuhalten. Zu Beginn jedes Seminars bekommen die Teilnehmer ein solches Therapietagebuch zur Verfügung gestellt, das sie durch ihre Aufzeichnungen, aber auch durch Skizzen und Malen gestalten können. Die Erfahrung zeigt, dass dieses Buch von einigen auch in ihrem Alltag weitergeführt wird.

Das Basisseminar: „Anleitung zur Selbsthilfe" (zeitlicher Umfang: 40-60 Stunden):

In diesem Modul geht es insbesondere um die Themen: Was für ein Paar sind wir? Welche Schwächen, welche Stärken zeichnen uns aus? Welche Beziehungserfahrungen bringt jeder von uns mit in die Partnerschaft? Welche Ideen hat jeder von uns von einer Ehe, einem partnerschaftlichen Zusammenleben? Welche Ziele setzen wir uns als Paar?

Kleines Genusstraining: „Lebendigkeit, Sinnlichkeit und Sexualität" (zeitlicher Umfang: drei Wochenenden, verteilt über einen Zeitraum von sechs Monaten):

Dieses Seminar gliedert sich in drei Sequenzen. Im Rahmen des ersten Abschnitts wird ein wohlwollender Blick auf den eigenen Körper als Ausgangspunkt für sinnlichen Genuss geübt. In der zweiten Sequenz stehen das Gespräch über Sexualität und die Bedeutung von Träumen und Phantasien als Wegweiser lebendiger Sexualität im Mittelpunkt. Im letzten Abschnitt geht es um die Integration der gegengeschlechtlichen Anteile, basierend auf der Idee, dass in jedem Mann Weibliches und in jeder Frau Männliches lebt.

„Paarkibbuz": Training von Autonomie und Zweisamkeit (zeitlicher Umfang: vierzehntägiges Intensivseminar):

Beim Paarkibbuz handelt es sich um ein paar- und familientherapeutisches Seminar, das den Teilnehmern aufgrund seiner Rahmenbedingungen intensive Erfahrungs- und Lernmöglichkeiten bietet. „Offizielle" therapeutische Arbeit wechselt hier mit der Möglichkeit, mit anderen Teilnehmern gemeinsam Zeit zu verbringen und zu gestalten, aber auch sich allein für sich selbst zurückzuziehen. Dienste am Gemeinschaftsleben, wie Spülen oder Getränkedienst, werden abwechselnd wahrgenommen. An den Abenden ist jeder eingeladen, sich mit seinen Fähigkeiten und Künsten in die Gruppe einzubringen. – Im Folgenden wird die Gestaltung der einzelnen Module ausführlicher beschrieben. Es soll vermittelt werden, wie diese didaktisch angelegt werden können; darüber hinaus soll ein atmosphärischer Eindruck von ihrer Gestaltung entstehen.

14.2 Das Basisseminar: Anleitung zur Selbsthilfe

Leitung: je ein männlicher und eine weibliche Berater(in) und je nach Anzahl und Alter der Kinder zwei bis vier Personen für die Kinderbetreuung
Teilnehmer: max. 18 Personen (Paare und Einzelpersonen)
Dauer: 5 bis 7 Tage oder über 10 Abende verteilt (40-60 Therapiestunden). Wenn der Kurs *an Abenden* stattfindet, so hat sich ein Beginn um 18.00 Uhr bewährt. Es wird mit 15 Minuten Bewegung (durch den Raum gehen, sich strecken, dehnen, gähnen ...) begonnen. Danach folgt eine Runde, in der jeder etwas zu sich sagen kann, damit alle Teilnehmer voneinander wissen, wie es um jeden von ihnen im Moment steht. Darüber hinaus ist jeder aufgefordert, von dem zu erzählen, was ihm in letzter Zeit allein bzw. mit dem Partner geglückt ist, was schön war. Gegen 19.30 Uhr findet ein gemeinsames Abendbrot statt, zu dem jeder etwas mitgebracht hat. Dann ist noch zwischen 20 Uhr und 22 Uhr weitere therapeutische Arbeit möglich.

···› 1. Tag Anreise und Ankommen / Die Anwärmphase

Bereits der erste Moment, in dem die Kursteilnehmer das Seminarhaus, den Seminarraum betreten, ist für ihr Wohlbefinden wichtig. Deshalb ist eine sorgfältige Planung dieser „Anwärmphase" durch die Leitung zu gewährleisten. Denn eine positive Stimmung und Atmosphäre, in der sich die Teilnehmer willkommen und sicher fühlen können, begünstigt in hohem Maße das Aufnehmen neuer Informationen und die Flexibilität des Denkens sowie der Informationsverarbeitung. Das bedeutet konkret, dass die Seminarleitung zwei Stunden vor den Teilnehmern am Veranstaltungsort ist. Hier werden der Gruppenraum und der Raum für die Kinder vorbereitet. So können zum Beispiel bereits Spielzeug für die Kinder bzw. Bücher mit für das Seminar relevanten Themen ausgelegt werden. Als eine kleine, aber sehr wichtige Geste hat es sich bewährt, die anreisenden Familien bereits am Parkplatz oder an der Pforte zu empfangen, die Erwachsenen und Kinder zu begrüßen und ihnen beim Einchecken bzw. bei der Suche nach den Zimmern zu helfen.

Nach der Begrüßung, bei der ersten gemeinsamen Mahlzeit (häufig das Abendessen) bekommen die Teilnehmer, die Erwachsenen und die Kinder, einen Hinweis auf den Gruppenraum und das erste Treffen. Dabei ist die Zeit so zu planen, dass auf der einen Seite die Kindergruppe noch ausreichend Zeit hat, sich ein erstes Mal zu treffen und kennen zu lernen und auf der anderen Seite die Eltern Gelegenheit haben, ihre Kinder ins Bett zu bringen. Das bedeutet konkret, dass sich die Erwachsenen am ersten Abend in der Regel erst um 20.30 Uhr zum ersten Mal als Gruppe treffen und die Kinderbetreuer in dieser Zeit einen ersten wichtigen Einsatz haben, damit die Erwachsenengruppe ungestört arbeiten kann. – Zusammengefasst geht es in dieser wichtigen Anfangsphase, also *bevor* die Gruppe offiziell begonnen hat, um folgende Ziele:

- Die Teilnehmer sollen nicht nur mit ihrem Körper, sondern auch mit ihrer inneren Aufmerksamkeit ankommen können.
- Sie sollen durch eine freundliche und sie willkommen heißende Atmosphäre ein erstes Vertrauen in die für sie ungewohnte und in der Regel verunsichernde Situation gewinnen.
- Sie sollen dadurch Sicherheit finden, um sich mit ihren Leid auslösenden Themen aufgehoben zu fühlen und Mut bekommen, sich damit *und* mit ihren Ressourcen einbringen zu können.

Im Gegensatz zu gruppendynamischen Vorgehensweisen, die die mitgebrachte Verunsicherung der Teilnehmer als Ausgangspunkt bewusst einplanen bzw. diese gezielt induzieren, setzt hier das Therapeutenpaar auf eine bewusst freundliche und akzeptierende Atmosphäre. Ganz im Sinne von *Rogers,* der empfahl: „Wenn ein Katalysator-Leiter eine gewährende Atmosphäre schafft, wenn die Verantwortung wirklich dem Einzelnen oder der Gruppe übergeben wird, wenn grundlegender Respekt vor der Fähigkeit des Einzelnen oder der Gruppe vorhanden ist, dann wird das Problem verantwortlich und angemessen analysiert, tritt verantwortliche Selbstlenkung zu Tage, sind Kreativität, Produktivität und Qualität der Produktion den Resultaten anderer vergleichbarer Methoden überlegen, entwickeln sich beim Einzelnen und bei der Gruppe Moral und Selbstvertrauen“ (1972, 71).

Die klinische Erfahrung zeigt, dass diese, von den Beraterinnen vorgegebene Haltung im Sinne eines Beobachtungslernens von den Teilnehmern aufgenommen wird und sich positiv auf das Verhalten der Partner miteinander und zu anderen Teilnehmern auswirkt. So wird in der Regel bei einer ersten Reflexion am ersten Abend durch viele Teilnehmer erstaunt die vertrauensvolle Atmosphäre wahrgenommen und benannt.

Das erste Treffen

Das Seminar beginnt offiziell mit der Vorstellung der Leitung. Wegen der sehr persönlichen Art der Arbeit wird vorgeschlagen, sich mit „Du“ und Vornamen anzureden. In ganz wenigen Fällen möchten Teilnehmer auch beim „Sie“ bleiben. Dies wird als wichtige Aussage bzw. als Schutz des Klienten vor zu viel Nähe durch ein „Du“ akzeptiert. Zusätzlich kann es als Ausdruck eines möglichen Widerstandes bzw. im Sinne einer Stärkung der persönlichen Autonomie ausdrücklich begrüßt werden. Denn hier ist jeder frei, nur das mitzumachen, was er auch will und für sich als angemessen empfindet.

Nachdem sich das Therapeutenpaar kurz vorgestellt hat, wird auf folgende Regeln hingewiesen:

- Alle Angebote der Gruppenarbeit sind freiwillig, und es besteht nirgends und niemals ein Zwang zur Teilnahme.
- Alles, was an persönlichen Aussagen gesagt wird, unterliegt dem Schweigegebot der Leitung und aller Teilnehmer.

- ➜ Die Grenzen und Widerstände eines jeden Teilnehmers in der Arbeit werden geachtet und ernst genommen, d.h. niemand kann hier etwas falsch machen, alle Äußerungen, Handlungen sind „richtig", wenn sie sich auf einen selbst beziehen.
- ➜ Wenn jemand bei der therapeutischen Arbeit anderer Teilnehmer plötzlich selber sehr erregt ist über das, was er erlebt, kann er, wenn es ihm zu viel wird, jederzeit den Gruppenraum verlassen.

Die Beraterinnen gebrauchen für die Gruppe und das, was in diesem Seminar geschieht, das Bild von einem Schiff: Sie selbst führen das Steuer, aber sie bitten die Teilnehmer, dass sie auch rudern, damit die Gruppe am gemeinsamen Ziel ankommen kann. Dadurch wird von Anfang an auf die positiven Auswirkungen innerer Bilder (*Lazarus* 1980) gesetzt. Das Bild vom Schiff, dem Steuermann bzw. der Steuerfrau und den Ruderern gibt zum einen durch die klare Rollenverteilung (Beraterin = Steuerfrau) Sicherheit in Bezug auf die fachliche Kompetenz, macht aber auch durch das Bild des gemeinsamen „Ruderns" deutlich, dass alle, im Sinne einer emanzipatorischen Erwachsenenbildung (*Meueler* 1982), für das Erreichen des Zieles mitverantwortlich sind. Anschließend lernen die Teilnehmer anhand eines Spiels schnell die einzelnen Vornamen.

⇢ *Und wie heißt du?*

Ziel: Die Teilnehmer sollen auf spielerische Weise möglichst schnell die Vornamen der anderen kennen lernen.

Dauer: 10 Minuten

Anleitung: Der Erste nennt seinen eigenen Vornamen und fragt seinen Nachbarn, wie er heiße. Dieser antwortet, dann wiederholt der Zweite den Namen des Ersten und sagt seinen eigenen, gibt die Frage zum Dritten weiter, und so geht die Runde herum, bis zum Schluss der 17. bzw. der 19. alle Namen sagen muss.

Erfahrungen: Mit diesem Spiel lernen die Teilnehmer in der Regel sehr zügig die Vornamen der anderen Gruppenmitglieder. Es sorgt für eine erste Entspannung und öffnet den Weg zu einer Homogenität der Gruppe. Gleichzeitig äußert sich jeder Teilnehmer zum ersten Mal laut in der Runde; somit ist auch ein erster Schritt zu einem prägnanten Selbst- und Identitätserleben getan.

Damit den Teilnehmern wichtige Atmosphären, Szenen und innere (oftmals vorbewusste) Ziele, die im Sinne eines erfolgreichen Seminarablaufes wichtig sind, deutlicher werden, wird im Folgenden versucht, sie mit ihrem ganzen Körper und nicht nur mit ihrem Intellekt anzusprechen.

⇢ *Unser Raum – die Anderen und Ich selbst*

Ziel: Die Teilnehmer sollen den Raum, in dem sie sich während des Seminars aufhalten, sinnlich wahrnehmen. Sie sollen spüren, wie dieser auf sie wirkt und ihre Emotionen dazu ausdrücken können. Sie sollen in einen ersten bewussten Kontakt mit den anderen Teilnehmern kommen und sich über ihre Ziele, die sie mit der Teilnahme verbinden, klar werden.

Dauer: 10 Minuten

Anleitung: Die Teilnehmer werden aufgefordert, den Raum zu erkunden. Hilfreich ist es, dabei die Schuhe auszuziehen, um die Beschaffenheit des Bodens zu spüren. Ebenso kann man einen Raum erkunden, indem man sich auf die Erde legt und zur Decke schaut, über Tische und Stühle geht, sich auf einen Stuhl stellt, um alles von oben zu betrachten oder auch sich hinter eine Gardine stellt, um sich zu verstecken. Insbesondere werden die Teilnehmer aufgefordert zu spüren, wie genau der Raum seelisch auf sie wirkt:
→ Wie bewege ich mich?
→ Wie schnell oder langsam gehe ich?
→ Spüre ich den Kontakt meiner Füße mit dem Boden, wie ich den Fuß aufsetze, ihn abrolle?
→ Wie fließt mein Atem, tief oder flach?
→ Wie wirkt der Raum auf mich? (Jeder probiert aus verschiedenen Perspektiven, auf dem Boden liegend, auf einem Stuhl stehend, gebückt etc., den Raum wahrzunehmen.)
→ Und wie fühle ich mich jetzt, im Augenblick?

Dann geht es darum, die bewusste Aufmerksamkeit auf die anderen Teilnehmer zu lenken. Während die Teilnehmer durch den Raum gehen, werden von der Leitung folgende Fragen in den Raum gesagt:
→ Wen nehme ich hier noch alles im Raum wahr?
→ Was sind das für Menschen?
→ Von wem fühle ich mich angezogen? Wen finde ich attraktiv? Wen langweilig?
→ Mit wem möchte ich am liebsten nichts zu tun haben? *Hier werden erste Eindrücke, mögliche Übertragungen, Erinnerungen durch Benennen bewusst gemacht und so einer Nutzung in der späteren Diagnostik des Paares und des Einzelnen zugänglich und dadurch ggf. abrufbar.*

Danach wird die Aufmerksamkeit wieder auf jeden Teilnehmer selbst gelenkt mit den Fragen:
→ Wie bin ich hier angereist, mit welchen Erwartungen bin ich zu diesem Seminar gekommen?
→ Welche Hoffnungen, welche Ängste habe ich mitgebracht?
→ Was darf keiner von mir hier wissen? Was möchte ich unbedingt geheim halten? Wo sind meine Schamgrenzen?

Das ist wichtig zu wissen, damit ihr darauf achtet, auch nur soviel und sowenig von euch zu erzählen, wie ihr wollt!

In der letzten Frage wird Widerstand, eine wichtige Fähigkeit des Individuums, sich gegen Einflüsse auf die Identität und das Selbst abzuschirmen, als Realität eines jeden benannt. Durch das Benennen und damit das Bewusstwerden wird oftmals eine Überprüfung des Widerstandes beim Einzelnen in Gang gesetzt. Dies ermöglicht meist eine tiefere Bearbeitung, gerade wenn sich im Verlauf der Therapie zeigt, dass der Widerstand dysfunktional ist, also notwendige Veränderungen blockiert bzw. eine Auseinandersetzung mit der Realität behindert. „Widerstände zu brechen, zu durchbrechen, reproduziert negative Erziehungsstrategien und führt zur Deformation einer freien, kreativen Persönlichkeit. Deshalb arbeiten wir »vor« dem Widerstand oder „mit“ ihm, mit abschmelzenden Strategien, mit Akzeptanz“ (*Petzold* 1993, 1132). Beachtet wird bei dieser Art des Umgangs mit Widerstand, dass sich hinter jeder Abwehr Kompetenzen befinden, mit denen traumatische Erlebnisse verarbeitet wurden.

Nach einer kleinen Pause, immer während des Herumgehens, werden die gleichen Fragen in Bezug auf den Partner gestellt:
→ Und wie ist mein Partner wohl hier angereist, mit welchen Erwartungen?
→ Was mag mein Partner wohl hier befürchten?

(Wer allein anreist, kann sich dies in Bezug auf den abwesenden oder auch einen möglichen Partner fragen.)

Hier wird ein erstes Sich-Identifizieren mit dem Partner angeregt, eine wichtige Voraussetzung zu Kommunikation und zu einer gleichwertigen Beziehung.

Zum Schluss dieser Eröffnungsrunde, in der sich die Teilnehmer ihrer Motivation, ihrer Befürchtungen und ihrer persönlichen Ziele bewusster werden sollen, geht es darum, ersten „offiziellen" Kontakt mit anderen Teilnehmern aufzunehmen. Durch diese Kontaktaufnahme zu anderen besteht die Möglichkeit, sich selbst, die eigene Identität, prägnant in der Erfahrung der Abgrenzung zu erleben. So wird die „Grenze (hier der Rücken eines Partners) Ort von Berührung und Trennung in einem" (*Petzold* 1993, 1126). Denn ohne Berührung mit einem Partner, sei sie sanft oder aggressiv, ist der fortwährende Prozess der Ich- und Identitätsentwicklung nicht möglich.

Anleitung: Die Teilnehmer versuchen, sich Rücken an Rücken mit einem fremden, nicht mit dem eigenen, Partner zu begrüßen, sich mit den Rücken – ohne Worte – etwas zu erzählen. Diese Übung dauert einige Minuten und wird dann auf Ansage noch einmal mit einem anderen Partner wiederholt. Es ist dabei gleichgültig, ob sich Männer oder Frauen zusammenfinden.

Danach bildet die Gruppe einen Stuhlkreis. Hier hat jetzt jeder die Möglichkeit, von seinen gerade gemachten Erfahrungen zu berichten. Gleichzeitig wird angeregt zu sagen, welche Ziele jeder mit seinem Kommen verbindet, warum er hier ist, was er erwartet und was er befürchtet.

Das Kennen lernen dieser drei Ebenen: „Der Raum, die Anderen, Ich selbst" ist eine gute Möglichkeit, wirklich anzukommen. Selbst wenn dann jemand sagt, er sei noch ganz in Gedanken bei seinen alten Eltern, ob sie gut versorgt seien, lässt dieses Aussprechen ihn hier und jetzt da sein. Manche Tagungsräume haben eine kühle oder lieblose Atmosphäre, auch hier reicht ein Benennen, um eventuell noch etwas zu ändern – Lichtverhältnisse, Blumenschmuck etc. – oder, falls nur wenig änderbar ist, damit während des Seminars zu leben.

Den Abschluss dieser ersten Einheit bildet eine hypnoide Trance, die Mut und Perspektive in schwierigen Situationen induzieren soll. Da Phantasiereisen ein wichtiges Mittel der hypnoiden Trance sind, um auf kognitive Strukturen Einfluss zu nehmen, soll diese Methode zunächst erläutert werden.

Definition: Hypnoide Trance

Eine hypnoide Trance ist ein Zustand (*Svoboda* 1984), der sich als eine gewisse Loslösung vom Alltag durch körperliche und geistig-seelische Entspannung beschreiben lässt. Diese wird durch eine angeleitete Entspannung induziert. Die Aufmerksamkeit wendet sich dann langsam von den augenblicklich real erlebten Erfahrungen, z.B. der augenblicklichen Paarbeziehung, ab und realitätsfremden Ebenen zu.

In diesem Zustand ist es zum einen möglich, den Teilnehmern Phantasiereisen anzubieten, die durch die Verfremdung der Bildersprache kreative Prozesse zur Lösung aktueller Probleme auslösen können (Beispiele bei *Vopel* 1993).

Zum anderen ist es möglich, dass in dieser Trance tatsächlich Vergangenes auftaucht, innere Bilder, Stimmungen, Atmosphären, Affekte, Phantasien (z.B. über die Art der Beziehung der Eltern zum Zeitpunkt der Zeugung). Wenn die Teilnehmer anschließend wieder mit ihrer „normalen" Aufmerksamkeit präsent sind, ist es sinnvoll, das in der Trance Erlebte (vor dem hypnoiden Zustand wird dies bereits angekündigt) in einem schöpferischen Akt von jedem Einzelnen durch Formen und Farben auf einem großen Blatt Papier oder durch das Formen von Ton darstellen zu lassen.

Insbesondere bietet die hypnoide Trance eine Möglichkeit, auf den impliziten Funktionsmodus Einfluss zu nehmen, weil der rational-analytische Funktionsmodus weitgehend ausgeschaltet ist. Da das implizite und vor allem das affektive Funktionssystem entwicklungsgeschichtlich erheblich älter ist als das rationale, ist es wahrscheinlich, dass man mit einer Beeinflussung impliziter Prozesse auch mehr Einfluss auf immunologische und andere körperliche Prozesse gewinnen kann als über die Veränderung verbal-rational gesteuerter Prozesse (*Bohus* & *Berger* 1992).

Geht man einmal davon aus, dass das implizite Selbst, also das automatische Selbst, nicht das Bild ist, das ein Individuum von sich selbst hat (*Epstein* 1983), so kann durch die Trance auch dieses beeinflusst werden. Das implizite Selbst ist dem „bewussten" Selbstbild vorgeordnet, daher hat die Beeinflussung des impliziten Selbst eine große Wirkung auf das Erleben und Verhalten. Man darf vermuten, dass sich über eine Veränderung des impliziten Selbst auch das bewusste Selbstbild verändern wird. Hierzu ist die hypnoide Trance hervorragend geeignet.

···> *Phantasiereise – Nachts auf dem Schiff*

Ziel: Die Teilnehmer sollen sich in dieser Trance als kompetent in einer schwierigen Situation erleben.

Medien: Decken als Unterlage, entspannende Musik im Hintergrund

Dauer: ca. 30 Minuten

Anleitung: Bevor die nachfolgende Geschichte (Idee nach *Vopel* 1993) erzählt wird, ist es wichtig, mit einer kurzen Entspannung zu beginnen (alles wird ganz langsam und mit vielen Pausen vorgelesen):

Legt euch alle auf den Boden und macht es euch dort ganz gemütlich. Achtet darauf, dass ihr an keiner Stelle irgendwo eingezwängt seid. Ihr könnt z.B. den Hosenbund lockern. Hört im Hintergrund die Musik, schließt jetzt einmal die Augen und versucht, alles das, was euch jetzt noch belastet oder quält, in eurer Vorstellung in eine Tüte zu packen und draußen vor der Tür an der Garderobe abzugeben. Am Ende dieser Entspannung könnt ihr eure Probleme dann wieder mitnehmen.

Jeder Mensch ist in der Lage, sich zu entspannen, denn Entspannung gehört zu unserer Grundausrüstung, wie das Einatmen und das Ausatmen. Hilfreich ist es, sich ein Wort auszusuchen, das du automatisch mit Entspannung verbindest. Dann bist du später in der Lage, zum Beispiel in Alltagssituationen, deinen Körper mit Hilfe dieses Wortes in die Entspannung zu führen.

Lass dir jetzt ein wenig Zeit und suche dir ein Entspannungswort aus. Nun sag dir eine Zeit lang bei jedem Ausatmen dieses Entspannungswort. ... Nimm einmal wahr, wie sich immer mehr Ruhe und Entspannung in dir ausbreitet. Vielleicht spürst du auch, wie dein Körper ganz schwer und ruhig auf der Erde liegt, und der Atem kommt und geht.

Jetzt stell dir einmal vor, dass du an einer Wendeltreppe stehst und mit jedem Ausatmen ein Stückchen tiefer diese Treppe hinab gehst. Bei jeder Stufe hinab entspannst du dich mehr und gelangst zu deiner inneren Weisheit, die dich durch dein Leben leitet.

Stell dir jetzt einmal vor, dass du Schiffer auf einem Boot bist. Stell dir ganz genau dieses Boot vor. Lass es vor deinem inneren Auge ganz lebendig werden. Vielleicht ist es aus Holz, vielleicht aus Stahl? Es ist groß oder klein, das ist alles nicht so wichtig, aber du weißt, dass du ein geübter Seefahrer bist und dich auf dein Schiff und deine Tüchtigkeit verlassen kannst. Und mit dieser inneren Gewissheit bist du mit deinem Schiff nachts unterwegs.

Sturm und starke Wellen sind aufgekommen und du bist ganz allein mit deinem Schiff auf hoher See. Mit beiden Beinen stehst du fest am Steuerruder und hältst Kurs. Es ist stockdunkle Nacht, um dich herum peitscht der Wind, die Gischt schlägt dir ins Gesicht. Du kannst das Salzwasser auf deiner Haut spüren und hast den Geschmack von Salz im Mund. Der Wind treibt ein arges Spiel mit deinem Boot. Es wird in den Wellen auf und ab getrieben. Mit deinem Körper und seinen Bewegungen versuchst du, die Schwankungen auszugleichen. Du kannst nichts sehen, nur manchmal ein wenig schwaches Mondlicht, das die Schaumkronen der Wellen beleuchtet.

Mit beiden Händen hältst du das Ruder ganz fest. Plötzlich taucht in der Ferne ein schwacher Lichtstrahl auf. Er kommt von einem Leuchtturm. Ganz frische Kräfte stellen sich plötzlich bei dir ein. Du weißt, dass du nicht alleine bist. Dieser Leuchtturm weist dir den Weg in den sicheren Hafen. Sein regelmäßiges Licht leitet dich und zeigt dir den Weg durch die Nacht. Mit der Zeit wird das Leuchten immer heller, und du bist dir sicher, diesen Sturm und diese dunkle Nacht zu bewältigen und den sicheren Hafen zu erreichen.

Lass nun langsam dieses Bild in dir verblassen. Und immer, wenn du in deinem Leben tiefe Nacht erfährst, so hast du die Gewissheit, dass in dieser Nacht ein Leuchtturm auftaucht und du durch den Sturm mit deiner Kraft und Kompetenz dein Ziel erreichen wirst.

Nun komm mit deiner inneren Aufmerksamkeit wieder in diesen Raum und zu dieser Gruppe zurück. Achte wieder auf deinen Atem und spüre, wie du einatmest und ausatmest. Dann stell dir wieder vor, dass du an

der Wendeltreppe stehst und mit jedem Einatmen ein Stück dieser Treppe hinauf gehst und frischer und wacher wirst. Jetzt geh mit deiner Aufmerksamkeit zu deiner linken Hand und mache sie zu einer Faust. Anschließend geh mit deiner Aufmerksamkeit zu deinem Fuß und spanne ihn an und löse diese Spannung wieder. Dann räkele und streck dich, gähne wie nach einem erholsamen Schlaf. – Wenn die Musik beendet ist, können wir unsere Erfahrungen mit der Geschichte austauschen."

Zum Abschluss kann jeder noch kurz von seinen Erlebnissen mit der Phantasiereise erzählen.

···› 2. – 3. Tag Diagnostik

Jeder Tag beginnt mit einer einstündigen Bewegungsarbeit. Nach drei Liedern aus der aktuellen Hitparade, zu denen sich jeder im eigenen Tempo bewegt und tanzt, folgen Übungen, die dem Einzelnen helfen, seinen Körper zu spüren und sich selbst wahrzunehmen. Darüber hinaus gibt es Übungen, die mit einem Partner durchgeführt werden. Bei den Beschreibungen der einzelnen Module werden nur einige Standardübungen *beispielhaft* vorgestellt. Eine Fülle an Anregungen zu solchen Übungen findet sich bei *Hausmann* & *Neddermeyer* (2003) sowie *Henderson* (2001).

···› Einstieg in den Tag (2. Tag)

···› *Mein Stand*

Die Übungen zum eigenen Stand sind zentral, denn sie symbolisieren die Fähigkeit zur Eigenverantwortung und die Kompetenz der Eigenständigkeit als Ausgangsbasis für gleichwertiges Miteinander. – Zunächst wird einiges zum „Stand" gesagt, der ein Grundausdruck eines prägnanten Selbst- und Identitätserlebens ist. So hat ein Mensch, der etwa mit eingezogenen, den Brustbereich verbergenden Schultern und mit durchgedrückten Kniegelenken steht, aufgrund dieser Haltung wenig Atemvolumen und ist leicht aus dem körperlichen Gleichgewicht zu bringen. Die Teilnehmer nehmen probeweise diese Haltung ein und erleben deren Auswirkungen auf ihr augenblickliches Empfinden. Ausgehend von dieser Erfahrung wird vermittelt und eingeübt, was es bedeuten kann, Stand zu haben.

„Stand" meint den tatsächlichen Stand, dass jemand auf der Erde steht und, wenn er richtig steht, nicht umfallen kann. Dieser erlebte Stand wird auch zu einer inneren Sicherheit und „Standhaftigkeit", die ermöglicht, Belastungen, Schmerzen, unangenehme Gefühle, wie sie durch die folgenden Übungen und die damit verbundenen Erlebnisse auftauchen können, durchzustehen. Deshalb wird im Seminarverlauf immer wieder an die Fähigkeit zum eigenen Stand erinnert und dieser wieder eingeübt. Bei dem „richtigen Stand", der eine Erfahrung von „Standfestigkeit" ermöglicht, gilt es insbesondere auf Folgendes zu achten:

- die Füße stehen etwa schulterbreit,
- die Kniegelenke sind leicht gebeugt,
- Gesäß- und Kinnmuskeln sind entspannt.

Als Hilfe, solche Entspannung zu erreichen, ist ggf. eine kurze, bewusste Anspannung und Entspannung angezeigt. – Dann wird in der inneren Vorstellung bei jedem Ausatmen das Rückgrat bis zum Mittelpunkt der Erde verlängert. Im Anschluss an einige bewusste Atemzüge sollen sich die Teilnehmer vorstellen, dass sie bei jedem Einatmen ein Stückchen größer werden und sich ihr Rückgrat bis zum Zenit der Sonne verlängert.

···› *Sich mit einer Geste vorstellen*

Alle stehen im Kreis und jeder einzelne Teilnehmer tritt mit einer für ihn typischen Geste oder Bewegung in die Mitte. Während er diese Geste macht, sagt er seinen Namen: „Ich bin der ..." oder „Ich bin die ...", dann tritt er wieder zurück auf seinen Platz. Die übrigen Teilnehmer beobachten Gestik, Mimik und Sprachklang genau, treten jetzt alle gleichzeitig in den Kreis, imitieren die vorher gemachte Geste und das Nennen des Namens dieses Teilnehmers.

Wenn alle Teilnehmer sich in dieser Weise vorgestellt haben, wiederholen anschließend die Paare die Übung, indem sie sich nacheinander in die Kreismitte begeben, sich voreinander aufstellen und mit ihrer Geste und dem Nennen des eigenen Vornamens dreimal aufeinander zugehen. Dieses Aufeinanderzugehen der Partner, das Korrespondieren der Gesten miteinander hat eine zentrierende Wirkung: Das Paar wird, auch für alle anderen Teilnehmer, zum ersten Mal prägnant.

···› Beratung (2. Tag)

···› *Diagnostik durch eine Tonfigur*

Jetzt werden die Teilnehmer gebeten, sich im Raum an den dort bereitstehenden Tischen in Ruhe einen Platz auszusuchen, an dem sie später mit Tonerde arbeiten werden. Die Arbeit mit dem Ton ermöglicht eine Verdichtung, die oftmals mehr beinhaltet als eine Fülle von langen Erklärungen über die Situation, den Streit oder die Ressourcen des Paares. Ton bietet außerdem, wenn man ihn mit anderen kreativen Medien, wie dem Malen mit Ölkreide vergleicht, die Möglichkeit der Fokussierung der „Paargestalt". Hilfreich ist vor der Arbeit mit dem Ton der Hinweis, dass es beim Formen nicht auf „Schönheit" ankommt, es auch nicht wie in der Schule „Noten" dafür gibt und vor allem, dass keiner etwas falsch machen kann. Alles, was hergestellt wird, ist gut und richtig so! Denn viele Teilnehmer haben mit ihren Leistungen, besonders im kreativen Bereich, noch gar keine oder erhebliche negative Vorerfahrungen gemacht. Deshalb ist dieser Hinweis ausgesprochen wichtig, weil er zum kreativen Ausdruck ermuntert. Der Hinweis, „nichts falsch machen zu können", wird von vielen Teilnehmern als sehr ermutigend empfunden.

Ziel: Aus einer entspannten Atmosphäre heraus sollen die Teilnehmer ihre Ehe, ihre Paarbeziehung, wie sie sie im Moment erleben, mit Hilfe einer Tonfigur darstellen. Die Übung findet meist in Gruppen statt, eignet sich aber auch für Einzelberatungen.

Medien: Decken als Unterlage für die hypnoide Trance, Holzbretter, ein Klumpen Ton, entspannende Musik im Hintergrund, ein festes Heft (mit der Erklärung, dass dieses jeden Teilnehmer während des Seminars und darüber hinaus für Eindrücke, Erfahrungen begleiten soll), Schreibstifte. Diese Utensilien werden vor der Trance bereitgestellt, damit aus dieser heraus mit den Medien gearbeitet werden kann.

Dauer: ca. ein bis anderthalb Stunden

Anleitung: Bitten Sie die Teilnehmer beim folgenden Arbeiten mit dem Ton, die Augen geschlossen zu halten, damit kein Leistungsdruck entstehen kann. – Der folgende Text wird *langsam* und mit *Pausen* zwischen den Sätzen gesprochen:

Legt euch alle auf den Boden und macht es euch dort ganz gemütlich. Achtet darauf, dass ihr an keiner Stelle irgendwo eingezwängt seid. Ihr könnt z.B. den Hosenbund lockern. Hört im Hintergrund die Musik, schließt jetzt einmal die Augen und versucht, alles das, was euch jetzt noch belastet oder quält, in eurer Vorstellung in eine Tüte zu packen und draußen vor der Tür an der Garderobe abzugeben. Am Ende dieser Entspannung könnt ihr eure Probleme dann wieder mitnehmen.

Nun achte ein wenig auf dein Einatmen und das Ausatmen und sag dir bei jedem Ausatmen dein Entspannungswort. Nimm einmal wahr, wie sich immer mehr Ruhe und Entspannung in dir ausbreitet. Vielleicht spürst du auch, wie dein Körper ganz schwer und ruhig auf der Erde liegt, und der Atem kommt und geht.

Jetzt stell dir einmal vor, dass du an einer Wendeltreppe stehst und mit jedem Ausatmen ein Stückchen tiefer diese Treppe hinab gehst. Bei jeder Stufe hinab entspannst du dich mehr und gelangst zu deiner inneren Weisheit, die dich durch dein Leben leitet.

Stell dir einmal vor, dass du nach einem langen anstrengenden Arbeitstag gerade noch rechtzeitig eine Theatervorstellung erreicht hast. Du sinkst ganz entspannt in den Sessel und wartest voll Vorfreude auf das Bühnenstück. Dann geht der Vorhang auf und du erlebst ein Stück, in dem zwei Personen die Hauptrollen spielen. Nach einiger Zeit merkst du, dass du es selbst bist, du als Paar, und du betrachtest in aller Gelassenheit, wie ihr beide miteinander umgeht, euch berührt, Sexualität lebt oder vermeidet, euch streitet, Kontakt zu Nachbarn und Verwandten pflegt, mit den Kindern umgeht ... Welchen Eindruck gewinnst du von den beiden? Wie fühlen sich die beiden als Paar an? Wie schmecken die beiden? Langsam ist das Ende des Stückes gekommen, der Vorhang fällt, das Publikum applaudiert. Und nochmals öffnet sich der Vorhang und die beiden Darsteller werden vom Publikum gefeiert.

Nun versuche einmal, deine Eindrücke innerlich zu komprimieren. Und komm mit deiner inneren Aufmerksamkeit wieder in diesen Raum und zu dieser Gruppe zurück. Achte wieder auf deinen Atem und spüre, wie du einatmest und ausatmest. Dann stell dir wieder vor, dass du an der Wendeltreppe stehst und mit jedem Einatmen ein Stück dieser Treppe hinauf gehst und frischer und wacher wirst. Jetzt geh mit deiner Aufmerksamkeit zu deiner linken Hand und mache sie zu einer Faust. Anschließend geh mit deiner Aufmerksamkeit zu deinem Fuß und spanne ihn an und löse diese Spannung wieder. Dann räkele und streck dich, gähne wie nach einem erholsamen Schlaf.

Wenn die Musik beendet ist, komm wieder in die Realität der Gruppe, des Raumes zurück. Nimm nun das Stück Ton in deine Hände. Lass dabei deine Augen geschlossen. Nimm zunächst mit dem Material selbst Kontakt auf. Spüre es, knete und stoße es ... Dann versucht jeder einmal, das, was er zuvor auf der Bühne erlebt hat, diesem Paar, im Ton eine Gestalt zu geben. ... Machs dir ganz leicht, spüre, wie deine Hände von selbst den Ton formen.

Da die Einzelnen zum Formen des Tons unterschiedliche Zeit benötigen, können die, die fertig sind, ruhig zwischendurch den Raum verlassen.

Wenn alle fertig sind, lässt sich jeder von seinem eigenen Werk beeindrucken. Er schaut es von allen Seiten an, nimmt es aus einigen Metern Abstand und auch von der Seite und von hinten wahr. Dann gibt jeder dem Werk eine Überschrift. Vielleicht schreibt man auch einige Sätze oder ein kleines Gedicht dazu auf. Ist jeder mit dem Aufschreiben fertig, werden die Texte in der Gruppe vorgelesen und anschließend die Kunstwerke betrachtet.

In der sich anschließenden therapeutischen Arbeit stellen die Partner einander ihre Tonplastik im Innenkreis der Gruppe vor und tauschen sich miteinander darüber aus. Ganz wichtig ist es, darauf hinzuweisen, dass dies unter den *wohlwollenden* Augen der anderen Gruppenteilnehmer geschieht. Der Ausdruck „Wohlwollen“ steuert die Art der Wahrnehmung: Es geht um eine innere Haltung, die den Anderen, das Paar, welches sich gerade „auf der Bühne“ der Gruppe darstellt, in seiner Würde, bei allen möglichen „Fehlern“, ernst nimmt und Wert schätzt.

Das Einüben einer solchen Haltung ist ausgesprochen partnerschaftsfördernd, denn wohlwollendes Angeschautwerden ist für die Entwicklung der menschlichen Kommunikation und Persönlichkeit von zentraler Bedeutung (*Stern* et al. 1974). So betont *Vyt*: „The human infant is a creature that is ‚tuned‘ to eye contact and fine-grained forms of communication with his caregiver“ (1989, 148). Die Blickqualitäten der Beraterinnen und der Gruppenmitglieder bieten Klienten „korrigierende Erfahrung“ (*Foulkes* 1972), insbesondere dann, wenn sie als Kinder mit kritisch beobachtenden, bewertenden oder abweisenden Blicken „erzogen wurden“. So suchen Klienten in der therapeutischen Arbeit immer wieder, wenn sie unsicher sind oder ganz besonders, wenn sie sich präsentieren, indem sie eigene Werke wie Tonfiguren, Bilder, Gedichte vorstellen, die versichernden Augen der Beraterin. *Foulkes* (1972) betrachtet die spiegelnde Funktion der Gruppe als einen bedeutenden therapeutischen Wirkfaktor in der Gruppenarbeit.

Bei der Vorstellung der Tonfiguren im Innenkreis wird darauf geachtet, dass die Partner *nicht der Gruppe,* sondern *einander* vorstellen, was sie gebildet und was sie aufgeschrieben bzw. gedichtet haben. Dieses Tun ermöglicht Einsicht in die Situation der Beziehung. Der Austausch selbst fördert die kommunikative Kompetenz und Beziehungsfähigkeit der Partner.

In einer Gruppe erleben die anderen Teilnehmer, *wie* beide Partner miteinander interagieren. So ist es oftmals möglich, sehr anschaulich den verdichteten Ausdruck in der Tonfigur mit dem augenblicklichen Miteinander eines Paares in Verbindung zu bringen. Die Partner lernen so mehr über sich selbst und sich als Paar zu verstehen. – So formte z.B. ein Mann – der im Berufsleben eine sehr verantwortliche Position innehat – seine Frau als „dicke Kugel". Um diese herum waren „vier kleine Kugeln" positioniert. Diese vier Kugeln symbolisierten seine drei Kinder und sich selber. Das Problem in seiner Ehe beschrieb er an seine Frau gerichtet mit recht prägnanten Worten: „Das Problem ist, dass du dich nicht genug um mich kümmerst!"

In dieser Botschaft merkte er gar nicht, wie er sich selbst zum Kind machte und mit seinen Kindern um die mütterliche Liebe seiner Frau konkurrierte. Dass dieses Paar *auch* massive sexuelle Schwierigkeiten hatte, lag auf der Hand. Als Beraterin ist es ganz wichtig, darauf zu achten, diese Haltung *nicht* zu verurteilen, sondern darauf hinzuweisen, dass im zweiten Teil des Seminars die unbewussten Beziehungsregeln, die zu dieser Beziehungskonstellation geführt haben, entschlüsselt werden und aufgezeigt wird, was diese beiden miteinander noch „lernen" können. In diesem Zusammenhang ist auch die Frage spannend, warum sich die Frau einen „Jungen" als Mann genommen hat.

Aus einer solchen Diagnose heraus gelingt es in der Regel leichter, genau zu beschreiben, wo im Miteinander „der Schuh drückt" und was es genau zu ändern bzw. hinzuzulernen gilt und was schon gelingt und beizubehalten bzw. zu verstärken gilt. Dadurch, dass sich dieser Prozess vor den anderen Gruppenmitgliedern abspielt und diese den „Ausdruck" verstehend aufnehmen, entsteht ein starkes Gemeinschaftsgefühl mit einer intensiven Gruppenkohäsion.

In dieser Phase wird seitens der Beraterin die (für die Fachfrau oftmals offenkundige) Problematik noch nicht vertieft. Eine Vertiefung, die schon an dieser Stelle auf Hintergründe der Problematik einginge, würde die Klienten überfordern, evtl. auch ihren Widerstand mobilisieren. Erst später, wenn sie in der Phase des Lernens von Beziehungsverhalten ein Mehr an Verständnis für sich und den Partner gewinnen konnten, ist Aufarbeiten und Verstehen der Problemlage angezeigt. Es wird jetzt lediglich kurz auf das zutage kommende Thema, den Konfliktherd der Paarbeziehung eingegangen, soweit es die Klienten schon innerlich nachvollziehen können.

Um die anderen Teilnehmer am diagnostischen Prozess zu beteiligen, wird zum Abschluss die Frage gestellt, ob noch jemand etwas zu den vorgestellten Plastiken sagen möchte. Dabei gilt es, die Rückmeldungen so zu steuern, dass diese

- → nicht konkurrierend, ironisierend, theoretisierend, aufdringlich, moralisierend, dramatisierend, bestrafend, belehrend sind,

sondern

- → einfühlsam, tolerant, akzeptierend, von der eigenen Betroffenheit erzählend.

Das Vorstellen der Tonplastiken nimmt je Paar ca. 1 bis 1 ½ Stunden Zeit in Anspruch und dauert deshalb ca. 2 Tage.

⇢ Abendlicher Ausklang (2. Tag)

Die Übungen an den Abenden sind so zu gestalten, dass die Paare die Beziehung fördernde und entspannende Erfahrungen machen. So sollen sie im Erleben des Seminars auch Gelegenheit haben, an ihre Ressourcen anzuknüpfen.

⇢ *Meditative Entspannung zu zweit: Ich halte dich in meinen Händen – ich liege in deinen Händen*

Ziel: Anknüpfend an Urerfahrungen jedes Paares (und jedes Menschen), gehalten zu werden, soll hier eine Ressource jedes Paares (wieder)belebt werden. Die Teilnehmer sollen dadurch zu Beginn der beraterischen Arbeit die Gelegenheit bekommen, sich an alte „gute" Zeiten leiblich zu erinnern. Dadurch sollen den Zusammenhalt des Paares fördernde Stimmungen im Miteinander induziert werden.

Medien: Entspannungsmusik, Decken

Dauer: ca. anderthalb Stunden

Anleitung: Während der Übung selbst ist es sinnvoll, entspannende Musik im Hintergrund abzuspielen. Dann setzt sich ein Partner bequem (!) auf die Erde und hält für ca. 20 Minuten in seinen Händen den Kopf des anderen vor ihm ausgestreckt liegenden Partners. Zwischendurch ist es wichtig, die Lage immer wieder so zu korrigieren, dass Spannungen ausgeglichen werden, damit die Erfahrung für beide angenehm ist.

Zu Beginn und zwischendurch werden die Teilnehmer aufgefordert, folgenden Satz zu meditieren:

- „Ich halte dich in meinem Händen" bzw.
- „Ich liege in deinen Händen"

Nach Ablauf der Zeit wird der Kopf vorsichtig und Abschied nehmend abgelegt, so dass jeder wieder für sich allein ist. Auch das Für-sich-sein soll bewusst als eine gute Realität wahrgenommen werden. Nach ca. 5 Minuten erfolgt dann ein Wechsel, der vorher Haltende wird nun 20 Minuten gehalten.

Zum Schluss der Übung tauschen die Teilnehmer in einem Stuhlkreis ihre Erfahrungen miteinander aus. Dieser Austausch ist öffentlich, so dass die Teilnehmer gegenseitig von ihren Erfahrungen profitieren können.

Diese Übung zu Beginn eines Seminars knüpft implizit an gute Erfahrungen des Paares an. Selbst heftig zerstrittene Partner lassen sich auf die Übung ein und berichten nachher oftmals, dass sie sich genau dies voneinander wünschen. Widerstand gegen die Übung muss wie bei allen Übungen geachtet werden, taucht interessanterweise (!) aber höchst selten auf.

Zusammenfassung

Die erste Interventionsphase der Partnerschule ist dadurch gekennzeichnet, dass die Teilnehmer in der ihnen unbekannten Umgebung Sicherheit und Vertrauen gewinnen, um ihre „Themen" einbringen zu können. Durch Ausdrucksarbeit mit Tonerde und das anschließende Besprechen der Arbeiten vor der Gruppe werden erste Anhaltspunkte für eine prozessuale Diagnostik gesammelt.

⇢ Einstieg in den Tag (3. Tag)

⇢ *Training von Emotionen*

Ziel: Wie Schauspielschüler lernen die Teilnehmer, mit verschiedenen Emotionen vertraut zu werden und sie auszudrücken. Ihr emotionales Spektrum soll sich dadurch erweitern.

Dauer: 5 bis 10 Minuten

Anleitung: Zunächst bewegen sich die Teilnehmer im Raum, um sich anzuwärmen. Dann sollen sie sich einmal vorstellen, dass sie Schauspielschüler sind. Auf Zuruf der Leiterin oder eines Teilnehmers versuchen alle nacheinander, mit Zwischenpausen verschiedene Gefühle, wie „traurig, lustig, geil, lüstern erregt, verzweifelt, ärgerlich ...", möglichst übertrieben durch Körperhaltung, Bewegung und Stimme zum Ausdruck zu bringen. – Anschließend wird sich in der Gruppe über die Erfahrungen des Spiels ausgetauscht. Diese Übung macht viel Spaß. Im Laufe eines Seminars sollte sie häufiger durchgeführt werden, damit die Teilnehmer eigene Entwicklungsschritte bemerken und in dem regelmäßigen Austausch nach der Übung auch benennen können.

⇢ Beratung (3. Tag)

Weiterarbeit mit Tonfiguren

⇢ Abendlicher Ausklang (3. Tag)

⇢ *Einander ertragen*

Ziel: In jeder nahen Beziehung müssen auch die kleinen und großen Schattenseiten und Unarten des Partners ertragen werden. Die folgende Übung bietet die Möglichkeit, diese Tatsache als Realität einer Beziehung zu integrieren.

Dauer: ca. 60 Minuten

Anleitung: Die Übung wird mit einigen gymnastischen Übungen eingeleitet, um einen intensiven Kontakt zum eigenen Körper zu bekommen, sich selbst zu spüren. Hilfreich sind dabei Anleitungen, wie: „Ich bewege mich, wie bewege ich mich, wie setze ich die Füße auf, wie spüre ich den Boden unter meinen Füßen, wie fühlt sich vielleicht der Teppich, der Teppichboden an ..."

Danach stellen sich die Partner eines Paares voreinander auf. Einer der Partner schließt die Augen. Der andere nimmt dessen Arm und hält und trägt diesen für den Partner mit seinen Händen. Er kann den Arm des Partners auch bewegen. Der, dessen Arm gehalten wird, versucht, sich wirklich auch tragen zu lassen, also zu probieren, sämtliche Anstrengungen, den Arm selbst zu halten, aufzugeben. Nach ca. fünf Minuten wird der andere Arm des Partners gehalten. Ist diese Erfahrung beendet, warten beide einen Moment, damit jeder für sich das Erlebnis nachspüren und noch nachklingen lassen kann. Sodann folgt ein Wechsel der Rollen.

Danach werden die Erfahrungen in der Gruppe ausgewertet:
- Was wurde erlebt?
- Was ist leichter bzw. schwerer gefallen, zu tragen oder getragen zu werden?
- Was wurde dabei gefühlt?
- Als Ausweitung im Sinne: Was will ich alles (er)tragen, wo gibt es aber auch Grenzen bzw. wo wird ein Ertragen zum Schaden für den anderen (Koabhängigkeit!)?

···› Einstieg in den Tag (4. Tag)

···› *Ganz bei sich ankommen*

Ziel: Durch einfache Bewegungen sollen die Teilnehmer im Stehen ihren Körper spüren, sich auf sich selbst konzentrieren, um ganz bei sich anzukommen. Dadurch sollen sie auf eine größere Bewusstheit für ihren Körper eingestimmt werden.

Dauer: 10 Minuten

Anleitung: Zwischen den folgenden Übungen mit den einzelnen Körperteilen ist darauf zu achten, dass die Teilnehmer immer wieder der gerade gemachten Körpererfahrung nachspüren und diesen Körperteil mit der anderen Körperhälfte vergleichen. Ferner ist anzuleiten, dass die Kniegelenke gelockert, der Schließmuskel (After) und das Gesicht (insbesondere die Kinnmuskeln) entspannt sind. Evtl. kann als Hilfestellung dazu zunächst eine Kurzentspannung mit Anspannen – Entspannen angeboten werden. Alle Bewegungen sind ganz leicht und sanft auszuführen (kein Sport!).

1. Stand: hüftbreit, Knie gelockert.
2. Kopf nach vorne kippen, dann ihn nach rechts auf die Schulter rollen, dann ganz sanft nach hinten und wieder über die linke Schulter nach vorne, das Kreisen langsam steigern, dann die Kreisrichtung ändern. Wahrnehmen, wo der Kreis nicht rund, die Bewegung nicht flüssig ist, aber nichts verändern. Kreise kleiner werden lassen, bis der Kopf sich dort einpendelt, wo er hingehört und nachspüren, wie er sich anfühlt.
3. Einige Male die rechte Schulter hochziehen und fallen lassen, dann sie einige Male nach vorne und hinten strecken, diese vier Punkte durch Kreisen miteinander verbinden, schneller und wieder langsamer werden, Richtung wechseln, Schulter sich wieder einpendeln lassen, Gefühle in der rechten und linken Schulter miteinander vergleichen.
4. Rechten Oberarm unterschiedlich bewegen, dann Unterarm, Hand (wie weit reicht die Hand?), Arm auspendeln und zur Ruhe kommen lassen, Arm spüren, mit anderem Arm vergleichen.
5. wie oben Nr. 3: linke Schulter.
6. wie oben Nr. 4: linker Oberarm, Unterarm, Hand.
7. Konzentration auf den Oberkörper, zunächst kippen, vor und zurück und dann zur Seite, rechts, links, und alle vier Punkte durch einen Kreis verbinden, dann in Gegenrichtung kreisen lassen, dann wieder Oberkörper sich einpendeln lassen.
8. Hüfte, vor und zurück, rechts und links und kreisen lassen.
9. Becken, vor- und zurückkippen, links und rechts schaukeln, kreisen lassen. Jetzt die Teilnehmer nach ihrer sonstigen normalen Beckenhaltung fragen und gegebenenfalls den Unterschied spüren lassen.
10. Rechten Oberschenkel, dann Unterschenkel und Fuß in ihrer Beweglichkeit ausprobieren.
11. Linken Oberschenkel, dann Unterschenkel und Fuß in ihrer Beweglichkeit ausprobieren.
12. Zum Schluss noch einmal den ganzen Körper bewusst spüren. Welches Gefühl ist jetzt da?

Danach schließt sich folgende Übung an:

···> *Beziehungserinnerungen wecken*

Ziel: Durch das Nennen des Vornamens sollen beim Angesprochenen Erinnerungen an frühe Beziehungserfahrungen aktiviert werden.

Dauer: 10 bis 20 Minuten

Anleitung: Alle Teilnehmer bewegen sich ca. drei Minuten frei im Raum, ohne dabei jedoch Kontakt miteinander aufzunehmen. Durch das freie Bewegen sollen sie stärker mit sich selbst in Kontakt kommen. Aus der freien Bewegung heraus finden sich dann zwei fremde Partner (es können auch zwei Frauen oder zwei Männer sein) zusammen, die sich einander gegenüberstellen und mehrmals den Vornamen des anderen sagen. Ein Partner fängt an. Der Name soll in verändertem Tonfall, in verschiedenen Lautstärken, mit kleinen Pausen dazwischen wiederholt werden. Ziel ist es, das Gegenüber „innen" zu erreichen. Nach zwei Minuten wechseln die Rollen, und der andere sagt den Namen des Ersten. Danach wird ein neuer Partner gesucht, die Übung wird wiederholt und auch wieder die Rollen gewechselt. – In der dritten Runde wird das Namensagen mit dem eigenen Partner gemacht.

Durch diese Übung werden Kindheitserinnerungen wach; Mutter- oder Vaterrufe werden erinnert; warme, erfreuliche, aber auch bedrohliche, beängstigende Gefühle werden aktualisiert. Hilfreich ist es, diese Übung zunächst durch die Leitung vorzumachen, um ein wenig von den vielfältigen Möglichkeiten (z.B. schmeicheln, toben, schreien, flirten, verführen etc.) zu zeigen.

Es folgt ein Austausch über die in den beiden Übungen gemachten Erfahrungen.

⇢ Beratung (4. Tag)

Die Geschichte des Beziehungsverhaltens

Durch die Arbeit mit der Tonfigur haben die Paare in einem ersten Schritt Zugang zu einer Beschreibung ihres Problems bekommen, haben angefangen, sich der Art ihres Miteinanders bewusst zu werden. In der zweiten Interventionsphase geht es nun darum, ihre Betriebsblindheit, die unbewussten Beziehungsmuster zu dechiffrieren. Die Klienten sollen lernen, von den Phänomenen über die Strukturen zu den Quellen ihres Verhaltens zu kommen. Wichtig bei dieser „Quellensuche" ist das In-Kontakt-Kommen mit alten Beziehungserfahrungen und Beziehungsmustern, da sich diese oftmals *heute* im Miteinander eines Paares als wesentlicher Störfaktor bemerkbar machen. Und es wird nicht nur darum gehen, dies wahrzunehmen, sondern auch ganz konkret, neues Verhalten miteinander und aneinander zu lernen. „Das unbewusste Beziehungsmuster kann dem Patienten ‚einsichtig werden' (erster Weg der Heilung). Aber wird es dadurch auch geändert? ‚Einsicht ist der erste Weg zur Besserung' (Freud), aber ist sie schon die Heilung? Übertragung muss – und das ist die Auffassung der Integrativen Therapie – nicht nur bewusst erkannt und ‚gemeistert' werden, sondern ihre motivationalen Kräfte, die hinter ihr stehen (fortwirkende Defizite, unerledigte Konflikte, noch virulente Traumatisierungen, fixierte Störungsmuster), müssen zur Ruhe kommen, aufhören zu strömen. Die Antriebe, Impulse, Motivationen, die hinter der Übertragung stehen, müssen ‚erlöschen', indem die pathogene Valenz der alten Szene in korrigierenden Neuinszenierungen verändert wird ..." (*Orth* & *Petzold* 1993, 121).

Bei dieser Quellensuche ist zu beachten, sich nicht auf ein einzelnes traumatisches Ereignis oder z.B. die schlechte Mutter/Vaterbeziehung zu fixieren, sondern es gilt, Beziehungsstörungen immer im gesamten Kontext ihrer Entstehungsgeschichte zu betrachten. Deshalb betont *Papousek:* „Es soll jedoch nachdrücklich davor gewarnt werden, die Mutter als Hauptursache oder sogar als Schuldige für die Entstehung gestörter Beziehungen herauszustellen. Konzepte wie die von der ‚psychotoxischen' Mutter oder der ‚schizophrenogenen', der ‚depressiogenen', der ‚borderlinogenen' oder ‚Autisten'-Mutter haben in der Öffentlichkeit mehr Schaden und Verunsicherung angerichtet als genutzt. Gestörte Beziehungen entwickeln sich in einem Beziehungsgeflecht, zu dem mit eben solchem Gewicht wie die Mutter oder der Vater auch Temperament, Konstitution und abnorme Verhaltensbereitschaften des Kindes beitragen, ebenso wie die Geschwister, die eheliche Beziehung und Kommunikation zwischen den Eltern" (1989, 121).

Im Rahmen dieser therapeutischen Tiefenarbeit (*Rahm* et al. 1993) kommt man mit den verschiedenen „inneren Kindern" (*Orth* & *Petzold* 1993) der Klienten in Berührung. Die Tiefenarbeit bedeutet ein „in die Tiefe, zu den Quellen gehen", d.h. konkret: Wenn Klienten durch bestimmte Erlebnisse im Seminarverlauf an eigene, zum Teil verdrängte pathologische Atmosphären bzw. Erlebnisse aus ihrer Geschichte rühren, wenn sich implizite Beziehungsmodi plötzlich aktualisieren, dann wird im Sinne der von *Ferenczi* (1931) beschriebenen Aktiven Psychoanalyse versucht, angemessen darauf zu reagieren. Durch die anderen Gruppenmitglieder ist eine reichliche Anzahl an möglichen Übertragungsfiguren gegeben. Die Beraterin steuert diesen Prozess, in welchem vom Protagonisten ausgewählte andere Teilnehmer dann durch Stimmlage, Wortwahl, Handlungen auf die gerade reproduzierte Szene und die Bedürfnisse des Klienten eingehen und in diesem Übertragungsgeschehen mitspielen.

···> Der Junge, das Mädchen von damals

Ziel: Die Teilnehmer sollen sich in dieser Trance erinnern, wie mit ihnen als Kind umgegangen worden ist. Sie sollen entdecken, welche Beziehungsregeln sie entwickeln mussten, um sich in dieser Welt zurechtzufinden.

Medien: Decken als Unterlage, Entspannungsmusik, Plakatkarton, Farbstifte (z.B. Jaxon Ölkreiden)

Dauer: ca. 70 Minuten (Trance und Malen)

Anleitung: Bevor die nachfolgende Geschichte erzählt wird, richten sich die Teilnehmer einen Arbeitsplatz mit Decke, Plakatkarton, Stiften und ihrem Therapieheft ein. Ferner ist es wichtig, mit einer kurzen Entspannung zu beginnen (alles wird ganz langsam und mit vielen Pausen vorgelesen):

Legt euch alle auf den Boden und macht es euch dort ganz gemütlich. Achtet darauf, dass ihr an keiner Stelle irgendwo eingezwängt seid. Ihr könnt z.B. den Hosenbund lockern. Hört im Hintergrund die Musik, schließt jetzt einmal die Augen.

Nun achte ein wenig auf dein Einatmen und das Ausatmen und sag dir bei jedem Ausatmen dein Entspannungswort. Nimm einmal wahr, wie sich immer mehr Ruhe und Entspannung in dir ausbreitet. Vielleicht spürst du auch, wie dein Körper ganz schwer und ruhig auf der Erde liegt, und der Atem kommt und geht.

Jetzt stell dir einmal vor, dass du an einer Wendeltreppe stehst und mit jedem Ausatmen ein Stückchen tiefer diese Treppe hinab gehst. Bei jeder Stufe hinab entspannst du dich mehr und gelangst zu deiner inneren Weisheit, die dich durch dein Leben leitet.

Viele Probleme, die wir heute in Beziehungen mit unserem Partner haben, haben ihre Geschichte in unserer Herkunftsfamilie. Neid, Eifersucht, Hass, Wutanfälle und/oder Trotz sind in der Regel Überlebensstrategien gewesen. Deshalb ist es sehr wichtig, uns für diese nicht zu verurteilen, sondern wohlwollend diese Eigenschaften zu betrachten und dem auf die Spur zu kommen, warum wir sie uns einmal angeeignet haben.

So stell dir einmal vor, du wirst wieder das Kind, das du einmal warst. Deine Hände werden klein, dein ganzer Körper, und du bist auf einmal wieder das Mädchen oder der Junge, welches oder welcher du einmal warst. Wo befindest du dich gerade? Und wie alt bist du? Vielleicht befindest du dich gerade in Mutters Küche und spielst selbstvergessen in einer Ecke? Vielleicht hast du dich auch auf dem Dachboden versteckt oder bist in deiner Lieblingsecke im Garten, hörst den Vögeln zu, sprichst mit den Blumen?

Nimm einmal wahr, welcher Geruch jetzt in deiner Nase ist? Ist dir warm oder kalt? Stell dir einmal vor, welche Kleidung du anhast? Und dann höre einmal hin, ob dich jemand ruft? Wie haben die Menschen mit dir gesprochen, wie haben deine Eltern oder sonst wer mit dir geredet? Welche Erinnerungen werden in dir wach, wenn du ihre Stimmen hörst, welche Bilder tauchen vor deinen Augen auf? Hörst du Geräusche, siehst du Menschen? Vater, Mutter, Geschwister, Oma, Opa, Onkel, Tante, Nachbarn oder Lehrer, Pastore?

Was klingt in der Stimme, die mit dir spricht, die nach dir ruft? Wohlwollen, Freundlichkeit, Offenheit, liebevolle Neugier, Interesse, Zärtlichkeit, Geborgenheit? Oder Verführung, Leidenschaft, Missbrauch? Oder hörst du gar Sätze, wie: „Du hast mir gerade noch gefehlt!" – „Du bist mein Unglück!" – „Du machst mich krank!" – „Wenn du so weitermachst, bringst du mich noch ins Grab"?

Wie hast du dann reagiert? Wie hast du manches überlebt? Wie hast du dich an die Situation angepasst? Bist du wütend geworden, rebellisch, wild, aufsässig? Oder traurig, depressiv? Bist du krank geworden, hast körperliche Symptome entwickelt?

Was waren das damals für Zeiten? Krieg, Flucht, Vertreibung, Hunger, Not? Oder waren beide Eltern berufstätig, so dass du als Schlüsselkind groß wurdest?

Wie hast du es erlebt, wie deine Eltern miteinander umgingen? Liebevoll, ruhig, verständnisvoll? Oder herrschte eine bedrohliche Stimmung, gab es Streit, Trennung, Scheidung? Oder war die Atmosphäre geprägt von Eiseskälte und eingefrorenen Gefühlen?

Wie hast du reagiert? Wie hast du dich geschützt? Hast du dir deine Gefühle schon selbst verboten, damit es nicht zu weh tat? Was für ein Kind warst du? Was musstest du lernen, um zu überleben?

Lass dir ein wenig Zeit, all diese Bilder vor deinem inneren Auge anzuschauen. Vielleicht bleibst du bei einigen Szenen hängen, vielleicht rauschen auch die Bilder so an dir vorbei.

Nun komm mit deiner inneren Aufmerksamkeit wieder in diesen Raum und zu dieser Gruppe zurück. Achte wieder auf deinen Atem und spüre, wie du einatmest und ausatmest. Dann stell dir wieder vor, dass du an der Wendeltreppe stehst und mit jedem Einatmen ein Stück dieser Treppe hinauf gehst und frischer und wacher wirst. Jetzt geh mit deiner Aufmerksamkeit zu deiner linken Hand und mache sie zu einer Faust. Anschließend geh mit deiner Aufmerksamkeit zu deinem Fuß und spanne ihn an und löse diese Spannung wieder. Dann räkele und streck dich, gähne wie nach einem erholsamen Schlaf.

Wenn die Musik beendet ist, versucht jeder, das, was er gerade erlebt hat, was er gesehen hat, mit Farben und Formen auszudrücken.

Wenn alle fertig sind, lässt sich jeder von seinem eigenen Werk, seinem Bild beeindrucken. Er schaut es von allen Seiten an, nimmt es auch aus einigen Metern Abstand wahr. Dann gibt jeder dem Werk eine Überschrift, schreibt auch einige Sätze oder ein kleines Gedicht dazu in das Therapieheft.

Wenn alle mit dem Aufschreiben fertig sind, werden die Texte ohne weiteren Kommentar dazu einfach so in der Gruppe vorgelesen und anschließend locker umhergehend die Bilder betrachtet.

Die Trance induziert in der Regel eine bedrückte Stimmung. Die Teilnehmer kommen mit alten Wunden in Kontakt und das ist schmerzhaft. Diese Trance ist insbesondere dafür gedacht, eine Verbindung herzustellen zwischen heutigem dysfunktionalen Verhalten und früheren „Kompetenzen", die die Klienten entwickeln mussten, um sich in dieser Welt zurechtzufinden, wie zum Beispiel Trotz, Zorn, Festhalten, Klammern oder Eigensinn.

Deshalb ist im Anschluss an diese Trance immer eine Reflexion mit folgender Leitfrage wichtig: Wie geht es mir *jetzt*? Wichtig ist auch, dass noch *nicht* inhaltlich mit dem Bild gearbeitet wird. Ziel ist eine augenblickliche Zustandsbeschreibung, damit evtl. traumatische Erinnerungen und die damit verbundenen Emotionen *benannt* werden können. Ferner ist darauf zu achten, dass die Klienten ein Verständnis für sich, für ihr heutiges Verhalten entwickeln. Denn nur eine wohlwollende Einstellung zu seinen eigenen „Schwächen" ermöglicht das Training neuer beziehungskompetenter Verhaltensweisen.

In der sich anschließenden therapeutischen Arbeit – diese nimmt die nächsten zwei Tage voll in Anspruch – stellen die jeweiligen Partner einander im Innenkreis der Gruppe gegenseitig ihre Bilder vor, die sie nach der Zentrierung auf ihre frühen Beziehungserfahrungen gemalt haben und tauschen sich miteinander darüber aus; hilfreich und emotional unterstützend ist dies vor den wohlwollenden Augen der anderen Gruppenteilnehmer. Diese stehen auch für das Nachspielen einzelner Szenen aus der Kindheit und für den sich anschließenden alternativen Umgang damit zur Verfügung.

Bei der Zeitplanung ist seitens der Kursleitung darauf zu achten, dass jedes Paar im Rahmen des Seminars die Gelegenheit hat, an den Bildern zu arbeiten. Dabei ist pro Paar in der Regel ein Zeitvolumen von ein bis zwei Stunden zu berücksichtigen, je nachdem, wie intensiv die Teilnehmer an ihren Bildern arbeiten, d.h. wie sie in alte traumatische Szenen, die auf den Bildern dargestellt sind, durch Nacherleben wieder einsteigen. Manchmal reicht ihnen auch ein Erzählen ihrer Lebensgeschichte, um sich zutiefst verstanden zu fühlen. Durch die vorangegangene Zentrierung, das Malen und Schreiben dazu, hat diese Geschichte oftmals eine ganz neue Färbung bekommen, so dass der Partner, selbst wenn er schon viel vom anderen weiß, trotzdem Neues zu hören bekommt. Oftmals ist dies aber erst der Beginn der Anteilnahme an der Geschichte des anderen. Manchmal wird diese Erfahrung auch überhaupt erst möglich, weil sie unter therapeutischer Leitung, Anregung und Nachfragen im „Schutzraum der Gruppe" geschieht.

Zum Abschluss jeden Gesprächs werden die übrigen Teilnehmer eingeladen, auch ihre Eindrücke zu den Bildern bzw. den Lebensgeschichten des jeweiligen Paares mitzuteilen.

In der Regel fördert diese Arbeit den emotionalen Ausdruck und die Einsicht in Verhaltensweisen, die heute die Beziehung belasten. Die Partner entdecken so, wie unbewusste Regeln ihre Beziehung gestalten – und behindern (*Otte* 2005). Ferner kann dem Paar der Sinn aufgehen, warum ausgerechnet sie beide ein Paar sind, warum sie sich gesucht haben und welche Entwicklungschancen (*Sanford* 1989) für den Einzelnen in ihrer Beziehung stecken. Manchmal kommt es zu einer Evidenzerfahrung, wenn jemand etwas völlig Neues in seiner Beziehung ausprobiert, z.B. wenn eine Frau etwa ihre „Kontrolle" aufgibt und feststellt, dass sie sich in die Arme ihres Mannes fallen lassen kann und dass dieser sie tatsächlich auffängt.

So konnte der Mann, der seine Frau als dicke Kugel und sich selbst in einer Reihe mit seinen drei Kindern als vierte Tonkugel präsentiert hatte, in seinem Bild Folgendes entdecken. In diesem Bild spielte sein zwei Jahre älterer Bruder und ein Kassettenrekorder eine wichtige Rolle. Weil der Bruder oft kränkelte, bekam er viel Aufmerksamkeit und Zuwendung von der Mutter. Als für den Bruder das Abitur anstand, wurde ihm für die erfolgreiche Absolvierung ein Kassettenrekorder versprochen. Auch unser

Klient hoffte zwei Jahre später – er war ein ausgezeichneter Schüler, schließlich wollte er seinen Eltern nicht noch zusätzliche Sorgen machen – auf diese Belohnung. Er bekam *keinen* Rekorder, da ihm das Lernen ja offensichtlich leicht fiel. Das Erkennen dieser Nichtbeachtung und der fehlenden Wertschätzung ließen den Klienten heftig weinen. In der therapeutischen Arbeit mit ihm und dem Paar wurde deutlich, wie er die Sehnsucht nach mütterlicher Zuwendung unbewusst auf seine Frau übertragen hatte. Aufgrund ihrer Lerngeschichte war sie in der Lage, ihm diese zu Anfang der Beziehung auch zu geben. Allerdings machte sie durchgehend die Erfahrung, dass es nie reichte, nie genug war. Er war sozusagen ein „Eimer mit einem Loch". Er ging mit der Erwartung in die Beziehung, dass die Spezies Frau etwas hat, nämlich mütterliche Zuwendung, die er aber nie bekommen würde.

Aufgrund dieser Arbeit war es möglich, beiden aufzuzeigen, welche Kompetenzen sie noch erwerben müssen, wie sie einander in der Rolle als Mann und Frau begegnen können, wie sie ihre Autonomie und ihre Zweisamkeit gleichwertig gestalten können.

Durch eine solche klärungsorientierte Arbeitsweise lösen sich langsam die Übertragungen in einem Paar auf. Beide beginnen, einander verändert wahrzunehmen. So kann sich das, was an Nähe und Zuneigung möglich ist, realistisch entwickeln.

Die Arbeit mit den Bildern ist für alle Teilnehmer sehr erlebnisintensiv. Auch wenn nicht das eigene Bild „dran" ist, sind alle innerlich mitarbeitend dabei, weil sie eigene Erlebnisse mit denen des Protagonisten in Verbindung bringen. Bewältigungsstrategien werden durch die Zuschauer ganz im Sinne eines Modelllernens übernommen.

··→ Abendlicher Ausklang (4. Tag)

Weil die vorhergehende Arbeit oftmals sehr viel Zugang zu traumatischen und erschütternden Erlebnissen eröffnet, soll in der folgenden Übung durch „nachnährende“ Arbeit eine mögliche Antwort darauf gegeben werden. Die Technik des „Nachnährens“ beinhaltet Handlungsweisen wie Verwöhnen, Streicheln, gut Zureden etc., die eine liebevolle Mutter oder ein liebevoller Vater seinem Kind angedeihen lässt. Ihr therapeutischer Einsatz gründet sich auf die Erfahrungen von *Ferenczi* (1933). – Zunächst bewegen sich die Teilnehmer nach leichter, lockerer Musik durch freies Tanzen. Dabei finden sich die Partner zu folgender Übung:

··→ *Im Gesicht des anderen das Mädchen, den Jungen von damals entdecken*

Ziel: Mit dieser Übung sollen die Achtung und Ehrfurcht vor der je eigenen Lebensgeschichte des Partners erhöht werden.

Medien: Entspannungsmusik im Hintergrund

Dauer: ca. 60 Minuten

Anleitung: Schließt zunächst beide die Augen und lasst euch Zeit, jeder sich selbst zu spüren und ganz bei sich anzukommen. Denkt beim Ausatmen an das Entspannungswort.

Jetzt öffnet die Frau die Augen und betrachtet das Gesicht ihres Mannes.

Betrachte es wie eine unbekannte Landkarte, die du für eine längere Reise genau studieren möchtest. Achte auf alle Erhebungen, Falten ... Jetzt versuche einmal, in diesem Gesicht das Gesicht von damals, den Jungen oder das Mädchen, das dein Partner einmal war, zu entdecken (ca. zwei bis drei Minuten).

Nun empfinde einmal die Gesichtszüge nach. Dazu lass deine Hände das Gesicht formen, indem du in Millimetern Entfernung das Gesicht modellierst, ohne es dabei zu berühren. Ähnlich, wie man aus einem Tonklumpen eine Plastik machen kann (ca. zwei bis drei Minuten).

Nun schau einmal genau hin, ob du in diesem Gesicht eine besonders empfindliche Stelle entdecken kannst. Jetzt tu dieser durch Berührung, durch Streicheln, durch die Wärme deiner Hände Gutes (ca. zwei bis drei Minuten).

Nenne jetzt deinen Partner leise und liebevoll dreimal bei seinem Namen, dann schließe die Augen und lasst beide in euch die Begegnung nachwirken.

Danach betrachtet der andere das Gesicht des Partners.

Im Anschluss an diese Übung findet eine Feedbackrunde statt, in der die Teilnehmer über ihre Erfahrungen berichten. Diese Übung löst in der Regel eine hohe Anteilnahme und Wertschätzung der Partner füreinander aus. Ferner ist ein großes Bemühen festzustellen, dem anderen genau zu schildern, was man selber alles gesehen und erlebt hat: „Ich habe in deinem Gesicht das Gesicht eines zwölfjährigen Mädchens mit dicken, langen Zöpfen gesehen, und plötzlich wandelte es sich in das Gesicht eines Babys, das weinte. Ich habe dir über deine Wangenknochen gestreichelt, weil ich spüre, wie fest du die Zähne aufeinander beißt und ich dir dort Gutes tun wollte."

Die Rückmeldungen werden nicht vertieft, sondern als solche stehen gelassen. Es entsteht ein hervorragendes Übungsfeld für die kommunikative Kompetenz, gerade auch des intimen Miteinanders, eines Paares.

In diese Feedbackrunde fließen *auch* die Erfahrungen der letzten Tage insgesamt unter den Gesichtspunkten der Befindlichkeit, des intellektuellen Nachvollziehens, was geschehen ist, und der Vorgehensweise der Leitung ein. Der Schwerpunkt der Rückmeldungen liegt bei der gefühlsmäßigen Befindlichkeit der einzelnen Teilnehmer. Es werden aber auch Fragen hinsichtlich der Bedeutung der Kindheit für die heutige Fähigkeit, in einer nahen Beziehung zu leben, gestellt. Aufgrund dieser Fragen findet eine theoretische Einordnung des bisher Erlebten und im Seminar neu Erfahrenen statt. Ganz im Sinne einer klärungsorientierten Vorgehensweise beinhaltet dies,

- ➔ die gestellten Fragen mit Antworten der „Chaos-Ordnung-Theorie" (Kap. 9.2), die das Chaos, die Krise als „natürlichen" Entwicklungsprozess zu einer Ordnung auf einer komplexer strukturierten Ebene ansieht, sowie mit
- ➔ dem szenentheoretischen Ansatz, der das Leben als Bühne betrachtet, auf der sich alte Beziehungsmuster immer wieder neu inszenieren (*Petzold* 1993),

zu verbinden.

⇢ Einstieg in den Tag (5. Tag)

Frühe Beziehungserfahrungen haben sich nicht nur in Kognitionen und in der für den Einzelnen typischen Art seiner Beziehungsgestaltung niedergeschlagen, sondern sie haben sich oftmals auch in der Physis eines Menschen verfestigt: der gebeugte Rücken, der suchende Blick, die zusammengezogenen Schultern, die niedergeschlagenen Augen oder auch die Haltung des Beckens. In der folgenden Übung soll die bewusste Wahrnehmung auf die Haltung des Beckens gelegt werden, welches im Rahmen des Erlebens der Sexualität eine zentrale Rolle einnimmt (*Lowen* 1970).

⇢ *Förderung leiblicher Bewusstheit*

Ziel: Die Teilnehmer sollen ein Gefühl dafür bekommen, wie sich ihre Körperhaltung auf ihr augenblickliches seelisches Befinden auswirken kann.

Dauer: ca. 15 Minuten

Anleitung: Die Übung beginnt mit Streck- und Dehnübungen, dann gehen alle frei im Raum umher. Bei diesem Umhergehen werden dreierlei Beckenhaltungen ausprobiert, die nacheinander angesagt und in ihrer körpersprachlichen Bedeutung nachgespürt werden. (Auch hier gibt es kein „richtig oder falsch" gespürt!)

- → *Die erste Haltung:* Umhergehen mit nach hinten herausgedrücktem Becken. Nach einer gewissen Zeit stellt sich jeder vor, er ginge in dieser Haltung zu seinem Chef oder zu seinem Partner und wollte etwas von diesem (drei Minuten). Danach locker und entspannt wieder „normal" gehen.
- → *Die zweite Haltung:* Umhergehen mit nach vorne herausgestrecktem Becken. Auch bei dieser Haltung kann sich jeder nach einigem Umhergehen vorstellen, wie er sich so im Gegenüber mit seinem Chef oder seinem Partner fühlen würde.
- → *Die dritte Haltung:* Umhergehen mit „normaler" Beckenhaltung, locker, offen, aufrecht, leicht gekippt. Auch bei dieser Runde stellt sich jeder vor, wie er sich fühlt und wie er sich im Kontakt mit anderen, mit Chefs, mit Partnern, fühlen würde.

Durch diese Erfahrung merken die Teilnehmer beispielhaft, wie sich eine innere Haltung im körperlichen Ausdruck widerspiegelt. Es entsteht eine gute Motivation der Teilnehmer, von einem bewegungsarmen zu einem ausdrucks- und bewegungsreichen Leben zu kommen und dies durch Übungen zu erreichen. Denn eine Änderung der seelischen Verfassung korrespondiert mit der äußeren Bewegung.

Im Anschluss daran eignet sich noch folgende Übung:

···› *Gespräch der Rücken*

Ziel: Mit Hilfe der Rücken kommen die Teilnehmer miteinander in Kontakt. Sie sollen ausprobieren und erleben, wie über die Berührung der Rücken Begegnung möglich ist. Im Vergleich mit unterschiedlichen Partnern können sie ihr eigenes Gefühlsspektrum erweitern.

Medien: evtl. ruhigere Tanzmusik

Dauer: 20 Minuten

Anleitung: Nach einigen gymnastischen Lockerungsübungen gehen alle Teilnehmer frei im Raum umher. Dann sucht sich jeder einen Partner, egal ob Frau oder Mann, aber nicht den eigenen Partner. – Die beiden Partner stellen sich Rücken an Rücken und kommunizieren so ohne Worte. Jeder spürt bei dieser Übung, wie der andere sich anfühlt. Jeder nimmt die eigenen Empfindungen wahr, die die Berührung auslöst:

- ➜ Was ist möglich? Wie weit kann ich mich einlassen?
- ➜ Was erlebe ich? Erlebe ich etwas Schönes, Entspannendes oder etwas Fremdes, vielleicht etwas Bedrohliches?

Die Übung endet damit, dass man sich ohne Worte, Rücken an Rücken verabschiedet und dann frei im Raum umhergeht, die Begegnung noch nachwirken lässt, sich dann innerlich vom Partner löst und wieder bei sich ankommt. Nach einigem Umhergehen wird die Übung mit einem anderen Partner, immer noch nicht mit dem eigenen Partner, wiederholt. Nachdem sich die Partner wieder mit ihrem Rücken voneinander verabschiedet und sich allein bewegt haben, wird die Übung mit dem eigenen Partner durchgeführt.

- ➜ Während des Alleingehens am Ende der dritten Begegnung werden folgende Fragen reflektiert:
- ➜ Welche Unterschiede habe ich in den Begegnungen erlebt?
- ➜ Was war identisch?
- ➜ Wie geht es mir jetzt?

Anschließend erfolgt in der Gruppe ein Austausch über diese Erfahrungen.

Häufig berichten die Teilnehmer davon, wie das gleiche Tun bei verschiedenen Partnern Unterschiedliches auslösen kann. So konnte z.B. eine Frau die Erfahrung machen, dass sie sich mit fremden Männern sehr wohl auf einen angenehmen erotischen Rückenkontakt einlassen und diesen genießen konnte. Sie war also nicht „frigide oder gefühlskalt“. Diese Erfahrung war wichtig für sie, denn sie wollte auch mit ihrem Mann, wie früher einmal, sexuellen Spaß haben. So konnten sich beide mit therapeutischer Unterstützung auf die Suche machen, was genau im Miteinander „klemmte“, dass sie augenblicklich ihre Sexualität nicht zusammen genießen konnten.

···› Beratung (5. Tag)

Weiterarbeit mit den Bildern zur Beziehungsgeschichte

···› Abendlicher Ausklang (5. Tag)

Zu Beginn der folgenden Übung, die den Teilnehmern zeigen soll, wie sie mit emotionaler Annahme und Stütze ihren Alltag als Paar bereichern können, bewegen sich die Teilnehmer zum „Bolero“ von Ravel und stampfen zu dessen Rhythmus. Das Stampfen hat eine stabilisierende Wirkung und „erdet“ (wie etwa im afrikanischen Tanz) die Teilnehmer.

···› *Ein inneres Kind verwöhnen*

Ziel: Ein Grund, der Partner füreinander anziehend macht, scheinen Übertragungen aus Kindertagen zu sein. Das, was jemand an Aufmerksamkeit, Anerkennung und Wohlwollen früher nicht bekommen hat, gibt ihm der Partner. Leider reicht dessen Kraft einerseits auf Dauer dafür nicht aus, andererseits lässt sich vermuten, dass für den „Bemutterten“ in der Folge die alten Erfahrungen, frustriert zu werden, übermächtig werden und er sich so gar nicht mehr über das, was sein Partner ihm schenkt, freuen kann (*Willi* hat dieses Szenario als Kollusionsmodell beschrieben, 1978). Nachdem bei einem Paar mögliche Übertragungen bewusst gemacht werden, können die Partner lernen, sich selbst und den anderen ein wenig „nachzunähren“ und sich so emotional anzunehmen und zu stützen.

Medien: Decken, in der Gruppe ausreichend Platz, damit für jedes Paar eine intime Atmosphäre entstehen kann.

Dauer: ca. anderthalb Stunden

Anleitung: Jeder Partner hat im Wechsel eine halbe Stunde Zeit für sich, und zwar für ein „inneres Kind“, um das der andere Partner sich liebevoll kümmern soll. Der Partner soll gebeten werden, dieses Kind zu verwöhnen, mit ihm zu sprechen oder zu schweigen, es zu streicheln oder ihm ein Märchen zu erzählen ... jeweils so, wie der Bittende es möchte. Dabei ist es auch möglich, dass innerhalb dieser Zeit Bedürfnisse verschiedener innerer Kinder aktuell werden, die dann nacheinander befriedigt werden wollen.

Für diese Übung sind zur Strukturierung zwingend notwendig:

- ➜ ein genauer Zeitplan – eine halbe Stunde pro Partner;
- ➜ feste Regeln: die Art der gewünschten Verwöhnung genau zu beschreiben und den Partner um deren Erfüllung zu bitten;
- ➜ der Dank an den Verwöhner zum Ende seines Dienstes. Dieser „Dienst“ ist nicht selbstverständlich und nicht einklagbar, sondern hat den Charakter eines erbetenen Geschenkes.

Danach folgt eine kurze Pause, in der sich jeder wieder auf sich selbst besinnen und seine gerade gemachten Erfahrungen in der jeweiligen Rolle reflektieren kann. Danach erfolgt ein Rollenwechsel.

Am Ende der Übung werden die Erfahrungen miteinander in der Gruppe ausgetauscht.

Diese Übung bewirkt ein tiefes Verstehen des Partners und eine ganzheitliche Annahme. Sie setzt Kreativität bei der Lösung von Problemen frei. (So wünschte sich z.B. eine Partnerin, die ohne Vater groß geworden war, von ihrem Mann, einmal eifersüchtig kontrolliert zu werden. Dafür inszenierte sie, wie eine 15-jährige abends in Diskotheken zu wollen und von ihrem Vater daran gehindert zu werden.)

··› Einstieg in den Tag (6. Tag)

··› *Ehe – ein Gestaltungsfeld mit Widersprüchen*

Ziel: Innere Leitbilder, geprägt durch Wünsche, Sehnsüchte und Lebenserfahrungen auch der Eltern, sowie äußere Leitbilder, vorgegeben z.B. durch eine von der Kapitalmaximierung geprägte Wirtschaftsordnung, haben großen Einfluss auf die konkrete Alltagsgestaltung einer Ehe. Es gilt, sich der eigenen Leitbilder bewusst zu werden, sie damit zu kontrollieren und gegebenenfalls zu korrigieren und zu verändern. – In dieser mit Information und Erfahrung gekoppelten Einheit soll das je eigene Ehebild auf seine Realisierungsmöglichkeit überprüft werden. Ein „integratives" Bild wird vorgestellt, um dann durch Identifikation mit einzelnen Bereichen die jeweiligen Eheintentionen zu überprüfen, zu korrigieren und ggf. zu erweitern.

Medien: Handreichung für jeden Teilnehmer (als Grundlage dafür dienen die Ausführungen zum „Bild vom *Paar" aus Kap. 7.5)*

Dauer: ca. 90 Minuten

Anleitung:

1. Die Teilnehmer werden aufgefordert, möglichst viele Bilder und Metaphern zu nennen, die mit dem Satz beginnen: **Ehe ist für mich, wie ...**
   Ergänzend kann die Frage: „Wonach sehnen Sie sich, wenn Sie an Ehe denken?" gestellt werden. Oftmals kommen dann Bilder von Sehnsucht nach Harmonie, nach Geborgenheit etc. Streit, Depression, Leid und Auseinandersetzung, die Stürme des Lebens haben kaum Platz in diesen Vorstellungen.
2. Anschließend bekommt jeder Teilnehmer eine Handreichung. In Form eines Kurzvortrages mit Rückfragen und Diskussion wird das Bild von Ehe der Partnerschule vorgestellt.
3. Danach werden die Benennungen für die Pole des Bildes (auf Karton geschrieben) in Kreisform auf den Boden gelegt, und zwar so, dass die jeweiligen Extreme der Pole sich gegenüber liegen.
4. Jeder Teilnehmer stellt sich hinter den Pol, mit dem er sich im Moment identifizieren möchte. Wenn jeder seinen Platz gefunden hat, beginnt einer als Pol zu sprechen und die Aufforderungsmomente, wie auch die Begrenzungen, die in jedem Pol stecken, auszudrücken, z.B.:
   Pol: zusammen sein
   ➜ Ich bin nah mit dir zusammen und finde es dann ganz warm und kuschelig.
   ➜ Ich bin so nah mit dir zusammen, dass mir die Luft zum Atmen wegbleibt.
5. Zusätzlich kann sich jeder andere Teilnehmer, der möchte, hinter diesen Pol stellen und eigene Identifikationen damit benennen. Werden keine Identifikationen mehr genannt, wird zum anderen Pol der Achse gewechselt:
   Pol: für sich sein
   ➜ Ich bin bei mir, spüre mich.
   ➜ Ich bin so mit mir beschäftigt, dass ich dich gar nicht mehr wahrnehme.
6. Wenn alle Pole erwandert sind, kommt die Gruppe wieder zusammen und jeder erzählt, was er beim Erwandern der Pole erlebt hat, was bei ihm durch die Äußerungen anderer in Gang gesetzt wurde.

Das Erwandern ermöglicht die Identifikation mit einzelnen Polen und führt zu einer Intentionserweiterung der Idee „Ehe"; oftmals auch zu einer unbewussten Klärung von Problemen, wenn dem Partner „durch die Blume" der Identifikation eigene Standpunkte mitgeteilt werden.

··› Beratung (6. Tag)

Beendigung der Arbeit an den Bildern zur Beziehungsgeschichte

··› Abendlicher Ausklang (6. Tag)

··› *Müll abladen*

Ziel: Viele Ratsuchende haben das Problem, dass alte Erinnerungen, Verletzungen und negative Erfahrungen immer noch ihre innere Kraft absorbieren. In dieser Trance haben sie die Gelegenheit, sich dieses Mülls bewusst zu werden und sich seiner zu entledigen (Idee nach *Vopel* 1993).

Medien: Decken als Unterlage, Entspannungsmusik

Dauer: ca. 20 Minuten (Trance)
Alles wird ganz langsam und mit vielen Pausen vorgelesen.

Anleitung: Legt euch alle auf den Boden und macht es euch dort ganz gemütlich. Achtet darauf, dass ihr an keiner Stelle irgendwo eingezwängt seid. Achtet auf euren Atem, wie ihr einatmet und wie ihr ausatmet. Dann geht mit eurer inneren Aufmerksamkeit einmal zu eurem rechten Fuß und spannt diesen an. Dann löst ihr die Spannung und spannt ihn noch einmal an. Vielleicht könnt ihr dabei feststellen, dass, wenn ihr mit eurer inneren Aufmerksamkeit bei eurem rechten Fuß seid, ihr nicht gleichzeitig mit eurer Aufmerksamkeit bei eurer linken Hand seid. Jetzt aber wechselt einmal zu der linken Hand und spannt diese an. Macht eine Faust und löst die Spannung wieder. Jetzt geht mit eurer Aufmerksamkeit zu eurem Gesicht und spannt es zu einer Grimasse an. Und löst diese wieder.

Jetzt geht wieder mit eurer Aufmerksamkeit zu eurem Atem, denkt an das Entspannungswort und stellt euch einmal vor, dass ihr an einer Wendeltreppe steht und mit jedem Ausatmen ein Stückchen tiefer diese Treppe hinab geht. Bei jeder Stufe hinab entspannt ihr euch mehr und gelangt zu eurer inneren Weisheit, die euch durch euer Leben leitet.

Jeder Mensch macht in seinem Leben nicht nur gute Erfahrungen. Wir werden verletzt, ungerecht behandelt, kommen irgendwie zu kurz. Aller Ärger darüber ist sicherlich berechtigt. Doch es kann der Zeitpunkt kommen, wo aller Ärger nichts mehr bringt, sondern lediglich Kraftverschwendung bedeutet. Dieser Ärger hindert uns, die dafür aufgewandte Energie positiv für uns selbst zu nutzen. – Deshalb stell dir einmal vor, dass du an einem schönen warmen Sommerabend an einem Meer stehst, vielleicht ist es auch kein großes Meer, sondern ein schöner ruhiger See. Du fühlst dich sehr wohl, über dir beleuchtet ein voller Mond die Szene. Und wie du so auf das Wasser schaust, fallen dir viele Szenen deines Lebens wieder ein. Du siehst sie wie in einem Spiegel, es sind die Dinge, die dich einmal verletzt und geärgert haben, wo dir Unrecht getan wurde.

Ja, es kann auch sein, dass du den Schmerz spürst, den dir diese Verletzungen einmal zugefügt haben und dass dieser vielleicht immer noch heute an dir nagt. Gleich hast du Gelegenheit, dich von vielem Ballast zu befreien, denn am Strand liegt ein Boot, dass du mit deinem ganzen Müll voll packen kannst. Das Boot ist recht groß, es hat ein paar hölzerne Ruderbänke und eine große Freifläche im Heck. Ferner siehst du am Strand all die Dinge, die du gern loswerden möchtest. Alles eingepackt in verschiedene Taschen und Truhen. Schau noch einmal hin, ob wirklich alles in den Taschen ist, was du loswerden möchtest, von dem du dich trennen willst.

Zunächst ist da eine alte modrige Ledertasche, auf dieser ist ein Zettel mit der Aufschrift „Verbote“ angebracht. Du öffnest diese Tasche und schaust einmal nach, ob auch wirklich alle Verbote, die dein Leben bisher behindert haben, in diese Tasche eingepackt sind, all diese Sätze, die anfangen mit: „Du sollst nicht, du darfst nicht“. Schau genau hin, ob du dich mit diesen Verboten identifizieren kannst, sie vielleicht zu selbstverständlichen Geboten für dich geworden sind, gehören sie zu deinem Leben oder ist es so, dass sie dich in deinem Tun eher hindern und beschränken? Vielleicht magst du einige von ihnen wieder aus der Ledertasche auspacken, vielleicht gibt es aber auch Verbote, die du noch dazu legen möchtest. Lass dir Zeit, genau hinzuschauen, was du behalten möchtest und wovon du dich trennen willst. Nun kannst du diesen Lederkoffer in das Boot stellen.

An einer anderen Stelle auf dem Strand steht noch eine Reisetasche mit dem Aufkleber „böse Erinnerungen". In dieser findest du eine Menge von Bildern, Skizzen, Tagebüchern, handschriftlichen Aufzeichnungen, alten Fotos. Sieh dir auch diesen Inhalt genau an und überprüfe, ob du nichts vergessen hast. Nun nimm auch diese Tasche und stell sie in das Ruderboot.

Nun wende dich einem alten Reisekoffer zu, der den Aufdruck „Ärger" trägt. Überprüfe einmal, ob in ihm alle Situationen, in denen du dich geärgert hast, vorhanden sind. Wenn du noch weitere Ärgernisse loswerden möchtest, dann pack auch diese in den Reisekoffer. Bist du zufrieden damit, was du alles in diesen Koffer gepackt hast, dann stelle auch ihn in das Ruderboot.

Dann befindet sich am Strand noch ein großer Leinensack mit den aufgedruckten Buchstaben „Probleme". Schau auch hier einmal nach, ob alle Probleme in diesem Leinensack vollständig vorhanden sind, mit denen du dich in Zukunft nicht mehr beschäftigen möchtest, denen du keine wertvolle Energie mehr schenken willst. Vielleicht fallen dir auch noch Probleme ein, die du gerne dazu packen willst. Bist du damit fertig, dann lass auch diesen Leinensack seinen Platz im Boot finden.

Nun gibt es noch im Boot die Ruderbank. Überlege einmal, welche Personen aus deinem Leben du auf diese Bank setzen möchtest. Das können Menschen sein, mit denen du unerfreuliche und nun beendete Beziehungen hattest. Wenn du in der Lage bist, dich von diesen Menschen auch innerlich zu verabschieden, so finden sie jetzt Platz im Boot. So wird dein Herz frei für wichtige und befriedigende andere Beziehungen in deinem Leben.

Und dann prüfe einmal, ob es noch irgendetwas gibt, was du in das Boot packen möchtest. Und du kannst gewiss sein, dass das Boot in der Lage ist, allen Müll aus deinem Leben, jeden unnötigen Ballast, aufzunehmen.

Nun nimm deine ganze Kraft zusammen und schieb das Boot ins Wasser. Wünsche ihm eine gute Reise und achte darauf, dass das Boot genau ausgerichtet ist auf den Lichtpfad, den das Mondlicht auf das Wasser wirft. Dann gib dem Boot einen letzten Stoß, dass es seine Reise beginnen kann. Vielleicht bist du jetzt ein wenig wehmütig, dass du Abschied genommen hast von all diesen Dingen und Menschen, die einmal emotional bedeutsam in deinem Leben waren. Vielleicht kannst du ihnen ein letztes Dankeschön nachrufen, da sie dir geholfen haben zu wachsen und zu reifen. Vielleicht verspürst du auch nur eine große Erleichterung, diesen ganzen Müll los zu sein.

Und plötzlich geschieht etwas ganz Seltsames. Wie magisch angezogen fährt das Boot auf dem Lichtpfad entlang genau auf den Mond zu, bis es in ihm ganz verschwindet. Und du findest vielleicht Erleichterung, dass der Mond all deinen emotionalen und geistigen Ballast in seine Obhut nehmen will.

Und plötzlich kehrt in dir eine große Ruhe ein und ein Gefühl von Freiheit und Offensein für das, was alles noch in deinem Leben kommen wird.

Nun komm mit deiner inneren Aufmerksamkeit wieder in diesen Raum und zu dieser Gruppe zurück. Achte wieder auf deinen Atem und spüre, wie du einatmest und ausatmest. Dann stell dir wieder einmal vor, dass du an der Wendeltreppe stehst und mit jedem Einatmen ein Stück dieser Treppe hinauf gehst und frischer und wacher wirst. Jetzt geh mit deiner Aufmerksamkeit zu deiner linken Hand und mache sie zu einer Faust. Anschließend geh mit deiner Aufmerksamkeit zu deinem Fuß und spanne ihn an und löse diese Spannung wieder. Dann räkele und streck dich, gähne wie nach einem erholsamen Schlaf.

Diese Trance bietet die Möglichkeit, im Seminar aktivierte traumatische Erinnerungen zu integrieren und sich so damit zu versöhnen. (Ein Teilnehmer berichtete einmal, dass er sich einen Herzinfarkt hätte ersparen können, wenn er diese Trance ein Jahr früher gehört hätte.)

⇢ Einstieg in den Tag (7. Tag)

⇢ *Autonomie und Zweisamkeit*

Ziel: Autonome Verhaltensweisen in einer Partnerschaft sind die Grundlage, diese überhaupt leben zu können. Das Entstehen von liebevoller Zuneigung, das Wachsen der „Liebe“ füreinander ist gekoppelt an die Achtung vor der Freiheit und der Andersheit des Partners. In dieser Übung können sich die Teilnehmer mit den unterschiedlichen Qualitäten von Autonomie und Nähe auseinandersetzen, sie können Kontakt mit ihrer gefühlsmäßigen Beteiligung aufnehmen.

Dauer: ca. 45 Minuten

Anleitung: Die Übung wird mit gymnastischem Training eingeleitet, um einen intensiven Kontakt zum eigenen Körper zu bekommen und sich selbst zu spüren. Hilfreich sind dabei Anleitungen, wie: „Ich bewege mich, wie bewege ich mich, wie setze ich die Füße auf, wie spüre ich den Boden unter meinen Füßen, wie fühlt sich vielleicht der Teppich, der Teppichboden an ...“

Danach suchen sich die Teilnehmer einen fremden Partner und stellen sich miteinander als „Standbild“ dar, und zwar nacheinander in drei Formen:
(a) Paar, welches liebevollen, körperlichen Kontakt miteinander hat,
(b) voneinander körperlich getrenntes Paar, das Sichtkontakt hat,
(c) Paar, indem jeder für sich allein steht, unabhängig vom anderen.

Diese Standbilder werden für ca. ein bis zwei Minuten so gehalten. Die Teilnehmer achten darauf, was sie dabei spüren. Danach gehen alle wieder durch den Raum, lassen die Erlebnisse nachwirken, suchen sich danach einen anderen fremden Partner und stellen wieder die drei Bilder dar. Zum Schluss wird die Übung mit dem eigenen Partner gemacht. Danach werden die Erfahrungen ausgewertet:

- → Was wurde erlebt?
- → Welche der Varianten a, b, c ist leichter bzw. schwerer gefallen?
- → Was wurde dabei gefühlt?
- → Welche Unterschiede wurden bei den verschiedenen Partnern erlebt?
- → Wie wurden die Qualitäten von Autonomie und Verbundenheit wahrgenommen?

Besondere Hinweise: Es ist darauf zu achten, dass die Teilnehmer möglichst präzise ihre Erfahrungen sowohl mit den unterschiedlichen Qualitäten als auch zu den verschiedenen Menschen in Worte fassen. Durch dieses Benennen lernen sie, sich bewusster als eigenständiger Interaktionspartner zu definieren und sich auf Dauer auch so zu verhalten.

⇢ Beratung (7. Tag)

Der Prozess des Basisseminars wird durch Zwischenreflexionen und durch eine Abschlussauswertung mit den Teilnehmern evaluiert. Ebenso wie die Beraterinnen bereits vorher durch eine möglichst große Transparenz ihre Vorgehensweise erklärt haben, machen sie hier nochmals deutlich, warum sie wann und wie interveniert haben. An dieser Stelle gilt es, insbesondere deutlich zu machen, wie das Gelernte in den Alltag umgesetzt werden kann, wie mögliche Rückfälle vermieden werden können. Es geht also um einen Transfer auf die Situation außerhalb der Gruppe. Zum einen können sich die Teilnehmer dadurch über das Erlebte eine eigene Theorie ihrer Beziehungsgestaltung bilden. Zum anderen wird der therapeutische Prozess nachvollziehbar und bietet somit eine Grundlage dafür, dass die Klienten Fachleute ihrer eigenen Störungen werden. Ihr Grundbedürfnis nach Orientierung und Kontrolle wird gestillt und ihre Erfahrungen und neu Gelerntes werden verstärkt. Schließlich können die Beraterinnen anhand der Reflexionen auf den Erfolg des Seminars schließen und gegebenenfalls Feinabstimmungen vornehmen.

Konkret eingeleitet werden solche Zwischenreflexionen im Laufe des Seminars mit einer kurzen Entspannung und einer Einleitung, wie der Folgenden: „Schließt einmal die Augen und kommt einen Moment ganz bei euch an, fühlt einmal, wie ihr mit dem Rücken den Stuhl berührt, wie eure Arme auf der Lehne aufliegen oder wie ihr mit den Füßen die Erde berührt. Dann lasst euch Zeit, das, was wir heute zusammen gemacht haben, nochmals in euch lebendig werden zu lassen, und geht den Fragen nach, was war für mich bedeutsam, was habe ich gelernt, aber auch, was habe ich nicht verstanden, worüber habe ich mich vielleicht geärgert? Entscheidend ist, dass ihr es für euch selbst herausfindet. Dann überlegt, was ihr davon den anderen mitteilen wollt. Das kann ein Wort, ein Satz oder mehr sein, soviel oder wenig, wie jeder möchte. Wenn jemand nichts sagen will, soll er das einfach mitteilen."

Am letzten Tag findet zusätzlich eine schriftliche anonyme Auswertung statt. Weil die Teilnehmer den Prozess der Reflexion kennen gelernt haben, sind sie motiviert, auch die ihnen ausgeteilten Fragebögen bereitwillig und gewissenhaft auszufüllen.

⇢ *Fragebogen zur qualitativen Wirksamkeit*

Ziel: Mit Hilfe des Fragebogens soll die subjektive Zufriedenheit der Ratsuchenden nach Beendigung des Basisseminars erfragt werden. Außerdem ermöglicht er dem Ratsuchenden, die Erfahrungen in der Beratung für sich selbst kognitiv zu verarbeiten und somit eine „Theorie" seiner selbst zu schreiben. Zur Einleitung der schriftlichen Auswertung gehen die Teilnehmer locker im Raum umher, wie zu Beginn der Gruppenarbeit. Wieder wird beim Umhergehen nachgedacht und nachgespürt: Wie kam ich her? Was hatte ich für Hoffnungen? Was für Ängste? Was für Wünsche? Wie stehe ich jetzt da? Was wollte ich erreichen? Was sollte auf keinen Fall passieren? Was habe ich in Bezug auf meine Partnerschaft gehofft, was befürchtet? Welche Ergebnisse nehme ich mit nach Hause? Was gefiel mir an den beiden Therapeutinnen? Was war hilfreich? Was hat mich gestört?

Dauer: 60 Minuten

Anleitung: Die Teilnehmer füllen einen Bogen mit folgenden Fragen aus:
- ➔ Was hat das Seminar für mich persönlich bedeutet?
- ➔ Was hat es für meine Beziehungen bedeutet?
- ➔ Welche kritischen Anregungen kann ich geben?
- ➔ Welche Auswirkungen hat es auf meine Kinder?
- ➔ Sonstiges?

Die Teilnehmer werden darauf hingewiesen, dass ihre Rückmeldungen eine wichtige Hilfe für die Beraterinnen sind. Zum einen, um deren eigenes Tun kritisch zu bewerten, zum anderen zur Fortentwicklung paartherapeutischer Angebote. Das Ausfüllen des Bogens ist freiwillig und anonym. – Die Klienten füllen den Bogen in der Regel gerne und ausführlich aus, so dass sich die Beraterinnen ein sehr gutes Bild darüber machen können, was sich durch das Seminar in den Teilnehmern abgebildet und verändert hat.

···› Abschluss des Seminars

In einer letzten Abschlussrunde teilen die Teilnehmer einander ihre Erfahrungen mit dem Seminar mit. Anschließend kann die Veranstaltung mit folgendem Ritus offiziell beendet werden.

···› *Verabschiedung*

Alle stellen sich im Grundstand (Füße schulterbreit, Knie locker) zu einem großen Kreis zusammen. Sie schließen die Augen und konzentrieren sich auf ihren Atem; nach einiger Zeit tiefen Ein- und Ausatmens wird der Atem zunächst in der Vorstellung durch die Fußsohlen hindurch in die Erde geschickt; bei jedem Ausatmen verlängert sich dann in der Vision das Rückgrat, bis es den Erdmittelpunkt erreicht; im Erdmittelpunkt treffen sich alle Gruppenmitglieder und sind so miteinander verbunden. Danach wird bei jedem Einatmen in der Vorstellung das Rückgrat so verlängert, dass es oben den Zenit der Sonne erreicht; auch hier treffen sich wieder alle Gruppenmitglieder in ihrer Vision. Anschließend legt man die Hände auf die Schultern der Nachbarn und macht so langsam sich zur Mitte bewegend den Kreis enger. Dann wird einen Augenblick verweilt, um den Kreis langsam größer zu machen, bis jeder wieder für sich allein steht. – Anschließend können die Teilnehmer sich noch persönlich voneinander verabschieden.

⇢ Ausgewählte Ergebnisse der Fragebögen zur qualitativen Einschätzung der Basisseminare

Durch die schriftlichen Rückmeldungen der Teilnehmer in der Abschlussrunde des Seminars entsteht ein guter Eindruck von den qualitativen Veränderungen im Verhalten und Erleben des Einzelnen und der Partner zueinander. – Im Folgenden werden einzelne Aussagen, die im Rahmen einer umfangreichen Untersuchung zur Partnerschule (über 300 befragte Teilnehmer) gewonnen wurden, gebündelt vorgestellt (vgl. *Sanders* 1997, 253). Diese vermitteln vor allem auch ein Bild von der subjektiven Zufriedenheit der Klienten mit der Partnerschule.

Sie erfüllen zudem die Forderung nach „qualitativer" Forschung im Rahmen ethnographischer Methoden (*Erickson* 1986; *Smith* 1987). Einzelne Aussagen werden hier aufgeführt:

I Klärungsorientierte Aussagen:

⇢ *Aufarbeiten alter Verletzungen*

- „Mir sind die Hinderungen meiner Liebesfähigkeit klar geworden, durch die Konfrontation mit den Problemen anderer. Alte Verletzungen konnte ich noch einmal durchleben und damit abschließen."
- „Ich kann jetzt die Ursachen für meine Probleme in der Partnerbeziehung, die in meiner Kindheit liegen, sowohl vom Verstand als auch vom Gefühl (Körpererfahrung) klarer begreifen."

II Bewältigungsorientierte Aussagen:

⇢ *Lernerfolge und persönliche Wachstumsprozesse*

- „Durch die Gruppe habe ich gelernt, auf andere Menschen zuzugehen, mich in einem größeren Kreis zu äußern, von meinen Ängsten zu erzählen. Mir gefielen besonders die praktischen Übungen, z.B. kreatives Formen oder tatsächlich auf »fremde« Menschen zuzugehen. Ich bin sicher, dass unsere Ehe ohne diese Therapie in den Alltagsproblemen stecken geblieben wäre."
- „Ich kann meinem Partner anders gegenübertreten. Ich bin nicht mehr verletzt, kann Kritik abwägen, bin aber – so empfindet mich mein Partner öfter – sehr aggressiv und lasse viel aus mir raus, was für ihn nicht angenehm ist. Aber es gibt viel weniger Leiden aus uns selbst, glücklichere Zeiten. Und die »Tiefs« sind nicht mehr ganz so tief."

⇢ *Entwickeln eines lebbaren Ehebildes*

- „Bei dem Seminar durften wir nur für uns da sein! Abseits von Beruf, Haushalt, Omas ..., abseits auch von einem traditionell geprägten Bild von Ehe, das unsere Liebe zu ersticken drohte!! Ohne diesen Kurs wäre unsere Ehe eine reine Versorgungsgemeinschaft geblieben. Wir haben gelernt, für uns selbst und unsere Gefühle Verantwortung zu übernehmen. Wir beginnen, uns selbst und den Partner so anzunehmen und zu lieben (!), wie er ist und wie er geworden ist. Wir sind dabei, uns mit unseren Eltern zu versöhnen und unsere Kinder anzunehmen. Wir entdecken viel Schönes, aber auch immer noch viel Schmerzhaftes."

➜ „Ich habe gelernt, vorhandene Angst, Sorgen und Leid nicht mehr als Scheidungsgrund zu sehen, sondern sie neu einordnen zu lernen und sie anders zu bewerten."

⇢ Erlernen beziehungsfördernder Verhaltensweisen bei einem Paar

a) Wahrnehmen der Eigenverantwortung für die Beziehung

➜ „Das ist für mich das Wichtigste: Nicht alles Glück ausschließlich vom Partner zu erwarten, sondern zunächst zu mir selbst gut zu sein."

➜ „Ich hatte die schmerzhafte Erkenntnis, dass ich Conny zunächst einmal loslassen muss, um überhaupt wirklich mit ihr zusammenkommen zu können. Für mich heißt das, mir erst einmal wieder meinen eigenen Raum zu entdecken, ihn zu gestalten und zu leben."

b) Erlernen von Kommunikationsregeln

➜ „Ich kann Bert von meinen Gedanken erzählen und zwar sofort. Ich verschiebe das Erzählen nicht auf später ... wo ich es dann meistens vergesse oder keine Lust mehr habe. Ich achte bewusster darauf, Bert zu Ende reden zu lassen und wirklich das zu erfassen, was er sagt. Ich versuche, wirklich zuzuhören."

➜ „Ich habe begonnen, meine Wünsche und Forderungen meiner Partnerin mitzuteilen. Auch wenn sie nicht alle erfüllt werden können, so tut es doch gut, die Wünsche überhaupt zu artikulieren."

c) Bewertung von und Umgang mit Chaos, Krisen und Konflikten

➜ „Zu wissen, es gibt immer wieder Konflikte und Ärger – doch die Beziehung geht weiter. Das Wissen, dass die Liebe daran wachsen kann."

➜ „Wir haben gelernt, vor Konflikten und Schwierigkeiten nicht wegzulaufen, sondern sie zu meistern und so wieder aufeinander zuzugehen. Unser Gefühlsleben ist dadurch angeregt worden, und wir können wieder zärtlich sein, wenn wir an uns selbst arbeiten."

d) Hoffnung auf die Zukunftsperspektiven für den weiteren Lebensweg als Paar

➜ „Wir haben jetzt gute Voraussetzungen, uns als Paar neu zu erleben, aus alten Verhaltensmustern auszubrechen und damit eine neue Basis für unsere Beziehung zu finden. Wir haben größere Klarheit über unsere Probleme und damit auch Perspektiven, sie zu lösen."

➜ „Ich habe das erste Mal in unserer 15-jährigen Ehe unser gemeinsames Leben als eine Geschichte gesehen, nicht als eine Kurzausgabe vom Frühstück bis zum Abendbrot. Habe ich früher gefragt »Warum um Gottes Willen bist du so?«, frage ich heute »Wer hat dich so gemacht und wie schaffst du es, dich zu ändern« (das Gleiche gilt für mich). Wir werden ab morgen anfangen, unsere Schwarz-Weiß-Ehe bunt auszumalen."

III Methodische Aussagen:

⇢ *Die besonderen Heilungsmöglichkeiten durch die Therapiegruppe*

- „Da ich mich im Kreis von Gleichgesinnten befand, bei denen ich auch Parallelen zu meinen Ängsten und Gefühlen fand, hatte ich Mut, auch über meine Probleme zu reden, statt sie zu verdrängen."
- „Es war schön zu erleben, wie die Gruppe mir »Schutz«-raum gegeben hat, um meine Gefühle zu entdecken, ja neu gebären zu können – ohne Angst, ohne Scham. Ich habe gefühlt, welche Energie und Kraft in mir stecken, wenn ich sie erspüren und freisetzen kann. Ich habe aber auch gefühlt, wo noch Mauern sind und Ängste und Unsicherheiten."

⇢ *Bedeutung der kreativen Medien und der Körperarbeit*

- „Erst bekam ich einen Schreck, als ich hörte, dass wir mit Ton arbeiten würden, denn im Kunstunterricht war ich nicht gut. Das Ergebnis hat mich dann umgehauen, was ich so mit meinen Händen gestalten kann und wie wir als Paar in Ton anzusehen sind."
- „Durch die Bewegungsübungen habe ich gespürt, wie viel Lebendigkeit in mir vergraben ist. Ich glaube, diese brauche ich dringend in meiner Ehe."

IV Sonstige Aussagen:

⇢ *Auswirkungen auf die Kinder der Teilnehmer*

- „Es ist spürbar entspannter und harmonischer geworden. Ich übertrage die Wut auf den Partner, nicht mehr auf die Kinder, da ich mutiger und offener geworden bin, mich abzugrenzen, wenn es über meine Gefühle geht und für mein Glück besser sorgen kann. Ich habe die Verantwortung für mich übernommen und kann so den anderen auch mehr (ihren) Freiraum lassen."
- „Durch die Paargespräche und die Gruppenarbeit konnten wir uns gegenseitig öffnen und Nähe wieder zulassen. Dies ist für uns als Familie wohltuend. Als wir uns in der Küche »einfach mal wieder so« umarmten, fiel uns auf, dass Carolas (fünfjähriges Kind des Paares) Gesichtszüge sich entspannten und sie sich darüber freute."

14.3 Aufbauseminar: Kleine Schule der Genussfähigkeit – Lebendigkeit, Sinnlichkeit und Sexualität

Die Gestaltung der Sexualität ist ein höchst sensibler und sehr störanfälliger Bereich partnerschaftlicher Interaktion. Da beides, Partnerschaft und Sexualität zusammen gehören und einander ergänzen, ist es erforderlich, vor der Beschreibung dieses Moduls das Thema Sexualität etwas grundsätzlicher zu reflektieren.

Unzufriedenheit mit der Gestaltung der Sexualität

Bei der Validierung des Marital Satisfaction Inventory (MSI) von *Snyder* (1981) stieß die Arbeitsgruppe (*Schröder* et al. 1994) auf interessante Ergebnisse in der Subskala „Sexuelle Zufriedenheit". Hier gab es zwar auch signifikante Unterschiede zwischen Paaren in Eheberatung und der Kontrollgruppe (Paare, die mit ihrer Beziehung insgesamt zufrieden waren), vor allem aber gab es signifikante Unterschiede zwischen Männern und Frauen, die in anderen MSI-Skalen nicht zu beobachten waren. In beiden Gruppen berichteten die Männer, sexuell unzufriedener zu sein als die Frauen. Auffällig waren insbesondere die hohen Unzufriedenheitswerte in der Kontrollgruppe. Fast 30 Prozent der glücklich verheirateten Männer erreichten Summenwerte, die über dem Mittelwert der Männer aus der Therapiegruppe lagen (18 Prozent bei den glücklich verheirateten Frauen). Bei einzelnen Fragen waren fast 50 Prozent der glücklichen Männer unzufrieden mit der partnerschaftlichen Sexualität, insbesondere was Häufigkeit und Abwechslung der sexuellen Kontakte betraf. Trotz dieser Unzufriedenheit dachten 2/3 nicht daran fremdzugehen, auch bei den Paaren, deren Partnerschaft in einer akuten Krise war. Zusammenfassend kann man sagen, dass in dieser Kategorie der Geschlechtsunterschied am auffälligsten war. Wie lässt sich dieses Phänomen interpretieren?

Das Verhältnis von Frau und Mann im Europa der letzten 1000 Jahre war gekennzeichnet von der Vorherrschaft des Mannes (vgl. Kap. 6 sowie *Barabas* & *Erler* 2002). Erst im letzten Drittel des 20. Jahrhunderts entstand durch die Aussagen zur Gleichberechtigung im Grundgesetz der Bundesrepublik Deutschland (1949) und durch das Gesetz zur Reform des Ehe- und Familienrechtes (1976) zumindest juristisch die Möglichkeit, gleichberechtigte Partnerschaft zwischen Mann und Frau zu leben. Als letztes Relikt männlicher Vorherrschaft fiel 2002 die Straffreiheit für Vergewaltigung in der Ehe. Deshalb könnte man vermuten, dass sich die oben genannten Unterschiede zwischen Männern und Frauen aus solchen geschichtlichen Vorerfahrungen begründen lassen. Wie kann eine Frau ihre *eigene* Lust leben, wenn das Format Partnerschaft zwischen Mann und Frau noch sehr neu und damit wenig eingeübt ist? Wenn sich die Gleichberechtigung und Gleichwertigkeit von Frau in Beruf, Politik und Gesellschaft noch lange nicht als Selbstverständlichkeit etabliert hat?

Neben diesen Hintergründen könnte noch eine andere Ursache für die oben erwähnten Geschlechtsunterschiede sprechen. Denn nicht nur die Binnenstruktur der Beziehung zwischen Frau und Mann änderte sich von einer patriarchalischen zu einer partnerschaftlichen, sondern auch die Gestaltung der Sexualität unterlag durch die Methoden einer sicheren Kontrazeption einem tief greifenden Wandel. War diese bisher in erster Linie durch Fortpflanzung bestimmt, orientiert sie sich jetzt – und das ist menschheitsgeschichtlich ein Quantensprung – am sozialen und kommunikativen Miteinander. Für diese „soziale Sexualität" fehlt es vielen Partnern an möglichen Ausdrucks- und Gestaltungsformen.

Der Mangel an sexueller Lust

Der zweite Aspekt der Situationsbeschreibung hängt eng mit den beiden zuvor erläuterten grundsätzlichen Erwägungen zusammen. Appetenzstörungen, zumindest bei einem Partner, haben nach übereinstimmender Feststellung zahlreicher Autoren (zusammenfassend bei *Buchheim* et al. 1997) im Vergleich zu anderen sexuellen Störungen, wie Erektionsstörungen und Orgasmusschwierigkeiten, in den vergangenen Jahrzehnten deutlich zugenommen.

Die Etikettierung „Störung" impliziert, dass es „normal" ist, dauernd sexuellen Appetit zu haben. Aber auch mit dem Essen verhält es sich so, dass ein Gefühl des Hungers da sein muss, um Appetit zu haben.

Dass bis zur Erfindung sicherer Kontrazeptiva, der „Pille", bei jedem Geschlechtsverkehr auch die Möglichkeit einer Schwangerschaft bestand, hat für das Verständnis der Problemlage wichtige Konsequenzen. So könnte unser biologisches und genetisches Erbe dahingehend die Lust steuern, dass etwa in Zeiten, in denen ein Säugling die volle Aufmerksamkeit und Kraft von Mutter und Vater fordert, diese Lust nun einmal *nicht* auf Geschlechtsverkehr und eine potenzielle neue Schwangerschaft hin tendiert.

Ein weiterer Grund, den Begriff „Störung" zu hinterfragen, besteht möglicherweise in den Auswirkungen der bedeutenden Untersuchungen von *Masters* und *Johnson* (1973) in den sechziger Jahren zum menschlichen sexuellen Reaktionszyklus. Dabei mussten sich die Versuchspersonen durch ihre Fähigkeit qualifizieren, einen Koitus und Orgasmus unter Laborbedingungen zu produzieren. So entstand eine Idealkurve, die vielleicht für sexuelle Hochleistungssportler repräsentativ ist, aber nicht für die Durchschnittsbevölkerung. *Masters* und *Johnson* setzten auf das Vorhandensein eines sexuellen Triebes, der lediglich einer effektiven Stimulation bedarf, um dann einen Orgasmus zu produzieren. An Menschen, die keinen sexuellen Appetit aufwiesen, hatten sie kein Interesse. Sie waren sich sehr wohl dessen bewusst, dass das Niveau des sexuellen Interesses eine wichtige Variable darstellt, aber sie wollten sexuelle Reaktionen bei den Menschen demonstrieren, die ein solches Interesse haben (*Kring* 1997). So wurde durch diese Untersuchungen einer Fixierung der Sexualität auf den Orgasmus, also etwas Finalem, Vorschub geleistet, während alles Vor- und Nachspiel und selbstvergessenes Spiel überhaupt eher eine Abwertung erfahren haben.

Grundsätzlich gilt natürlich festzustellen, dass Sexualität zu unserem Leben gehört, sie findet sowohl in der Realität als auch in Träumen und Phantasien statt. Sie stellt sich dar in Zärtlichkeiten oder Mangel an Zärtlichkeiten, in Leibfeindlichkeit oder Leibfreundlichkeit, in Wohlwollen oder in Kälte, in Gefühlsreichtum oder Gefühlsarmut. Sie ereignet sich zwischen Erwachsenen, zwischen Kindern, zwischen Erwachsenen und Kindern und zwischen einander Fremden, so dass sie weit mehr ist als nur ein Koitus.

Da wir sie seit unserer frühesten Kindheit – angemessen oder übergriffig – gelernt haben, gehört ihre Anwendung zum Repertoire unserer impliziten, also nicht dem Bewusstsein zugänglichen (vgl. auch Kap. 8.1), Beziehungsregeln. Auch diese unbewusste Übernahme von Regeln kann sich auf den sexuellen Appetit, auf das Miteinander eines Paares auswirken.

So musste ein Mann ab dem 7. Lebensjahr, nach dem Tod des Vaters, als jüngster Sohn im Bett der Mutter nächtigen. Als er mit 12 Jahren seine Sexualität bewusst spürte und vorsichtig andeutete, doch jetzt in einem eigenen Bett schlafen zu wollen, antwortete die Mutter nur: „Dann schneiden wir *den da unten* einfach ab!“ Als Kind musste er seine ganze Kraft dafür aufbringen, die unbewusste Verführung der Mutter, Partnerersatz zu sein, abzuwehren, die eigene Autonomie zu bewahren und seine Identität zu entwickeln. So verwundert es nicht, dass er später im Kontakt mit seiner Frau auch sexuell zurückhaltend war. Sie beklagte seinen Mangel an sexuellem Appetit. In der Arbeit mit beiden wurde allerdings ebenfalls deutlich, dass er ihr damit einen „Gefallen“ tat, denn auch sie hatte auf impliziter Ebene einen wichtigen Grund, Sexualität zu vermeiden.

In diesem Beispiel wird ferner deutlich, dass ein sexuelles Problem im Rahmen einer Paarbeziehung immer ein Problem *beider* Partner ist. Es ist wichtig, als Beraterin nicht an der Oberfläche der sexuellen Funktion oder dem sexuellen Appetit hängen zu bleiben, sondern es gilt herauszufinden, was sich in dieser Störung psychodynamisch auf unbewusster Ebene zwischen den Partnern aktualisiert.

Zum Schluss sei im Zusammenhang mit dem Begriff „Appetenzstörung“ auf die Übersexualisierung und den damit verbundenen Leistungsdruck in unserer Gesellschaft, der durch Medien, Pornovideos, Seifenopern in den Vorabendprogrammen des Fernsehens etc. erzeugt wird, hingewiesen.

Wie sollen junge Menschen die Sprache ihres Körpers verstehen und einsetzen lernen, wenn sie nicht die Gelegenheit haben, die „Stufenleiter der Zärtlichkeiten“ zu erklimmen, sondern sich z.B. sorgenvoll an eine Jugendzeitschrift mit der Frage wenden: „Hilfe! Ich bin 15 Jahre alt und noch Jungfrau! Wie finde ich einen Freund?“

Als Folge dieser Fixierungen ist in der Eheberatung oft zu beobachten, dass Ratsuchende ihren narzisstischen Selbstwert abhängig machen vom Gelingen – und das heißt oftmals von der Frequenz – des Koitus. Nicht die Frage nach der sexuellen Erlebnisqualität spielt die zentrale Rolle, sondern die nach dem sexuellen Funktionsablauf und hiervon wird häufig gleich der Bestand einer Ehe und Familie abhängig gemacht, als ob der Mensch als solcher, seine und die gemeinsamen bisherigen Lebenserfahrungen, die Fähigkeit, Alltag zu bewältigen, Kinder zu erziehen, finanzielle Sicherheit zu schaffen – als ob dies alles nichts wert wäre.

Beratungsziele im Rahmen der Partnerschule

Zunächst geht es um einige grundsätzliche Ziele. So ist die gegenseitige emotionale Abhängigkeit ein häufiges Problem der Ratsuchenden: „Du bist für mein Glück verantwortlich, und ich fühle mich nur dann glücklich, wenn du glücklich bist. Und wenn du nicht glücklich bist, bin auch ich unglücklich, also sei bitte nicht unglücklich, sondern immer gut drauf!" Ein Ratsuchender brachte es nach dem Betrachten seiner Tonfigur, die er zur Diagnostik der Paarsituation mit geschlossenen Augen modelliert hatte, auf den Punkt: „Wenn du mich nicht festhältst, falle ich auf die Schnauze!"

So liegt auch im sexuellen Erleben die Verantwortung für die eigenen Empfindungen, für das Spüren der eigenen Lust, für das, was gut tut und das, was nicht gut tut, vor allem bei jedem einzelnen Partner. In der Partnerschule wird deshalb „der eigene Stand", die Selbständigkeit trainiert, eine sozial-bezogene Autonomie, und das nicht nur hinsichtlich der Gestaltung der Sexualität.

Neben der Aufmerksamkeit für das Störende selbst wird der Blick auf das Gelingende im Miteinander gelenkt und Zeit in das Training von partnerschaftsfördernden Verhaltensweisen investiert. Denn aus der Perspektive der eigenen Kompetenzen lassen sich Probleme oftmals wesentlich leichter lösen.

Ein weiterer Blickpunkt in diesem Zusammenhang ist die Frage, ob ein Mensch überhaupt weiß, *wie* genau das geht zu genießen, ob er also „genussfähig" ist. Oftmals lässt sich vermuten, dass Menschen die Fähigkeit zu echtem Genuss verloren gegangen ist. Deshalb spielt die Aufklärung darüber, was Genuss ist und welche Voraussetzungen dazu notwendig sind, eine wichtige Rolle.

Sexualität wird als ein Gespräch, eine soziale Kommunikation unter Einbeziehung aller Sinne und des ganzen Körpers verstanden, die vielfältige Ausdrucksformen annehmen kann, die wie jede Kommunikation, auch die Zeit des Innehaltens, des Schweigens und der Ruhe kennt. Zusammenfassend lassen sich folgende Ziele benennen:

- ➜ Die Verantwortung für sich selbst, die Wahrnehmung für die Schönheit, Einmaligkeit und Lebendigkeit des *eigenen* Körpers als Ausgangspunkt jeglicher Kommunikation soll gefördert werden.
- ➜ Die Partner sollen befähigt werden, sich über ihr sexuelles Erleben, ihre Vorstellungen und Wünsche miteinander auszutauschen.
- ➜ An Stelle einer Reduzierung der Gestaltung von Sexualität ausschließlich auf die Geschlechtsorgane soll der Einbezug des gesamten Körpers, mit Leib und Seele, gefördert werden.

- Die Überbetonung des Orgasmus, das Reden von einem „Vor- und Nachspiel", soll sich entwickeln zu einer gleichberechtigten Vielfalt des sexuellen und des sinnlichen Miteinanders.
- Durch Bewegungs- und Atemübungen sollen die Klienten lernen, ihr Affektspektrum und dessen Ausdruck zu erweitern.
- Die Paare sollen befähigt werden, die Gestaltung ihrer Sexualität als das je eigene und einmalige ihrer Kommunikation zu begreifen und die Verantwortung dafür zu übernehmen.
- Die Bedeutung, die eine mögliche sexuelle Funktionsstörung für die Partnerbeziehung hat, muss dem Paar durchschaubar gemacht werden.

Eventuell müssen frühere Ängste, Konflikte oder traumatische Erlebnisse bearbeitet werden, die mit der sexuellen Problematik in Zusammenhang stehen.

Der Ablauf

Aufbauend auf dem bzw. parallel zum Basismodul findet die „Kleine Schule der Genussfähigkeit" verteilt über ein halbes Jahr an drei Wochenenden jeweils von Freitagabend bis Sonntagmittag statt. Atmosphärisch, didaktisch und von der Haltung und Einstellung der Beraterinnen den Klienten gegenüber ist sie mit dem Basisseminar vergleichbar, allerdings liegt der Fokus auf der Entwicklung von Genussfähigkeit miteinander und damit auch auf der sexuellen Kommunikation.

Im Folgenden werden auch die konkreten Tageszeiten angegeben, da nicht jede Übung zu jeder Tageszeit passend ist; zum anderen wird deutlich, wie die zur Verfügung stehende Zeit strukturiert werden kann. Jeden Morgen finden eine Stunde lang bewegungstherapeutische Übungen statt. Die vorgestellten Übungen zum Atmen und zur Stimme sollten dabei regelmäßig zum Einsatz kommen.

Teil 1: Der Körper als Ausgangspunkt der Lebendigkeit – erstes Wochenende

Ziele:

1. Die Teilnehmer sollen neue Erfahrungen mit sich und ihrer Leiblichkeit machen.
2. Sie sollen den Zusammenhang zwischen der Wahrnehmung und Empfindung ihres Leibes und ihrer gelebten Sexualität entdecken.
3. Sie sollen beginnen, sich mit ihrem Partner darüber verbal auszutauschen.

Ablaufplan:

1. Tag

20.00 – 22.30 Uhr

···› *Begrüßung, Kennen lernen*

a) Nach einer kurzen Begrüßung durch die Leiter werden die Teilnehmer aufgefordert, sich frei im Raum zu bewegen und sich neugierig umzuschauen, um sich mit dem Raum und seiner Einrichtung vertraut zu machen. Dann suchen sich alle einen Platz im Raum, an dem sie sich wohl fühlen. Es erklingt einladende Tanzmusik, aber alle werden gebeten, sich noch nicht zu bewegen, sondern sich ganz steif hinzustellen. Nach einem ersten Hören der Musik werden die Teilnehmer aufgefordert, sich zunächst nur mit den Füßen zu bewegen; dieses Bewegen steigert sich dann über den ganzen Körper, bis jeder tanzt. Aus diesem Tanz heraus soll dann mit einem fremden Partner über den Rücken Kontakt aufgenommen und gemeinsam getanzt werden. Nach ca. fünf Minuten wird der Partner gewechselt. Die neuen Partner stehen sich mit den Händen berührend gegenüber und bewegen sich gemeinsam. Zum Schluss, wenn die Musik verklungen ist, lösen sich die Paare, und jeder geht wieder allein für sich im Raum umher. Während des Gehens werden Fragen nach der Motivation zur Teilnahme und zur augenblicklichen Befindlichkeit gestellt.

···› *Vorstellungsrunde, Spiel zum Erlernen der Vornamen (siehe Kap. 14.2)*

···› *Kurzvortrag: Entwicklung von Genussfähigkeit*

Da sich etliche Ratsuchende in ihrer inneren Aufmerksamkeit auf negative Lebensaspekte, auf unangenehme Gefühle fixieren, ist ihnen als Folge ihrer Probleme die Fähigkeit zu echtem Genuss verloren gegangenen. Um das Seminar in dem Sinne erfolgreich absolvieren zu können, dass bei ihnen ein Prozess in Gang gesetzt wird, in dem sie wieder lernen zu genießen, werden zunächst im Rahmen eines Kurzvortrages einzelne Bedingungen vorgestellt, die Genuss überhaupt erst möglich machen (*Lutz* 1983).

Genießen braucht Zeit: Das subjektive Gefühl der Zufriedenheit und des Glücks braucht Zeit und Muße, es lässt sich nicht erzwingen, sondern bedarf einer inneren Haltung der Ruhe und Entspannung.

Genuss ist erlaubt: Als Folge unserer leistungsorientierten Gesellschaft sind angenehme Dinge, wie zu essen, zu trinken, auf einem Spielplatz zu sitzen und seinen Kindern zuschauen für viele Menschen zu Luxusgütern geworden, die keinen „Gewinn“ bringen. So fehlt die Zeit, ein Mahl zuzubereiten; stattdessen wird der Hunger mit Fast-Food gestillt, Kindern beim Spielen zuzusehen wird eher als Zeitverschwendung, statt als Genuss bewertet. Vielleicht steckt manchen der Satz „Lust ist Sünde“ noch im Kopf, der Genuss wird damit verpönt.

Genießen verlangt Erfahrung: Genießen lässt sich nicht verordnen, sondern will langsam, Schritt für Schritt gelernt werden.

Genuss ist niemals zufällig oder eine bloße Beigabe: Genussvolle Momente wollen bewusst geplant sein und erlebt werden. Um genießen zu können, muss man sich mit dem ganzen Körper, der ganzen Aufmerksamkeit dem Genuss widmen. Es geht also nicht, ein liebevoll zubereitetes Essen, ein Glas Wein zu genießen und gleichzeitig die Abendnachrichten im Fernsehen zu verfolgen.

Im Genießen gibt es große individuelle Unterschiede: Jeder Mensch hat andere Schwerpunkte im Genießen. Das sollte insbesondere auch in einer Partnerschaft akzeptiert werden. In einer Partnerschaft steckt aber auch die Chance, sich von den Genüssen des Partners anstecken zu lassen und so das eigene Repertoire zu erweitern.

Genuss ist auch im Alltag möglich: Oft ist es die Betrachtungsweise, die innere Haltung, die Genuss ermöglicht. So kann das obige Beispiel mit den Kindern auf dem Spielplatz unter Aspekten wie: Ich sitze jetzt auf einer Bank in der Sonne, ich arbeite nicht, ich schaue meinem Kind zu, wie es den feinen Sand immer wieder durch seine Hände rieseln lässt ... zu einem echten und tiefen Genuss werden. Oder eine Scheibe trockenes Brot, langsam gekaut, wird zu einem Gaumengenuss. Es gilt also, Genuss nicht nur im Besonderen (dem Urlaub einmal im Jahr) zu entdecken, sondern vor allem in den vielen kleinen Begebenheiten des Alltags.

Beim Genießen ist „weniger" oft „mehr": Wer täglich Buttercremetorte isst, weiß hinterher gar nicht mehr, wie lecker diese schmecken kann. So ist es auch beim Genuss. Wenn man Anzeichen der Sättigung spürt, gilt es zu warten, bis der Hunger wieder kommt, sonst werden z.B. schönste sexuelle Erlebnisse fad und schal. Ja, in vollen Zügen genießen, einfach da sein – aber auch, wenn Anstrengungen und Mühen, Einsatz gefordert sind, sich diesen stellen!

···› *Genuss-Training Schokolade*

Jeder Teilnehmer bekommt ein kleines Stück Schokolade. Anschließend führt er diese, nachdem er deren Geruch wahrgenommen hat, langsam in den Mund und lässt diese dort auf der Zunge zergehen. Ganz wach und aufmerksam soll jeder dabei positive Assoziationen erinnern. Diese Erinnerungen werden anschließend in der Gruppe den anderen mitgeteilt.

2. Tag

9.30 – 12.30 Uhr
(Die folgende Übung ist festes Element der morgendlichen Bewegungstherapie)

···› *Dem Atem und der Stimme Raum geben*

Die Hilfen im Lernprozess zu einer befriedigenden und für beide Partner angemessenen Form der Sexualität dürfen nicht rein verbal bleiben. In der Gestaltung der Sexualität wird das Zusammenspiel zwischen Geist, Körper und Seele besonders prägnant. Deshalb lernen die Teilnehmer hier, durch Atem-, Stimm- und Körperübungen, immer mehr eine Einheit von Geist, Körper und Seele zu entwickeln.

Medien: feste Matten und Decken als Unterlage

Dauer: ca. 20 Minuten

Anleitung: Die Übung beginnt mit gymnastischen Übungen zur Aufwärmung, vielleicht auch Tanzen nach einer Lieblingsmusik (ca. 15 Minuten). Dann legen sich die Teilnehmer auf eine gut gepolsterte Matratze oder Turnmatte und machen folgende Übungen. Diese werden sehr langsam und schrittweise einzeln angesagt:

1. In der Rückenlage werden die Füße aufgestellt.
2. Durch den geöffneten Mund wird tief ein- und ausgeatmet (Bauch hebt und senkt sich).
3. Mit dem Ausatmen wird versucht, Töne aus dem Bauch kommen zu lassen (ca. drei Minuten).
4. Dann wird das Becken mit dem Einatmen angehoben und mit dem Ausatmen auf die Matratze fallengelassen, dabei gilt es auszuprobieren, nach und nach schneller, lauter und wilder zu werden. Nach zwei bis drei Minuten wieder langsamer werden und durch den geöffneten Mund weiter atmen. Alle Geräusche, die die Stimme machen will, werden dabei zugelassen.
5. Anschließend ausruhen und dabei die Hände auf beide Hüftknochen legen, so dass die Fingerspitzen nach innen zeigen. Beim Ausatmen sanft zudrücken.
6. Schritte 1-5 wiederholen.

Um bei der Sexualität den ganzen Körper zu beteiligen, ist es hilfreich, durch die bewusste Steuerung des Atems die Erregung in den ganzen Körper zu lenken. Deshalb stellen sich die Teilnehmer jetzt einmal vor, dass sie durch ihre Geschlechtsteile einatmen können und den Atem in den Körper weiterleiten. Anschließend versuchen sie, beim Ausatmen den Atem durch Scheide und Penis wieder nach außen zu leiten.

1. Die Teilnehmer stellen sich vor, dass sie durch ihre Genitalien einatmen und den Atemstrom bis zum Scheitel lenken und im Körper verteilen.
2. Anschließend wird in der Vorstellung wieder durch die Genitalien ausgeatmet.
3. Jetzt (nach ca. zwei Minuten) den Atem einfach nur noch fließen lassen, dabei werden die Lippen zu einem „O“ geformt.
4. Beim Einatmen werden die Hände parallel zum Körper in die Höhe genommen und bei der Atempause kurz angehalten.
5. Hände beim Ausatmen wieder senken und neben den Körper legen.

Anschließend werden die Erfahrungen in der Gruppe ausgewertet:
- → Was wurde erlebt?
- → Was wurde gespürt?
- → Was wurde dabei gefühlt?
- → Wie angenehm bzw. unangenehm war mir die Übung?

Da manche Menschen durch diese Übung unangenehm berührt werden können oder sie ihnen peinlich ist, ist es wichtig, zuvor den Ablauf kurz zu erklären. Es ist auch darauf hinzuweisen, dass durch die Geräusche unterschiedlichste Gefühle ausgelöst werden können, die es wahrzunehmen gilt und für die anschließend ausreichend Zeit zum Besprechen zur Verfügung steht.

··➝ *Ich bin schön!*

Die Wertschätzung des *eigenen* Leibes und seine Pflege sind Voraussetzung für eine ganzheitliche Wertschätzung des Partners. Erst daraus eröffnen sich Möglichkeiten intensiver, leiblicher Begegnungen beim Paar. So lernen die Teilnehmer in dieser Imagination, einen wohlwollenden Blick auf den eigenen Körper zu üben.

Medien: Decken als Unterlage, Entspannungsmusik, Plakatkarton, Farbstifte (z.B. Jaxon Ölkreiden), Therapieheft, Schreibstift

Dauer: ca. 90 Minuten (Trance und Malen)

Anleitung:
➜ Arbeitsplatz mit Decken und Utensilien zum Malen vorbereiten.
➜ Alles wird ganz langsam und mit vielen Pausen vorgelesen.

Legt euch alle auf den Boden und macht es euch dort ganz gemütlich. Achtet darauf, dass ihr an keiner Stelle irgendwo eingezwängt seid. Ihr könnt z.B. den Hosenbund lockern. Hört im Hintergrund die Musik, schließt jetzt einmal die Augen. Achte jetzt einmal auf dein Einatmen und Ausatmen, und denke bei jedem Ausatmen an dein Entspannungswort. Spüre, wie sich immer mehr Ruhe und Gelassenheit in dir ausbreitet.

Jetzt stell dir einmal vor, wie du an einer Wendeltreppe stehst und mit jedem Ausatmen ein Stückchen tiefer diese Treppe hinab gehst. Bei jeder Stufe hinab entspannst du dich immer mehr und gelangst zu deiner inneren Weisheit, die dich durch dein Leben leitet.

Stell dir vor, dass du vor einem Spiegel stehst. Es ist ein sehr großer Spiegel, so dass du dich darin ganz sehen kannst, von Kopf bis Fuß. Stell dir auch vor, dass du ganz nackt bist, während du dich betrachtest. Manche Menschen mögen sich gar nicht gerne nackt betrachten, andere sehr gerne. Wie ist dein erster Impuls, wenn du dich siehst, findest du dich eher schön oder eher hässlich?

Ich möchte dich jetzt einladen, auch wenn es dir vielleicht sehr schwer fällt, dich einmal ganz liebevoll und wohlwollend im Spiegel zu betrachten. Dich selbst und deinen Körper zu entdecken. Fang bei deinen Füßen an, betrachte auch deine Zehen, die Fersen, ... (die Betrachtung weiterführen bis zu den Haaren, Rückseite des Körpers nicht vergessen!)

Jetzt benenne für dich mindestens drei Teile deines Körpers, die dir besonders gut gefallen. Dann leg deine Hände darauf, befühle sie und streichele diese Teile.

Nun komm mit deiner inneren Aufmerksamkeit wieder in diesen Raum und zu dieser Gruppe zurück. Achte wieder auf deinen Atem und spüre, wie du einatmest und ausatmest. Jetzt geh mit deiner Aufmerksamkeit zu deiner linken Hand und mache sie zu einer Faust. Anschließend geh mit deiner Aufmerksamkeit zu deinem Fuß und spanne ihn an und löse diese Spannung wieder. Dann räkele und streck dich, gähne wie nach einem erholsamen Schlaf.

Wenn die Musik beendet ist, versucht jeder, das, was er gerade erlebt hat, was er gesehen hat, mit Farben und Formen auszudrücken.

Wenn alle fertig sind, lässt sich jeder von seinem eigenen Werk, seinem Spiegelbild beeindrucken. Er schaut es von allen Seiten an, nimmt es auch aus einigen Metern Abstand wahr. Dann gibt jeder dem Werk eine Überschrift. Vielleicht schreibt man auch einige Sätze oder ein kleines Gedicht dazu auf.

Wenn alle mit dem Aufschreiben fertig sind, werden die Texte in der Gruppe vorgelesen und anschließend die Kunstwerke betrachtet.

Ein erstes Aussprechen der gemachten Erfahrungen nach dem Vorlesen der Texte erweist sich als sinnvoll, um die augenblickliche Atmosphäre zu erfassen. Bei manchen

Teilnehmern ist es erstaunlich, wie entspannend es sein kann, sich wohlwollend im Spiegel betrachten zu „müssen". Die Freude darüber, das erleben zu dürfen, ist, wenn es ausgesprochen wird, für den therapeutischen Erfolg auch anderer Gruppenmitglieder ansteckend.

15.30 – 18.30 Uhr
Anschließend stellen die Teilnehmer einander ihre „Spiegelbilder" in Kleingruppen, denen *nicht* der eigene Partner angehört, vor. Dieser Prozess wird unterstützt durch folgende Leitfragen:

1. Welche Bedeutung spielt die Sexualität in meinem Leben?
2. Wie hat sich diese im Laufe meines Lebens verändert?
3. Wie leicht oder schwer fällt es mir, mich mit meiner Partnerin oder meinem Partner darüber auszutauschen?
4. Was weiß ich von den Wünschen meiner Partnerin oder meines Partners hinsichtlich der Gestaltung unserer gemeinsamen Sexualität?
5. Wieviel erzähle ich von mir, meinen Wünschen, Vorstellungen etc.?
6. Mit Sexualität verbinde ich folgendes innere Leitbild oder Lei„d"bild: Sexualität ist für mich wie ...

In der Kleingruppe, unter den „wohlwollenden" Augen und Ohren der anderen Teilnehmer, lernen die Ratsuchenden einander von sich, ihrem Leib und ihrer Sexualität zu erzählen; die nach der Trance gemalten Bilder und die Fragestellungen erleichtern und bereichern diesen Austausch. Hierbei gibt die Gruppe Übungsfeld und Schutzraum für das bislang kaum geübte Gespräch über die eigene Leiblichkeit und Sexualität. – Die Teilnehmer bekommen die Aufgabe, dieses Gespräch zu Hause, nun *mit ihrem Partner,* zu führen.

20.00 – 22.00 Uhr

⇢ *Sich durch Berührung Gutes tun*

Mangel an körperlicher Berührung führt zu einer Verarmung der kommunikativen und sozialen Ausdrucksfähigkeit. Hier lernen die Teilnehmer eine liebevolle Berührung, ein Handauflegen als etwas Normales und für eine menschliche Beziehung Notwendiges kennen und in ihren Alltag zu integrieren.

Medien: Decken, Entspannungsmusik

Dauer: ca. 60 Minuten

Anleitung: Einer der beiden Partner legt sich auf den Boden. Dann bittet er den anderen, durch Berührung, durch das Auflegen der Hände Stellen seines Körpers zu wärmen und ihnen Gutes zu tun. Der Liegende gibt an, welche Stellen berührt werden sollen. Nach 20 Minuten findet ein Rollentausch statt.

Danach werden die Erfahrungen ausgewertet.
- → Was wurde erlebt?
- → Was wurde gespürt?
- → Was wurde dabei gefühlt?
- → Wie angenehm bzw. unangenehm war mir die Übung?

Diese Übung kann auch mit fremden Partnern gemacht werden. Die Teilnehmer lernen dann dadurch, sich körperliche Zuwendung *auch* von anderen Menschen zu holen und diese zu geben. Das kann zur emotionalen Entlastung in einer Beziehung beitragen.

3. Tag

9.30 – 12.30 Uhr

⇢ *Das will ich – das will ich nicht!*

Der Einzelne soll einen bewussten Zugang zu seinen Willenskräften bekommen, um in seiner Beziehung ein größeres Maß an Freiheit zu gewinnen. Aus dieser Freiheit heraus wird es dann leichter möglich sein, seine (ursprüngliche) Intention, als Paar partnerschaftlich zusammenzuleben, auch tatsächlich in die Tat umzusetzen. Der Einzelne lernt sich abzugrenzen, „Nein" zu sagen, um dann auch bewusst „Ja" sagen zu können.

Dauer: ca. 30 Minuten

Anleitung: In der folgenden Übung steht das Wort „Ja" für einen realistischen Wunsch, den der eine Partner vom anderen erfüllt bekommen möchte. Das Wort „Nein" heißt: „Ich will dir diesen Wunsch nicht erfüllen, ich grenze mich ab." Welcher Wunsch ausgedacht wird, wird dabei *nicht* verraten, es geht in dieser Übung nur um das Erleben des „Ja" und „Nein", alles andere wäre störend.

Die Teilnehmer gehen im Raum umher und suchen sich einen *fremden* Partner. Sie stellen sich voreinander hin, einer fängt an „Ja" (nur Ja!) zu sagen, der andere antwortet mit „Nein" (nur Nein!). Sie setzen dabei ihre ganze Gestik und Mimik ein: drohend, bittend, schmeichelnd, verführerisch, ängstlich ... Nach ca. zwei Minuten wird die Übung durch eine kleine Pause unterbrochen, in der jeder wieder ganz bei sich ist, sich spürt und bewusst wahrnimmt, was er erlebt hat. Danach werden die Rollen gewechselt.

Anschließend trennen sich die Paare wieder und die Übung wird ein zweites Mal mit einem anderen fremden Partner gemacht. Beim dritten Mal wird die Übung mit dem eigenen Partner erlebt. – Danach werden die Erfahrungen in der Gruppe ausgewertet.

Es ist sinnvoll, die Übung seitens des Trainerpaares zunächst einmal vorzumachen.

⇢ *Im Herzen aufräumen und Platz schaffen*

Ziel: Viele Ratsuchende haben das Problem, dass alte Erinnerungen, Verletzungen und negative Erfahrungen mit ganz konkreten Personen immer noch ihre innere Kraft absorbieren. In dieser Trance haben sie die Gelegenheit zu überprüfen, wem sie im Herzen noch Platz einräumen wollen und wem nicht mehr, damit Platz wird für die Menschen, die einem selbst wohlgesonnen sind und die man selbst auch liebt (Idee nach *Vopel* 1993).

Medien: Decken als Unterlage, Entspannungsmusik

Dauer: ca. 25 Minuten (Trance)

Anleitung: Alles wird ganz langsam und mit vielen Pausen vorgelesen.

Legt euch alle auf den Boden und macht es euch dort ganz gemütlich. Achtet darauf, dass ihr an keiner Stelle irgendwo eingezwängt seid. Ihr könnt z.B. den Hosenbund lockern. Hört im Hintergrund die Musik, schließt jetzt einmal die Augen. Achte jetzt einmal auf dein Einatmen und Ausatmen, und denke bei jedem Ausatmen an dein Entspannungswort. Spüre, wie sich immer mehr Ruhe und Gelassenheit in dir ausbreitet.

Jetzt stell dir einmal vor, wie du an einer Wendeltreppe stehst und mit jedem Ausatmen ein Stückchen tiefer diese Treppe hinab gehst. Bei jeder Stufe hinab entspannst du dich immer mehr und gelangst zu deiner inneren Weisheit, die dich durch dein Leben leitet.

Stell dir einmal vor, dass du dich auf einer Wiese befindest. Am Ende dieser Wiese ist ein großer, dunkler Wald. Es ist Sommer, und es ist ganz warm und wohlig. Und stell dir einmal vor, dass du vor einem alten, verwitterten Haus stehst. Schau einmal genau hin, wie es aussieht, aus welchem Material es gebaut ist, ob die Fensterläden geöffnet oder geschlossen sind, ob Blumen vor dem Hause auf der Wiese wachsen. Vielleicht geht auch ein ganz besonderer Duft von diesem Haus aus?

Dieses Haus ist dein Herz. Du öffnest jetzt die Türen, um nachzusehen, wer alles in diesem Hause wohnt. Ist die Tür eigentlich leicht oder schwer zu öffnen? Vielleicht brauchen die Angeln ein wenig Öl, wenn sie quietschen? Zunächst zündest du das Licht an. Wenn du keinen Strom in dem Haus hast, kannst du eine Kerze anzünden oder eine Öllampe. Wann hast du eigentlich das letzte Mal überprüft, wer alles im Haus deines Herzens wohnt?

In der Stube des Hauses, dem Wohnzimmer, befinden sich all die Menschen, die du gerne hast, von denen auch du weißt, dass sie dich lieben und dass du einen Platz in ihrem Herzen hast. Ihr begrüßt euch ganz herzlich, nehmt einander in die Arme. Es tut dir einfach gut, dass diese Menschen in deiner Stube wohnen.

Nun entschließt du dich, auch einmal nachzuschauen, wer sich in den anderen Räumen befindet. Vielleicht sind da einige Menschen drin, die dir einmal sehr weh getan haben, die dich enttäuscht oder betrogen haben? Vielleicht hast du dich mit deiner Liebe ihnen gegenüber getäuscht? Und ganz unbewusst lässt du ihnen noch Raum in deinem Herzen. Vielleicht hegst du immer noch die Hoffnung, dass sie einmal auch dich lieben würden. Wahrscheinlicher ist, dass sie Platz in deinem Herzen einnehmen und dass dieser Platz dadurch unnötig besetzt ist. Was hindert dich, diese Menschen aus deinem Herzen herauszubitten? Vielleicht wollen sie auch weiter in deinem Herzen wohnen bleiben, finden es so angenehm dort, dass du ihnen immer noch Aufmerksamkeit schenkst, ohne dass sie dafür Gegenleistungen bringen müssten? Wenn sie nicht gehen wollen, dann lass dir helfen, sie gemeinsam mit deinen Freunden aus dem Haus zu schmeißen. Achte auch darauf, ob sie ihr Gepäck, ihre Zahnbürste, ihre Kleider mitgenommen haben.

Geh durch alle Räume und fordere all diejenigen auf, dein Herz zu verlassen, die nicht bereit sind, dich selbst in ihrem Herzen wohnen zu lassen. Das können Verwandte, frühere Freunde, Partner, Arbeitskollegen sein. Vielleicht kannst du ihnen Lebewohl sagen oder Adieu, damit sie den Schatten ihrer Erinnerung mitnehmen.

Nun geh noch einmal durch alle Räume deines Herzen, schau, ob sich niemand dort versteckt hält, den du nicht mehr in deinem Herzen haben möchtest. Und spüre, wie auf einmal Platz wird, Platz wird für die Menschen, die du liebst, um mit ihnen zu tanzen und zu feiern. Vielleicht hörst du Musik und hast den Duft von einer guten Mahlzeit in der Nase. So könnt ihr zusammen essen, feiern und tanzen.

Und noch etwas ist passiert, du hast jetzt Platz in deinem Herzen, all die Menschen hinein zu bitten, die auch dich lieb haben, die auch dich mögen. Du brauchst keine Angst mehr zu haben, dass dein Herz zu klein sei.

Nun komm mit deiner inneren Aufmerksamkeit wieder in diesen Raum und zu dieser Gruppe zurück. Achte wieder auf deinen Atem und spüre, wie du einatmest und ausatmest. Dann stell dir wieder einmal vor, dass du an der Wendeltreppe stehst und mit jedem Einatmen ein Stück dieser Treppe hinauf gehst und frischer und wacher wirst. Jetzt geh mit deiner Aufmerksamkeit zu deiner linken Hand und mache sie zu einer Faust. Anschließend geh mit deiner Aufmerksamkeit zu deinem Fuß und spanne ihn an und löse diese Spannung wieder. Dann räkele und streck dich, gähne wie nach einem erholsamen Schlaf.

Anschließend erfolgt ein Austausch in der Großgruppe über das in der Trance erlebte.

12.00 – 12.30 Uhr
Gesamtauswertung des ersten Seminarabschnittes, Klärung offener Fragen, Hinweis auf die inhaltlichen Schwerpunkte des nächsten Abschnittes. Ende des ersten Wochenendes.

Als Hausaufgabe erstellt jeder bis zum nächsten Treffen eine „Kollage“ seiner sexuellen Phantasien. Mit „Kollage“ ist ein künstlerischer Ausdruck gemeint. Dabei kann es sich auch um eine Gedichtsammlung, ein Gipstorso, ein Lied, eine erotische Kurzgeschichte etc. handeln. Entscheidend ist, dass die Teilnehmer sich innerlich bis zum nächsten Wochenende mit dem Thema auseinandersetzen und einen wie auch immer gestalteten Ausdruck dafür finden.

Teil 2: Phantasien als Wegweiser lebendiger Sexualität – Zweites Wochenende

Ziele:

1. Die Teilnehmer sollen durch Körperübungen sich selbst und ihren Partner sinnenhaft (neu) erleben können.
2. Sie sollen eine Verbindung zwischen ihrer Seele (Herz) und ihrem Körper (Geschlecht) herstellen lernen.
3. Sie sollen ihre Phantasien als Wegweiser für eine ihnen und ihrem Partner angemessene Gestaltung der Sexualität kennen lernen.
4. Sie sollen lernen, sich über ihre Phantasien und die tatsächliche Gestaltung ihrer Sexualität mit anderen Teilnehmern und mit ihrem Partner auszutauschen.
5. Sie sollen Mut bekommen, ihre Sexualität so zu entwickeln, dass diese sich in ihrer Kreativität durch Novität und Angemessenheit auszeichnet.

Ablaufplan:

1. Tag

20.00 – 20.15 Uhr
Begrüßung, anschließend bewegen sich (gehen) die Teilnehmer durch den Raum. Dabei werden folgende Fragen in den Raum gesagt:

- ➜ Wie bin ich jetzt hier angekommen?
- ➜ Was hat sich seit dem letzten Seminar in unserer Beziehung getan?
- ➜ Welche Erwartungen/Befürchtungen habe ich, wenn ich an dieses Seminar denke?
- ➜ Was wünsche ich mir, dass an diesem Wochenende geschehen soll?

20.15 – 20.35 Uhr
Die freien Bewegungen werden übergeleitet in die folgende Körperzentrierung; dadurch sollen die Teilnehmer auf eine größere Bewusstheit für ihren Körper eingestimmt werden.

···➜ *Ganz bei sich ankommen*

Anleitung: Zwischen den folgenden Übungen mit den einzelnen Körperteilen ist darauf zu achten, dass die Teilnehmer immer wieder der gerade gemachten Körpererfahrung nachspüren und diesen Körperteil mit der anderen Körperhälfte vergleichen. Ferner ist anzuleiten, dass die Kniegelenke gelockert, der Schließmuskel (After) und das Gesicht (insbesondere die Kinnmuskeln) entspannt sind. Evtl. kann als Hilfestellung dazu zunächst eine Kurzentspannung mit Anspannen – Entspannen angeboten werden. Alle Bewegungen sind ganz leicht und sanft auszuführen (kein Sport!).

1. Stand: hüftbreit, Knie gelockert.
2. Kopf nach vorne kippen, dann ihn nach rechts auf die Schulter rollen, dann ganz sanft nach hinten und wieder über die linke Schulter nach vorne, das Kreisen langsam steigern, dann die Kreisrichtung ändern. Wahrnehmen, wo der Kreis nicht rund, die Bewegung nicht flüssig ist, aber nichts verändern. Kreise kleiner werden lassen, bis der Kopf sich dort einpendelt, wo er hingehört und nachspüren, wie er sich anfühlt.
3. Einige Male die rechte Schulter hochziehen und fallen lassen, dann sie einige Male nach vorne und hinten strecken, diese vier Punkte durch Kreisen miteinander verbinden, schneller und wieder langsamer werden, Richtung wechseln, Schulter sich wieder einpendeln lassen, Gefühle in der rechten und linken Schulter miteinander vergleichen.
4. Rechten Oberarm unterschiedlich bewegen, dann Unterarm, Hand (Wie weit reicht die Hand?), Arm auspendeln und zur Ruhe kommen lassen, Arm spüren, mit anderem Arm vergleichen.
5. wie oben Nr. 3: linke Schulter,
6. wie oben Nr. 4: linker Oberarm, Unterarm, Hand.
7. Konzentration auf den Oberkörper, zunächst kippen, vor und zurück und dann zur Seite, rechts, links, und alle vier Punkte durch einen Kreis verbinden, dann in Gegenrichtung kreisen lassen, dann wieder Oberkörper sich einpendeln lassen.
8. Hüfte, vor und zurück, rechts und links und kreisen lassen.
9. Becken, vor und zurück kippen, links und rechts schaukeln, kreisen lassen. Jetzt die Teilnehmer nach ihrer sonstigen normalen Beckenhaltung fragen und gegebenenfalls den Unterschied spüren lassen.
10. Rechten Oberschenkel, dann Unterschenkel und Fuß in ihrer Beweglichkeit ausprobieren.
11. Linken Oberschenkel, dann Unterschenkel und Fuß in ihrer Beweglichkeit ausprobieren.
12. Zum Schluss noch einmal den ganzen Körper bewusst spüren. Welches Gefühl ist jetzt da?

Danach werden die Erfahrungen ausgewertet.
- ➔ Was wurde erlebt?
- ➔ Was wurde gespürt?
- ➔ Was wurde dabei gefühlt?
- ➔ Wie angenehm bzw. unangenehm war mir die Übung?

20.40 – 21.30 Uhr
Jeder erzählt von dem, was für ihn wichtig ist, was sich seit dem ersten Seminarwochenende ereignet hat. Insbesondere sind Veränderungen zu nennen.

21.45 – 23.00 Uhr
Vernissage
Durch das Erzählen über die letzte Zeit und über das Erstellen der Kollagen entsteht eine große Neugierde auf die mitgebrachten „Kunstobjekte“, so dass eine Vernissage zum Abschluss des Abends in lockerer Atmosphäre einen guten Einstieg in die weitere Arbeit des Seminars bietet.

2. Tag

9.30 – 10.30 Uhr
Bewegungsübungen, daran schließen sich Übungen mit dem Atem an.

10.30 – 11.45 Uhr

···➤ *Mein Herz und mein Geschlecht im Gespräch*

Ziel: Durch eine Kombination zwischen Herz, symbolisch als Ort der Liebe, und dem Geschlechtsteil als Ort vitaler Lebenskraft soll eine bewusste Auseinandersetzung mit Zielen und Werten in der Gestaltung der Sexualität angeregt werden. Diese wird dann zum Motor für notwendige Änderungen im Miteinander einer Partnerschaft.

Medien: Decken als Unterlage, Entspannungsmusik
Plakatkarton, Farbstifte (z.B. Jaxon Ölkreiden), Therapieheft, Schreibstifte

Dauer: ca. 90 Minuten (Trance und Malen)

Anleitung: Zunächst richten sich alle Teilnehmer einen Arbeitsplatz ein, d.h. sie legen eine Decke auf die Erde, wo sie warm und entspannt liegen können; sie legen Papier und Stifte griffbereit, um nach der Trance sofort mit dem Malen beginnen zu können.

Bevor die nachfolgende Geschichte erzählt wird, ist es wichtig, mit einer kurzen Entspannung zu beginnen (alles wird ganz langsam und mit vielen Pausen vorgelesen):

Legt euch alle auf den Boden und macht es euch dort ganz gemütlich. Achtet darauf, dass ihr an keiner Stelle irgendwo eingezwängt seid. Ihr könnt z.B. den Hosenbund lockern. Hört im Hintergrund die Musik, schließt jetzt einmal die Augen und versucht, alles das, was euch jetzt noch belastet oder quält, in eurer Vorstellung in eine Tüte zu packen und draußen vor der Tür an der Garderobe abzugeben. Am Ende dieser Entspannung könnt ihr eure Probleme dann wieder mitnehmen.

Achtet auf euren Atem, wie ihr einatmet und wie ihr ausatmet. Dann geht mit eurer inneren Aufmerksamkeit einmal zu eurem rechten Fuß und spannt diesen an. Dann löst ihr die Spannung und spannt ihn noch einmal an. Vielleicht könnt ihr dabei feststellen, dass, wenn ihr mit eurer inneren Aufmerksamkeit bei eurem rechten Fuß seid, ihr nicht gleichzeitig mit eurer Aufmerksamkeit bei eurer linken Hand seid. Jetzt aber wechselt einmal zu der linken Hand und spannt diese an. Macht eine Faust und löst die Spannung wieder. Jetzt geht mit eurer Aufmerksamkeit zu eurem Gesicht und spannt es zu einer Grimasse an und löst diese wieder.

Jetzt geht wieder mit eurer Aufmerksamkeit zu eurem Atem, und stellt euch einmal vor, dass ihr an einer Wendeltreppe steht und mit jedem Ausatmen ein Stückchen tiefer diese Treppe hinab geht. Bei jeder Stufe hinab entspannt ihr euch mehr und gelangt zu eurer inneren Weisheit, die euch durch euer Leben leitet.

Jetzt spürt einmal euren Körper, wie ihr wohlig und warm auf der Erde liegt. Die Erde trägt dich, und du bist jetzt im Moment ganz geborgen. Dann lege einmal eine Hand auf dein Herz, fühle es und nimm Kontakt damit auf.

Dann stell dir vor, dass du dich mit deinem Herzen unterhalten kannst. Was erzählt dir dein Herz, welche Botschaften, Wünsche oder auch Sorgen mag es dir mitteilen?

Jetzt leg einmal die andere Hand auf dein Geschlecht. Nimm auch hiermit Kontakt auf, indem du es fühlst und dir wieder vorstellst, dass du dich mit ihm unterhältst. Was erzählt dir dein Geschlecht, welche Botschaften, Wünsche oder auch Sorgen mag es dir mitteilen?

Nun stell dir einmal vor, dass Herz und Geschlecht sich miteinander unterhalten können und sich zusammen ausmalen, wie eine lebendige Sexualität, welche deine Seele und dein Körper zum Ausdruck bringen, aussehen mag.

Aus diesem Dialog heraus entwickle in deiner Phantasie deine Vision deiner eigenen Sexualität. Dabei ist es wichtig, mit dir selbst behutsam umzugehen und dich von der Sehnsucht des Herzens leiten zu lassen. Lass diese Vision möglichst plastisch und genau vor deinem inneren Auge entstehen.

Nun komm mit deiner inneren Aufmerksamkeit wieder in diesen Raum und zu dieser Gruppe zurück. Achte wieder auf deinen Atem und spüre, wie du einatmest und ausatmest. Dann stell dir wieder vor, dass du an der Wendeltreppe stehst und mit jedem Einatmen ein Stück dieser Treppe hinauf gehst und frischer und wacher wirst. Jetzt geh mit deiner Aufmerksamkeit zu deiner linken Hand und mache sie zu einer Faust. Anschließend geh mit deiner Aufmerksamkeit zu deinem Fuß und spanne ihn an und löse diese Spannung wieder. Dann räkele und streck dich, gähne wie nach einem erholsamen Schlaf.

Wenn die Musik beendet ist, versucht jeder, das, was er gerade erlebt hat, was er gesehen hat, mit Farben und Formen auszudrücken.

Wenn alle fertig sind, lässt sich jeder von seinem eigenen Werk, der Vision seiner einmaligen Sexualität beeindrucken. Er schaut es von allen Seiten an, nimmt es auch aus einigen Metern Abstand wahr. Dann gibt jeder dem Werk eine Überschrift. Vielleicht schreibt man auch einige Sätze oder ein kleines Gedicht dazu auf. – Ist jeder mit dem Aufschreiben fertig, werden die Texte in der Gruppe vorgelesen und anschließend die Kunstwerke betrachtet.

11.45 – 12.30 Uhr
Feedbackrunde zur augenblicklichen Befindlichkeit

15.30 – 17.00 Uhr
Gespräch in Kleingruppen mit fremden Partnern zu folgenden Leitfragen:

- ➜ Körper und Seele gehören zusammen. So ist auch unser Herz und unser Geschlecht nicht voneinander zu trennen.
- ➜ Arbeitsauftrag der Kleingruppe: Stellt euch gegenseitig eure Bilder vor und besprecht dabei die Frage:
- ➜ Was GENAU gehört für mich für eine befriedigende Gestaltung meiner Sexualität dazu, und was genau kann ICH dazu beitragen?

17.00 – 18.30 Uhr
Männer – Frauenkreis: Gespräch über Sexualität
Durch Los wird entschieden, welche Gruppe (Männer oder Frauen) beginnt. Dann setzt sich eine Gruppe in die Mitte des Raumes und hat ca. 30 Minuten Zeit, einander Bilder und Phantasien aus der Visualisierung zur Gestaltung der eigenen Sexualität zu erzählen. Die Beraterin des jeweiligen Geschlechts ist als Gesprächsleiterin mit dabei. Die andere Gruppe hört im Außenkreis zu. Ein Stuhl im Innenkreis ist frei, auf diesen kann sich jemand aus dem Aussenkreis hinsetzen, um einen Einwurf zu machen, darf aber nicht mitdiskutieren, sondern muss dann den Platz wieder räumen.

17.30 Uhr
Gruppenwechsel

18.00 – 18.30 Uhr
Reflexion der Erfahrungen aus der Kleingruppe und der Gesprächsrunde der Frauen bzw. Männer

20.30 – 22.00 Uhr

⇢ *Fußmassage*

Medien: Decken als Unterlage, Entspannungsmusik

Dauer: ca. 70 bis 90 Minuten

Um 18.30 Uhr wird bereits auf die Übung hingewiesen, damit sich jeder die Füße waschen kann! Ebenfalls sollen die Teilnehmer, soweit vorhanden, Körpermilch, Massageöl etc. und zwei Handtücher mitbringen. – Bei der Ankündigung der Übung wird darauf hingewiesen, dass ein Gespräch auch ohne Worte stattfinden kann und dass diesmal über die Füße kommuniziert wird. Im Wechsel massieren sich die Partner für insgesamt 20 Minuten erst den linken, danach den rechten Fuß. Danach findet ein Wechsel statt. Anschließend werden die Erfahrungen im Plenum ausgetauscht.

3. Tag

9.30 – 10.30 Uhr
Bewegungsübungen

10.30 – 11.45 Uhr

⇢ *Sexuelle Bilder*

Ziel: In dieser Übung sollen die Teilnehmer ihr Bild von Sexualität weiten, sie sollen entdecken, dass Sexualität weit mehr als Geschlechtsorgane und den Geschlechtsverkehr bedeutet. Gleichzeitig bietet diese Übung die Möglichkeit, ein Resümee der bisher gemachten neuen Erfahrungen zu ziehen.

Medien:

→ Bildermappe mit unterschiedlichsten Motiven. Wichtig sind auch Bilder aus der Natur, surrealistische Bilder oder etwa das Bild einer alten Holzbank.

Anleitung: Alle Bilder werden auf dem Boden ausgebreitet, die Gruppe sitzt im Kreis darum. Jeder Teilnehmer sucht sich ein Bild aus, mit dessen Hilfe er über seine augenblicklichen Ideen, Gedanken und Gefühle zum Thema Sexualität erzählen kann.

11.45 – 12.30 Uhr
Gesamtauswertung der Tagung und Ausblick auf das letzte Wochenende.

⇢ Teil 3: Integration gegengeschlechtlicher Anteile – Drittes Wochenende

Ziele:

a) Die Teilnehmer sollen die Gelegenheit haben, über neue gute Erfahrungen miteinander, über Unklarheiten und Verwirrungen zu berichten.
b) Sie sollen durch eine Trance ihre gegengeschlechtlichen Anteile als wichtige Voraussetzung dafür entdecken, den anderen Partner in seiner Leiblichkeit zu verstehen.

Ablaufplan:

1. Tag

20.00 – 20.30 Uhr
Jeder erzählt von dem, was für ihn wichtig ist, was sich zwischenzeitlich bei dem Paar oder für ihn allein ereignet hat. Insbesondere soll der Fokus darauf gelegt werden, von guten, neuen Erfahrungen miteinander zu erzählen.

20.30 – 20.50 Uhr
Bewegungsübungen

20.50 – 21.30 Uhr
Die folgende Trance eröffnet den Teilnehmern, bisher ungelöste Probleme als solche zu akzeptieren. Durch die Suche nach einem geeigneten Türöffner (Schlüssel), wird das Unbewusste angeregt, einen passenden Lösungsweg zu finden. Gleichzeitig ist man angehalten, sich von unnötigem geistigen Ballast, der häufig konstruktiven Lösungen im Wege steht, zu trennen (Idee nach *Vopel* 1993).

⇢ Der Zauberschlüssel

Medien: Decken als Unterlage, Entspannungsmusik

Legt euch alle auf den Boden und macht es euch dort ganz gemütlich. Achtet darauf, dass ihr an keiner Stelle irgendwo eingezwängt seid. Ihr könnt z.B. den Hosenbund lockern. Hört im Hintergrund die Musik, schließt jetzt einmal die Augen. Achte jetzt einmal auf dein Einatmen und Ausatmen, und denke bei jedem Ausatmen an dein Entspannungswort. Spüre, wie sich immer mehr Ruhe und Gelassenheit in dir ausbreitet. ... Jetzt stell dir einmal vor, wie du an einer Wendeltreppe stehst und mit jedem Ausatmen ein Stückchen tiefer diese Treppe hinab gehst. Bei jeder Stufe hinab entspannst du dich immer mehr und gelangst zu deiner inneren Weisheit, die dich durch dein Leben leitet.

Immer wieder stehen wir in unserem Leben vor Türen, und wir wissen nicht, was sich hinter diesen verbirgt. Kinder sind da in der Regel etwas unbefangener und mutiger, sie schauen einfach, was sich hinter einer Tür verbirgt. Manchmal kann es auch sein, dass der passende Schlüssel fehlt um eine Tür zu öffnen. Deshalb stell dir einmal vor, dass du an einem warmen Sommerabend durch die Gassen einer alten mittelalterlichen Stadt gehst. Du schlenderst durch die Straßen. Die Stadt ist fast menschenleer in diesen Abendstunden. Du blickst hier und da in ein Schaufenster und landest plötzlich in einer noch stilleren Nebengasse. Vor einem staubigen Schaufenster bleibst du stehen, ganz neugierig was es hier wohl zu sehen gibt. Du gehst ein paar Stufen hinab zur Eingangstür und öffnest diese mit einem leichten Ruck. Der Klang eines kleinen Glöckchens kündet von deinem Eintreten. Der Besitzer des Ladens, ein alter Mann, vielleicht auch eine alte Frau, kommt ganz freundlich auf dich zu und lädt dich ein, seinen Laden einmal kennen zu lernen. Es ist ein Laden mit lauter Schlüsseln, große und kleine Schlüssel, Schlüssel für moderne Sicherheitsschlösser, alte verrostete und ganz neue Schlüssel. Und der Besitzer sagt dir, dass du dich einmal in seinem Laden umschauen sollst, um dir einen Schlüssel zu suchen. Und als Gegenleistung dafür sollst du etwas da lassen, was du schon immer los werden wolltest, von dem du dich schon immer trennen wolltest. Du lässt dich auf dieses interessante Geschäft ein und beginnst, in dem Laden zu stöbern. Du greifst in dieses Regal und in jenes, öffnest hier eine Schublade und dort, bis du einen Schlüssel gefunden hast, den du mitnehmen willst (eine Minute Pause). Wenn du noch keinen Schlüssel gefunden hast, kannst du auch mit geschlossenen Augen in ein Regal greifen und dir einfach einen Schlüssel nehmen. Dann nimm diesen Schlüssel jetzt einmal in deine Hand und spüre wie schwer er ist, aus welchem Material er hergestellt wurde, vielleicht magst du auch an ihm riechen? Nun fang ein Gespräch mit ihm an, frage ihn, wozu du ihn benutzen kannst. Vielleicht magst du ihm auch etwas von dir erzählen? Nun gehst du zum Ladenbesitzer und zeigst ihm den Schlüssel, den du mitnehmen willst. Um dich an die Vereinbarung zu halten, legst du ihm den Gegenstand auf die Theke, von dem du dich ohnehin trennen willst. Dann bedankst du dich bei ihm, so viel über Schlüssel gelernt zu haben und verlässt das Geschäft. Du schlenderst noch ein wenig durch die Straßen und freust dich darüber, diesen Schlüssel zu haben. Vielleicht weißt du schon, welche Türen du damit öffnen willst. Vielleicht willst du dich aber auch überraschen lassen und ihn ausprobieren, wenn du vor Türen stehst, die du noch öffnen willst. Vielleicht bist du auch einfach nur froh, diesen Zauberschlüssel zu haben.

Nun komm mit deiner inneren Aufmerksamkeit wieder in diesen Raum und zu dieser Gruppe zurück. Achte wieder auf deinen Atem und spüre, wie du einatmest und ausatmest. Dann stell dir wieder einmal vor, dass du an der Wendeltreppe stehst und mit jedem Einatmen ein Stück dieser Treppe hinauf gehst und frischer und wacher wirst. Jetzt geh mit deiner Aufmerksamkeit zu deiner linken Hand und mache sie zu einer Faust. Anschließend geh mit deiner Aufmerksamkeit zu deinem Fuß und spanne ihn an und löse diese Spannung wieder. Dann räkele und streck dich, gähne wie nach einem erholsamen Schlaf.

21.30 – 22.00 Uhr
Feedbackrunde

2. Tag

9.30 – 10.30 Uhr

Bewegungsübungen, danach Anleitung zur Entspannung des Körpers im Liegen. Dabei wird besondere Aufmerksamkeit auf das Geschlecht gerichtet und zum Training des Pubococcygeus-Muskels (PC) nach dem Gynäkologen *Kegel* angeleitet. Manche Frauen kennen die Übungen evtl. aus der Schwangerschaftsgymnastik. Es ist sehr hilfreich, diese Übung häufig, auch im Alltag zu wiederholen, da sie eine Möglichkeit bietet, den Bereich des eigenen Beckens bewusster wahrzunehmen, das sexuelle Miteinander zu steuern, um so Störungen wie vorzeitigem Samenerguss entgegenzuwirken. Ferner bietet das regelmäßige Training die Möglichkeit, die eigene Lustempfindung zu steigern und sexuelles Miteinander auszudehnen (*Haeberle* 1985).

···› *Training des Pubococcygeus-Muskels (PC) nach dem Gynäkologen Kegel*

Medien: Decken als Unterlage

Dauer: ca. fünf Minuten

Anleitung: Die Übung ist im Liegen, Sitzen oder Stehen möglich. Der folgende Text wird langsam und mit Pausen vorgelesen:

„Um das sexuelle Miteinander immer mehr zu einer bewussten Art der Kommunikation zu machen, ist das folgende regelmäßige Training hilfreich: Stell dir einmal vor, dass du Wasser lassen musst. Zwischendurch hältst du immer mal wieder den Strahl an. Vielleicht spürst du dann, dass du das mit einem ganz bestimmten Muskel tun kannst. Nun stell dir einmal vor, dass du mit einem Aufzug in das dritte Stockwerk fährst, dabei zählst du langsam bis drei. In der dritten Etage angekommen, wartest du einen Moment und hältst die Spannung, um dann wieder den Muskel zu lösen und die drei Etagen wieder herunter zu fahren."

10.45 – 12.30 Uhr

···› *Mein innerer Mann – meine innere Frau*

Die Idee, dass in jedem Mann weibliche Anteile und in jeder Frau männliche Anteile leben, kann helfen, Rollenklischees zu überwinden und Aufgaben in einer Partnerschaft nach Fähigkeiten und Lust zu verteilen. Die folgende Trance verhilft durch ein „In die Haut des anderen schlüpfen" zu mehr Verständnis füreinander (Idee nach *Plesse* & *Clair* 1988).

Medien: Decken als Unterlage, Entspannungsmusik; Tonerde vor jedem Teilnehmer auf einem Holzbrett, Therapieheft, Schreibstift

Dauer: 60 bis 90 Minuten

Anleitung:
➜ Arbeitsplatz mit Decken und Utensilien zum Malen vorbereiten.
➜ Alles wird ganz langsam und mit vielen Pausen vorgelesen.

Legt euch alle auf den Boden und macht es euch dort ganz gemütlich. Achtet darauf, dass ihr an keiner Stelle irgendwo eingezwängt seid. Ihr könnt z.B. den Hosenbund lockern. Hört im Hintergrund die Musik, schließt jetzt einmal die Augen. Achte jetzt einmal auf dein Einatmen und Ausatmen, und denke bei jedem Ausatmen an dein Entspannungswort. Spüre, wie sich immer mehr Ruhe und Gelassenheit in dir ausbreitet.

Jetzt stell dir einmal vor, wie du an einer Wendeltreppe stehst und mit jedem Ausatmen ein Stückchen tiefer diese Treppe hinab gehst. Bei jeder Stufe hinab entspannst du dich immer mehr und gelangst zu deiner inneren Weisheit, die dich durch dein Leben leitet.

Und langsam, langsam, in deiner eigenen Zeit, stellst du dir vor, auf einer grünen Wiese zu sein, und du bist jetzt allein. Ein Weg durchläuft diese Wiese. Schau dir deine Umgebung einen Augenblick lang an. Dann betritt den Weg und gehe ein Stück auf ihm.

Und aus der Entfernung siehst du nun eine Gestalt langsam auf dich zukommen. Am Körperumriss und der Art der Kleidung erkennst du, dass es ein Mann/eine Frau (jeweils das für dich andere Geschlecht) ist, der oder die näher kommt. Und je näher die Person dir kommt, desto vertrauter wird sie dir. Sie kommt näher und näher und du weißt, es ist dein innerer Mann/deine innere Frau. Und je näher er oder sie dir kommt, desto deutlicher spürst du, wie dein Körper sich verändert. Du sinkst noch tiefer in dich hinein und hast ein Gefühl, als würdest du langsam und behutsam in seine oder ihre Haut schlüpfen. Das, was dir an ihm oder ihr vertraut ist, beginnt nun, dich von innen her auszufüllen. Du verwandelst dich und auch dein Körper verändert sich. Du wirst immer mehr zu diesem Mann oder zu dieser Frau. Lass diese Veränderung geschehen und spüre, wie deine Haut, deine Haare sich anfühlen. Und spüre, wie dein ganzer Körper, wie alle Körperteile sich langsam verwandeln: dein Gesicht, deine Brust, deine Arme, deine Hände, deine Beine, deine Genitalien ...

Und nun spüre auch deine Körperhaltung, lass dich langsam immer mehr die Körperhaltung deines inneren Mannes/deiner inneren Frau einnehmen. Wie hält er/sie sich? Wie ist die Haltung seines/ihres Nackens, der Schultern, der Brust, des Beckens, der Hände, Arme und Beine? Lass dich immer mehr in diese Körperhaltung hineingehen. Und spüre auch die Bewegungen, die Impulse deines inneren Mannes /deiner inneren Frau. Folge diesen Bewegungen und Impulsen, und stell dir vor, wie du dich bewegen würdest.

Und dann spüre deinen Atem – den Atem deines inneren Mannes/deiner inneren Frau. Wie ist der Atem – ist er stark oder schwach? Lass dich diesen Atem spüren und ihn etwas stärker werden. Spüre die lebendige Kraft deines Atems als innerer Mann/als innere Frau. Und dann schau, welche Stimme dein innerer Mann, deine innere Frau hat. Wie drückt seine/ihre Stimme sich aus? In Lauten, Tönen, Worten, Gesang? Vielleicht kannst du ihn/sie hören? Und dann spüre auch seine/ihre Hände. Wie fühlen sie sich an? Was wollen sie tun? Was tun sie gerade?

Und wie fühlst du dich jetzt? Bist du traurig oder glücklich? Fühlst du dich stark oder schwach? Und was sagt dein Herz? Lass dich die Gefühle deines inneren Mannes/deiner inneren Frau spüren. Lass alles zu, ohne etwas zurückzuhalten. Und erlaube dir, deine Gefühle und Empfindungen mit Bewegungen deines Körpers und mit deiner Stimme dir vorzustellen.

Und wie alt fühlst du dich? Bist du jung oder alt? – Und schau dir auch langsam deine Umgebung an. Wie sieht sie aus? Wo bist du gerade? Vielleicht bist du auch in einer anderen Zeit, in einem anderen Land. Wie fühlst du dich in dieser Umgebung? Erlaube dir, dir alles genau anzuschauen, alle Bilder, die in dir auftauchen. Und erlaube dir auch, es dir vorzustellen, wie du alles mit deinem Körper und deiner Stimme ausdrückst, ganz so, wie du es willst.

Und jetzt spüre deine Genitalien – du bist ein Mann/eine Frau. Fühle ihn/sie – fühle auch die Haare auf der Brust oder deine Brüste. Wie spürst du deine Sexualität? Bist du alleine oder ist noch jemand anwesend? Stelle dir vor, wie du eine Frau/einen Mann liebst! Welche Bewegungen macht dein Körper? Vielleicht tauchen neue Bilder auf. In welcher Umgebung befindest du dich? Bist du im Freien oder in einem Zimmer? Beobachte genau, was geschieht, ohne es zu bewerten.

Und dann – löst du dich allmählich von den Bildern, Personen und Gefühlen. Schau dich noch einmal genau um. Du siehst vor dir einen Weg, der dir vertraut vorkommt, einen Weg, den du schon einmal gegangen bist. Du folgst diesem Weg wieder ein kurzes Stück. Und du siehst, wie aus der Ferne langsam eine Gestalt auf dich zukommt. Eine Person, die du sehr gut kennst – es ist eine Frau/ein Mann. Je näher sie kommt, desto deutlicher spürst du, wie vertraut dir ihre/seine Ausstrahlung ist. Du erkennst immer deutlicher und du weißt plötzlich, dass du selbst diese Frau/dieser Mann bist. Gibt es irgendetwas, was du ihr oder ihm sagen möchtest? Vielleicht etwas, was du brauchst, wonach du dich sehnst – was immer es sein mag.

Ihr kommt euch näher und näher, ihr begrüßt euch und nehmt euch in die Arme, und du weißt, dass du dich in sie oder ihn zurückverwandeln wirst. Und wieder spürst du, wie dein Körper sich langsam zu verwandeln beginnt. Du wirst wieder du selbst. Deine Brüste, deine Haare verändern sich, und ganz allmählich kehrst du in deinen eigenen Körper zurück.

Und wenn du dich jetzt umschaust, siehst du, dass du auf einer grünen Wiese stehst. Du kennst diese Wiese – es ist die Wiese, auf der du deine Reise begonnen hast. Komme von dort aus langsam wieder in diesen Raum zurück. Atme ein paar Mal tief durch und räkele dich. Spüre die Unterlage, auf der du liegst. Schließ deine Hände zu Fäusten und öffne sie wieder. Und dann nimm das Stück Ton vor dir in die Hände.

Versuche jetzt, mit geschlossenen Augen einen Ausdruck deiner inneren Bilder als Frau oder als Mann in Ton zu modellieren.

Ist das Modellieren beendet, macht jeder für sich eine kleine Pause, in der er den Raum verlässt. Danach kehrt jeder wieder zu seiner Plastik zurück, schaut sie sich wohlwollend von allen Seiten an und schreibt danach auf, was ihm dazu einfällt, gibt ihr einen Titel oder schreibt auch ein Gedicht dazu auf. – Ist jeder mit dem Aufschreiben fertig, werden die Texte in der Gruppe vorgelesen und anschließend die Kunstwerke betrachtet.

15.30 – 18.30 Uhr
Die Partner stellen sich im Plenum im Beisein der anderen Gruppenmitglieder paarweise ihre Plastiken vor. Dabei wird therapeutisch auf ein Herausarbeiten der Fähigkeiten des anderen Geschlechtes, also der männlichen bzw. weiblichen Anteile geachtet. Es gilt, diese als Ressourcen in der Beziehung zu betonen. So kann ein Mann seine „weiblichen Eigenschaften“, wie Mütterlichkeit, Offenheit, Fruchtbarkeit, und seine Frau ihre „männlichen Eigenschaften“, wie Zielorientiertheit, Klarheit, Potenz, zum gemeinsamen Wohl der Partnerschaft bewusst mit in die Beziehung einbringen.

20.00 – 20.30 Uhr

⇢ *Ja-Tanz*

Spielerisch und in Bewegung sollen die Partner zueinander „Ja" sagen. Zunächst geht es dabei um die Annahme der Geschlechtsidentität, es kann sich aber innerlich weiten in eine grundsätzliche Botschaft (ich meine dich, ich will dich, ich stehe zu dir).

Medien: evtl. ruhigere Tanzmusik

Anleitung: Die Teilnehmer stehen sich paarweise gegenüber und berühren einander mit den Innenflächen der Hände. Auf dem theoretischen Hintergrund („animus" und „anima" C.G. Jung), dass in jedem Mann weibliche Anteile leben und in jeder Frau männliche verteilen sie diese Rollen; die männliche übernimmt die Führung bei der Bewegung und die weibliche lässt sich führen. Die augenblickliche Übernahme dieses geschlechtlichen Anteils wird durch ein „Ja", das während des Tanzes häufiger gesagt wird, unterstrichen. Nach ca. fünf Minuten werden die Rollen getauscht. Nach weiteren fünf Minuten geht die Bewegung dann über in ein Fließen der Rollen.

Feedbackrunde zum augenblicklichen Erleben

3. Tag

9.30 – 10.30 Uhr
- Bewegungsübungen

10.30 – 11.00 Uhr
Den Teilnehmern wird der theoretische Hintergrund zu offenen Fragen aufgezeigt, wie:
- Warum Bewegungsübungen?
- Bedeutung des PC-Muskels,
- Zusammenhang zwischen körperlicher Befindlichkeit und Geisteshaltung in Bezug auf die Gestaltung der Sexualität.

11.00 – 12.30 Uhr
Auswertung des Seminars: Zunächst beantworten die Teilnehmer anonym folgende Fragen:
- Was hat das Seminar für mich persönlich bedeutet?
- Was hat es für meine Beziehungen bedeutet?
- Welche Auswirkungen hat es auf meine Kinder?
- Sonstiges?

Anschließend findet noch ein Auswertungsgespräch im Plenum statt. Ferner werden mögliche Weiterbildungsangebote aufgezeigt.

Evaluation der sexualtherapeutischen Seminare

Beispielhaft für die Auswertung am Schluss des Seminars werden hier jeweils zwei originale Teilnehmeräußerungen aus den Fragebögen zitiert (*Sanders* 1997, 222).

1. Was hat der Kurs für mich persönlich bedeutet?

- „Zeit zu haben, mich mit mir zu beschäftigen, mich als Frau wahrzunehmen, meine Sexualität/Lust als einen wichtigen, Lebensfreude bringenden Teil von mir zu akzeptieren, zu spüren, auszuleben."
- „Ich habe eine Menge über mich selber erfahren und kann jetzt manche Verhaltensweisen, die ich benutze, besser einordnen. Ich kann meinen Körper und seine Signale besser wahrnehmen und beachten. Ich kann offener mit meinem Partner über Sexualität reden."

2. Was hat der Kurs für die Beziehung zu meinem/r Partner(in) bedeutet?

- „Die Sexualität unserer Beziehung wird in den Mittelpunkt gestellt. Es tut uns gut, Kreativität, Ideen, Lust zu entwickeln. Unser Beziehungsmuster wird deutlich und positiv beeinflusst."
- „Wir haben uns wieder mehr miteinander beschäftigt, unsere sexuellen Wünsche, Phantasien ausgetauscht, experimentiert, einfach mehr Freude beim Sex gehabt und dadurch auch unsere Beziehung im Alltag intensiviert."

3. Welche Auswirkungen hat der Kurs vermutlich auf meine Kinder/Familie?

- „Spannungen, die mit nicht ausgelebten sexuellen Wünschen zu tun haben, werden abgebaut – es geht uns als Paar besser – dadurch haben wir mehr Freude, Harmonie, Gelassenheit im gesamten Familienleben."
- „Die Kinder erleben uns offener und fröhlicher, zärtlicher miteinander umgehend, nicht nur Arbeit und die vermeintlichen Pflichten sind wichtig. Es gibt auch noch andere Dinge."

14.4 Der Paarkibbuz: Training von Autonomie und Zweisamkeit

Bei dem „Paarkibbuz" handelt es sich um ein vierzehntägiges paar- und familientherapeutisches Seminar, das aufgrund seiner Rahmenbedingungen den Klienten intensive Erfahrungs- und Lernmöglichkeiten bietet. – Dieses Seminar schafft einen Rahmen, sich mit seinen Fähigkeiten als kompetenter Beziehungspartner zu erleben. Insbesondere werden vorhandene Ressourcen verstärkt. Somit soll auf das implizite Selbst (*Epstein* 1991; *Grawe* 1998, 2004), also die „persönliche Realitätstheorie", die aus emotional bedeutsamen Lebenserfahrungen abgeleitet wird, Einfluss genommen werden (siehe auch Kap. 8.1).

Da es für das implizite Selbstwertgefühl höchstwahrscheinlich wichtiger ist, was jemand in realen Situationen wirklich tut, als das, was er etwa in Beurteilungen auf einem Fragebogen über sich denkt (*Weinberger* 1990), wird beim Kibbuz Wert darauf gelegt, die impliziten Selbstwertreaktionen der Klienten zu verändern, d.h. sie sollen konkret Gelegenheit haben, Selbstwert erhöhende Wahrnehmungen zu machen. Es zeigt sich immer wieder, dass gerade Menschen mit schlechtem Selbstwertgefühl dies im Laufe eines Kurses verändern können, wenn ihnen Gelegenheit gegeben wird, auf implizitem Weg darauf positiven Einfluss zu nehmen.

So kam eine Klientin, Mutter zweier kleiner Kinder, mit einem sich abwertenden Selbstbild: Sie fand sich als Frau nicht attraktiv, als schlechte Mutter und ihrem Mann gegenüber als lästige Ehefrau. Zusätzlich zeigte sie noch starke körperliche Reaktionen, wie Durchfall und Erbrechen. Alles in allem fühlte sie sich schwach, ausgepowert und für andere eine Zumutung. Gerade in dieser schlechten Verfassung wurde sie von der Beraterin aufgefordert, zur gemeinsamen Abendgestaltung im Garten ihre Gitarre mitzubringen, da man zusammen ein wenig singen wolle. An dem Abend erwies sie sich als kompetente Leiterin des gemeinsamen Singens. Dieses Erlebnis am dritten Abend des Kibbuz war für die Frau ein *Wendepunkt*. In der Gruppe konnte sie sich anders zeigen und somit veränderten sich auch ihre Gefühle, ohne dass ihr der Grund dafür bewusst gewesen wäre.

An diesem Beispiel wird deutlich, dass es nicht notwendig ist, Selbstbewertungen explizit zum Thema zu machen. Stattdessen ist es hilfreich, Klienten im Sinne einer prozessualen Ressourcenaktivierung zunächst implizite, den Selbstwert erhöhende Wahrnehmungen machen zu lassen, die sie nicht einmal ausdrücklich auf sich selbst beziehen müssen. Wenn in einer Gruppe eine Atmosphäre herrscht, die eine Erhöhung des Selbstwertes nicht nur gestattet, sondern bewusst fördert, dann setzt auch innerhalb eines Paares ein Prozess der gegenseitigen Wertschätzung ein. So wird ein konstruktiver, positiver Rückkoppelungsprozess in Gang gebracht.

In der Regel haben die Teilnehmer am Paarkibbuz bereits vorher an einer paartherapeutischen Gruppe teilgenommen, somit ist ihnen das paartherapeutische Setting und Procedere in einer Gruppe bekannt. – „Offizielle" therapeutische Arbeit wechselt hier mit der Möglichkeit, mit anderen Teilnehmern gemeinsam Zeit zu verbringen und zu gestalten, aber auch sich für sich selbst zurückzuziehen. Dienst am Gemeinschaftsleben, wie z.B. Spülen oder Getränkedienst wird wechselseitig wahrgenommen. Jeder ist eingeladen, sich mit seinen Fähigkeiten und Künsten in die Gruppe einzubringen. Aufgabe des Therapeutenteams ist es, einen Rahmen zu schaffen, der eine heilsame Atmosphäre ermöglicht.

Das Beraterinnenteam achtet darauf:

- ➜ dass der Kibbuz eine am einzelnen Paar bzw. Partner orientierte Therapie-Gruppe (*Fiedler* 1996) bildet, in der es sich um eine klärungs- und bewältigungsorientierte Vorgehensweise (*Grawe* 1998) hinsichtlich der einzelnen Interaktions- und Kommunikationsstörungen handelt. Konkrete Gruppenabläufe und Programmpunkte werden immer wieder unter diesem Blickwinkel reflektiert;
- ➜ dass jeder Teilnehmer sich bei der gemeinsamen Gestaltung der „Freizeit" nur insoweit einbringt, wie er es möchte und sich niemand irgendeinem Gruppendruck verpflichtet fühlt;
- ➜ dass Teilnehmer, die plötzlich ein psychisches Tief haben, die sich z.B. im Moment scheinbar heillos mit dem Ehepartner zerstritten haben oder sich selbst völlig wert- und nutzlos vorkommen oder sich selbst zum Außenseiter machen, wieder einen Weg zu den Anderen finden. In der Regel reicht es bereits, dass solche Teilnehmer in ihrer Isolation und Einsamkeit wahrgenommen und angesprochen werden;
- ➜ dass jeder sich, nach eigener Lust und Verantwortung, an den informellen Aktivitäten der Gruppe und den Diensten beteiligt;
- ➜ und „last but not least", vor allem, dass sie sich atmosphärisch wohl fühlen können, als neurobiologische Voraussetzung, um Veränderungsprozesse zu ermöglichen (*Grawe* 2004).

Das Therapeutenteam besteht aus einer Bewegungstherapeutin, einem Berater und einer Beraterin. Die Kinder werden von jungen Erwachsenen betreut.

Inhaltlich gliedert sich der Paarkibbuz in drei Phasen. Jede der Phasen dauert etwa vier Tage, zwischen diesen Phasen findet jeweils ein bzw. ein halber Tag Pause ohne ein offizielles Programm statt. In der ersten geht es darum, sich der eigenen Stärken und Ressourcen bewusst zu werden und diese dem Partner gegenüber zu präsentieren. Anschließend wird in einem verhaltenstherapeutischen Kommunikationsstraining die Fähigkeit der verbalen und nonverbalen Begegnung geschult, um danach im dritten Schritt Perspektiven für Gemeinsamkeiten als Paar zu entwickeln („Diese konkreten Ziele setze ich mir für mein Leben. Folgende Ziele würde ich gerne mit dir verwirklichen!").

Ein wichtiges Ziel des Kibbuz ist, sich für die Annahme der Andersheit des Partners zu öffnen, diese zu entdecken und wertzuschätzen. Hier besteht insbesondere die Möglichkeit, entspannte Autonomie und Zweisamkeit als Paar zu erfahren (Kap. 7).

Methodisch wird der erste Teil mit einer hypnoiden Trance eingeleitet. In dieser sehen sich die Teilnehmer vor ihrem inneren Auge als Statue, an der sie all ihre Fähigkeiten, Kompetenzen und Ressourcen besonders deutlich wahrnehmen können.

···› *Statue betrachten*

Die Teilnehmer sollen in dieser Trance einen Zugang zu ihrer Einmaligkeit und ihren eigenen Fähigkeiten und Stärken entdecken (Idee nach *Vopel* 1993)

Medien: Decken als Unterlage, Entspannungsmusik
Plakatkarton, Farbstifte (z.B. Jaxon Ölkreiden), Therapieheft, Schreibstifte

Dauer: ca.70 Minuten (Trance und Malen)

Anleitung:
➜ Arbeitsplatz mit Decken und Utensilien zum Malen vorbereiten.
➜ Alles wird ganz langsam und mit vielen Pausen vorgelesen.

Legt euch alle auf den Boden und macht es euch dort ganz gemütlich. Achtet darauf, dass ihr an keiner Stelle irgendwo eingezwängt seid. Ihr könnt z.B. den Hosenbund lockern. Hört im Hintergrund die Musik. Nun achte ein wenig auf dein Einatmen und das Ausatmen, und sag dir bei jedem Ausatmen dein Entspannungswort. Nimm einmal wahr, wie sich immer mehr Ruhe und Entspannung in dir ausbreitet. Vielleicht spürst du auch, wie dein Körper ganz schwer und ruhig auf der Erde liegt, und der Atem kommt und geht.

Jetzt stell dir einmal vor, dass du an einer Wendeltreppe stehst und mit jedem Ausatmen ein Stückchen tiefer diese Treppe hinab gehst. Bei jeder Stufe hinab entspannst du dich mehr und gelangst zu deiner inneren Weisheit, die dich durch dein Leben leitet.

Stell dir vor, du bist gerade in Urlaub. Du wohnst in einem kleinen Künstlerdorf, es ist warm und du hast dich schon gut erholt. Zu dieser Erholung hat insbesondere eine Freundschaft beigetragen, die du zufällig zu einem Bildhauer entwickelt hast. Gleich zu Beginn deines Urlaubs bist du auf seine Werkstatt gestoßen. Und zwischen euch beiden entwickelte sich sofort eine tiefe Verbindung. Irgendwie fühltest du dich von ihm sehr verstanden. Häufig hast du ihn besucht und ihr habt Wein zusammen getrunken, Käse und Brot geteilt und euch intensiv unterhalten. Aber alles hat sein Ende. So kommt auch der Tag des Abschieds für dich. Du gehst ein letztes Mal zu dem Bildhauer. Er sagt dir, dass er eine Überraschung für dich vorbereitet hat. Er schickt dich auf einen dunklen Weg in ein abgelegenes Atelier. Dort sollst du einmal schauen, welches Geschenk er dir gemacht hat. Du gehst diesen Weg und stößt am Ende auf eine schwere Tür. Diese öffnest du langsam und stehst in einem dunklen Raum, der nur durch etwas diffuses Licht erhellt wird. Vor dir steht auf einem Podest eine Figur. Sie ist vielleicht aus Holz oder aus Stein, vielleicht auch aus Ton, das ist alles nicht ganz so wichtig. Aber du merkst sofort, das bin ja ich. Irgendwie hat dein Freund dich sehr gut erkannt und in der Figur ausgedrückt, was alles in dir steckt. Ganz vorsichtig ertastest du die Plastik mit deinen Händen und fühlst sie. Je mehr sich deine Augen an das diffuse Licht gewöhnt haben, desto besser kannst du die Einzelheiten erkennen. Du bist ganz gerührt, weil dich dein Freund so gut getroffen hat. Vielleicht kannst du dir auch vorstellen, einmal in diese Gestalt hinein zu schlüpfen. Wie fühlst du dich dann an? Welche Ausstrahlung geht von dir aus? Welche Fähigkeiten und Talente stecken alle in dir?

Lass dir ein wenig Zeit, dich mit dieser Figur vertraut zu machen. Wenn du zuvor in diese Figur geschlüpft bist, ihre Gestalt angenommen hast, so löse dich jetzt wieder daraus und betrachte wieder die Statue. Jetzt nimmst du sie und gehst mit ihr diesen Weg zurück zu deinem Freund. Du bedankst dich bei ihm mit einer herzlichen Umarmung für dieses Geschenk. – Dann verabschiedest du dich von ihm und gehst mit deiner Statue. Dein ganzes Herz ist voller Freude von dieser schönen Begegnung und von diesem schönen Geschenk.

Nun komm mit deiner inneren Aufmerksamkeit wieder in diesen Raum und zu dieser Gruppe zurück. Achte auf deinen Atem und spüre, wie du einatmest und ausatmest. Dann stell dir wieder vor, dass du an der Wendeltreppe stehst und mit jedem Einatmen ein Stück dieser Treppe hinauf gehst und frischer und wacher wirst. Jetzt geh mit deiner Aufmerksamkeit zu deiner linken Hand und mache sie zu einer Faust. Anschließend geh mit deiner Aufmerksamkeit zu deinem Fuß und spanne ihn an und löse diese Spannung wieder. Dann räkele und streck dich, gähne wie nach einem erholsamen Schlaf.

Wenn die Musik beendet ist, versucht jeder, das, was er gerade erlebt hat, was er gesehen hat, mit Farben und Formen auszudrücken.

Wenn alle fertig sind, lässt sich jeder von seinem eigenen Werk, seinem Bild beeindrucken. Er schaut es von allen Seiten an, nimmt es auch aus einigen Metern Abstand wahr. Dann gibt jeder dem Werk eine Überschrift. Vielleicht schreibt man auch einige Sätze oder ein kleines Gedicht, als etwas „Verdichtetes" dazu auf. – Ist jeder mit dem Aufschreiben fertig, werden die Texte in der Gruppe vorgelesen, ohne sie weiter zu kommentieren.

⇢ *Die Heiratsannonce*

Dauer: 2 bis 3 Stunden

Für zwei bis drei Stunden hat jetzt jeder Teilnehmer Zeit, sich mit seinem Bild zurückzuziehen. Die Aufgabe besteht darin, mit Hilfe des Bildes und gegebenenfalls anderen Medien eine Heiratsannonce zu erstellen. Die Art der Präsentation ist nicht vorgegeben, sondern der Kreativität der Teilnehmer überlassen.

Damit stellen sich dann die Partner einander gegenseitig unter den „liebevollen Augen" der Gruppe vor. Bei der Ankündigung „liebevolle Augen" wird Bezug genommen auf die Ergebnisse der Verhaltensforschung (*Eibl-Eibesfeldt* 1986) und die der Säuglingsforschung (*Petzold* 1995) hinsichtlich der Bedeutung des Blickkontaktverhaltens. Induziert wird damit eine wohlwollende Atmosphäre. Die Erfahrung zeigt, dass diese Präsentation unterschiedlichste Formen annehmen kann: als Zeitungsanzeige, als Minnegesang mit Gitarre, als Bauchtanz, als Lied und Text mit Klavier Begleitung usw.

Bei der Präsentation wird mit Unterstützung der Gruppe mit dem einzelnen Paar so gearbeitet, dass insbesondere die Stärken und Fähigkeiten des einzelnen Partners und deren Wahrnehmen durch den anderen den therapeutischen Fokus bilden. Die übrigen Teilnehmer können diesen Prozess unterstützen durch ihre Phantasien, Identifikationen mit einzelnen Partnern oder indem sie sich z.B. hinter den Stuhl eines Partners stellen und für diesen dessen vermutete Gefühle aussprechen. Die Arbeit mit jedem Paar dauert ca. eineinhalb Stunden. Ist jemand ohne Partner da, bittet er für diese Arbeit ein anderes Gruppenmitglied, in die Rolle eines potentiellen Partners zu schlüpfen.

Zusammengefasst ist das Ziel der ersten Phase des Kibbuz, dass der Einzelne sich an seinen Stärken orientiert dem Partner präsentiert. Aufgrund der Orientierung an den Stärken sind in der therapeutischen Arbeit mit einem Paar auftretende Verhaltensmängel für den Klienten viel eher akzeptierbar und als Herausforderung zu begreifen, diesen Mangel zu integrieren bzw. zu beheben und etwas hinzuzulernen (*Fiedler* 1994; *Grawe* 1998, 2004).

So konnte z.B. ein Mann für sich folgendes entdecken: Seine Ehe litt u.a. unter seinen massiven Erwartungen nach emotionaler Zuwendung (Sie: „Er lässt mich nicht einmal allein aufs Klo!"). Bereits in der klärungsorientierten Phase des paartherapeutischen Basisseminars war dem Mann der Zusammenhang zwischen der früheren Interaktionsgestaltung seitens seiner Mutter und seinem heutigen Verhalten seiner Ehefrau gegenüber deutlich geworden. Die starke Ambivalenz seiner Mutter ihm gegenüber kompensierte er durch intensives Einfordern von Zuwendung.

In der Arbeit mit dem Klienten wurde seine Aufmerksamkeit auf die anderen Teilnehmer gelenkt mit dem Ziel, sich dafür zu öffnen, auch dort emotionale Zuwendung zu bekommen. Er wurde eingeladen, sich in der Gruppe umzusehen und einmal mutig herauszufinden, mit wem er außer mit seiner Frau noch etwas unternehmen wolle. Nach einiger Zeit des Innehaltens ging er auf zwei Gruppenmitglieder zu und nannte seine Ideen und Wünsche. So wollte er sich mit einem Teilnehmer einmal länger unterhalten, mit einer Teilnehmerin in der nahe gelegenen Stadt einen Kaffee trinken fahren. Die Ehefrau des Klienten erlebte dieses Tun ihres Mannes als ausgesprochen befreiend. Im Sinne einer „Anstoßtherapie" war es ein Schritt für das Paar in die richtige Richtung.

Im zweiten Teil des Paarkibbuz erlernen die Teilnehmer dann die Grundregeln für eine partnerschaftsfördernde Kommunikation. Sie üben z.B. „ich" statt „man" oder „wir" zu sagen. Sie werden angehalten, nicht über allgemeine Situationen in der Partnerschaft zu reden, sondern sich möglichst konkret mitzuteilen oder gefühlsmäßige Resonanzen auf Äußerungen des Partners wahrzunehmen und sie zu benennen. Diese Regeln sind dem EPL (Ein partnerschaftliches Lernprogramm) entnommen (*Engl* & *Thurmaier* 1992).

···› *Sprechen und Zuhören trainieren*

Dazu werden drei Übungsgruppen eingerichtet, in denen unter Anleitung und Begleitung durch eine Beraterin zunächst mit einem Fremden, dann mit dem eigenen Partner die folgenden Gesprächsregeln trainiert werden. Die Sprecher suchen sich das Thema, an dem sie üben wollen, selber aus. I.d.R. werden sehr „ernste" Themen, meist aus den Erfahrungen der letzten Tage gewählt. – Die nicht übenden Gruppenteilnehmer sind als Beobachter eingeteilt. Das bedeutet für diese eine Schärfung der eigenen Wahrnehmung, zum anderen können sie durch ihr Feedback den Lernprozess der Übenden fördern.

Dauer: drei Nachmittage von 15 – 18.30 Uhr (mit Pausen)

Qualitäten der Sprecher Rolle

Ich-Gebrauch: Hier spricht ein Mensch über sich selbst, seine eigenen Gefühle und Gedanken, er gebraucht häufig das Wort „ich". Dadurch bekommen alle seine Aussagen eine persönliche Färbung. Äußerungen in der Du-Form sind dagegen oftmals Vorwürfe oder Anklagen, zumindest Aussagen über einen anderen, die als Auslöser für eine Rechtfertigung oder sogar einen Gegenangriff genutzt werden.

Konkretes Verhalten in konkreter Situation ansprechen: Unser Leben und Verhalten besteht immer aus ganz konkreten Situationen und Abläufen. Deshalb ist es wichtig, in Gesprächen auch ganz konkrete Erfahrungen zu benennen. Außerdem wird ein Gespräch dadurch viel anschaulicher und interessanter. Das bedeutet, dass Verallgemeinerungen und Bewertungen „immer, nie, typisch" nach Möglichkeit vermieden werden. Denn in einem Konfliktgespräch rufen diese meist sofortigen Widerspruch des Partners hervor, außerdem lenken sie vom eigentlichen Inhalt einer konkreten Situation völlig ab.

Ferner ist zu beachten, dass wenn jemand ganz konkretes Verhalten in einer bestimmten Situation anspricht, er dies durch seine Brille, d.h. mit seinen Gedanken und Bewertungen im Hinterkopf betrachtet und interpretiert. Das bedeutet, dass ein Außenstehender das gleiche Verhalten vielleicht ganz anders interpretieren würde. Deshalb ist es auch wichtig, Paartherapie im Rahmen einer Gruppe zu machen, weil hier immer eine Vielzahl von Außenstehenden anwesend ist, die das Verhalten beobachten und wahrnehmen. Durch ihre Rückmeldungen können sie zur Klärung verfahrener Situationen beitragen.

Beim Thema bleiben: Konfliktgespräche, besonders wenn die Beziehungsebene zwischen den Partnern gestört ist, neigen dazu auszuufern. Es ist wichtig, nur auf solche Inhalte einzugehen, die für das gewählte Thema von Belang sind.

Sich öffnen: Für das Gegenüber ist es wichtig zu wissen, was in dem, der gerade spricht, vorgeht. Auch wenn man Schwierigkeiten hat, das immer selbst zu spüren, kann es atmosphärisch sehr wichtig sein, auch ein Nichtfühlen mitzuteilen. Wenn man Gefühle und Bedürfnisse direkt äußert, lassen sich Anklagen und Vorwürfe vermeiden. So kann auch ein weiterer häufiger Fehler eines Sprechers vermieden werden. Dieser besteht darin, die Reaktionen des Partners vorwegzunehmen, indem man etwa sagt: *„Ich würde ja gerne mit dir ins Bett gehen, aber du hast ja doch nie Lust."* Damit sichert sich der Sprecher schon im Voraus gegen eine mögliche Reaktion des Zuhörers ab und legt ihn bereits fest (was würde passieren, wenn er wirklich wollte?).

Qualitäten der Zuhörerrolle

Zugewandt zuhören: Dabei wird dem Sprecher nonverbal mit der Gestik des ganzen Körpers, mit dem Blickkontakt vermittelt, dass der Zuhörer ihm zugewandt ist und Interesse an seinen Äußerungen hat. Dies kann z.B. durch unterstützende Gesten, wie Nicken oder kurze Einwürfe, wie „ah", „ja", „ha", „na, so was" geschehen.

Zusammenfassen: Um den kommunikativen Prozess zu fördern, ist es hilfreich, wesentliche Äußerungen des Sprechers möglichst in eigenen Worten wiederzugeben. Damit wird deutlich gemacht, das Anliegen des anderen verstanden zu haben. Fällt dies schwer, so ist es sinnvoll, die Äußerungen des Partners wörtlich zu wiederholen.

Offene Fragen: Wenn man nicht sicher ist, den Partner richtig verstanden zu haben, muss man offen nachfragen, was genau gemeint ist.

Rückmeldungen des ausgelösten Gefühls: Jede Äußerung löst beim Zuhörer etwas aus. Für den Sprecher ist es enorm wichtig, davon zu wissen. Solche Rückäußerungen sollen in Ich-Form geschehen, also: *„Ich freue mich darüber, dass du mir das so offen sagst"* oder: *„Ich bin von deinen Worten so geschockt, dass ich gar nicht weiß, wie ich darauf reagieren soll."*

Im letzten Teil des Paarkibbuz wird dann versucht, die bisherigen Lernerfahrungen so zu integrieren, dass jeder Partner aus seiner Sicht eine Zukunftsvision für die gemeinsame Partnerschaft entwickelt. Zur Unterstützung dieses Prozesses wird in einer hypnoiden Trance ein „gutes Theaterstück" mit einem Paar induziert.

⇢ *Tonfigur – Vision als Paar*

Ziel: Aus einer entspannten Atmosphäre heraus sollen die Teilnehmer ihre Ehe, ihre Paarbeziehung als positive motivierende Vision, in der sie ihre Fähigkeiten leben und weiterentwickeln, mit Hilfe einer Tonfigur darstellen. Sie knüpft an das Formen der ersten Tonfigur aus dem Basisseminar an.

Medien: Decken als Unterlage für die hypnoide Trance, Holzbretter, ein Klumpen Ton, entspannende Musik im Hintergrund, Therapieheft, Schreibstift. Diese Utensilien werden vor der Trance bereitgestellt, damit aus dieser heraus mit den Medien gearbeitet werden kann.

Dauer: ca.1 bis 1 1/2 Stunden

Anleitung: Legt euch alle auf den Boden und macht es euch dort ganz gemütlich. Achtet auf euren Atem, und sagt euch beim Ausatmen das Entspannungswort. Stellt euch einmal vor, dass ihr an einer Wendeltreppe steht und mit jedem Ausatmen ein Stückchen tiefer diese Treppe hinab geht. Bei jeder Stufe hinab entspannt ihr euch mit eurem Entspannungswort auf den Lippen mehr und gelangt zu eurer inneren Weisheit, die euch durch eurer Leben leitet.

Stellt euch einmal vor, dass ihr nach einem langen anstrengenden Arbeitstag gerade noch rechtzeitig eine Theatervorstellung erreicht habt.

(Jetzt Wechsel zum „DU" !)
Du sinkst ganz entspannt in den Sessel und wartest voll Vorfreude auf das Bühnenstück. Auf der Bühne ist heute Abend ein besonders aufbauendes und Mut machendes Stück zu sehen. Der Vorhang geht auf und du siehst zwei Menschen: einen Mann und eine Frau. Das bist du und dein Partner. Schon aus der Entfernung siehst du, dass beide mit beiden Füßen auf der Erde stehen können. Jeder von beiden hat einen eigenen Stand. Jeder kann ohne den anderen stehen. Keiner muss sich am anderen anlegen, um selber im Gleichgewicht zu bleiben. Es ist schon eine Freude, beiden zu zusehen, wie sie ihre Sexualität miteinander leben, wie sie ihren Alltag gestalten, wie jeder seine eigenen Freunde hat, wie sie die Andersheit des Partners nicht nur lassen können, sondern wie sie Freude daran haben und diese als eine Bereicherung für sich selbst erleben. Schau einmal hin, wie beide sich miteinander bewegen und wie ihre Bewegung auf andere Menschen ausstrahlt. Wie beide sehr attraktiv sind, jeder für sich, aber auch beide als Paar. Schau ihnen noch eine Weile zu und freue dich an ihnen. Langsam geht das Stück zu Ende und beide bekommen heftigen Applaus vom Publikum. Jetzt schließt sich wieder der Vorhang der Bühne, und du verlässt mit einem ganz wohligen und warmen Gefühl diese Vorstellung.

Nun komm mit deiner inneren Aufmerksamkeit wieder in diesen Raum und zu dieser Gruppe zurück. Achte wieder auf deinen Atem und spüre, wie du einatmest und ausatmest. Dann stell dir wieder vor, dass du an der Wendeltreppe stehst und mit jedem Einatmen ein Stück dieser Treppe hinauf gehst und frischer und wacher wirst. Jetzt geh mit deiner Aufmerksamkeit zu deiner linken Hand und mache sie zu einer Faust. Anschließend geh mit deiner Aufmerksamkeit zu deinem Fuß und spanne ihn an und löse diese Spannung wieder. Dann räkele und streck dich, gähne wie nach einem erholsamen Schlaf.

Wenn die Musik beendet ist, komm wieder in die Realität der Gruppe, des Raumes zurück. Nimm nun das Stück Ton in deine Hände. Lass dabei deine Augen geschlossen. Nimm zunächst mit dem Material selbst Kontakt auf. Spüre es, knete und stoße es ... Dann versucht jeder einmal, das, was er zuvor auf der Bühne erlebt hat, diesem Paar im Ton eine Gestalt zu geben.

Da die Einzelnen zum Formen des Tons unterschiedliche Zeit benötigen, können die, die fertig sind, ruhig zwischendurch den Raum verlassen. – Wenn alle fertig sind, lässt sich jeder von seinem eigenen Werk beeindrucken. Er schaut es von allen Seiten an, nimmt es auch aus einigen Metern Abstand und auch von der Seite und von hinten wahr. Dann gibt jeder dem Werk eine Überschrift. Vielleicht schreibt man auch einige Sätze oder ein kleines Gedicht dazu auf. – Ist jeder mit dem Aufschreiben fertig, werden die Texte in der Gruppe vorgelesen und anschließend die Kunstwerke betrachtet.

Danach ist eine längere Pause notwendig.

Jetzt zieht sich jeder für 60 bis 90 Minuten alleine mit seiner Tonfigur und mit seinem Text zurück, um Ziele für sich zu formulieren. Diese sollen möglichst konkret und positiv formuliert sein. Dadurch haben die Teilnehmer die Gelegenheit, die bisherigen Lebenserfahrungen in ganz konkrete Schritte im Miteinander, aber auch für sich selbst umzusetzen.

In der sich anschließenden therapeutischen Arbeit stellen die Partner einander ihre formulierten Ziele in Verbindung mit der Tonplastik vor und tauschen sich miteinander darüber aus. Als Einleitung der Schlussphase des Paarkibbuz zeigt die entstandene Figur den Paaren eindrucksvoll ihren Entwicklungsprozess auf, wenn diese die jetzige mit ihrer ersten Tonfigur vergleichen.

Zum Abschluss des Kibbuz bietet sich noch folgende Trance an:

···› *Der Adler*

In dieser Trance erleben die Teilnehmer nochmals ihren oft mühevollen Weg, ihr Leben zur Freiheit, Selbstvertrauen und Verantwortung hin zu entwickeln. Sie macht Mut, diese Ziele zu erreichen.

Medien: Decken als Unterlage, Entspannungsmusik

Dauer: ca. 20 Minuten (Trance)

Anleitung: Alles wird ganz langsam und mit vielen Pausen vorgelesen.

Legt euch alle auf den Boden und macht es euch dort ganz gemütlich. Hört im Hintergrund die Musik, schließt jetzt einmal die Augen. Achtet auf euren Atem, wie ihr einatmet und wie ihr ausatmet. Beim Ausatmen sagt ihr euer Entspannungswort.

Jetzt stellt euch einmal vor, dass ihr an einer Wendeltreppe steht und mit jedem Ausatmen ein Stückchen tiefer diese Treppe hinab geht. Bei jeder Stufe hinab entspannt ihr euch mehr und gelangt zu eurer inneren Weisheit, die euch durch eurer Leben leitet.

Stell dir einmal vor, du bist ein Adler und lebst auf einem Hühnerhof. Um dich herum gackern und krähen die Hühner beim Kampf um die Körner. Das ist deine Welt, und du hast nie etwas anderes kennen gelernt. Ein Adler unter lauter Hühnern. Manchmal hast du den Eindruck, dass irgendetwas vielleicht nicht stimmen könnte. Du schaust in den Himmel, du spürst ein Kribbeln in dir, eine Sehnsucht, für die du keinen Namen hast.

Eines Tages hörst du, wie der Bauer sich mit einem Fremden unterhält. Und dieser Fremde zeigt auf dich und sagt: „Da ist ja ein Adler und lauter Hühner." „Ja", antwortet der Bauer, „aber der Adler lebt wie ein Huhn. Er pickt die Körner auf und flattert mit den anderen durch die Wiese. Er ist ganz zufrieden so." Da geht der Fremde auf den Hühnerhof, zu dir dem Adler und nimmt dich auf seinem Arm. Er sagt zu dir: „Du bist ein Adler und kannst fliegen." Etwas unsicher schaust du dich um und dann springst du wieder zu den Hühnern und scharrst auf der Erde.

Der Fremde geht wieder, aber in dir bleibt die Sehnsucht, stärker als zuvor. Einige Tage später kommt wieder der Fremde und sagt zu dem Bauern: „Er ist doch ein Adler, lass ihn fliegen." „Nein!" sagt der Bauer. „Er sieht zwar aus wie ein Adler, aber im Herzen ist er ein Huhn." Da nimmt der Fremde dich wieder auf seinem Arm und trägt dich in die oberste Etage des Wohnhauses. Und plötzlich spürst du wieder diese Kraft und diese Sehnsucht in dir. Du weißt nicht, was du machen sollst. Der Fremde sagt zu dir: „Du bist ein Adler, steig in die Luft und fliege!" Ein Zittern geht durch deinen ganzen Körper. Aber du kannst nicht anders, du springst wieder zu den Hühnern, dort hast du dein Fressen, jeden Tag. Hier ist deine Welt, hier fühlst du dich sicher. Da hörst du den Bauern sagen: „Er ist ein Huhn und er bleibt ein Huhn!"

Dieses Erlebnis lässt Deine Sehnsucht immer stärker werden. Und insgeheim hoffst du, dass der Fremde eines Tages wiederkommen möge. Die Zeit geht ins Land und der Sommer ist schon fast vorbei. Da kommt wieder der Fremde und sagt zu dem Bauern: „Lass mir noch einen Versuch mit dem Adler." Bereitwillig lässt sich der Bauer auf das Experiment ein, denn er weiß ja, du siehst zwar aus wie ein Adler, bist aber ein Huhn.

Und der Fremde nimmt dich wieder auf seinen Arm. Es ist ganz früher Morgen. Er geht mit dir auf die Spitze eines hohen Berges. Als er den Gipfel erreicht hat, hält er dich hoch und lässt dich genau in die Sonne schauen. Dort spürst du wieder das Zittern in dir und eine ganz große Kraft und Sicherheit. Du weißt und spürst, das ist es, was ich suche. Ich bin frei und kann fliegen und mein Leben genießen und es verantworten.

Nun komm mit deiner inneren Aufmerksamkeit wieder in diesen Raum und zu dieser Gruppe zurück. Achte wieder auf deinen Atem und spüre, wie du einatmest und ausatmest. Dann stell dir wieder einmal vor, dass du an der Wendeltreppe stehst und mit jedem Einatmen ein Stück dieser Treppe hinauf gehst und frischer und wacher wirst. Jetzt geh mit deiner Aufmerksamkeit zu deiner linken Hand und mache sie zu einer

Faust. Anschließend geh mit deiner Aufmerksamkeit zu deinem Fuß und spanne ihn an und löse diese Spannung wieder. Dann räkele und streck dich, gähne wie nach einem erholsamen Schlaf.

Anschließend tauschen sich die Teilnehmer über ihre Erfahrungen mit der Trance aus.

Bewegungstherapie

Durchgehendes Element der drei Phasen des Paarkibbuz ist täglich morgens 1 ½ Stunden Bewegungs- und Leibtherapie (*Petzold* 1990). Dabei wird die jeweilige Thematik des Gruppenprogramms aufgegriffen. So gibt es in der ersten Phase gezielte Übungen zum eigenen Stand und zur Abgrenzung, das verbale Kommunikationstraining der 2. Phase wird durch nonverbale Partnerübungen bereichert und die Paarvisionen des 3. Teils werden z.B. im Tanz ausprobiert. Eine Fülle an Übungsanleitungen finden sich dazu in dem Buch: „Bewegt sein" (*Hausmann* & *Neddermeyer* 2003).

Reflexionen

Ein durchgehendes Element bilden ferner regelmäßige Phasen der Reflexion, in denen die Einzelnen zu sich und ihrer Situation etwas sagen können. Diese Runden werden auch zu theoretischen Erklärungen benutzt, damit Beratung ein für die Klienten nachvollziehbarer Prozess wird und sie immer wieder die Erfahrungen machen können, dass ihr Grundbedürfnis nach Orientierung und Kontrolle befriedigt wird (*Grawe* 2004).

Die Freizeit

Im Kibbuz verabreden sich die Teilnehmer in der Mittagspause und abends zu gemeinsamem Sport, wie Schwimmen, Volleyball oder Joggen. Ab 21 bis 23 Uhr findet regelmäßig eine von einzelnen Teilnehmern im Wechsel angebotene Aktivität statt. Diese zeichnen sich durch ein enormes Spektrum aus. Das gemeinsame Singen am Lagerfeuer unter Leitung der Gitarrenspielerin oder die zwei Jugendlichen, die für alle ein Tischtennisturnier organisieren. – An diesem Programm nehmen die Kinder je nach Alter ganz selbstverständlich teil.

Der Tagesablauf

Es ergibt sich folgende Struktur für den Tagesablauf:

08.30	Frühstück
09.00 – 10.30	Bewegungsübungen
10.45 – 12.30	Gruppenberatung
12.30 – 15.30	Mittagessen, Pause
15.30	Kaffeetrinken
16.00 – 18.30	Gruppenberatung
21.00 – 23.00	offenes Angebot durch Teilnehmer organisiert

⇢ Evaluation des Paarkibbuz

Beispielhaft werden wieder, wie bei den zwei vorherigen Kurstypen Äußerungen der Teilnehmer am Ende des Kurses zitiert:

⇢ 1. Was hat das Seminar für mich persönlich bedeutet?

→ „Die Erfahrung, dass ich mich im entsprechenden Rahmen entspannen kann, dass ich mich spüren konnte, meine Lebenskräfte wieder gefunden habe, dass ich meinen Müll auch mal neben mich stellen konnte und die Süße des Lebens mal wieder geschmeckt habe, dass ich gerne in Gemeinschaft lebe und mich mit Menschen tief verbunden fühlen kann. Das Gefühl – ich bin o.k., bin angenommen, so wie ich bin, dass ich mich zeigen konnte."

→ „Gelegenheit und Chance für neue Erfahrungen mit mir selbst. Raum zuzulassen, ich selbst zu sein. Bewusstmachen und Klärung jahrelanger Verhaltensmuster, die mich daran hindern, mich mir selbst und den Dingen/Menschen zuzuwenden, die (mir) wichtig sind. Auf einen Menschen zuzugehen, Grenzen aufgezeigt zu bekommen und einen kleinen Schritt weiterzukommen darin, mich von ihnen (den Grenzen) nicht vollends umwerfen zu lassen, sondern zu lernen, damit zu leben; zu sehen, dass nicht persönliche Schuld/persönliches Versagen dahinter stehen, sondern dass Gründe auch beim anderen liegen können. Offene Rückmeldungen anderer zu bekommen, wie ich als Person in meiner Ambivalenz auf sie wirke, wie mein Verhalten/meine Äußerungen auf sie wirken, wie sie verstanden werden und daraus Stärkung meines Selbstwertgefühls zu erfahren und Anregungen zu erhalten, mein Verhalten zu anderen zu überdenken bzw. zu ändern. Zwei Wochen mit einer Gruppe zu leben, es auszuhalten und ein positives Gefühl mitzunehmen. Zu sehen, dass es Menschen gibt, die mich verstehen, mir den Rücken stärken, mich so mögen, wie ich bin, in deren Nähe ich mich aufgefangen und getragen fühle."

⇢ 2. Was hat das Seminar für meine Partnerschaft bedeutet?

→ „Ein unendliches Gefühl der Befreiung. Partnerschaft konnte ich erleben als eine von positiver Grundhaltung getragene Gemeinschaft zweier Individuen mit Möglichkeiten, aber auch Grenzen des Möglichen. Die Beziehung zu meiner Partnerin wurde von unrealistischen Erwartungen befreit und damit für mich positiv erlebbar. Damit konnte ich das sonst sehr häufige enttäuscht Sein in Gelassenheit verwandeln."

→ „Ein Herz voller Liebe, gereinigt durch ein erweitertes Verständnis für das Anderssein meines Partners, nehme ich mit in den Alltag. Ich glaube, dass ich mich in Störreaktionen noch besser abgrenzen kann. Ihn zu verstehen suche, mich aber nicht mehr für alles verantwortlich fühle. Er darf seinen Schmerz und seine Rückzugsmöglichkeit behalten. Ich auch."

⇢ 3. Was hat das Seminar für meine Kinder bedeutet?

→ „Die Kinder waren deutlich entspannter als zu Hause. Das Gemeinschaftsleben mit vielen anderen hat ihnen gut getan. »Fremde Erwachsene waren ihnen wohlgesinnt«, kümmerten sich um sie. Der Garten ums Haus herum war eine Wohltat für ihre Seele. Wir konnten uns wieder viel intensiver und liebevoller begegnen. Außerdem fand ich die Erfahrung für sie wichtig, dass Erwachsene etwas zusammen tun, die Kinder ebenfalls, wir aber auch zusammen!"

→ „Das Familienleben wurde damit sehr entspannt, wir konnten es genießen ohne lästigen Alltag. Das Spielen, Basteln, Singen, Schwimmen, Reden ... der Kinder untereinander als auch mit den Erwachsenen war so positiv, dass mein Kind sogar Themen ansprach, die es vorher noch nie näher berührt hatte. Ich bin ihm daher sehr nahe gekommen."

4. Sonstiges?

→ „Es war mir einfach wichtig, von den Problemen, Erfahrungen und auch Lösungen sowohl anderer Paare als auch Einzelpersonen zu hören. Gemeinsam Volleyball, Tischtennis und Fußball zu spielen. Am Abend an den Angeboten der Teilnehmer (Tanzen, Musik, Yoga usw.) teilzunehmen oder auch nicht! Für mich zu sein und doch jederzeit wieder den Weg zurück in die Gruppe zu finden. Beim Turnen sich selber und seinen Körper zu spüren, aber auch den Körperkontakt der anderen Teilnehmer zu suchen, hat mir gut gefallen."

→ „Es hat mir sehr geholfen, mich vor anderen zu öffnen. Intime Geheimnisse wurden vertraulich behandelt. Die Gruppe fing mich auf, wenn ich zu stürzen drohte. Hilfreich war, dass mir gezeigt wurde, wie ich Probleme richtig formuliere. ... dass mir trotz allem alle Handlungsmöglichkeiten offen blieben. ... dass ich gesehen habe, dass auch andere ähnliche Probleme haben, ähnlich oder anders damit umgehen, jedoch an den Erfolg glauben und weitermachen, nicht aufgeben. Ich bin oft dabei aufzugeben, kann mich aber an dem Mut der anderen orientieren."

Zusammenfassung

Drei verschiedene Kurstypen:
- → das *Basisseminar*, als Anleitung zur Selbsthilfe,
- → das *Aufbauseminar*: Kleine Schule der Genussfähigkeit – Lebendigkeit, Sinnlichkeit und Sexualität
- → und der *Paarkibbuz*, als Training von Autonomie und Zweisamkeit,

helfen den Paaren in unterschiedlicher Perspektive, ihr Miteinander zu mehr Zufriedenheit in ihrer Partnerschaft hin zu gestalten. Die Klienten machen gerne mit, empfehlen die Seminare weiter, weil ihnen die Handlungsorientierung und die positive Gruppenatmosphäre viel Spaß und Freude bereiten.

Gesellschaftspolitisch handelt es sich bei diesen drei Kurstypen um eine Umsetzung des „Empowerment-Konzepts" (*Stark* 1996). Dieses will Menschen befähigen, in Nachbarschaft und Gemeinde zusammen zu leben. Dazu gilt es:
- → ihnen zu helfen, in ihren sozialen Vernetzungen positive und aktive Gefühle des „In der Welt Seins" aufzubauen,
- → mit anderen zusammen Fähigkeiten, Strategien und Ressourcen freizusetzen, um gezielt individuelle und gemeinschaftliche Ziele zu erreichen, sowie
- → Wissen und Fähigkeiten zu entwickeln, um auf die sozialen und politischen Verhältnisse und auf das eigene soziale und ökologische Umfeld Einfluss zu nehmen.

Dies geschieht insbesondere durch die Bereitstellung von Wissen und Kompetenz, basierend auf einer gleichberechtigten Zusammenarbeit. Dadurch werden selbstorganisierte Kapazitäten frei. Eine hierarchische Helferin-Klient-Beziehung wird weitgehend vermieden.

15. Partnerschule als Familienberatung

15.1 Die Bedeutung für die Kinder

Paarberatung ist für Paare mit Kindern immer *auch* Familienberatung! Zum einen erleben rund zwei Drittel der Elternpaare, die sich aufgrund von Partnerschaftsproblemen an eine Ehe-, Familien- und Lebensberatungsstelle wenden, die Kindererziehung als anstrengend bzw. „nervenaufreibend" (*Kröger, Hahlweg* & *Klann* 2004); zum anderen haben die Interaktionen zwischen den Partnern großen Einfluss auf das Gedeihen der Kinder. Schließlich gilt eine durch anhaltende Unzufriedenheit und destruktive Konflikte geprägte Ehebeziehung als bedeutender Risikofaktor für die Entwicklung der betroffenen Kinder (vgl. z.B. *Cummings* & *Davies* 1994, 2002; *M.R. Sanders, Nicholson* & *Floyd* 1997). Angesichts schwerer Beziehungskonflikte ihrer Eltern haben Kinder nicht die Gelegenheit, sich ihrem eigentlichen Entwicklungsprogramm zu widmen, sondern sie versuchen im Sinne der eigenen Existenzsicherung alles Mögliche, um zu „überleben". Sei es, dass sie im Sinne einer Parentifizierung zu permanenten hilflosen Helfern, zu Eheberatern oder Seelsorgern ihrer Eltern werden oder dass sie aufgrund der bedrohlichen und gewaltsamen Situationen auf Tauchstation gehen, sich gefühllos machen, sich selbst anästhesieren. Deshalb ist es gerade für Paare mit Kindern außerordentlich wichtig, sich bei andauernden Partnerschaftsproblemen professionelle Hilfe zu holen; ansonsten nehmen ihre Kinder auf Dauer seelischen Schaden.

Dass Kinder während der Seminararbeit ihrer Eltern parallel in einer eigenen Gruppe betreut werden, hatte zu Beginn der Konzeptionierung etwas mit der „Kundenorientierung" zu tun. Wenn man Paare zu einem mehrtägigen Seminar einladen will, muss gleichzeitig für ein Angebot zur Kinderbetreuung gesorgt sein. Erst im Laufe der Zeit – durch das Miterleben der Kinder während der Seminare und durch die Rückmeldungen der Eltern im Rahmen der anonymen Nachbefragung – wurde offensichtlich, welch hohe Bedeutung das Dabeisein für die Kinder hat. Meist ist eine deutliche Entspannung zwischen Eltern und Kindern zu beobachten. Die Kinder fühlen sich in der Regel sehr wohl, spüren sie doch, dass ihre Eltern bei den Beraterinnen in guten Händen sind und nicht sie es sind, die Verantwortung für ihre Eltern tragen müssen. Bei einem Basisseminar schrieben dann auch die Kinder über ihren Gruppenraum: *Betreten verboten! Kinder haften nicht für ihre Eltern!* Deutlich wird ihre Entspannung auch daran, dass sie sich beispielsweise nicht mehr zu den Eltern an den Tisch setzen, um

„aufzupassen", dass diese sich auch ja nicht streiten, sondern mit den Betreuern und den anderen Kindern an einen eigenen Tisch.

Wie diese Betreuung aussieht wird am besten aus dem Bericht von *Solveigh Hennig*, einer Kinderbetreuerin, deutlich:

Wenn die Kursgruppe der Erwachsenen beginnt, füllt sich auch der Gruppenraum der Kinder. Einige kommen freudig hereingestürmt, anderen fällt der Abschied von Mami und Papi noch recht schwer. Sind alle angekommen, kann man eine bunte Gruppe von Kindern und Jugendlichen unterschiedlichen Alters beobachten, die sich auf einen Ausflug ins Freie vorbereitet oder sich auf die beliebte Turnhalle freut.

Am und im Haus Marienfried im Sauerland, in dem die meisten aller Seminare stattfinden, gibt es ein reiches Angebot an Beschäftigungsmöglichkeiten. Für die Großen, die sich häufig alleine beschäftigen, gibt es z.B. Tischtennisplatten, einen Basketballplatz und einen Werkraum. Die Kleineren (ca. 1 bis 12 Jahre) werden betreut und unternehmen mit uns, den Kinderbetreuern, z.B. Ausflüge zum Bauernhof, um dort Kälbchen zu streicheln und beim Melken zuzuschauen, oder gehen in den Wald und bauen dort „Buden" und sammeln Holz für ein Lagerfeuer mit selbstgemachtem Stockbrot.

Aufgrund der verschiedenen Altersgruppen entsteht eine familienähnliche Atmosphäre, wo jeder das tut, was er kann und Rücksicht von jedem gefordert wird. Wir bemühen uns um eine soziale Dynamik in der Gruppe, in der jeder ein soziales Miteinander erleben und erlernen kann. Um diese Atmosphäre zu fördern, üben wir z.B. gemeinsam mit allen Kindern ein Theaterstück ein, dass wir am Schluss des Seminars den Eltern vorführen.

Bei allen Unternehmungen und Aktivitäten ist es notwendig, auf die individuellen Bedürfnisse der Kinder einzugehen. Nicht selten ist in ihrem Verhalten die schwierige Familiensituation zu erkennen, die die Kinder zu Hause erleben.

Generell lässt sich feststellen, dass das Verhalten der Kinder in der Gruppe sich stark von den Verhaltensweisen im Zusammensein mit den Eltern unterscheidet. Die Feriensituation gibt den Kindern die Möglichkeit, sich zu entspannen. Die Eltern können ihren Bedürfnissen (Ruhe, Zeit zum Nachdenken, Auseinandersetzungen mit dem Partner) nachgehen, die von den Kindern zu Hause oft harte Disziplin verlangen, da sie sich mit unterschiedlichen Regeln (ruhig sein, nicht stören usw.) selbst beschäftigen müssen. Während die Eltern ihre Probleme in der Gruppe bearbeiten, haben die Kinder während des Seminars einen Ort, wo sie spielen und toben können und einen Ansprechpartner haben.

Die Arbeit an den Beziehungsproblemen in der „Elterngruppe" hat große Auswirkungen auf das Befinden und Verhalten des Kindes. Kleinste Fortschritte sind im Verhalten des Kindes wieder zu finden. Werden Spannungen gelöst, sind Eltern wieder zu einer ruhigen, herzlichen Konversation fähig, haben sie wieder Zeit und Verlangen, sich gemeinsam mit ihrem Kind zu beschäftigen, lässt sich eine Lösung der Anspannung und somit eine Veränderung im Verhalten der Kinder feststellen.

Im Gespräch mit einer Mutter am Ende eines Kurses sagte diese mir, sie habe ganz deutlich spüren können, dass die Schwierigkeiten ihres Kindes sich nur überwinden ließen, wenn sie selbst an sich arbeite.

Die konkrete Entwicklung bezogen auf ein zwei Jahre altes Kind beschreiben *Sarah* und *Laura Kersting*:

1. Tag
Nach dem Frühstück haben wir die 12 Kinder in Empfang genommen. Sobald die Eltern gegangen waren, hat Tim angefangen zu weinen. Man konnte ihn nicht beruhigen, selbst Ablenkung hat nur kurze Zeit gewirkt. Das Weinen und Rufen nach der Mutter hörte nur für kurze Zeit auf, bis er erneut anfing zu weinen und zu quengeln.

2. Tag
Der Tag begann wieder mit Weinen und Rufen nach der Mutter. Auf dem Spielplatz saß er nun im Kinderwagen, und man konnte ihn zu keiner Aktivität hin bewegen. Die Phasen des Weinens verkürzten sich, da die Mutter nicht in der Nähe war und ihm keine Aufmerksamkeit dafür schenken konnte.

3. Tag
Nachdem wir aus dem Haus gegangen waren, hörte das Weinen auf. Auf dem Spielplatz machte er sich bemerkbar, dass er aus den Kinderwagen wollte. Man konnte mit ihm schaukeln, und er spielte für längere Zeit mit im Sand. Er fing sogar an, mit anderen Kindern zu spielen. Als wir wieder zurück ins Haus kamen, fing er wieder an, nach der Mutter zu rufen, jedoch nicht mehr so stark wie an den Tagen zuvor.

4. bis 6. Tag
Tim weinte noch ein bisschen, als wir ihn in Empfang nahmen. Auf dem Spielplatz allerdings hat er sich die ganze Zeit selbst beschäftigt und mit anderen Kindern jede Menge Spaß am Spielen gehabt. Er wollte sofort aus dem Kinderwagen. Als wir wieder ins Haus kamen, musste er nur einmal nach der Mutter rufen, den Rest der Zeit hat er mit den anderen gespielt.

Kommentar aus unserer Sicht: Das Kind hat sich völlig verändert, die anderen Kinder sind mehrere Male zu uns gekommen und haben gefragt, was mit ihm passiert sei. Er ist viel fröhlicher und aufgeschlossener den anderen gegenüber geworden. Er fängt selbstständig das Spielen mit anderen Kindern an, flitzt über den ganzen Platz und freut sich. In den vier Tagen hatte er sich von einem weinenden und traurigen zu einem fröhlichen, lachenden Kind entwickelt.

Die Mutter stellte dazu fest: „Unser Sohn hat profitiert von den gemeinsamen Aktivitäten mit den anderen Kindern. Immer wollte er: „Kinder gehen“ und er hat profitiert von sechs Tagen ruhiger Atmosphäre ohne Streit zwischen Mama und Papa.“

Diese Erfahrungen korrespondieren mit den Befunden von *Lenz* (2001), der feststellte, dass Kinder ein kindbezogenes Setting katamnestisch zufriedenstellender einschätzen als einen familienbezogenen Ansatz mit Familiengesprächen. Denn hier stehen die Aktivitäten der Kinder und die Zuwendung durch deren Gruppenleiter im Vordergrund und nicht die Probleme der Erwachsenen. Aus diesem Grund ist es nicht verwunderlich, dass dies positiver eingeschätzt wird als ein familienbezogenes Setting, bei dem das Reden im Mittelpunkt steht – auch dann, wenn versucht wird, in Familiensitzungen mit handlungsorientierten Methoden zu arbeiten. – Die Anzahl der Kinder liegt pro Seminar bei durchschnittlich 12, das Alter variierte bislang zwischen 10 Tagen und 16 Jahren.

Es ist also davon auszugehen, dass die Partnerschule einen wichtigen Beitrag dazu leistet, die Entwicklungsumwelt für die Kinder der ratsuchenden Paare in positiver Weise zu beeinflussen. Durch die konstruktiven Veränderungen, die die Partnerschule im Miteinander von Eltern anregt, ist beispielsweise die Voraussetzung dafür gegeben, dass sich deren Vorbildfunktion in positiver Weise verändert.

15.2 Triple P – Beziehungstraining zu Kindern

Nachdem Ratsuchende für ihr partnerschaftliches Miteinander an Sensibilität gewonnen haben, sind sie *auch* offen, über ihre Schwierigkeiten in der Erziehung zu sprechen. Sie stellen also nicht ein Kind vor, das auffällig ist, mit der Bitte dieses zu verändern, sondern sie sehen *ihren eigenen Anteil* an den Schwierigkeiten der Kinder. Ratsuchende drücken das dann so aus: „Wir spüren, dass wir in der Erziehung etwas falsch machen, wissen aber nicht, wie wir es richtig machen können!" Sie klagen z.B. über mangelnde Selbstständigkeit, fehlendes Regelverständnis im täglichen Umgang in der Familie, Kindergarten oder Schule. Durch die Beobachtungen während der Seminare stellt sich mir nicht selten die Frage, ob die Probleme lediglich als Erziehungsprobleme zu sehen sind oder ob diese Beobachtungen nicht eher dahin deuten, dass es sich um Probleme der Beziehungsgestaltung zwischen Eltern und Kinder handelt. An dieser Stelle bieten wir den Eltern als Ergänzung zur Partnerschule das verhaltenstherapeutische Elterntraining Triple P (Positive Parenting Program; *Sanders, M.* 1999; vgl. auch *Hahlweg* 2001; *Hahlweg* et al. 2001) an. Dass bei diesem Programm nicht das Wort *Educating* gewählt wurde, macht deutlich, dass es dabei um weit mehr geht, als „nur" um Erziehung. Statt mit Kindern zu schimpfen, beginnen Eltern, ihre Aufmerksamkeit darauf zu richten, was ihre Kinder alles richtig und gut machen und sie spezifisch dafür zu loben. Sie stellen gemeinsam Familienregeln auf und lernen, mit Problemverhalten angemessen umzugehen.

Meine Erfahrungen nach mehr als 15 Elternseminaren bestätigen die empirischen Untersuchungen: Fangen Eltern mit *Parenting* dem – wörtlich übersetzt – Beeltern an und übernehmen sie die Verantwortung für diese Rolle, indem sie eine liebevolle Beziehung zu ihren Kindern aufbauen und für sie berechenbar werden, ihren Kindern Klarheit und Sicherheit im familiären Alltag vermitteln, gelingt ihnen die Kindererziehung und es steigt ihre Zufriedenheit mit der Elternschaft.

Zusammenfassung

Die positiven Veränderungen in den Interaktionen der Eltern werden auf Seiten der Kinder sehr schnell mit Entspannung registriert. Um zusätzliche Impulse für die Beziehungsgestaltung zu den Kindern zu geben, wird parallel zur Partnerschule das Erziehungsprogramm Triple P angeboten.

16. Ehe- und Familienberatung als Gesellschaftsgestaltung

Jenseits der konkreten Unterstützung für den Einzelnen und das einzelne Paar, nimmt Ehe- und Familienberatung eine bedeutende sozialpolitische Funktion für die Gestaltung der Gesellschaft wahr. Denn sie beeinflusst in hohem Maße das WIE des jeweiligen Paares und damit die Beziehungsgestaltung in der gesamten Familie. Und dieses WIE, diese Beziehungsgestaltung prägt Gesellschaft, denn Ehe und Familie sind die „Keimzelle des Staates". So führen etwa die Familienrichter aus NRW in einer Erklärung vom 18.11.2004 den drastischen Anstieg der Kinder- und Jugendlichenkriminalität auf die „schwere Schädigung" des Bedürfnisses nach einer sicheren Bindung vieler Kinder durch die Veränderung des familiären Umfelds durch Trennung und Scheidung zum einen und zum anderen durch die mangelnde Erziehungskompetenz vieler Eltern zurück (*Richterbund* NRW 2004).

Ratsuchende sind in einer hilflosen Situation, die von Verzweiflung, nicht selten von Panik und Perspektivlosigkeit gekennzeichnet ist. In dieser Situation ist ihr Bindungsverhalten in hohem Maße aktiviert, das heißt, sie vertrauen sich jemandem an, der in dieser Situation in ihren Augen „stärker und klüger" ist als sie selbst. Deshalb sind sie außerordentlich bereit und offen, Hinweise und Empfehlungen der Beraterin anzunehmen.

Wenn also, wie oben angedeutet, Beratung viel umfassendere Konsequenzen hat, als „lediglich" das jeweilige persönliche Schicksal, dann hat die Frage, in welche Richtung eine Beeinflussung dieser Bindungssituation gehen könnte und sollte, große Bedeutung. Wichtige Impulse für die Beantwortung dieser Frage bietet ein Briefwechsel zwischen *Albert Einstein* und *Sigmund Freud* aus dem Jahr 1932.

Im Rahmen dieses Austauschs fragt *Einstein* – eine Frage, die „beim gegenwärtigen Stand der Dinge für ihn als die wichtigste der Zivilisation erscheint": „Gibt es einen Weg, die Menschen von dem Verhängnis des Krieges zu befreien?" Und er vermutet einen *pädagogischen Weg,* der in die Richtung der Kriegsvermeidung weisen könnte: „Was mich selber betrifft, so liefert mir die gewohnte Richtung meines Denkens keinen Einblick in die Tiefen des menschlichen Wollens und Fühlens, so dass ich bei dem hier versuchten Meinungsaustausch nicht viel mehr tun kann als versuchen, die Fragestellung herauszuarbeiten und durch Vorwegnahme der mehr äußerlichen Lösungsversuche ihnen Gelegenheit zu geben, die Frage vom Standpunkt ihrer vertieften Kenntnis des menschlichen Trieblebens aus zu beleuchten. Ich vertraue darauf, dass

Sie auf Wege der Erziehung werden hinweisen können, die auf einem gewissermaßen unpolitischen Wege psychologische Hindernisse zu beseitigen imstande sind, welche der psychologisch Ungeübte wohl ahnt, ihre Zusammenhänge und Wandelbarkeit er aber nicht zu urteilen vermag."

Nicht direkt darauf eingehend weist *Freud* auf die Bedeutung von Gefühlsbindungen unter Menschen zur Kriegsvermeidung hin: „Von unserer Trieblehre her finden wir leicht eine Formel für die indirekten Wege zur Bekämpfung des Krieges. Wenn die Bereitwilligkeit zum Krieg ein Ausfluss des Destruktionstriebes ist, so liegt es nahe, gegen sie den Gegenspieler dieses Triebes, den Eros, anzurufen. Alles, was Gefühlsbindungen unter Menschen herstellt, muss dem Krieg entgegen wirken. Diese Bindungen können von zweierlei Art sein. Erstens Beziehungen wie zu einem Liebesobjekt, wenn auch ohne sexuelle Ziele. Die Psychoanalyse braucht sich nicht zu schämen, wenn sie von Liebe spricht, denn die Religion sagt dasselbe: Liebe deinen Nächsten wie dich selbst. Die andere Art von Gefühlsbindung ist die durch Identifizierung. Alles, was bedeutsame Gemeinsamkeiten unter den Menschen herstellt, ruft solche Gemeingefühle, Identifizierungen, hervor. Auf ihnen ruht zum guten Teil der Aufbau der menschlichen Gesellschaft." (Zitat aus: *Die Presse*/Spektrum. Wien 9.4.2005)

Bezogen auf die Partnerschule geht es ja genau darum, wie *Einstein* vermutet, „Wege der Erziehung" zu finden. Mit diesen neu gelernten Verhaltensweisen machen Ratsuchende dann die von *Freud* beschriebenen Erfahrungen. Sehr schnell fühlen sie sich angenommen und aufgehoben durch die intensiven Gefühlsbindungen, die sich zwischen ihnen entwickeln. Als Folge daraus vereinbaren sie nach den Seminaren, sich wieder zu sehen.

Ich bin immer wieder erstaunt und erfreut, wenn ich so „nebenbei" in Beratungsgesprächen höre, wer mit wem zusammen Silvester feiert, welche Familien sich zu Kindergeburtstagen einladen und wer alles miteinander informellen Kontakt hält, um sich gegenseitig selbst zu „beraten" – oder anders ausgedrückt, neue Freunde gefunden hat. Klienten berichten davon, dass sich diese Beziehungen durch ein nicht gekanntes Maß an Offenheit, Vertrautheit und tätiger Solidarität deutlich von ihren anderen Kontakten unterscheiden.

Die Partnerschule trägt somit zum Auf- und Ausbau tragfähiger sozialer Netze bei, die die Möglichkeit bieten, das, was in der Beratung z.B. an Problemlöse- und kommunikativen Kompetenzen erarbeitet wurde, im Alltag „auszuprobieren" und einzuüben.

Das Bedürfnis der Klienten, das erfahrene Miteinander und die Solidarität in ihren Alltag zu transportieren, spiegelt sich auch darin wider, dass im Mai 2000 ehemalige Ratsuchende den gemeinnützigen Förderverein „Netzwerk Partnerschule e.V." gegründet haben. Mittlerweile gehören mehr als 200 ehemalige und noch aktiv Ratsuchende diesem Netzwerk an.

Einerseits wollen die Initiatoren mit diesem Förderverein finanzielle Mittel zur Verfügung stellen, so dass z.B. auch Paare und Familien mit nur eingeschränkten finanziellen Möglichkeiten an paartherapeutischen Seminaren teilnehmen können. Andererseits verfolgen die Gründungsmitglieder das Ziel, mit dem Netzwerk einen Rahmen für gegenseitigen Kontakt und Unterstützung zu schaffen: Durch die beraterische Arbeit in Gruppen haben sie vermutlich festgestellt, dass jeder von ihnen kompetent in Fragen von Liebe, Partnerschaft, Ehe, Kindererziehung etc. ist, nur jeder eben anders und einmalig. Sie haben erfahren, dass, wenn diese Fähigkeiten und Potentiale zusammenkommen und sich ergänzen, das Ergebnis für alle Beteiligten gewinnbringend sein kann. Sicherlich ist dieses Motiv nicht ausschließlich altruistisch zu bewerten, denn durch das aufgebrachte Engagement profitiert auch jeder Einzelne. So verbinden sich Eigennutz und Gemeinwohlorientierung, die zwar häufig als Gegensätze verstanden werden, aber letztlich den Kern jeder Nachbarschaftshilfe und christlicher Gemeindebildung ausmachen. Gesellschaftspolitisch ist die Verknüpfung dieser beiden Haltungen zentrale Quelle dessen, was wir heute bürgerschaftliches Engagement nennen. Alle Beteiligten schöpfen so Mut für ihr Leben, für die Gestaltung und Bewältigung ihres Alltags und machen quasi „Empowerment"-Erfahrungen.

Im Rahmen eines Projektes des Deutschen Arbeitskreises für Jugend-, Ehe- und Familienberatung (DAKJEF) zur Gewaltprävention, der „Bestandsaufnahme von Modellen der Erziehungs- und Familienberatung zur Förderung einer gewaltfreien Erziehung" wurde die Partnerschule als vorbildlich ausgewählt (*Sanders* 2001). Das Netzwerk Partnerschule wurde ebenfalls als Modell für ehrenamtliches Engagement im kirchlichen Gemeinwesen vorgestellt (*Hunstig, Bogner* & *Eberts* 2004).

Ratsuchende sind ein großer Schatz für unsere Gesellschaft! Sie spüren die Gefahren der Individualisierung. Diese hat zwar dem Einzelnen die Möglichkeiten zu Autonomie, Emanzipation und Freiheit im weitesten Sinne gebracht. Kritiker dieser Individualisierung verweisen aber auf den „Preis der Zivilisation" (*Kuzmics* 1989), die „Pathologie der Moderne" (*Kneer* 1990) und die „Risikogesellschaft" (*Beck* 1986).

Die Individualisierung hat ihre Genese nach *Elias* in einer Wandlung der „Ich-Wir-Balance" (1987), als deren Ergebnis Menschen nun als „Wir-lose Ichs" (a.a.O. S. 273) leben. Lag früher die Balance, insbesondere in den sog. Stammes- und Standesgesellschaften, vor allem auf der „Wir-Identität", so verlagerte sie sich seit der Renaissance immer mehr zur „Ich-Identität". Seit für den Einzelnen Familie und Sippe nicht mehr die Überlebenseinheit bilden, kann er sich dem Wir „ohne Einbuße von physischen oder sozialen Überlebenschancen" entziehen (*Elias*, S. 271). – Dieser Prozess der Balanceverlagerung kann aber nach *Elias* nicht als linear und „fortschrittlich" interpretiert werden. Er führt zu einem „Grundkonflikt des Wir-losen Ichs: ein Verlangen nach Gefühlswärme, nach affektiver Bejahung anderer Personen und durch andere Personen gepaart mit dem Unvermögen, spontane Gefühlswärme überhaupt zu geben" (*Elias*, S. 273).

Ratsuchende weisen uns Beraterinnen wie Seismographen auf diese Fehlentwicklung hin, wenn sie von uns in der Ehe- und Familienberatung zu 89 Prozent wünschen, dass wir ihnen bei der Suche nach Freunden helfen sollen. Aber sie wollen auch *ihren*

Teil dazu beitragen, denn sie sind zu 61 Prozent bereit, sich in Selbsthilfegruppen zu engagieren (*Saßmann* & *Klann* 2002). Durch ihren Mut, um Hilfe in ihren Beziehungsproblemen bei uns Beraterinnen nachzusuchen, zeigen sie uns gleichzeitig, wo uns als Gesellschaft Gefahren drohen und in welche Richtung sich unser Miteinander zu mehr Solidarität und Gemeinschaftsgeist hin entwickeln kann. Damit wird ein Weg zu mehr Frieden, wie ihn *Freud* als Ergebnis intensiver Gefühlsbindungen empfahl, gangbar.

Unter pastoralen Gesichtspunkten – die meisten Ehe- und Familienberatungsstellen sind in kirchlicher Trägerschaft! – können solche Erlebnisse Menschen heute wichtige Glaubenserfahrungen ermöglichen. Sie spüren und entdecken für sich vielleicht ganz neu, dass zum Heil und zum Heilwerden der Einzelne auf die Gemeinschaft der Glaubenden (Kirche) angewiesen ist. So schrieb uns ein Teilnehmer nach dem Kibbuz in einem Brief:

> „Die Ermutigung, die ich durch die Gruppe erfahren habe, zu mir selbst, zu meinen Grenzen und Schwächen zu stehen, hat mir neue Freude am Leben geschenkt. Und das, was ich bei mir selbst entdeckt habe, habe ich bei allen Teilnehmern in ähnlicher Weise erlebt. Annahme meiner selbst, Übernahme von Verantwortung für mein eigenes Leben, Ermutigung, Zuspruch und wohlwollende Zuwendung bewirken Heilung, lassen Heil erfahren. Wenn es Zeichen des Reiches Gottes auf dieser Erde gibt, dann habe ich sie hier, in dieser Zeit, in dieser Gruppe ganz intensiv erfahren."

Zusammenfassung

Durch die Erfahrung von gelebter Gemeinschaft und Solidarität entwickeln Ratsuchende in den Gruppen der Partnerschule intensive Gefühlsbindungen untereinander. Diese sind nach *Sigmund Freud* ein wichtiger Weg zum Frieden. So hat die Arbeit mit Paaren über den je individuellen Aspekt hinaus auch einen nicht zu unterschätzenden gesellschaftspolitischen Wert.

III. Evaluation

17. Evaluation
*von Christine Kröger**

17.1 Zur Notwendigkeit evaluativer Begleitforschung im Arbeitsbereich der Ehe- und Paarberatung

Bislang ist es eher die Ausnahme als die Regel, dass die Arbeitsweisen in der Ehe- und Paarberatung so transparent beschrieben und hinsichtlich ihrer spezifischen Wirksamkeit untersucht werden, wie es bei der Partnerschule (vgl. auch *Kröger* & *Sanders* 2002, 2005; *Sanders* 1997, 2000) oder – um ein anderes Beispiel zu nennen – dem KOMKOM (KOMmunikationsKOMpetenz-Training; *Engl* & *Thurmaier* 2002, 2003, 2004, 2005) der Fall ist.

Obwohl der Ehe- und Paarberatung eine ganz zentrale Rolle in der psychosozialen Versorgung zukommt, hat die systematische und wissenschaftlich fundierte Evaluation in diesem Arbeitsbereich noch keine lange Tradition. Möglicherweise verleitet die steigende Nachfrage nach professioneller Unterstützung bei Partnerschaftsproblemen bisweilen zu der Annahme, dass eine umfassende Wirksamkeitsforschung nicht erforderlich sei, da ja die seit einigen Jahrzehnten stetig zunehmenden Klientenzahlen für sich sprechen.

Die dringende Notwendigkeit zu einer regelmäßigen Evaluation ergibt sich aber aus mehreren entscheidenden Gründen (*Baumann* & *Reinecker-Hecht* 1991): Erstens natürlich aus ethischen Gesichtspunkten, die aus der Verantwortung gegenüber den ratsuchenden Menschen resultieren. Zweitens ist es auch vor dem Hintergrund von Kosten-Nutzen-Überlegungen, die gerade in Zeiten knapper werdender finanzieller Ressourcen immer virulenter werden (vgl. auch *Engl*, *Keil-Ochsner* & *Thurmaier* 2004), dringend geboten, Ehe- und Paarberatung zu evaluieren. Nur mit entsprechenden Evaluations- bzw. Kosten-Nutzen-Studien können wir nachweisen, dass Ehe-, Familien- und Lebensberatung kein kostspieliger Luxus, sondern eine sinnvolle Investition

* Diplom-Psychologin, Promotion zum Thema „Praxisbegleitende Forschung in der Institutionellen Ehe- und Partnerschaftsberatung"; Mitglied im Wissenschaftlichen Beirat und in der Redaktion der Fachzeitschrift *Beratung Aktuell* (Junfermann Verlag). Forschungsschwerpunkte: Evaluation von Ehe-, Familien- und Lebensberatung, Qualitätssicherung in der Beratung, Prävention und Diagnostik von Beziehungs- und Interaktionsstörungen bei Paaren.
Kontaktadresse: Dr. Christine Kröger, Maxstraße 19a, 13347 Berlin. eMail: chrkroeger@web.de

ist. *Wilbertz* (2003) hat beispielsweise aufgezeigt, dass auf kommunaler Ebene immense Kosten gespart werden können (vor allem Scheidungsfolgekosten), wenn es im Rahmen von Beratung gelingt, eine Paarbeziehung wieder zu stabilisieren: Schließlich sind Trennung und Scheidung (neben Arbeitslosigkeit) eine der Hauptursachen für den Bezug von Sozialhilfe. Drittens verbindet sich mit Evaluationsstudien oftmals auch ein wissenschaftlicher Erkenntnisgewinn bzw. zumindest ein solches Interesse. Da bislang kaum Studien zur Wirksamkeit von Hilfen für Paare unter realen Praxisbedingungen vorliegen (sogenannte „effectiveness"-Studien, vgl. *Heekerens* 2000; *Shadish* & *Baldwin* 2003), besteht im Bereich der Ehe- und Paarberatung entsprechender Forschungsbedarf.

Darüber hinaus sei betont (vgl. auch Kap. 8.3 und 8.4), dass es den ratsuchenden Paaren natürlich Orientierung und Kontrolle vermittelt, wenn zu Beginn des Beratungsprozesses darauf hingewiesen wird, dass das Vorgehen in Bezug auf seine Wirksamkeit wissenschaftlich überprüft ist. Gleichzeitig wird Hoffnung induziert, wenn die Beraterin erläutert, dass die entsprechenden Untersuchungen z.B. ergeben haben, dass sich in der Regel die allgemeine Zufriedenheit mit der Partnerschaft, die emotionale Intimität und die partnerschaftlichen Problemlösekompetenzen deutlich zum Positiven verändern werden. Die bisherigen Evaluationsergebnisse erlauben auch die zuversichtliche und Mut machende Prognose, dass sowohl depressive Verstimmungen als auch Allgemeinbeschwerden (wie Rückenschmerzen, Schlaflosigkeit oder innere Unruhe) durch die Beratung in bedeutendem Ausmaß reduziert bzw. abgebaut werden.

17.2 Retro- und prospektive Ansätze in der Evaluation von Ehe- und Paarberatung

Mit seiner retrospektiven Erhebung an 100 ehemaligen Klienten gelang *Vennen* (1992) der Beginn der systematischen Evaluation von Ehe- und Partnerschaftsberatung im deutschsprachigen Raum. Wenngleich im Rahmen dieser Untersuchung erste wichtige Befunde gewonnen werden konnten, so bleibt doch der retrospektive Zugang mit nur einem Messzeitpunkt zu kritisieren. Vor allem aufgrund der Tatsache, dass in der Vennen-Studie die Beratung der befragten ehemaligen Klienten bis zu sechs Jahre zurücklag, ist fraglich, inwieweit solche rückblickenden Erinnerungen noch eine valide Grundlage zur Beurteilung der Wirksamkeit von Eheberatung bieten können. Mittlerweile liegen aus dem Arbeitsbereich der Ehe- und Paarberatung in katholischer Trägerschaft zwar einige qualitativ sehr gute retrospektiv-katamnestische Studien vor (z.B. *Esser* et al. 1999; *Vogt* 1999; *Wilbertz* 2000), dennoch erscheint es im Sinne von Qualitätssicherung notwendig, diese durch differenziertere Befunde prospektiv angelegter Untersuchungen zu ergänzen.

Das Projekt der Beratungsbegleitenden Forschung, das Anfang der 90er Jahre von *Klann* und *Hahlweg* (1994a, 1995) initiiert wurde (vgl. auch Kap. 4 und 13.3), kann ohne Übertreibung als Meilenstein auf dem Weg zu einer wissenschaftlich fundierten und kontinuierlichen Ergebnisqualitätssicherung bezeichnet werden. Es handelt sich um das erste und einzige Projekt in Deutschland, das einen *prospektiven* Zugang mit einer Fragebogenerhebung bei den Klienten zu Beginn der Beratung (Prä), zu Beratungsende (Post) und einer Follow-up-Erhebung (FU; sechs Monate nach Abschluss der Beratung) realisiert. Die eingesetzten Erhebungsinstrumente erlauben es, sowohl Art und Schwere der partnerschaftlichen und individuellen Belastungen der Klienten zu Beratungsbeginn einzuschätzen als auch entsprechende Veränderungen durch die Beratung abzubilden. Die wesentlichen Elemente dieser diagnostischen Batterie sind in Kapitel 13.3 beschrieben.

Um den Einstieg in eine fortlaufende Ergebnisqualitätssicherung unter Alltagsbedingungen zu ermöglichen, wird interessierten Beratungsstellen die Fragebogenbatterie und ein Computerprogramm, das die PC-gestützte Datenerfassung und -auswertung ermöglicht, zum Selbstkostenpreis zur Verfügung gestellt (siehe Kap. 13.3). Somit besteht eine zentrale Chance der Beratungsbegleitenden Forschung darin, dass sie eine umfassende, routinemäßige Evaluation ermöglicht und gleichzeitig den Organisations- und Arbeitsaufwand für die einzelne Beraterin vergleichsweise gering hält. Mittlerweile liegen eine Reihe von Arbeiten vor, die auf dem forschungsmethodischen Zugang der Beratungsbegleitenden Forschung basieren (z.B. *Klann* 2002; *Kröger*, *Hahlweg* & *Klann* 2004; *Kröger*, *Wilbertz* & *Klann* 2003; *Vogt* 2004); auch die Arbeiten zur Effektivität des KOMKOM beziehen sich teilweise auf diese Vorgehensweise (vgl. z.B. *Engl* & *Thurmaier* 2004, 2005).

Da die Katholische Ehe-, Familien- und Lebensberatungsstelle Hagen-Iserlohn-Menden die Fragebogenbatterie und das Computerprogramm ebenfalls routinemäßig einsetzt, können an dieser Stelle entsprechende Ergebnisse zur Wirksamkeit der Partnerschule präsentiert werden.

17.3 Wie wirksam ist die Partnerschule?

Im Folgenden werden die Resultate bisheriger Studien zur Effektivität und Effizienz der Partnerschule zusammenfassend dargestellt (*Kröger* & *Sanders* 2002, 2005; *Sanders* 1997). Bereichert wird dieses Resümee vorangegangener Veröffentlichungen durch aktuelle Auswertungen zu verschiedenen Aspekten der Lebenszufriedenheit von Klienten, die nach der Vorgehensweise der Partnerschule beraten wurden. Die Befunde zur Lebenszufriedenheit werden an dieser Stelle erstmals publiziert und demzufolge etwas detaillierter dargestellt.

Da bisweilen kritisch darauf verwiesen wird, der Ansatz der Beratungsbegleitenden Forschung würde sich stark an einem „Krank-Gesund-Schematismus" ausrichten (z.B. *Schrödter* 2004, 819), wurde das diagnostische Instrumentarium 1998 um das Modul „Allgemeine Lebenszufriedenheit" des „Fragebogens zur Lebenszufriedenheit" (FLZ-A; *Henrich* & *Herschbach* 2000) erweitert. Auf diesem Weg wurde die bis dahin eher problem- und symptomorientierte diagnostische Batterie um eine globalere Perspektive auf die Lebenssituation der Klienten ergänzt. Wie in Kapitel 13.3 bereits erläutert, ist das Ziel der FLZ die Erfassung der allgemeinen subjektiven Lebensqualität bzw. -zufriedenheit. Das Modul FLZ-A umfasst insgesamt acht Items zu relevanten Lebensbereichen (wie z.B. „Freunde/Bekannte", „Gesundheit", aber auch „Partnerschaft/Sexualität"), die vom Klienten einerseits nach subjektiver Wichtigkeit und andererseits nach subjektiver Zufriedenheit beurteilt werden. Für die Auswertung kann für jeden der acht Lebensbereiche ein gewichteter Zufriedenheitsscore ermittelt werden, der die Werte für „wichtig" und „zufrieden" mathematisch miteinander in Bezug setzt. Inhaltlich betrachtet berücksichtigen die gewichteten Werte, dass einer hohen Zufriedenheit in Bereichen, die als für das eigene Wohlbefinden nicht wichtig erlebt werden, subjektiv eine ganz andere Bedeutung zukommt, als hoher Zufriedenheit in Bereichen, die als extrem wichtig eingestuft werden. Werden die gewichteten Zufriedenheitswerte aufsummiert, ergibt sich ein Maß für die globale Lebenszufriedenheit. Da für das Modul FLZ-A Normwerte aus einer repräsentativen Bevölkerungsstichprobe vorliegen (N = 2562; *Henrich* & *Herschbach* 2000), können entsprechende Vergleiche mit Klientenstichproben realisiert werden.

Welche Belastungen weisen die Teilnehmer der Partnerschule zu Beratungsbeginn auf?

Auf der Grundlage der bisherigen Evaluationsstudien zur Partnerschule (*Kröger* & *Sanders* 2002, 2005; *Sanders* 1997) lassen sich die partnerschaftlichen Problemfelder der Ratsuchenden folgendermaßen charakterisieren:

Rund sieben bis acht Bereiche des Zusammenlebens aus der Problemliste (PL, vgl. Kap. 13.3) führen zu häufigen nicht mehr lösbaren Konflikten. Dabei kommt insbesondere solchen Problembereichen ein hohes Konfliktpotential zu, die direkt die emotional-affektive Qualität einer Partnerschaft repräsentieren, wie z.B. Zuwendung des Partners oder Kommunikation/gemeinsame Gespräche. Im Fragebogen zur Einschätzung von Partnerschaft und Familie (EPF, vgl. Kap. 13.3) zeigen sich überdurchschnittlich starke Belastungen in der globalen Partnerschaftszufriedenheit, den Problemlösungskompetenzen und der gemeinsamen Freizeitgestaltung. Eine ausgeprägte Unzufriedenheit mit der Sexualität erleben in der Regel ausschließlich die männlichen Ratsuchenden, während allein die Frauen im Bereich der affektiven Kommunikation und der Kindererziehung starke Belastungen äußern.

Für die eher individuelle Belastungssymptomatik ist kennzeichnend, dass knapp 40 Prozent der Frauen und gut 20 Prozent der Männer unter ernsthaften, d.h. klinisch relevanten depressiven Verstimmungen leiden. Klinische Beeinträchtigungen durch Allgemeinbeschwerden (wie z.B. innere Unruhe, Reizbarkeit, Mattigkeit oder Rückenschmerzen) weisen rund 50 Prozent der Frauen und gut 30 Prozent der Männer auf.

Insgesamt dokumentieren diese Ergebnisse den hohen Leidensdruck der Klienten, die mit dem Angebot der Partnerschule erreicht werden. Außerdem wird deutlich, dass deren Beeinträchtigungen recht exakt mit der typischen Belastungskonstellation von Klienten in der Ehe- und Paarberatung übereinstimmen (vgl. *Klann* 2002; *Klann* & *Hahlweg* 1987, 1994a, 1994b; *Kröger* et al. 2003; *Saßmann* & *Klann* 2002, 2004).

Schließlich interessieren noch die Angaben zur Lebenszufriedenheit. Da die FLZ nachträglich in das Fragebogeninventar der Beratungsbegleitenden Forschung aufgenommen wurden (siehe oben), liegen bislang ausschließlich von 44 Paaren, die nach der Vorgehensweisen der Partnerschule beraten wurden, entsprechende Daten vor.

Zunächst werden die Antworten zur subjektiven Bedeutung der einzelnen Lebensbereiche für das Wohlbefinden betrachtet (vgl. Tabelle 17.3-1). In Übereinstimmung zu den Ergebnissen von anderen umfangreichen Befragungen (zusammenfassend bei *Hahlweg* & *Bodenmann* 2003, vgl. auch Kap. 4) zeigt sich, dass Familie und Partnerschaft die bedeutendste Rolle für das persönliche Befinden und die Lebensqualität spielen und sogar wichtiger beurteilt werden als die Gesundheit oder die berufliche und finanzielle Lebenssituation. Geschlechtsspezifische Unterschiede in der subjektiven Bedeutsamkeit einzelner Lebensbereiche ergeben sich für die berufliche Situation, die von den männlichen Klienten als wichtiger eingestuft wird sowie für das Familienleben und Freundschaften/Bekannte, die jeweils für Frauen einen höheren Stellenwert haben. Im Großen und Ganzen setzen Männer und Frauen jedoch sehr ähnliche Prioritäten.

Tabelle 17.3-1

Anteil an Ratsuchenden (N = 44 Paare), die die einzelnen Lebensbereiche des FLZ zu Beginn der Beratung als „sehr wichtig“ oder „extrem wichtig“ einschätzen sowie Prüfung auf Geschlechterunterschiede

	Gesamt	Frauen	Männer	Geschlechterunterschiede	
				χ^2	p
1. Familienleben/Kinder	86%	94%	78%	5,14	*
2. Partnerschaft/Sexualität	86%	82%	90%	1,43	ns.
3. Gesundheit	75%	78%	72%	0,40	ns.
4. Beruf/Arbeit	62%	47%	76%	8,84	**
5. Wohnsituation	56%	55%	56%	0,01	ns.
6. Einkommen/finanz. Sicherheit	51%	53%	48%	0,25	ns.
7. Freunde/Bekannte	49%	61%	36%	6,30	*
8. Freizeitgestaltung/Hobbys	47%	45%	49%	0,16	ns.

Anmerkungen. ns. = nicht signifikant, * = $p \leq .05$, ** = $p \leq .01$.

Insgesamt stützt dieses Antwortmuster eindeutig die Überlegung, dass Ratsuchende beiderlei Geschlechts eine gute und zufriedenstellende Paarbeziehung leben *wollen*, dass sie verstehen und lernen *wollen*, wie ein partnerschaftliches Miteinander funktionieren kann, dass sie langfristig als Paar zusammenbleiben *wollen*, dass sie ihre Potenziale entfalten *wollen* und dass sie ihre Kinder kompetent und liebevoll erziehen *wollen* (vgl. *Sanders* 2005). Somit ist es mehr als naheliegend, das Aufsuchen einer Beratungsstelle – und gesamtgesellschaftlich betrachtet wohl auch die steigenden Scheidungszahlen insgesamt – tatsächlich als Ausdruck fehlender Kompetenzen und Handlungsmuster, um genau diese Bedürfnisse und Wünsche realisieren zu können, aufzufassen (vgl. Kap. 12).

In Übereinstimmung hierzu wird deutlich, dass die Klienten in ihrer Lebenszufriedenheit deutlich beeinträchtigt sind. Entsprechende Vergleiche zwischen den gewichteten Zufriedenheitswerten der 44 Klientenpaare und der Normstichprobe zeigen, dass die Ratsuchenden in den Lebensbereichen

- Freunde/Bekannte ($z_{emp} = -4{,}22$, $p \leq .001$)
- Freizeitgestaltung/Hobbys ($z_{emp} = -4{,}22$, $p \leq .001$)
- Gesundheit ($z_{emp} = -2{,}34$, $p \leq .01$)
- Familienleben/Kinder ($z_{emp} = -4{,}49$, $p \leq .001$) und
- Partnerschaft/Sexualität ($z_{emp} = -7{,}09$, $p \leq .001$)

signifikant unzufriedener sind als der Bevölkerungsdurchschnitt. Die mit Abstand größte Differenz in der Zufriedenheit zeigt sich erwartungsgemäß für den Bereich Partnerschaft/Sexualität (vgl. auch Abb. 17.3-1). Darüber hinaus ergibt sich auch für den FLZ-Summenwert – ein Maß für die allgemeine Lebenszufriedenheit – ein bedeutsamer Unterschied zur Normstichprobe (z_{emp} = -4,78, $p \leq .001$).

Zusammengenommen bestätigen diese Ergebnisse die Befunde anderer Untersuchungen, in denen Klienten von Ehe-, Familien- und Lebensberatungsstellen zu ihrer Lebenszufriedenheit befragt wurden (*Saßmann* & *Klann* 2002).

Gravierende Beziehungsprobleme und anhaltende Unzufriedenheit mit der Partnerschaft gehen demzufolge mit einer sichtlich verringerten globalen Lebenszufriedenheit einher – dies gilt auch für Klienten, die an der Partnerschule teilnehmen.

Welche Veränderungen werden durch die Partnerschule erreicht?

Entsprechende Mittelwertsvergleiche (vgl. *Kröger* & *Sanders* 2005) belegen, dass sich die Problembelastung der Paare durch die Teilnahme an der Partnerschule bedeutsam reduziert: Sowohl die Männer als auch die Frauen geben zu Beratungsende durchschnittlich rund drei Konfliktbereiche weniger an als zu Beratungsbeginn. Außerdem bewirkt die Partnerschule im Prä-Post-Zeitraum signifikante Verbesserungen der globalen Partnerschaftszufriedenheit, der affektiven Kommunikation, der Problemlösefertigkeiten, der Freizeitgestaltung und der sexuellen Zufriedenheit.

Auch die eher individuelle Belastungssymptomatik (depressive Verstimmungen und körperliche Beschwerden) bessert sich in einem statistisch bedeutsamen Ausmaß (vgl. *Kröger* & *Sanders* 2002, 2005). Der Anteil an weiblichen und männlichen Klienten mit klinisch relevanten depressiven Verstimmungen verringert sich von anfänglich 40 Prozent (Frauen) bzw. 20 Prozent (Männer) auf rund 15 Prozent. Die Rate an Klienten mit klinisch auffälligen körperlichen Allgemeinbeschwerden vermindert sich für beide Geschlechter auf rund 25 Prozent.

Eine zusammenfassende quantitative Einschätzung der Effektivität der Partnerschule ist durch die Berechnung von Effektstärken möglich, denn diese sind als Maß für die Größe eines Behandlungseffekts zu verstehen. Zudem bieten Effektstärken den Vorteil, dass die Ergebnisse in ein standardisiertes Maß überführt werden; dadurch können die Befunde verschiedener Evaluationsstudien direkt miteinander verglichen werden. Nach *Cohen* (1988) gelten Effekte unter .40 als klein, zwischen .40 und .80 als mittel und über .80 als groß.

Im Rahmen unserer aktuellen Untersuchung zur Wirksamkeit der Partnerschule (*Kröger* & *Sanders* 2005) zeigen sich für die Frauen hinsichtlich der Problembelastung in der Beziehung, der globalen Partnerschaftszufriedenheit, der Problemlösekompetenzen, der Freizeitgestaltung mit dem Partner sowie der Verminderung körperlicher Beschwerden Prä-Post-Effekte mittlerer Höhe ($.41 \leq ES \leq .65$). Besonders bemerkenswert ist, dass für den Abbau depressiver Verstimmungen bei den weiblichen Klienten eine hohe Effektstärke (ES = .89) zu verzeichnen ist. Obwohl bekannt ist, dass vor allem verhaltenstherapeutische Ehetherapie ein erfolgreicher Weg in der Behandlung von Depressionen ist (vgl. z.B. *Beach, Fincham* & *Katz* 1998), belegt dieses Ergebnis eindrucksvoll das Wirkpotential der Partnerschule. Für die männlichen Klienten ergeben sich für die Problemliste (also für die Problembelastung) sowie für die Allgemeine Depressionsskala Effektstärken mittlerer Höhe, die übrigen Prä-Post-Beratungseffekte liegen bei den Männern durchweg im niedrigen Bereich.

Insgesamt entsprechen die durch die Partnerschule erzielten Beratungseffekte im Zeitraum von Beratungsbeginn bis -ende den Effekten, die bislang für Eheberatung im Allgemeinen ermittelt werden konnten (vgl. *Klann* & *Hahlweg* 1994a; *Klann* 2002; *Kröger* et al. 2003).

Während des halbjährigen Katamnesezeitraums ergeben sich allerdings besondere Verbesserungen im Erleben der Partnerschaft, die in ihrem Ausmaß die bisherigen Befunde zur Wirksamkeit von Eheberatung übersteigen. Beispielsweise zeigt sich zur FU-Erhebung für beide Geschlechter eine hohe Effektstärke für die allgemeine Zufriedenheit mit der Partnerschaft ($ES_{Frauen} = 1.00$, $ES_{Männer} = .81$). Außerdem erleben vor allem die Männer während des Katamnesezeitraums einen deutlichen Zugewinn an Zufriedenheit mit dem affektiven Austausch sowie mit den partnerschaftlichen Problemlösekompetenzen (vgl. *Kröger* & *Sanders* 2002, 2005).

Somit regt die Partnerschule Veränderungen an, die sich teilweise erst nach Abschluss der Beratung in vollem Umfang entfalten. Selbstverständlich darf dieser Befund zur spezifischen Wirkungsweise der Partnerschule nur mit angemessener Vorsicht interpretiert werden, da jeweils nur von einem Teil der Klienten Katamnesedaten erhoben werden konnten (*Kröger* & *Sanders* 2002, 2005). Dennoch ist plausibel, dass diese besonderen Zugewinne im FU-Zeitraum vor allem auf zwei Einflussgrößen zurückzuführen sind: Zum einen handelt es sich bei der Partnerschule um einen Ansatz mit einem vergleichsweise hohen Stundenumfang; zum anderen spielen vermutlich die besonderen Wirkbedingungen im Gruppensetting (siehe *Fiedler* 1996) eine wichtige Rolle.

Bevor dies ausführlicher erläutert wird (vgl. Kap. 17.4), sollen abschließend noch die Auswirkungen der Partnerschule auf die Lebenszufriedenheit der teilnehmenden Paare dargestellt werden. Leider liegen in diesem Zusammenhang noch nicht genügend Katamnesedaten vor, so dass hier ausschließlich die Beratungseffekte im Prä-Post-Zeitraum betrachtet werden.

In Abbildung 17.3-1 sind die Veränderungen der gewichteten Zufriedenheitswerte über den Prä-Post-Zeitraum (d.h. von Beratungsbeginn bis -ende) graphisch dargestellt; zur Orientierung wurden auch die Normwerte der repräsentativen Bevölkerungsstichprobe in die Darstellung aufgenommen.

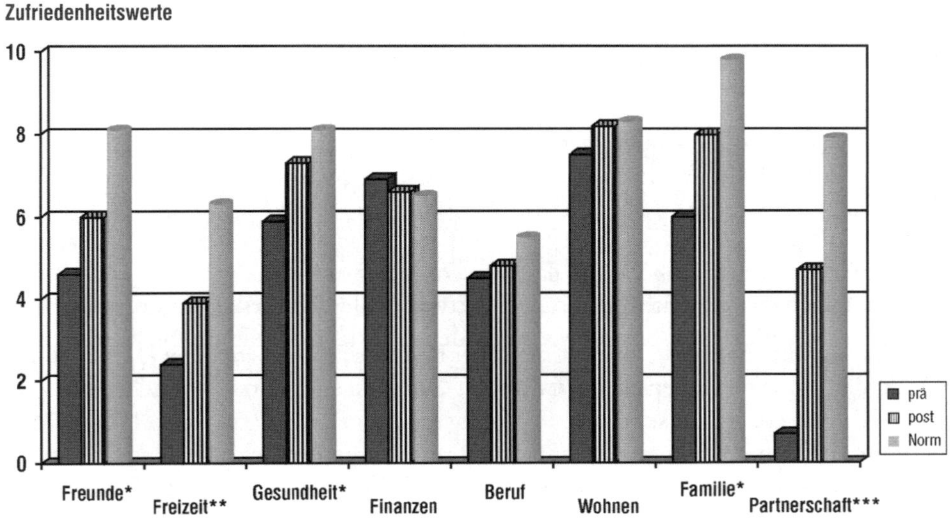

* p ≤ .05; ** p ≤ .01; *** p ≤ .001

Abbildung 17.3-1: Vergleich der gewichteten Zufriedenheitswerte (Paarmittelwerte) zu Beratungsbeginn (Prä) und -ende (Post) für 44 Paare, die an der Partnerschule teilgenommen haben; die grauen Säulen visualisieren die Zufriedenheitsscores der Normstichprobe (vgl. *Henrich* & *Herschbach* 2000)

Um zu prüfen, ob die Partnerschule signifikante Veränderungen hinsichtlich der Lebenszufriedenheit der teilnehmenden Paare anregt, wurden für die Paarmittelwerte der gewichteten Zufriedenheitsscores Prä-Post-Vergleiche mittels t-Tests für abhängige Stichproben berechnet.

Im Einzelnen zeigen sich für die Lebensbereiche
- Freunde/Bekannte (t(43) = -2,19, p ≤ .05),
- Freizeitgestaltung/Hobbys (t(43) = -2,70, p ≤ .01),
- Gesundheit (t(43) = -2,05, p ≤ .05),
- Familienleben/Kinder (t(43) = -2,37, p ≤ .05) und
- Partnerschaft/Sexualität (t(43) = -3,43, p ≤ .001)

statistisch bedeutsame Zugewinne an Zufriedenheit, wobei die Veränderung in der Partnerschaft und Sexualität am größten ausfällt (siehe Abbildung 17.3-1). Somit erzielt die Partnerschule in all den Lebensbereichen, in denen die Paare signifikant unzufriedener sind als der Bevölkerungsdurchschnitt (siehe oben), positive Veränderungen. Dementsprechend fällt auch die globale Lebenszufriedenheit, operationalisiert durch den FLZ-Summenwert, zu Beratungsende signifikant höher aus als zu Beginn der Beratung (t(43) = -4,55, p ≤ .001).

Insgesamt verdeutlicht die Befundlage zur Lebenszufriedenheit, dass auch aus einer globaleren Perspektive auf die Lebenssituation der Klienten bedeutsame Beratungseffekte der Partnerschule festzustellen sind: Es ist eine Steigerung der allgemeinen Lebenszufriedenheit zu verzeichnen, die allerdings vor allem auf positive Veränderungen im Bereich der Partnerschaft und Sexualität zurückzuführen ist.

17.4 Schlussfolgerungen und Ausblick

Die Partnerschule eröffnet Paaren in akuten Krisen die Chance, wieder zu einer lebendigen und erfüllenden Partnerschaft zurückzufinden. Dies konnte durch verschiedene Evaluationsstudien demonstriert und empirisch abgesichert werden (vgl. *Kröger* & *Sanders* 2002, 2005; *Sanders* 1997). Außerdem wurde deutlich, dass die Ratsuchenden, die mit dem Angebot der Partnerschule erreicht werden, die gleichen Belastungen und Probleme mitbringen wie der „typische" Klient in der Eheberatung.

In Bezug auf die spezifische Wirksamkeit der Partnerschule ist vor allen Dingen interessant, dass diese Vorgehensweise in und mit Gruppen langfristig der Eheberatung im Paarsetting überlegen zu sein scheint. Wie bereits angedeutet (vgl. Kap. 17.3), gilt es bei der Klärung der Frage, worauf die besonderen Zugewinne im halbjährigen Katamnesezeitraum zurückzuführen sind, vor allem zwei Einflussgrößen zu bedenken: Erstens handelt es sich bei der Partnerschule um einen Ansatz mit einem vergleichsweise hohen Stundenumfang (40-60 Stunden, vgl. Kap. 14.1), d.h. hier zeigt sich vermutlich, dass für langfristige und anhaltende Veränderungsprozesse zeitintensivere Interventionen erforderlich sind. Grundsätzlich findet diese Vermutung Unterstützung durch eine Meta-Analyse, die für Psychotherapie im Allgemeinen belegt, dass mit zunehmendem Therapieumfang bessere Behandlungsergebnisse erzielt werden (vgl. *Shadish, Matt, Navarro* & *Phillips* 2000). Zweitens ist naheliegend, dass die besonderen Wirkbedingungen im Gruppensetting eine wichtige Rolle spielen.

Bei den spezifischen Wirkmomenten der Gruppe handelt es sich nach *Fiedler* (1996) u.a. um die wechselseitige Unterstützung der Gruppenmitglieder beim Bewältigen persönlicher Schwierigkeiten, die Erfahrung von Solidarität und Altruismus sowie die Modellfunktion, die die Gruppenmitglieder füreinander haben können.

Dass diese Faktoren beim beraterischen Vorgehen der Partnerschule tatsächlich zum Tragen kommen, zeigt sich auch in dem Bedürfnis der Klienten, das, was sie an Miteinander in den Gruppen erfahren haben, in ihren Alltag zu transportieren: Viele Ratsuchende verabreden sich nach den Gruppenseminaren zu gemeinsamen Freizeitaktivitäten, zu Treffen mit den Kindern und zu intensiven Gesprächen (vgl. Kap. 16). Die erhebliche subjektive Bedeutung der Gruppenerfahrungen wird zudem in den qualitativen Rückmeldungen der Teilnehmer deutlich (siehe z.B. Kap. 14.3): Immer wieder wird betont, dass das Leben in der Gemeinschaft, das Angenommensein durch die anderen Gruppenteilnehmer entscheidende Impulse für die persönliche und partnerschaftliche Weiterentwicklung vermittelt hat. Auch die Erfahrung, dass andere Paare mit ähnlichen Konflikten und Problemen zu kämpfen haben, spielt in diesem Zusammenhang eine nicht unwesentliche Rolle.

Um einen Rahmen für über die Beratung hinausgehenden Austausch zu schaffen, haben ehemalige Ratsuchende einen gemeinnützigen Förderverein („Netzwerk Partnerschule e.V.") gegründet, dessen Schwerpunkt auf der Kontaktpflege untereinander liegt (ebenfalls Kap. 16). Die Partnerschule leistet damit einen Beitrag zum Auf- und Ausbau sozialer Netze, die sehr viel intensiver, als dies durch Einzel- oder Paarberatung erreicht werden kann, die Möglichkeit bieten, das, was in der Beratung z.B. an Problemlöse- und kommunikativen Kompetenzen erarbeitet wurde, im Alltag „auszuprobieren" und einzuüben. Dass sich Ratsuchende dringend mehr Unterstützung im nahen sozialen Umfeld wünschen, verdeutlichen zudem die Befunde einer aktuellen Befragung von über 1000 Klienten aus der Ehe- und Erziehungsberatung: 89 Prozent wünschten sich mehr Kontakt zu Freunden und 59 Prozent äußerten, mehr Kontakt zu Nachbarn haben zu wollen (siehe Kap. 4 bzw. *Saßmann* & *Klann* 2002, 2004). Das Gruppensetting der Partnerschule schafft eine Basis für Kontakte und somit dafür, dass Klienten genau diese Wünsche realisieren können.

Zusammengenommen lässt sich also festhalten, dass es sich bei der Partnerschule um ein nachweislich effektives Verfahren zur Klärung und Bewältigung von Partnerschaftsstörungen im Rahmen einer Eheberatung handelt. Aufgrund der hohen subjektiven Bedeutung, die Partnerschaft und Familienleben für die meisten Menschen haben (*Hahlweg* & *Bodenmann* 2003), verbindet sich mit diesem Weg zu einer befriedigenden Paarbeziehung gleichzeitig ein Zuwachs an Lebenszufriedenheit (vgl. Kap. 17.3). Dadurch, dass ein wesentlicher Teil der beraterischen Arbeit in und mit Gruppen erfolgt, werden zum einen die besonderen Wirkfaktoren dieses Settings genutzt, die vor allem für Veränderungen des zwischenmenschlichen Verhaltens und Erlebens wesentlich sind (*Grawe, Donati* & *Bernauer* 1994), zum anderen ist die Vorgehensweise der Partnerschule dadurch als ausgesprochen effizient zu beurteilen. Schließlich ist es durch das Gruppensetting überhaupt erst möglich, Klienten in einem ökonomisch vertretbaren Ausmaß einen so hohen Umfang an Beratungsstunden zur Verfügung zu stellen.

Wie wichtig es für die betroffenen Kinder und Jugendlichen ist, dass die Beziehung der Eltern wirksam unterstützt und stabilisiert wird, hat die Familienforschung wiederholt belegen können.

Schon vor über 10 Jahren haben *Katz* und *Gottman* (1993) eindrucksvoll nachgewiesen, dass destruktive Beziehungs- und Konfliktmuster der Eltern sogar in Zusammenhang mit spezifischen Verhaltensauffälligkeiten ihrer Kinder stehen. Werden Konflikte zwischen den Eltern mit einem hohen Ausmaß an offener Feindseligkeit, d.h. mit Verachtung und Provokation, ausgetragen, so entwickeln Kinder eher externalisierende Verhaltensauffälligkeiten, also z.B. aggressives, antisoziales Verhalten. Zeichnet sich die Paarinteraktion während eines Streits dagegen in erster Linie durch ärgerlichen Rückzug der Väter aus, so werden bei den betroffenen Kindern eher Ängste und sozialer Rückzug beobachtet, also ein Verhaltensmuster, das als internalisierend bezeichnet wird.

Demgemäß gilt eine belastete Elternbeziehung in der Entwicklungspsychopathologie (*Petermann, Kusch* & *Niebank* 1998) als wesentlicher Risikofaktor für Verhaltensauffälligkeiten und emotionale Probleme im Kindes- und Jugendalter.

Besonders relevant ist, dass chronische Beziehungskonflikte und eine dauerhaft unglückliche Partnerschaft feinfühliges Elternverhalten erschweren und daher mit einer unsicheren Bindung zwischen Eltern und Kindern eingehen (vgl. *Howes* & *Markman* 1989; *Isabella* & *Belsky* 1985; *Owen* & *Cox* 1997). Die langfristige Bedeutung frühkindlicher Bindungsbeziehungen für die seelische Gesundheit wird zusammenfassend bei *Grawe* (2004) erläutert und aufgezeigt: Während in der Normalbevölkerung der Anteil sicher gebundener Personen etwa 60 Prozent ausmacht, beträgt er in klinischen Stichproben lediglich ungefähr 10 Prozent. Der Anteil an psychiatrischen Patienten mit unsicheren Bindungsmustern liegt also bei rund 90 Prozent!

Insgesamt konstatiert *Grawe*: „Ein unsicherer Bindungsstil ist [...] als der größte Risikofaktor für die Ausbildung einer psychischen Störung anzusehen, den wir bis heute kennen. Mir ist kein einziges Merkmal aus der gesamten ätiologischen Forschung zu psychischen Störungen bekannt, für das eine auch nur annähernd so hohe prognostische Bedeutung gefunden wurde wie für unsichere Bindungsmuster" (2004, 216).

Vor diesem Hintergrund wird letztlich deutlich, dass wirksame Vorgehensweisen in der Ehe- und Paarberatung immer auch als Investition in die Zukunft und die Gesundheit der nachfolgenden Generation verstanden werden können. In ähnlicher Weise ist auch das Ergebnis zum außerordentlich deutlichen Abbau depressiver Verstimmungen zu interpretieren. Da Depressionen die Erziehungskompetenz stark beeinträchtigen können (*Gotlib* & *Goodman* 1999), verbindet sich mit diesem Resultat auch die Hoffnung auf positive Auswirkungen auf das Erziehungsverhalten der ratsuchenden Paare.

Zusammenfassung

Bei der Partnerschule handelt es sich um einen beraterischen Ansatz, der umfassend evaluiert worden ist. Insgesamt bestätigen die entsprechenden Forschungsbefunde, dass die Partnerschule eine wirksame Vorgehensweise zur Klärung und Bewältigung von gravierenden Partnerschaftsproblemen ist.

Die kurzfristige Effektivität entspricht der von Eheberatung im Allgemeinen; mittel- bis langfristig scheint die Partnerschule der ausschließlichen Beratung im Einzel- bzw. Paarsetting überlegen zu sein, denn während des Katamnesezeitraums ergeben sich besondere Zugewinne im partnerschaftlichen Miteinander, die in ihrem Ausmaß die bisherigen Befunde zur Wirksamkeit von Eheberatung deutlich übersteigen. Dieser spezifische Effekt der Partnerschule wird zum einen auf die besonderen Wirkbedingungen der Gruppe und zum anderen auf den vergleichsweise hohen Stundenumfang zurückgeführt.

Ergänzend werden empirische Ergebnisse vorgestellt, die aufzeigen, dass sich mit der Teilnahme an der Partnerschule bei den Klienten eine signifikante Zunahme an Lebenszufriedenheit verbindet.

Literatur

Adler, A. (1927): *Studie über Minderwertigkeit von Organen.* München: Bergmann.
Adorno, T.W. (1973): *Minima Moralia. Reflexionen aus dem beschädigten Leben.* Frankfurt/M.: Suhrkamp.
Ainsworth, M.D. (1982): Attachment retrospect and prospect. In: C.M. Parkes & Stephenson-Hinde (Eds.): *The place of attachment in human behaviour.* London: Tavistock.
Ainsworth, M.D., Blehar, M.C., Water, E. & Wall, S. (1978): *Patters of attachment: A psychological study of the strange situation.* New York: Erlbaum.
Allport, F.H. (1920/1924): *Social Psychology.* Boston.
Allport, G.W. (1937): *Personality: A Psychological Interpretation.* New York: Holt.
Amendt, G. (2004): Väterlichkeit, Scheidung und Geschlechterkampf. Bundeszentrale für politische Bildung. Aus: *Politik und Zeitgeschehen* B19.
Angel, K. (1967): On symbiosis and pseudosymbiosis. *Journ. Amer. Psychoanal. Assn.* 15, 294-316.
Antonovsky, A. (1997): *Salutogenese. Zur Entmystifizierung der Gesundheit.* Dt. erweiterte Ausgabe von A. Franke. Tübingen: dgvt.
Antons, K. (1974): *Praxis der Gruppendynamik.* Göttingen: Hogrefe.
Bandura, A. (1977): Self-efficacy. In: *Psychological Review,* 84, 191-215.
Barabas, F.K. (2003): *Beratungsrecht. Ein Leitfaden für Beratung, Therapie und Krisen Intervention.* Frankfurt/M.: Fachhochschulverlag.
Barabas, F.K. & Erler, M. (2002): *Die Familie, Einführung in Soziologie und Recht.* Weinheim: Juventa.
Bauer, J. (2002): *Das Gedächtnis des Körpers. Wie Beziehungen und Lebensstile unsere Gene steuern.* München: Piper.
Baumann, U. & Reinecker-Hecht, C. (1991): Methodik der klinisch-psychologischen Interventionsforschung. In: M. Perrez & U. Baumann (Hrsg.): *Klinische Psychologie. Band 2: Intervention* (S. 64-79). Bern: Huber.
Beach, S.R.H., Fincham, F.D. & Katz, J. (1998): Marital therapy in the treatment of depression: Toward a third generation of therapy and research. In: *Clinical Psychology Review,* 18, 635-661.
Beck, U. (1986): *Risikogesellschaft. Auf dem Weg in einer andere Moderne.* Frankfurt/M.: Suhrkamp.
Blasius, D. (1992): *Ehescheidung in Deutschland im 19. und 20. Jahrhundert.* Frankfurt/M.: Fischer.
Bodemann, G. (1998): *Dyadisches Coping: Eine systemisch-prozessuale Sicht der Stressbewältigung in Partnerschaften. Theoretische Ansatz und empirische Befunde.* Unveröffentlichte Habilitationsschrift. Fribourg: Universität Fribourg.
Bodenmann, G. (2000): *Das Freiburger Stresspräventionstraining für Paare.* In: P. Kaiser.
Bohus, M. & Berger, M. (1992): Der Beitrag biologisch-psychiatrischer Befunde zum Verständnis depressiver Erkrankungen. In: *Zeitschrift für klinische Psychologie,* 21 (2), 156-171.
Bowlby, J. (1976): *Trennung.* München: Kindler.
Bowlby, J. (1979): Psychoanalysis and child care. In: J. Bowlby: *The making and breaking of affectional bonds.* (S.1-24) London: Tavistock Publications.
Brunner, E.J. (1986): *Grundfragen der Familientherapie. Systemische Theorie und Methodologie.* Berlin: Springer.
Brunner, O. (1956): Das ganze Haus und die europäische Ökonomik. In: O. Brunner: *Neue Wege der Verfassungs- und Sozialgeschichte.* Göttingen: Vandenhoeck und Ruprecht.

Buber, M. (1983): *Ich und Du.* Heidelberg: Schneider.

Bubolz, E. (1983): *Bildung im Alter.* Freiburg: Lambertus.

Buchheim, P., Cierpka, M. & Seifert, T. (1997): *Sexualität – zwischen Fantasie und Realität.* Lindauer Texte. Berlin: Springer.

Buck, R. (1984): *The communication of emotion.* New York: Guilford.

Burrow, T.L. (1924): The Group Method of Analysis. In: *Psychoanalytik Review,* XIV, 268-280.

Coester-Waltjen, D. (1988): Die Lebensgemeinschaft – Strapazierung des Parteiwillens oder staatliche Bevormundung. In: *Neue Juristische Wochenzeitschrift,* 2085. München: Beck.

Cohen, J. (1988). *Statistical power analysis for the behavioral science* (2nd edition). New York: Erlbaum.

Cöllen, M. (1989): *Das Paar.* München: Kösel.

Collins, W.A. & Read, S.J. (1990): Adult attachment, working models and relationship qualitiy in dating couples. In: *Journal of personality and Social Psychology,* 58, 644-663.

Csikszentmihalyi, M. (2004): *Flow – Jenseits von Angst und Langeweile: Im Tun aufgehen.* Stuttgart: Klett-Cotta.

Cummings, E.M. & Davies, P.T (1994): *Children and marital conflict.* New York: Guilford Press.

Cummings, E.M. & Davies, P.T (2002): Effects of marital conflict on children: Recent advances and emerging themes in process-oriented research. In: *Journal of Child Psycholgy and Psychiatry,* 43, 31-63.

Darwin, C. (1859/1963): *Die Entstehung der Arten durch natürliche Zuchtwahl.* Stuttgart: Reclam.

Dölle, H. (1964): *Familienrecht.* Bd. 1. Karlsruhe: Mueller, Jur. Verlag.

Dornes, M. (1993): *Der kompetente Säugling. Die präverbale Entwicklung des Menschen.* Frankfurt/M.: Fischer.

Eibl-Eibesfeldt, I. (1986): *Grundriss der vergleichenden Verhaltensforschung – Ethologie.* München: Piper.

Ekman, P. & Friesen, W.V. (1969): The repertoire of nonverbal behavior: Categories, origins, usage and coding. In: *Semiotica,* 1, 49-98.

Ekman, P. (1989): The argument and evidence about universals in facial expressions of emotion. In: H. Wagner & A. Manstead (Eds.): *Handbook of social psychophysiology* (pp. 143-163). New York: Wiley.

Elias, N. (1987): *Die Gesellschaft der Individuen.* Frankfurt/M.: Suhrkamp.

Engl, J. & Thurmaier, F. (1992): *Wie redest Du mit mir? Fehler und Möglichkeiten in der Paarkommunikation.* Freiburg: Herder.

Engl, J. & Thurmaier, F. (2002): Kommunikationskompetenz in Partnerschaft und Familie. In: B. Rollett & H. Werneck (Hrsg.): *Klinische Entwicklungspsychologie der Familie* (S. 326-350). Göttingen: Hogrefe.

Engl, J. & Thurmaier, F. (2003): *KOMKOM – KOMmunikationsKOMpetenz-Training in der Paarberatung. Kursleitermanual. Projektbericht.* München: Institut für Forschung und Ausbildung in Kommunikationstherapie.

Engl, J. & Thurmaier, F. (2004): *KOMKOM – KOMmunikationsKOMpetenz-Training in der Paarberatung. Kurz- und langfristige Effekte. Projektbericht.* München: Institut für Forschung und Ausbildung in Kommunikationstherapie.

Engl, J. & Thurmaier, F. (2005): KOMKOM – ein hochwirksames Kommunikationstraining in der Eheberatung. In: *Beratung Aktuell,* 1, 22-40.

Engl, J., Keil-Ochsner, A. & Thurmaier, F. (2004): Ehe-, Familien- und Lebensberatung und empirische Erfolgskontrolle – ein ausbaubares Verhältnis. In: *Beratung Aktuell,* 4, 200-215.

Epstein, S. (1983): The unconscious, the preconscious and the self-concept. In: J. Suls & A. Greenwald (Eds.): *Psychological perspectives on the self.* (219-247). New York: Erlbaum.

Epstein, S. (1991): Cognitive-experiential self-theory: An integrative theory of personality. In: R.C. Curtis (Eds.): *Relational self: Theoretical convergences in psychoanalysis and social psychology* (pp. 111-137). New York: Guilford.

Erickson, F. (1986): Qualitative methods in research on teaching. In: M. Wittrock (Hrsg.): *Handbook of research on teaching* (pp. 119-161). New York: Institute for Research on Teaching.

Erler, M. (2003): *Systemische Familienarbeit. Eine Einführung.* Weinheim: Juventa.

Esser, A., Hellhammer, D., Jager, G., Prinz, M., Roth, X., Smolic, R. & Wald, B. (1999): *Forschungsprojekt: Qualitätssicherung psychologischer Beratungstätigkeit in den integrierten Beratungsstellen in Trägerschaft des Bistums Trier.* Trier: Eigenverlag.

Eysenck, H.J. (1970): A mish-mash of theories. In: *International Journal of Psychiatry,* 9, 140-146.

Ferenczi, S. (1931): *Kinderanalysen mit Erwachsenen.* In: S. Ferenczi 1982.

Ferenczi, S. (1933): *Sprachverwirrungen zwischen dem Erwachsenen und dem Kind.* In: S. Ferenczi 1982.

Ferenczi, S. (1982): *Schriften zur Psychoanalyse.* Frankfurt/M.: Fischer.

Fiedler, P. (1994): *Persönlichkeitsstörungen.* Weinheim: Beltz PVU.

Fiedler, P. (1996): *Verhaltenstherapie in und mit Gruppen.* Weinheim: Beltz PVU.

Fischer, T. (1981): Der Beginn frühmoderner Sozialpolitik in deutschen Städten des 16. Jahrhunderts. In: C. Sachße & F. Tennstedt (Hrsg.): *Jahrbuch der Sozialarbeit.* Reinbek: Rowohlt.

Fisher, H. (1993): *Anatomie der Liebe.* München: Droemer Knaur.

Fliegel, S. et al. (1981): *Verhaltenstherapeutische Standardmethoden.* München: Urban & Schwarzenberg.

Foulkes, S.H. (1972): *Therapeutic group analysis.* London: George Allen and Unwin.

Frank, J.D. (1961): *Persuasion and healing* (2nd ed.). Baltimore: The Johns Hopkins University Press.

Frank, J.D. (1982): Therapeutic components shared by all psychotherapies. In: J.H. Harvey & M.M. Parks (Eds.): *The master lecture series (Vol. 1): Psychotherapy resarch and behaviour change* (pp. 9-37). Washington: American Psychological Association.

Freud, S. (1911): *Formulierungen über die zwei Prinzipien des psychischen Geschehens.* Gesammelte Werke, Band 8. Frankfurt/M.: Fischer.

Freud, S. (1912): *Zur Dynamik der Übertragung.* Gesammelte Werke, Band 8. Frankfurt/M.: Fischer.

Freud, S. (1917): *Vorlesungen zur Einführung in die Psychoanalyse.* Frankfurt/M.: Fischer.

Fromm, E. (1941/1966): *Die Flucht vor der Freiheit.* Frankfurt/M.: Europäische Verlagsanstalten.

Fthenakis, W.E., Kalicki, B. & Peitz, G. (2001): *Paare werden Eltern. Ergebnisse der LBS Familienstudie.* Opladen: Leske + Buderich.

Gaschke, S. (2004): Das kinderlose Land. In: *Wochenzeitschrift „Die Zeit", Nr. 4.*

Gerhard, U. (1978): *Verhältnisse und Verhinderungen.* Frankfurt/M.: Suhrkamp.

Gerok, W. (Hrsg.) (1990): *Ordnung und Chaos in der unbelebten und belebten Natur.* Stuttgart: Hirzel.

Goldschmidt, H.L. (1944/1992): *Philosophie als Dialogik: Frühe Schriften.* Wien: Passagenverlag.

Goschke, T. (1996): Lernen und Gedächtnis: Mentale Prozesse und Gehirnstrukturen. In: G. Roth & W. Prinz (Eds.): *Kopf-Arbeit.* Heidelberg: Spektrum Akademischer Verlag.

Gotlib, I.H. & Goodman, S.H. (1999): Children of parents with depression. In: W.K. Silverman & T.H. Ollendick (Eds.): *Developmental issues in the clinical treatment of children* (pp. 415-432). Needham Heights, MA: Allyn & Bacon.

Gottman, J. (1995): *Glücklich verheiratet?* München: Heyne.

Grau, I. & Bierhoff, H.W. (Hrsg.) (2003): *Sozialpsychologie der Partnerschaft.* Berlin: Springer.

Grawe, K. (1986): *Schema-Theorie und interaktionelle Psychotherapie.* Unveröffentlichter Forschungsbericht Nr. 1986/1. Psychologisches Institut der Universität Bern.

Grawe K. (1995): Grundriss einer Allgemeinen Psychotherapie. In: *Psychotherapeut,* 40, 130-145.

Grawe, K. (1998): *Psychologische Therapie.* Göttingen: Hogrefe.

Grawe, K. (2004): *Neuropsychotherapie.* Göttingen: Hogrefe.

Grawe, K., Donati, R. & Bernauer F. (1994): *Psychotherapie im Wandel. Von der Konfession zur Profession.* Göttingen: Hogrefe.

Greenberg, L.S., Rice, L. & Elliott, R. (2003): *Emotionale Veränderung fördern.* Paderborn: Junfermann.

Grossmann, K. & Grossmann, K.E. (2004): *Bindungen – das Gefüge psychischer Sicherheit.* Stuttgart: Klett-Cotta.

Grossmann, K.E. & Grossmann, K. (1991): Attachment quality as an organizer of emotional and bevioral responses in a longitidinal persective. In C.M. Parkes, J. Stevenson-Hinde & P. Marris (Eds.): *Attachment across the life cycle* (pp. 93-114). London: Tavistock/Routledge.

Grossmann, K.G., August, P., Fremmer-Bombik, E., Friedl, E., Grossmann, A., Scheuerer-Englisch H., Spangler, G., Stfan, C. & Suess, G. (1989): Die Bindungstheorie. Modell und entwicklungspsychologische Forschung. In: H. Keller (Hrsg.): *Handbuch der Kleinkindforschung.* Berlin: Springer.

Guggenbühl, A. (1997): Vertrauen in die Fremdheit: Die Sexualität des Mannes zwischen Beziehungsfurcht und mythischer Grandiosität. In: P. Buchheim, M. Cierpka & T. Seifert: *Lindauer Texte.* Berlin: Springer.

Habermas, J. (1985): Dialektik der Rationalisierung. In: *Die neue Unübersichtlichkeit.* 167-208. Frankfurt/M.: Suhrkamp.

Haeberle, E.J. (1985): *Die Sexualität des Menschen.* Berlin: Walter de Gruyter.

Hahlweg, K. & Bodenmann, G. (2003): *Universelle und indizierte Prävention von Beziehungsstörungen.* In: I. Grau & H.-W. Bierhoff (2003): *Sozialpsychologie der Partnerschaft.* Berlin: Springer.

Hahlweg, K. & Klann, N. (1997): The effectiveness of marital counseling in Germany: A contribution to health services research. In: *Journal of Familiy Psychology,* 4, 410-421.

Hahlweg, K. (1996): *Fragebögen zur Partnerschaftsdiagnostik (FPD).* Göttingen: Hogrefe.

Hahlweg, K. (2001): Bevor das Kind in den Brunnen fällt: Prävention von kindlichen Verhaltensstörungen. In: W. Deutsch & M. Wenglorz (Hrsg.): *Zentrale Enwicklungsstörungen bei Kindern und Jugendlichen* (S. 189-241). Stuttgart: Klett-Cotta.

Hahlweg, K., Kuschel, A., Miller, Y., Lübcke, A., Köppe, E. & Sanders, M.R. (2001): Prävention kindlicher Verhaltensstörungen: Triple P – ein mehrstufiges Programm zu einer positiven Erziehung. In: S. Walper & R. Pekrun (Hrsg.): *Familie und Entwicklung* (S. 405-423). Göttingen: Hogrefe.

Haken, H. (1992): *Synergetik.* Berlin: Springer.

Harris, P. (1987): *The development of search.* In: Ph. Salapatek/L. Cohen (Eds.): Handbook of Infant Perception. Vol. 2: From Perception to Cognition. New York: Academic Pr., 155-207.

Hausmann, B. & Neddermeyer, R. (2003): *Bewegt sein. Integrative Bewegungs- und Leibtherapie in der Praxis. Erlebnisaktivierung und Persönlichkeitsentwicklung.* Paderborn: Junfermann.

Hautzinger, M. & Hoffmann, N. (1980): *Verbalverhalten Depressiver und ihrer Sozialpartner.* Berlin: Dissertation Technische Universität.

Hautzinger, M. & Bailer, M. (1992): *Allgemeine Depressions Skala.* Weinheim: Beltz.

Heekerens, H.-P. (2000): Wirksamkeit therapeutischer Hilfen für Paare. In: P. Kaiser (Hrsg.): *Partnerschaft und Paartherapie* (S. 405-421). Göttingen: Hogrefe.

Henderson, J. (2001): *Embodying Well-Being oder wie man sich trotz allem wohl fühlen kann.* Bielefeld: AJZ Verlag.

Henrich, G. & Herschbach, P. (2000): Fragen zur Lebenszufriedenheit (FLZ[M]). In: U. Ravens-Sieberer & A. Cieza (Hrsg.): *Lebensqualität und Gesundheitsökonomie in der Medizin* (S. 98-110). München: ecomed.

Herzka, H.S. (1989): *Die neue Kindheit. Dialogische Entwicklung - Autoritätskritische Erziehung.* Basel: Schwabe.

Hinsch, R. & Pfingsten, U. (2002): *Gruppentraining sozialer Kompetenzen.* Weinheim: Beltz.

Howes, P. & Markman, H.J. (1989): Marital quality and child functioning: A longitudinal investigation. In: *Child Development,* 60, 1044-1051.

Hunstig, H-G., Bogner, M. & Eberts, M.N. (2004): *Kirche lebt. Mit uns. Ehrenamtliches Laienengagement aus Gottes Kraft.* Düsseldorf: Klens.

Hüther, G. (1997): *Biologie der Angst. Wie aus Stress Gefühle werden.* Göttingen: Vandenhoek & Ruprecht.

Hüther, G. (2001): *Bedienungsanleitung für ein menschliches Gehirn.* Göttingen: Vandenhoek & Ruprecht.

Iijine, V.N. (1942): *Das therapeutische Theater* (russisch). Paris: Sobor.

Isabella, R. & Belsky, J. (1985): Marital change across the transition to parenthood and the security of infant-parent attachment. In: *Journal of Family Issues,* 6, 505-522.

Jacobson, E. (1938): *Progressive relaxation.* Chicago: University Press.

Janis & Mann (1977): *Pädagogische Soziologie.* In: Roth 1991.

Jellouschek, H. (1985): *Der Froschkönig.* Zürich: Kreuz.

Jervis, G. (1978): *Kritisches Handbuch der Psychiatrie.* Frankfurt/M.: Syndikat.

Jung, C.G. (1939): *The Integration of the personality.* New York: Farrar & Rinehart.

Jung, C.G. (1984): *Praxis der Psychotherapie.* Olten und Freiburg: Walter.

Kadushin, C. (1969): *Why people go to psychiatrists.* New York: Atherton.

Kaiser, A. & Hahlweg, K. (1996): Kommunikations- und Problemlösetraining. In: J. Margraf (Hrsg.): *Lehrbuch der Verhaltenstherapie.* Band 1 (S. 371-385). Berlin: Springer.

Kaiser, P. (2000): *Partnerschaft und Paartherapie.* Göttingen: Hogrefe.
Kanfer, F.H., Reinecker, H. & Schmelzer D. (1996): *Selbstmanagement-Therapie.* Berlin: Springer.
Katz, L.F. & Gottman, J.M. (1993): Patterns of marital conflict predict children's internalizing and externalizing behaviors. In: *Developmental Psychology,* 29, 940-950.
Kaufmann, F.-X. (1988): Die Rolle der Religion in mitteleuropäischen Gesellschaften. In: J. P. Metz & P. Rottländer (Hrsg.): *Lateinamerika und Europa. Dialog der Theologen.* München: Kaiser, Mainz: Grünewald.
Kaufmann, F.-X. (1990): Familie und Modernität. In: K. Lüscher, F. Schultheis & M. Wehrspaun (Hrsg.): *Die postmoderne Familie.* Konstanz: Universitätsverlag.
Kaufmann, J.-C. (1994): *Schmutzige Wäsche. Zur ehelichen Konstruktion von Alltag.* Konstanz: Universitätsverlag.
Keupp, H. (1994): Artikel in der *Süddeutschen Zeitung,* Nr.116.
Kiesler, D.J. (1982): Interpersonal theory for personality and psychotherapy. In: J.C. Anchin & D.J. Kiesler (Eds.): *Handbook of interpersonal psychotherapy* (pp. 3-24). New York: Pergamon.
Klann, N. (2002): *Institutionelle Beratung ein erfolgreiches Angebot. Von den Beratungs- und Therapieschulen zur klientenorientierten Intervention. Feldstudie zur Ergebnisqualität in der Partnerschafts- und Eheberatung.* Freiburg: Lambertus.
Klann, N. & Hahlweg, K. (1994a): *Beratungsbegleitende Forschung – Evaluation von Vorgehensweisen in der Ehe-, Familien- und Lebensberatung und ihre spezifischen Auswirkungen* (Schriftenreihe des Bundesministeriums für Familie, Senioren, Frauen und Jugend, Band 48.1). Stuttgart: Kohlhammer.
Klann, N. & Hahlweg, K. (Hrsg.) (1994b): *Bundesministerium für Familie, Senioren, Frauen und Jugend. Bestandsaufnahme in der institutionellen Ehe-, Familien, und Lebensberatung.* Stuttgart: Kohlhammer
Klann, N. & Hahlweg, K. (1987): *Ehe-, Familien- und Lebensberatung. Besuchsmotive und Bedarfsprofile: Ergebnisse einer empirischen Erhebung.* Freiburg: Lambertus.
Klann, N. & Hahlweg, K. (1995): Erhebung über die Wirksamkeit von Eheberatung. In: *System Familie,* 8, 66-74.
Klann, N., Hahlweg, K. & Hank, G. (1992): Deutsche Validierung des „Marital Satisfaction Inventory" (MSI) von Snyder (1981). In: *System Familie,* 5, 10-21.
Klann, N., Hahlweg, K., Snyder, D. & Limbird, C. (2005): *Einschätzung von Partnerschaft und Familie (EPF). Deutsche Form des Marital Satisfaction Inventory – Revised MSI-R von Snyder.* Göttingen: Hogrefe.
Klann, N. & Sanders, R. (2004): *Computergestützte Evaluation in der Beratung.* 15. Kongress für Klinische Psychologie, Psychotherapie & Beratung. 5-9. März. www.partnerschule.de/dokumente/bf.pdf
Kneer, G. (1990): *Die Pathologien der Moderne.* Opladen: Westdeutscher Verlag.
Köhler, W. (1921): *Intelligenzprüfungen an Anthropoiden.* Berlin: Springer.
König, R. (1972): *Familie und Familiensoziologie.* Stichwort in: W. Bernsdorf: Wörterbuch der Soziologie. Frankfurt/M.: Fischer.
Kramer, H. (1992): Aus der Elternschaft kann man sich nicht entlassen. In: J. Horstmann (Hrsg.): *Nacheheliche Elternschaft, Schriftenreihe des Familienbundes der Deutschen Katholiken NRW,* Nr. 8, Münster.
Krause, R. (1997): *Allgemeine psychoanalytische Krankheitslehre.* Band 1: Grundlagen. Stuttgart: Kohlhammer.
Kring, B. (1997): Sexuelle Appentenzstörungen – diagnostische Abklärung und Behandlung. In: P. Buchheim, M. Cierpka & T. Seifert: *Lindauer Texte.* Berlin: Springer.
Kriz, J., (1985): *Grundkonzepte der Psychotherapie, Eine Einführung.* München: Urban & Schwarzenberg.
Kröger, C. & Sanders, R. (2002): Klärung und Bewältigung von Partnerschaftsstörungen in und mit Gruppen. Effektivität und Effizienz des paartherapeutischen Verfahrens Partnerschule. In: *Beratung Aktuell,* 4, 176-195.
Kröger, C. & Sanders, R. (2005): Paarberatung in und mit Gruppen – eine wirksame Intervention? In: *Zeitschrift für klinische Psychologie und Psychotherapie,* 1, 47-53.
Kröger, C., Hahlweg, K. & Klann, N. (2004): Eltern in der Eheberatung. Zu den Auswirkungen von Ehe- und Paarberatung auf die Zufriedenheit mit der Kindererziehung. In: *Verhaltenstherapie & Psychosoziale Praxis,* 36, 821-834.

Kröger, C., Wilbertz, N. & Klann, N. (2003): Wie wirksam ist Ehe- und Paarberatung? Ergebnisqualitätssicherung in den katholischen Ehe-, Familien- und Lebensberatungsstellen in Nordrhein-Westfalen. In: *Beratung Aktuell*, 3, 136-157.

Kröger, C. (2004): *Zur Wirksamkeit der Katholischen Ehe-, Familien- und Lebensberatung in Nordrhein-Westfalen. Wissenschaftlich begleitete Studie zur Klärung von Effektivität und Effizienz von Ehe-, Familien- und Lebensberatung „unter Feldbedingungen“.* Unveröffentlichter Abschlussbericht.

Kuzmics, H. (1989): *Der Preis der Zivilisation.* Frankfurt/M.: Campus.

Lazarus, A. (1978): *Verhaltenstherapie im Übergang.* München: Reinhardt.

Lazarus, A. (1980): *Innenbilder Imagination in der Therapie und als Selbsthilfe.* München: Pfeiffer.

Lazarus, R.S. (1991): *Emotion and adaptation.* New York: Oxford University Press.

Leary, T. (2004): Interpersonal diagnosis of personality. Resource Publications.

Lenz, A. (2001): *Partizipation von Kindern und Jugendlichen in Beratung und Therapie.* Weinheim: Juventa.

Levinas, E. (1992): *Die Spur des Anderen.* Freiburg: Alber.

Lichtenberg, J. (1985): Response: In search of the elusive baby. *Psychoanal. Inquiry,* 5, 621-648.

Lowen, A. (1970): *Lust. Der Weg zum Kreativen Leben.* München: Kösel.

Lutz, R. (Hrsg.) (1983): *Genuss und Genießen. Zur Psychologie des genussvollen Erlebens und Handelns.* Weinheim: Beltz.

Mac Lean, P.D. (1970): The limbic Brain in relation to psychoses. In: P.H. Black (Eds.): *Physiological correlates of emotion.* New York: Academic Press.

Mader, W. & Weymann, A. (1975): *Erwachsenenbildung.* Bad Heilbrunn: Klinkhardt.

Mahler, M. (1952): *Kindliche Psychose und Schizophrenie: Autistische und symbiotische kindliche Psychosen.* In: M. Mahler (1985), 164-189.

Mahler, M. (1968): *Symbiose und Individuation.* Bd. 1: Psychosen im frühen Kindesalter. Stuttgart: Klett-Cotta.

Mahler, M. (1985): *Studien über die drei ersten Lebensjahre.* Stuttgart: Klett-Cotta.

Mahler, M., Pine, F. & Bergman, A. (1975): *Die psychische Geburt des Menschen. Symbiose und Individuation.* Frankfurt/M.: Fischer.

Maier, S.F. & Seligman, M.E. (1976): Learned helplessness. Theory and evidence. In: *Journal of Experimental Psychology,* 105, 3-46.

Markus, H. & Smith, J. (1981): The influence of self-schemata on the perception of others. In: N. Cantor & J.F. Kihlstrom (Eds.): *Personality, Cognition and Social interaction* (pp. 233-259). New York: Erlbaum.

Märtens, M., Schmidt, H. & Lucas, M. (2006): Einzelberatung und Paarberatung: Unter welchen Umständen ist bei Problemen in der Partnerschaft eine Einzelberatung noch zu vertreten? Befunde einer Effektivitätsstudie der EFL-Beratung im Erzbistum Köln. In: *Beratung Aktuell*, 6-17.

Marx, K. (1976): Der Ehescheidungsgesetzentwurf. In: K. Marx & F. Engels: *Werke, Bd. 1.* Berlin: Dietz.

Masters, W.H. & Johnson, V.E. (1973): *Impotenz und Anorgasmie. Zur Therapie funktioneller Sexualstörungen.* Frankfurt/M.: Goverts Krüger Stahlberg Verlag.

Mentzos, S. (1984): *Neurotische Konfliktverarbeitung.* Frankfurt/M.: Fischer.

Meueler, E. (1982): *Erwachsene lernen, Beschreibung, Erfahrungen, Anstöße.* Stuttgart: Klett-Cotta.

Minuchin, S. (1977): *Familie und Familientherapie. Theorie und Praxis struktureller Familientherapie.* Freiburg: Lambertus.

Mitteis, H. & Lieberich, H. (1992): *Deutsche Rechtsgeschichte.* 19. Aufl. München: Beck.

Mitterauer, M. & Sieder, R. (Hrsg.) (1977): *Vom Patriarchat zur Partnerschaft, zum Strukturwandel der Familie.* München: Beck.

Moreno, J.L. (1973): *Gruppenpsychotherapie und Psychodrama.* Stuttgart: Thieme.

Mugdan, B. (Hrsg.) (1899): *Die gesamten Materialien zum Bürgerlichen Gesetzbuch für das Deutsche Reich.* Bd. 4, Berlin.

Nave-Herz, R. (1990): Die vorindustrielle Großfamilie: Wunschtraum oder Realität? In: *Familie und Recht* (S.156).

Nave-Herz, R. (1991): Verursachende Bedingungen für den zeitgeschichtlichen Anstieg der Ehescheidung. In: *Familie und Recht* (S. 318).

Neisser, U. (1974): *Kognitive Psychologie.* Stuttgart: Klett-Cotta.

Nestman, F., Engel, F. & Sickendiek, U. (2004): *Handbuch der Beratung.* 2 Bände. Tübingen: dgvt.

Norcross, J.C. (1995): Psychotherapie-Integration in den USA. Überblick über eine Metamorphose. In: *Integrative Therapie,* 45- 61.

Orlinsky, D.E. & Howard, K.J. (1986): Process and outcome in psychotherapy. In: S.L. Garfield & A.E. Bergin (Eds.): *Handbook of psychotherapie and behavior change,* 3rd edn., pp. 311-384. New York: Wiley.

Orlinsky, D.E., Grawe, K., & Parks, B.K. (1994): Process and outcome in psychotherapy. In: A.E. Bergin & S.L. Garfield (Eds.): *Handbook of psychotherapy and behavior change,* 4th edn., pp. 270-376. New York: Wiley.

Orth, I. & Petzold, H. (1993): *Beziehungsmodalitäten – ein integrativer Ansatz für Therapie, Beratung, Pädagogik.* In: H. Petzold & J. Sieper 1993.

Otte, H. (2005): *Prozeduren sozialen Verhaltens. Wie unbewusste Regeln unsere Beziehungen gestalten – und behindern.* Paderborn: Junfermann Verlag

Owen, M.T. & Cox, M.J. (1997): Marital conflict and the development of infant-parent attachment relationships. In: *Journal of Family Psychology,* 11, 152-164.

Papousek, M. (1989): Frühe Phasen der Eltern-Kind-Beziehungen. Ergebnisse der entwicklungspsychobiologischen Forschung. In: *Praxis der Psychotherapie und Psychosomatik,* 34, 109-122.

Papousek, M. & Papousek, H. (1981): Intuitives elterliches Verhalten im Zwiegespräch mit dem Neugeborenen. In: *Sozialpädiatrie in Praxis und Klinik,* 3, 20-22.

Papousek, M. & Papousek, H. (1982): Die Rolle der sozialen Interaktion in der psychischen Entwicklung und Pathogenese von Entwicklungsstörungen Säuglingsalter. In: G. Nissen (Hrsg.): *Psychiatrie des Säuglings- und des frühen Kleinkindalters* (S. 69-74). Bern: Huber.

Papousek, M. & Papousek, H. (1990): Intuitive elterliche Früherziehung in der vorsprachlichen Kommunikation II: Früherkennung von Störungen und therapeutische Ansätze. In: *Sozialpädiatrie in Praxis und Klinik,* 12, 579-583.

Perls, F.S. (1980): *Gestalt, Wachstum, Integration.* Paderborn: Junfermann.

Petermann, F., Kusch, M. & Niebank, K. (1998): *Entwicklungspsychopathologie.* Weinheim: Beltz PVU.

Petri, H. (1995): Umweltzerstörung und Innenweltzerstörungen. In: A. Dröschel: *Kinder, Umwelt, Zukunft.* Paderborn: Schöningh.

Petzold, H. & Orth, I. (1990): *Die neuen Kreativitätstheorien.* Paderborn: Junfermann.

Petzold, H. & Orth, I. (1998): Das Konflux-Modell und die Arbeit mit kokreativen Prozessen. In: H. Petzold: *Integrative Supervision, Meta-Consulting & Organisationsentwicklung.* Paderborn: Junfermann.

Petzold, H. & Sieper, J. (Hrsg.) (1993): *Integration und Kreation.* Band 1 und 2. Paderborn: Junfermann.

Petzold, H. (1990): *Integrative Bewegungs- und Leibtherapie.* Paderborn: Junfermann.

Petzold, H. (1993): *Integrative Therapie. Schriften zu Theorie, Methodik und Praxis.* 3 Bände. Paderborn: Junfermann.

Petzold, H. & Orth, I.(Hrsg.) (1990): *Die neuen Kreativitätstherapien.* Junfermann, Paderborn.

Petzold, H.G. (1971): *Eschatologie und Anthropologie aus der Sicht ostkirchlicher Religionsphilosophie und Psychologie.* Paris: Diss., Fac. phil., Insitut St. Denis.

Plesse, S.M. & Clair, B.S. (1988): *Feuer der Sinnlichkeit - Licht des Herzens.* Vaduz: Jeunesse Verlagsanstalt.

Potreck-Rose, F. & Jacob, G. (2004): *Selbstzuwendung, Selbstakzeptanz, Selbstvertrauen.* Stuttgart: Klett-Cotta.

Powers, W.T. (1973): *Behavior: the control of perception.* New York: Aldine.

Rahm, D., Otte, H., Bosse, S. & Ruhe-Hollenbach, H.(1993): *Einführung in die Integrative Therapie.* Paderborn: Junfermann.

Rogers, C. (1972): *Die klientbezogene Gesprächstherapie.* München: Kindler.

Ross, N. (1975): Affect as cognition: With observations on the meanings of mystical states. In: *Int. Rev. Psychoanal.,* 2, 79-93.

Roth, G. (1995): *Das Gehirn und seine Wirklichkeit.* Frankfurt/M.: Suhrkamp.

Roth, L. (1991): *Pädagogik. Handbuch für Studium und Praxis.* München: Ehrenwirth.

Rottleuthner-Lutter, M. (1992): *Gründe von Ehescheidungen in der Bundesrepublik Deutschland.* Köln: Bundesanzeiger.

Rovee-Collier, C.K. (1993): Infants as problem-solvers. A psychobiological perspective. In: M.D. Zeiler & P. Harzem (Eds.): *Advances in analysis of behavior.* Vol. 3, Biological factors in learning. Chichester: Wilney.

Sanders, M.R. (1999): Triple P – Positive Parenting Program: Towards an empirically validated multilevel parenting and family support strategy for the prevention of behavior and emotional problems in children. In: *Clinical Child and Family Psychology Review,* 2, 71-90.

Sanders, M.R., Nicholson, J.M. & Floyd, F.J. (1997): Couples' relationships and children. In: W.K. Halford & H.J. Markmann (Eds.): Clinical handbook of marriage and couples interventions (S. 225-253). Chichester: John Wiley & Sons.

Sanders, R. (1997): *Integrative Paartherapie – Eine Pädagogische Intervention zur Förderung der Beziehung zwischen Frau und Mann als Partner, Grundlagen – Praxeologie – Evaluation.* Frankfurt: Peter Lang.

Sanders, R. (1998): *Zwei sind ihres Glückes Schmied. Ein Selbsthilfeprogramm für Paare.* Paderborn: Junfermann.

Sanders, R. (2000): Einzelfallorientierte Gruppenarbeit in der Eheberatung. Ein Schlüssel zur Klärung und Bewältigung von Beziehungsproblemen. In: *Beratung Aktuell,* 1, 41-51.

Sanders, R. (2001): Partnerschule. Ein Weg zur Gewaltprävention in Ehe und Familie. In: *Beratung Aktuell,* 2, 159-176.

Sanders, R. (2002): Sexualberatung im Rahmen der Partnerschule. In: *Beratung Aktuell,* 2, 64-80.

Sanders, R. (2004): *Die Beziehung zwischen Ratsuchendem und Berater.* In: F. Nestmann et al. S. 797-807.

Sanders, R. (2005): Vermittlung von Beziehungs- und Erziehungskompetenz in der Ehe- und Familienberatung. In: *Beratung Aktuell,* 1, 41-56.

Sanford, J.A. (1989): *Unsere Unsichtbaren Partner.* Interlaken: Ansata.

Saßmann, H. (2001): *Die Beziehungsgeschichte: Das ewig gleiche Lied – oder der kleine Unterschied? Reliabilität, Validität und praktische Eignung eines Paar – Interviews zur Beziehungsgeschichte.* Schriftenreihe der Christoph-Dornier-Stiftung für Klinische Psychologie. Münster: Verlag für Psychologie.

Saßmann, H. & Klann, N. (2002): *Es ist besser das Schwimmen zu lehren als Rettungsringe zu verteilen. Beratungsstellen als Seismografen für Veränderungen in der Gesellschaft.* Freiburg: Lambertus.

Saßmann, H. & Klann, N. (2004): Wünsche der Ratsuchenden und Erfahrungen von BeraterInnen als Orientierung für eine bedarfsgerechte Planung. In: *Beratung Aktuell,* 2, 151-164.

Sbandi, P. (1973): *Gruppenpsychologie.* München: Pfeiffer.

Schipperges, H. (1986): Der Arzt als Pädagoge. In: *Integrative Therapie,* 4.

Schmidt, G. (1993): Tendenzen und Entwicklungen. In: G. Arentewicz & G. Schmidt: *Sexuell gestörte Beziehungen. Konzept und Technik der Paartherapie.* Stuttgart: Enke.

Schröder, B., Hahlweg, K., Hank, G. & Klann, N. (1994): Sexuelle Unzufriedenheit und Qualität der Partnerschaft (befriedigende Sexualität gleich gute Partnerschaft?). In: *Zeitschrift für Klinische Psychologie,* 23 (3) 178-187.

Schrödter, W. (2004): Beratungsforschung. In: F. Nestmann, F. Engel & U. Sickendiek (Hrsg.): *Das Handbuch der Beratung. Band 2: Ansätze, Methoden und Felder (S. 809-824).* Tübingen: dgvt.

Shadish, W.R. & Baldwin, S.A. (2003): Meta-analysis of MFT interventions. In: *Journal of Marital and Family Therapy,* 29, 547-570.

Shadish, W.R., Matt, G.E., Navarro, A.M. & Phillips, G. (2000): The effects of psychological therapies under clinically representative conditions: A meta-analysis. In: *Psychological Bulletin,* 126, 512-529.

Smith, M.L. (1987): Publishing qualitative research. In: *American Educational Research Journal,* 24, 173-183.

Smuts, B.B. (1985): *Sex and Friendship in Baboons.* New York: Aldine de Gruyter.

Smuts, B.B. (1987): What are friends for? In: *Natural History,* Feb., 36-44.

Snyder, D.K. & Wills, R.M. (1989): Behavioral versus insight-oriented marital therapy. Effects individual and interpersonal functioning. In: *Journal of Consulting and Clinical Psychology,* 57, 1, 39-46.

Snyder, D.K., Wills, R.M. & Grady-Fletcher, A. (1991): Long-term effectiveness of beha-vioral versus insight-oriented marital therapy. A 4-year fooolow-up-study, In: *Journal of Consulting and Clinical Psychology,* 59, 138-141.

Snyder, D.K. (1981): *Marital Satisfaction Inventory (MSI). Manual.* Los Angeles: Western Psychological Service.

Stark, W. (1996): *Empowerment. Neue Handlungskompetenzen in der psychosozialen Praxis.* Freiburg: Lambertus.

Stern, D. (1983): The early development of schemas of self, other and "self with other". In: J. Lichtenberg & S. Kaplan (Eds.): *Reflections on Self Psychology* pp. 49-84. New York: The Analytic Pr.

Stern, D. (1985): *The Interpersonal Wold of the Infant. A View from Psychoanalysis and Developmental Psychology.* New York: Basic Books.

Stern, D.N., Jaffe, J., Beebe, B. & Bennett, S.L. (1974): Vocalizing in unison and in alternation: Two modes of communication within the mother-infant dyad. In: *Annals of the New York Academy of Sciene,* 263, 89-100.

Storch, M. (2004): *Das Geheimnis kluge Entscheidungen. Von somatischen Markern, Bauchgefühl und Überzeugungskraft.* Zürich: Pendo.

Storch, M. (2002): Die Bedeutung neurowissenschaftlicher Forschungsansätze für die psychotherapeutische Praxis. In: *Psychotherapie,* 281-294.

Strupp, H.H. & Hadley, S.W. (1979): Specific vs. nonspecific factors in psychotherapy. A controlled study of outcome. In: *Archives of General Psychiatry,* 36, 1125-1136.

Sullivan, H.S. (1953): *The interpersonal theory of psychiatry.* New York: Norton Press.

Svoboda, T. (1984): *Das Hypnose Buch.* München: Kösel.

Thorndike, E.L. (1898): Animal intelligence. In: *Psychological Review Monograph Supplement,* 2 (4, whole No. 8).

Tjaden, K.H. (Hrsg.) (1971): *Soziale Systeme.* Neuwied: Luchterhand.

Trevarthen, C. (1974): Conversations with a two-month-old. In: *New Scientist,* 2. May, 230-235.

Tyrell, H. & Herlth, A.(1994): Partnerschaft versus Elternschaft. In: A. Herlth et.al. (Hrsg.): *Abschied von der Normalfamilie?* Berlin: Springer.

Vennen, D. (1992): *Behandlungsergebnisse und Wirkfaktoren von Eheberatung. Eine katamnestische Studie.* Göttingen: Hogrefe.

Voegeli, W. (1982): Funktionswandel des Scheidungsrechts. In: *Kritische Justiz,* 132.

Vogt, M. (1999): *Effekte der Ehe-, Familien- und Lebensberatung. Ergebnisse einer Nachbefragung von Ratsuchenden in 17 Ehe-, Familien- und Lebensberatungsstellen des Bistums Essen.* Essen: Eigenverlag.

Vogt, M. (2004): *Beziehungskrise Ruhestand. Paarberatung für ältere Menschen.* Freiburg: Lambertus.

Vopel, K. (1993): *Höher als die Berge, Tiefer als das Meer, Phantasiereisen für Neugierige.* Salzhausen: Iskopress.

Vyt, A. (1989): The second year of life as a developmental turning point: Implications for sensitive caretaking. In: *European Journal of Psychology of Education* 2, 145-158.

Wagner, M. (1997): *Scheidungen in Ost- und Westdeutschland.* Opladen: Westdeutscher Verlag.

Watzlawick, P., Beavin, J.H. & Jackson, D.D. (1974): *Menschliche Kommunikation.* Bern: Huber.

Wehler, H. (1987): *Deutsche Gesellschaftsgeschichte.* Bd. 1. München: Beck.

Wilbertz, N. (2003): Ehe-, Familien- und Lebensberatung – heimlicher Liebling von Kämmerern, Sozialpolitikern und Unternehmensmanagern? In: *Beratung Aktuell,* 4, 220-229.

Wilbertz, N. (2000): Ehe-, Familien- und Lebensberatung als effektive Antwort auf zentrale Lebensfragen. In: Landesarbeitsgemeinschaft für Ehe-, Familien- und Lebensberatung in Nordrhein-Westfalen (LAG) (Hrsg.): *Ehe-, Familien- und Lebensberatung als zentrales pastorales Aufgabenfeld – Erwartungen und Perspektiven. Dokumentation der LAG Herbsttagung 1999 für die Ehe-, Familien- und Lebensberater/innen der fünf nordrhein-westfälischen Bistümer* (S. 32-49). Essen: Eigenverlag.

Willi, J. (1978): *Therapie der Zweierbeziehung.* Reinbek: Rowohlt.

Zadeh, L. (1965): Fuzzy Sets. *Information and Control* 8 (3), 338-353.

Zerssen, D. (1986): *Die Befindlichkeits-Skala.* Weinheim: Beltz.

Zinker, J. (1997): *Auf der Suche nach gelingender Partnerschaft. Gestalttherapie mit Paaren und Familien.* Paderborn: Junfermann.

Personen- und Sachwortregister

A, B

Abhängigkeit 35
Abhängigkeit, emotionale 54
Adler, A. 82
Adorno, Th. 54
Aggressionen 150, 162
Ainsworth, M.D. 80
Alternativen zur Scheidung 69
Amendt, G. 26
Andragogik 168
Angst vor dem Verlassenwerden 80
Ängste, konditionierte 95
Anwärmphase 72
Appetenzstörung 210
Aristoteles 62
Atem 212, 215
Außenbeziehung, sexuelle 118
Autonomie 58, 65, 201
Autonomie, sozial-bezogene 54
Bedürfnishierarchien 13
Begegnung, zwischenmenschliche 19
Belastungen 260
Belastungen, familiäre 39
Belastungssituationen 40
Belastungssymptomatik 263
Beratung 15, 34, 142, 202
Beratungsprozesse 143
Beratungsstelle 18, 37, 45
Beratungsziele 211
Berührung 218
Beschwerdenliste 36
Bewältigungsmöglichkeiten 45
Bewegungstherapie 179, 243
Bewegungsübungen 228, 231
Bewusstheit, leibliche 195
Beziehungsabläufe 75
Beziehungsanalyse 141
Beziehungsangebot 19
Beziehungserfahrungen 38, 82, 195
Beziehungserinnerungen 187
Beziehungsgestaltung 113
Beziehungskompetenz 15, 22, 148
Beziehungskrisen 14
Beziehungsmuster 17, 76
Beziehungsqualität 44
Beziehungsverhalten 188
Bild von Ehe 72
Bindung, sichere 32
Bindungsforschung 123
Bindungsverhalten 250
Binnenstruktur der Beziehung 209
Bowlby , J. 79f, 123
Buber, M. 62
Burrow, T.L. 137

C, D, E

Chaos 194
Chaostheorie 81, 107
Christentum 47
Cöllen, M. 69
Copingverhalten 121
Csikszentmihalyi, M. 30, 65, 84
Darwin, Ch. 107
Denkmuster 149
Depressionen 96
Dialogik 55f
Dominanzverhalten 136
Dreier-Setting 139
Du-Treue 61
Dynamik des Paares 123
Ehe 198
Ehe als Institution 50
Ehe- und Familienbild 68
Ehe, partnerschaftliche 52
Eheberatung 250ff
Ehebild, lebbares 205
Ehepaar, streitendes 90
Eifersucht 88f, 96
Einzelberatung 140

Elias, N. 23, 252
Elternhaus, gewalttätiges 44
Emotionen 93ff, 185
Emotionen als Wegweiser 98
Entscheidung 24
Entscheidungsgewalt, ehemännliche 50
Entspannung, mediative 184
Epstein, S. 118
Erfahrung, klinische 173
Erkenntnisprozess 105
Erkenntnisse, neurobiologische 39
Erregungsmuster 93f, 96, 146, 169
Erregungsmuster, neuronale 77
Erstdiagnostik 160
Erstgespräch 112
Evaluation 256ff

F, G

Faktensammlung 155
Familienberatung 154, 246ff, 250ff
Familientherapien, systemorientierte 66
Feedbackrunde 194
Ferenczi, S. 189, 193
Fiedler, P. 53, 117, 125, 137, 234, 266
Flow-Erfahrungen 65
Fluktuationen im Systemzustand 69
Freud, S. 53, 82, 126, 251
Fthenakis, W.E. 46
Fürsorge 46
Fußmassage 225
ganze Haus 49
Gaschke, S. 23, 28
Gattenfamilie 49
Geburtenraten 25
Gedächtnisinhalte 144
Gefühlsspektrum 150
Gehirn 38, 94
Gemeinsamkeitserlebnisse 59
Genom, menschliches 39
Genussfähigkeit 208, 213f
Genusstraining 171
Gesprächsregeln 238
Gestalttherapie 127
Gewaltprävention
Gleichberechtigung 27, 47
Gleichberechtigungsgesetz 51
Glück des einzelnen 60
Gottman, J. 130
Grawe, K. 17, 20, 74f, 79f, 83, 85, 95, 110f, 115f, 120, 133, 139, 148, 170, 234
Greenberg, L. 99
Großfamilien 48f
Grossmann, K. 127
Grossmann, K.E. 127
Gruppe 137f
Gruppenarbeit 140, 173
Gruppenseminare 170
Gruppensetting 40, 266
Guggenbühl, A. 56

H-K

Habermas, J. 23
Handeln, beraterisches 146
Handlungsfreiheit 54
Hausfrauenehe 16
Hellinger, B. 31
Herkunftsfamilie 42
Hilflosigkeit, erlernte 34
Hoffnung 86
Hüther, G. 35, 41
Ich-Treue 61, 64, 66, 71
Individualisierung 252
Individuation 58
Inkonsistenzskala 161
inneres Kind 197
Integrität, personale 64
Interaktionen 103
Interaktionsmuster 147
Jacobsen, E. 130
Jellouschek, H. 62
Johnson, V.E. 209
Katamneseerhebung 33
Kernfamilie 49
Kindererziehung 166
Kinderlosigkeit 13
Kindheitserinnerungen 43, 97
Klann, N. 33, 258
KOMKOM 256
Konfliktschemata 132, 134
Konfusion, symbiotische 126
Kontrolle 81
Kontrollparameter 147
Kooperation 65
Körperarbeit 207
Körpererfahrung 221
Kramer, H. 61
Kreativität 236
Kröger, Ch. 18, 256ff

L, M

Langzeitfolgen 46
Langzeitgedächtnis 143
Lazarus, A. 95, 97, 121
Lebensgeschichte 191
Lebenszufriedenheit 167, 262, 265
leerer Stuhl 131
Leiblichkeit 212
Leidenschaft 60
Leidensdruck 156, 261
Leitbilder 68, 135
Leitsätze 98
Lernerfahrungen 93
Lernvorgänge 77
Levinas, E. 67
Liebe 60
Lustgewinn 82f
Mahler, M. 57
Marx, K. 50
Masters, W.H. 209
Medienkonsum 24
Mentzos, S. 124
Miegel, M. 25
Mitteilungen 102
Modelllernen 138, 192
Modus, impliziter 97
Moreno, J. 128
Mutter-Kind-Verhalten 57

N, O, P

Nähe und Distanz 133
Nebeneinander, gleichberechtigtes 70
Ordnung, soziale 65
Orgasmus 209, 212
Orlinsky, D.E. 110, 112
Otte, H. 104, 191
Paarinterview zur Beziehungsgeschichte (PIB) 157ff
Paarkibbuz 56, 174, 233ff, 244f
Paartherapie 110, 122, 238
Partner-Check-Up 20
Partnerschaftskonflikte 75
Partnerschule 15ff, 22, 31, 41, 56, 66, 68, 89, 113, 119f, 135, 148f, 168, 211f, 246ff, 251, 260ff
Paul VI. 31
Perls, F. 128
Petzold, H. 67, 126
Phantasien 220
Phantasiereise 178f
Powers, W.T. 77, 81, 85
Probleme in Partnerschaften 17
Problemliste 166
Problemlösung 162
Psychodrama 128f

R, S

Reaktionsbereitschaften 145
Reflexion 144
Regelung der Konsistenz 79
Reifungsprozess 30
Ressourcenaktivierung 112ff, 142
Rogers, C. 69, 121f
Rollenorientierung 164
Routinen des Beziehungslebens 31
Rückfälle 20, 202
Salutogense 36
Säuglingsforschung 58f
Scheidungszahlen 13, 26
Schemata, motivationale 79, 146
Schuldgefühle 44
Schwierigkeiten, sexuelle 183
Seitensprung 62
Selbstbeobachtungsprozess 160
Selbstbestimmung 64
Selbsthilfe 20, 172, 254
Selbstschutz 81
Selbstvertrauen 242
Selbstwerterhöhung 81
Selbstwertgefühl 233
Selye, H. 42
Seminare, sexualtherapeutische 232
Sexualhormone 40
Sexualität 196, 208ff, 223, 261, 265
Sicherheiten, scheinbare 29
Snyder, D.K. 110f
Sozialkosten 25
Sozialpsychologie 102
Stern, D. 59
Stimme 215
Stimmungsskala 167
Störungen, psychische 101
Störungen, sexuelle 209
Störungsattraktoren 88
Störungsmuster 87
Stress 41f
Stress-Gen CRH 45
Stuhlkreis 176

Sullivan, H.S. 82
Symbiose 57
Synapsen 38
System 108

T, U, V

Therapiegruppe 207
Thorndike, E.L. 108
Tripple P 249
Tjaden, K.H. 108
Tonfigur 181f, 240
Trance 176,f, 190, 200, 229, 234
Trennung 29
Treue-Modell 60
Tyrell, H. 66
Übertragung 131
Unlustvermeidung 82f
Untreue 62
Unzufriedenheit 165
Ursprungsfamilie 165
Vennen, D. 258
Verantwortung 242
Verhalten, dysfunktionales 124f
Verhalten, interaktives 87
Verhaltensweisen 72
Verhaltensweisen, beziehungsfördernde 206
Verhaltensweisen, dysfunktionale 99
Verhaltensweisen, neue 21
Verhaltenstherapie 129f
Verletzungen 219
Verletzungen, alte 205
Vermeidungsstrategien 134
Vermeidungsverhalten 82
Verstimmungen, depressive 264
Verstrickung 125
Vertrauensverhältnis 132
Vorbildfunktion 248

W-Z

Wachstumsprozesse 205
Wahrnehmung 78, 90ff
Wahrnehmungswelt 104
Watzlawick, P. 102
Werbeverhalten 107
Wertentwicklung 23
Wertschätzung 216
Widerstände 174f
Willenskräfte 218
Wissen, maladaptives 43
Wohlbefinden 261
Wutanfälle 46
Zufriedenheit mit der Partnerschaft 16
Zufriedenheitswerte 264
Zuhörerrolle 239
Zweiersystem 43
Zweisamkeit 201

Notizen

Notizen

Notizen

Notizen

„Schatzi, du nervst!"

SUSANN PÁSZTOR &
KLAUS-DIETER GENS

ICH HÖRE WAS, DAS DU NICHT SAGST

€ (D) 9,95
96 S. • kart. • ISBN 3-87387-599-3

Das Buch

In fast jeder Paarbeziehung kommt es zu Streit durch Missverständnisse und oftmals durch ungeschickte Formulierungen, die den anderen verletzen – dabei war es doch gar nicht böse gemeint ... Die Autoren haben in diesem Buch anhand eines fiktiven Paares die typischen Dialoge in Partnerschaften unter die Lupe genommen. Modelle aus der Gewaltfreien Kommunikation werden auf konkrete Situationen angewandt und der Leser lernt, wie man Konflikte anders angehen und auflösen kann. Alles ist gewürzt mit einem ordentlichen Schuß Humor – ein Buch, das garantiert für „Aha-Effekte" sorgt!

Die Autoren

Susann Pásztor ist freiberufliche Journalistin im Bereich Psychologie und Weiterbildung und Chefredakteurin von „MultiMind". Derzeit läßt sie sich zur Trainerin für GFK ausbilden.

Klaus-Dieter Gens ist zertifizierter Trainer für GFK. Nach Ausbildungen als Sozialpädagoge, Supervisor und NLP-Trainer begegnete er M. Rosenberg und engagiert sich seitdem für Gewaltfreie Kommunikation.

Mehr über uns und unsere Bücher erfahren Sie unter: **www.junfermann.de**

www.junfermann.de
www.active-books.de
www.multimind.de

JUNFERMANN
Postfach 1840 • D-33048 Paderborn
Tel.: 05251-13 44 -0 • Fax: -44
eMail: infoteam@junfermann.de